权威·前沿·原创

皮书系列为
"十二五"国家重点图书出版规划项目

天津金融发展报告
（2015）

ANNUAL REPORT ON THE DEVELOPMENT OF FINANCE IN TIANJIN (2015)

主　编 / 王爱俭　孔德昌

图书在版编目(CIP)数据

天津金融发展报告.2015/王爱俭,孔德昌主编.—北京:社会科学文献出版社,2015.12
 (天津金融蓝皮书)
 ISBN 978-7-5097-8274-3

Ⅰ.①天… Ⅱ.①王… ②孔… Ⅲ.①地方金融事业-经济发展-研究报告-天津市-2015　Ⅳ.①F832.721

中国版本图书馆 CIP 数据核字(2015)第 257393 号

天津金融蓝皮书
天津金融发展报告(2015)

主　　编 /	王爱俭　孔德昌
副 主 编 /	林文浩　李向前　庞　镭　刘通午　安志勇　王文刚
出 版 人 /	谢寿光
项目统筹 /	恽　薇
责任编辑 /	许秀江　王婧怡
出　　版 /	社会科学文献出版社·经济与管理出版分社 (010) 59367226 地址:北京市北三环中路甲 29 号院华龙大厦　邮编:100029 网址:www.ssap.com.cn
发　　行 /	市场营销中心 (010) 59367081　59367090 读者服务中心 (010) 59367028
印　　装 /	北京季蜂印刷有限公司
规　　格 /	开 本:787mm×1092mm　1/16 印 张:23.25　字 数:354 千字
版　　次 /	2015 年 12 月第 1 版　2015 年 12 月第 1 次印刷
书　　号 /	ISBN 978-7-5097-8274-3
定　　价 /	98.00 元

皮书序列号 / B-2014-387

本书如有破损、缺页、装订错误,请与本社读者服务中心联系更换

版权所有 翻印必究

《天津金融发展报告2015》
学术指导委员会、编委会名单

学术指导委员会

主　　任　　宗国英　李维安　张嘉兴　杜　强　郭庆平
　　　　　　王广谦　孔德昌　佟家栋　高正平　王国刚

副 主 任　　史建平　周振海　陆　磊　向世文　张海文
　　　　　　江先学　梁　琪　庞　镭　宗　良　李克强

委　　员　　（按姓氏笔画排序）
　　　　　　王小宁　王俊寿　巴曙松　付　钢　兰　莉
　　　　　　任海东　刘东海　刘宝凤　刘通午　刘锡良
　　　　　　李　健　李宗唐　李建军　肖红叶　邱书民
　　　　　　宋　刚　张　杰　张　健　陈雨露　范小云
　　　　　　周立群　庞金华　赵　峰　赵世刚　姚　峰
　　　　　　袁福华　徐红霞　高德高　郭　林　唐云崧
　　　　　　崔炳文　游　勤　蔡　东　谭万刚　戴金平

编委会

主　　编　王爱俭　孔德昌

副 主 编　林文浩　李向前　庞　镭　刘通午　安志勇
　　　　　　王文刚

参编人员　（按姓氏笔画排序）
　　　　　　王　镇　王璟怡　邓黎桥　刘习习　刘　玚
　　　　　　李友倩　杨　帆　吴　敬　张　蒙　林章悦
　　　　　　岳圣元　周千惠　孟　昊　孟　洁　钱帅成
　　　　　　郭　强　阎晨迪　梁洁茜

摘　要

　　《天津金融发展报告2015》是中国滨海金融协同创新中心推出的系列年度报告的第四期。报告旨在系统分析天津金融改革创新总体状况，客观描述天津金融业发展轨迹和景气程度，并且深入挖掘天津金融机构、市场、创新、人才、生态等方面的发展前景。本报告从天津当地和区域两个层面，从理论、实践与政策多个角度，对天津金融发展各个领域相关问题进行"点"、"面"穿插的研究。本报告由总报告、分报告和专题报告三个部分组成。总报告为"天津金融发展指数2014"，该报告按照可比口径指标与数据，经过全面统计和分析，度量了2014年天津金融发展速度和景气程度，具体包括"天津金融发展指数编制背景与目标"、"天津金融发展指数核心观点和整体分析"和"指数分项分析"三部分。分报告包括上下两篇，其中上篇为"天津金融业的发展"，主要从金融机构、市场、产品创新、人才和生态环境等方面分析2014年天津金融发展状况和前景，具体包括"2014年的天津金融机构""2014年的天津金融市场""2014年的天津金融产品创新""2014年的天津金融人才""2014年的天津金融生态环境""2014年的天津金融改革创新"六个分报告。下篇为"天津金融业的分析与展望"，主要进行天津金融发展的比较分析和环境分析，提出近期天津金融发展对策建议，具体包括"2015年的天津金融发展状况分析"、"2014年的天津金融发展环境"和"2015年天津金融发展对策"。专题篇为"天津金融发展研究"，深入探讨天津经济金融发展热点问题，具体包括"依托一带一路，天津寻求新的发展机遇""国家自主创新示范区体制下科技金融服务体系建立与政策支持研究""天津建设金融创新运营示范区研究"三个报告。本蓝皮书保持了研究框架的稳定性和可持续性，在此基础上也有所创新和突破，如增加了对天津金融发展指数的分析。

　　关键词： 金融发展　金融创新　天津

Abstract

Tianjin Financial Development Report 2015 is the 4th issue of a series of annual reports published by Coordinated Innovation Center for Binhai Finance in China. The Report aims to give a systematic analysis of the general situation of Tianjin's financial reform and innovation, and give an objective description of the development history and boom degree of Tianjin's financial sector, on the basis of which to dig deeper the development and prospects of Tianjin's financial institutions, markets, talents, innovation and ecology. The Report, by integrating point and sphere in its study, explores from different level and different angle the issues related to various fields in financial development. The Reports consists of three parts, namely, The General Report, The Sub Reports and The Special Reports. The General Report, entitled "The Financial Development Index of Tianjin, 2014", measures after comprehensive statistics and analysis the speed and boom degree of Tianjin's financial development in 2014 on the basis of comparable indicators and data. The Sub Reports is composed of two sections. The first section, entitled "The Development of Tianjin's Financial Sector," analyses the status quo and prospects of Tianjin's development in 2014 from the aspects of financial institutions, markets, talents, innovation and ecology. It includes 6 chapters, i. e. "The Financial Institutions of Tianjin in 2014" "The Financial Markets of Tianjin in 2014" "The Financial Product Innovation of Tianjin in 2014" "The Financial Talents of Tianjin in 2014" "The Financial Ecology of Tianjin in 2014" "Financial reform and innovation of Tianjin in 2014". The second section, entitled "The Analysis and Prospects of Tianjin's Financial Sector," makes a comparative and environmental analysis of Tianjin's financial development, advancing some suggestions and countermeasures on the current financial development of Tianjin. It includes 3 chapters, i. e. "Analysis of Tianjin Financial Development in 2015," "The Environment of Tianjin's Financial Development in 2014" and "The Countermeasures for Tianjin's Financial Development in 2015." The Special Reports, entitled "A Study of Tianjin's Financial Development," investigates deeply the hot issues arising in the financial development of Tianjin and introduces the growth of Coordinated Innovation Center for Binhai Finance in China. It includes 3 chapters, i. e. "Seek new development opportunities for Tianjin based on the One Belt and One Road" "Research on the establishment and policy support of scientific and technological financial service system under National Independent Innovation Demonstration Area" and "Research on Tianjin construction financial innovation operation demonstration area." While retaining the original research structure to ensure its stability and sustainability, the Report also makes some innovations and breakthroughs. For example, the analysis of Tianjin's financial development index is added to the study.

Keywords: financial development; financial innovation; Tianjin

目 录

B I 总报告

B.1 天津金融发展指数2014 …………………………………… 001
　　一　天津金融发展指数编制背景与目标 …………………… 002
　　二　天津金融发展指数核心观点与整体分析 ……………… 005
　　三　天津金融发展指数分项分析 …………………………… 017

B II 分报告（上篇）

天津金融业的发展

B.2 2014年的天津金融机构 …………………………………… 064
　　一　天津银行业机构发展 …………………………………… 066
　　二　天津证券业机构发展 …………………………………… 073
　　三　天津保险业机构发展 …………………………………… 076
　　四　天津租赁业机构发展 …………………………………… 083
　　五　天津其他机构的发展 …………………………………… 088

B.3 2014年的天津金融市场 ········· 092
  一 货币信贷市场发展 ············· 093
  二 证券期货市场发展 ············· 098
  三 天津保险市场发展 ············· 104
  四 外汇市场发展 ··················· 105
  五 新型交易市场发展 ············· 112
  六 天津金融市场展望 ············· 116

B.4 2014年的天津金融产品创新 ········· 119
  一 天津银行产品创新 ············· 119
  二 天津证券产品创新 ············· 124
  三 天津保险产品创新 ············· 125
  四 天津信托产品创新 ············· 126
  五 金融产品创新展望 ············· 128

B.5 2014年的天津金融人才 ········· 132
  一 天津金融人才发展 ············· 133
  二 金融人才现存问题 ············· 138
  三 金融人才发展建议 ············· 142

B.6 2014年的天津金融生态环境 ········· 148
  一 天津金融生态环境总体状况 ········· 149
  二 天津金融生态环境分项发展 ········· 151
  三 天津金融生态环境发展展望 ········· 160

B.7 2014年的天津金融改革创新 ········· 164
  一 天津金融改革创新总体成就 ········· 164
  二 天津金融改革创新分项成果 ········· 167
  三 天津金融改革创新发展前景展望 ········· 184

BⅢ 分报告（下篇）

天津金融业的分析与展望

B.8 2015年的天津金融发展状况分析 …………………………… 189
  一 2014年天津经济金融运行状况 ……………………………… 189
  二 天津金融产业集聚状况分析 ………………………………… 197
  三 天津金融改革创新 …………………………………………… 203

B.9 2014年的天津金融发展环境 …………………………………… 213
  一 后危机时代存款保险制度的构建 …………………………… 213
  二 互联网金融的发展与监管 …………………………………… 220
  三 新常态下的金融改革 ………………………………………… 227

B.10 2015年天津金融发展对策 …………………………………… 231
  一 立足自贸区建设，推动金融业态发展 ……………………… 231
  二 立足京津冀协同发展，加强区域金融合作 ………………… 238
  三 立足能源转型战略，发展能源金融 ………………………… 243

BⅣ 专题篇

天津金融发展研究

B.11 依托一带一路 天津寻求新的发展机遇 …………………… 252
  一 "一带一路"国家战略概述 ………………………………… 253
  二 "一带一路"战略给天津带来新的发展机遇 ……………… 261
  三 天津融入"一带一路"战略的优势与挑战 ………………… 264
  四 借助"一带一路"战略机遇，加快天津经济
    发展的建议 …………………………………………………… 271

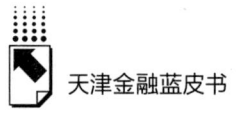

B.12 国家自主创新示范区体制下科技金融服务
体系建立与政策支持研究 …………………………… 285
　一 科技金融相关理论基础 ……………………………… 287
　二 天津国家自主创新示范区科技金融发展现状 ………… 292
　三 天津国家自主创新示范区科技金融发展的问题分析 …… 299
　四 天津国家自主创新示范区科技金融发展的政策建议 …… 305
　结束语 ……………………………………………………… 310

B.13 天津建设金融创新运营示范区研究 ………………………… 311
　一 金融创新运营示范区的具体内涵和功能解析 ………… 312
　二 金融创新运营示范区的优势条件和制约因素 ………… 319
　三 天津金融创新运营示范区建设的总体思路和
　　　目标定位 ……………………………………………… 328
　四 天津金融创新运营示范区建设的路径选择和
　　　对策建议 ……………………………………………… 338

B.14 后记 …………………………………………………………… 353

CONTENTS

B I General Report

B.1 **Tianjin Financial Development Index (2014)** / 001
    1. Tianjin Financial Development Index's Purpose and Meaning / 002
    2. Core Ideas and General Analysis of Tianjin Financial Development Index / 005
    3. Sub-Analysis of Tianjin Financial Development Index / 017

B II Sub-reports Part I

Part I Development of Tianjin Financial Sector

B.2 **Tianjin Financial Institutions in 2014** / 064
    1. Development of Banks / 066
    2. Development of Security Institutions / 073
    3. Development of Insurance Companies / 076
    4. Development of Leasing Companies / 083
    5. Development of other Financial Institutions / 088

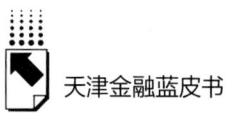

B.3 **Tianjin Financial Markets in 2014** / 092
    1. Development of Currency Market / 093
    2. Development of Security and Future Market / 098
    3. Development of Insurance Market / 104
    4. Development of Foreign Exchange and Gold Market / 105
    5. Development of New Trading Market / 112
    6. Prospect for Tianjin Financial Markets / 116

B.4 **Tianjin Financial Product Innovation in 2014** / 119
    1. Tianjin Banking Product Innovation / 119
    2. Tianjin Securities Product Innovation / 124
    3. Tianjin Insurance Product Innovation / 125
    4. Tianjin Trust Product Innovation / 126
    5. Prospect for Tianjin Financial Product Innovation / 128

B.5 **Tianjin Financial Talent in 2014** / 132
    1. Development of Tianjin Financial Talent / 133
    2. Problems in Tianjin Financial Talent Development / 138
    3. Suggestions for Tianjin Financial Talent Development / 142

B.6 **Tianjin Financial Ecological Environment in 2014** / 148
    1. General Situation of Tianjin Financial Ecological Environment / 149
    2. Sub-Analysis of Tianjin Financial Ecological Environment / 151
    3. Prospect f the Development of Tianjin Financial Ecological Environment / 160

CONTENTS

B.7　Tianjin Financial Reform and Innovation in 2014　　/ 164

　　1. General Achievements of Tianjin Financial Reform and Innovation　　/ 164

　　2. Sub-Analysis of Tianjin Financial Reform and Innovation　　/ 167

　　3. Prospect f the Development of Tianjin Financial Reform and Innovation　　/ 184

BⅢ　Sub-reports Part Ⅱ

Part II　Analysis and Forecast of Tianjin Financial Sector

B.8　Analysis of Tianjin Financial Development in 2015　　/ 189

　　1. General Operation of Tianjin Economics and Finance in 2014　　/ 189

　　2. Analysis of Tianjin Financial Industry Agglomeration　　/ 197

　　3. Tianjin Financial Reform and Innovation　　/ 203

B.9　Environment of Tianjin Financial Development in 2014　　/ 213

　　1. Construction of Deposit Insurance System in the Post Crisis Era　　/ 213

　　2. Development and Supervision of Internet Finance　　/ 220

　　3. Financial Reform under the New Normal　　/ 227

B.10　Strategies for Tianjin Financial Development in 2015　　/ 231

　　1. Speeding up Development of Financial System Depend on the Application of Free Trade Zone　　/ 231

　　2. Speeding up Financial Cooperation Depend on Beijng-Tianjin-Hebei Regional Coordinated Development　　/ 238

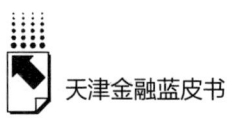

    3. Speeding up the Pace of Energy Finance Depend on the
       Construction of Comprehensive Reform and Innovation Area   / 243

ⒷⅣ Special Research Reports

Ⓑ. 11 Seek New Development Opportunities for Tianjin Based
       on the One Belt and One Road   / 252

Ⓑ. 12 Research on the Establishment and Policy Support
       of Scientific and Technological Financial Service
       System under National Independent
       Innovation Demonstration Area   / 285

Ⓑ. 13 Research on Tianjin Construction Financial Innovation
       Operation Demonstration Area   / 311

总报告

General Report

天津金融发展指数2014

中国滨海金融协同创新中心重点课题*

摘　要：　本报告按照可比口径指标与数据，经过全面统计和分析，测度2006～2014年天津金融发展程度，推出天津金融发展指数。以2006年作为基期（1000点），2014年天津金融发展指数达到5256点，年均增速达23.0%，反映出天津金融业的稳步发展。其中，金融市场领衔增长（2014年达16256点，年均增速41.7%），创新水平不断提升（2014年达4303点，年均增速20.0%），金融机构较快发展（2014年达3338点，年均增速16.3%），金融人才和金融生态环境平稳发展（2014年分别达到1692点和1631点，年均增速分别为

---

* 本报告为中国滨海金融协同创新中心重点课题"天津金融发展指数"研究成果，课题组组长：王爱俭，执笔人：林文浩，成员：李向前、王璟怡、刘场、邓黎桥、林章悦、杜强。

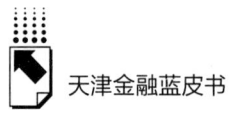

6.8%和6.3%）。

关键词： 金融发展指数　金融市场　金融机构　金融人才　金融创新　金融生态环境

一　天津金融发展指数编制背景与目标

（一）天津金融发展指数编制的背景

近一段时期，天津迎来京津冀协同发展、自由贸易区试验、服务经济体系建设和多领域深化改革的政策叠加机遇，市委市政府科学研判国内外形势与本市社会经济发展中的新特点、新任务，书写积蓄实力再出发的崭新篇章。2014年5月，天津市加快现代服务业发展工作会议前瞻性地提出了"构建与北方经济中心和滨海新区开发开放相适应的现代金融服务体系和金融创新运营中心"的思路。2014年7月，中共天津市委十届五次全会提出，"按照中央统一部署，积极参与顶层设计，完善我市功能定位，突出北方经济中心等功能"。2014年12月，中国（天津）自由贸易试验区获批。加快天津金融业发展成为市委、市政府贯彻落实中央部署，实现天津城市功能定位的重大举措。

作为全国金融改革创新基地和金融创新示范区，天津金融业的崛起离不开足够体量的经济腹地、富有活力的金融创新、开放自由的金融环境和功能健全的配套设施。这早已被全球众多新兴金融中心的成长经验所证明。从支撑金融发展的经济腹地看，自2006年滨海新区被纳入国家发展战略以来，这一地区已经成为中国经济的第三增长极，带动周边地区实体经济快速崛起，为天津金融业提供了广阔的市场潜力。伴随着经济结构调整和产业升级，对直接融资、融资租赁、要素交易、风险管理、外汇改革等创新金融需求日趋旺盛。实体经济结构调整直接引致金融结构变化，助推天津实现

"增量式"的金融改革创新和"内生性"的金融深化发展。一系列因素表明，天津具备建成"现代金融服务体系、全国金融改革创新基地和金融集聚服务区"的机遇和实力，科学规划、严格管理和高效落实将保障天津高质量实现金融业定位目标。

近年来，科学管理和量化评价方法在城市开发运营中应用日益广泛。2013年4月，天津率先发布《天津城市定位指标体系》，开启国内量化、监测、考核城市奋斗目标之新风。编制城市金融发展指数将有助于依据中央决策部署和本地金融改革创新规划，客观反映天津金融业发展状况和改革方向；有助于度量地区金融发展状况和景气程度，提高决策的综合效率；有助于通过天津金融业实力纵向比较，明确问题和差距，增强决策针对性和前瞻性。最终，使其成为指导天津金融业发展的支撑体系。目前，国内外现有金融中心指数［如全球金融中心指数（GFCI）、新华—道琼斯国际金融中心发展指数（IFCD Index）等］主要应用于相对成熟的金融中心城市间的竞争力比较，不能完全适用于处在快速成长期，秉承特定发展思路和要求，突出金融改革创新基地核心功能的天津金融业的测度和评价。因此，需要紧密围绕天津金融业定位目标和发展特征，编制一个开放全面、代表性强、可操作性好的金融发展指数，为评价天津金融发展状态并为政府部门、市场参与者决策提供依据。

（二）天津金融发展指数编制的目标

天津金融发展指数是科学、全面、精准、动态度量天津金融发展状态和景气程度的评估体系。该研究的起点和归宿是观测、记录和评估天津金融业的发展状况和景气程度。

（1）明确、集成、深化天津金融业的定位目标内涵

天津确立了"建立符合实体经济需求和金融发展趋势的现代金融服务体系，符合国家战略定位和先行先试要求的金融改革创新基地，符合绿色城市理念和集中集聚集约要求的金融服务区"的金融业发展定位目标。考虑到实现定位目标的过程具有长期性、复杂性和系统性的特征，需要制定一个

明确、集成、深化天津金融业定位目标内涵的评价标准，从根本上避免天津金融业奋斗目标不清晰、不具体、不可量化的问题，使金融业发展始终沿着定位目标的正确轨道不断前行，确保高水平实现天津金融业的定位目标。

(2) 科学、客观、全面测度金融业发展和景气状况

综合运用包括统计分析、专家打分、问卷调查在内的一系列定量定性研究工具，在深度解释现象，把握科学规律方面作用十分显著，可以大大提升应对各种问题的效率。在实现天津金融业定位目标的过程中，建立科学、全面、精准、动态的金融发展指数，可为制订发展规划、促进行业成长和金融景气提供信息支持，使政府决策和管理部门较为准确、直观地掌握金融业发展状态和景气程度，提高决策效率。同时，该指数将搭建政府官员、专家学者和社会公众认识天津金融业发展的桥梁，明确天津金融业的远景目标和努力方向，为推动金融业发展提供监测工具。

(3) 逐层解构金融发展景气状况，促进行业协调发展

金融业的健康快速发展离不开金融市场、机构、人才、创新和生态环境等要素的协调统一发展。在实现金融业定位的过程中，政府部门重视金融各行业各要素的协调发展，力求将行业和要素发展不平衡、不同步的情况调控至一个相对合理的范围内，这需要逐层解构金融业的行业与要素，准确评价各行业、各要素的发展态势及其景气程度，这是编制本指数的一个重要目的。同样，金融业内部结构的具体信息，有助于金融市场参与主体进行合理决策，可以为金融企业投资和各类人才就业提供决策参考。

(4) 为观测督导天津金融业定位落实情况提供标准

天津金融业定位目标结构清晰，内涵丰富，天津金融发展指数力争从多个角度、多个层次客观描述天津金融发展状况和改革方向，各个层级的指数都是记录金融业发展轨迹、刻画金融业行情冷暖的有益工具。作为政府部门、金融企业、各类人才沟通交流的重要媒介，天津金融发展指数将通过释放金融发展和景气信号，预判金融业发展前景，为衡量天津金融业定位目标的落实情况提供标准和依据，并为推动天津金融业持续健康发展提供科学评估工具。

二 天津金融发展指数核心观点与整体分析

(一)核心观点

自"十一五"时期以来,天津金融业整体发展势头强劲,在经历了2007年快速发展和2008年略有放缓后,金融业连续6年保持平稳增长。2014年,天津金融业稳步发展,金融市场成为亮点领跑各指数,推动天津金融业发展。金融创新快速发展,各类金融机构与金融人才不断聚集,金融生态环境持续优化。

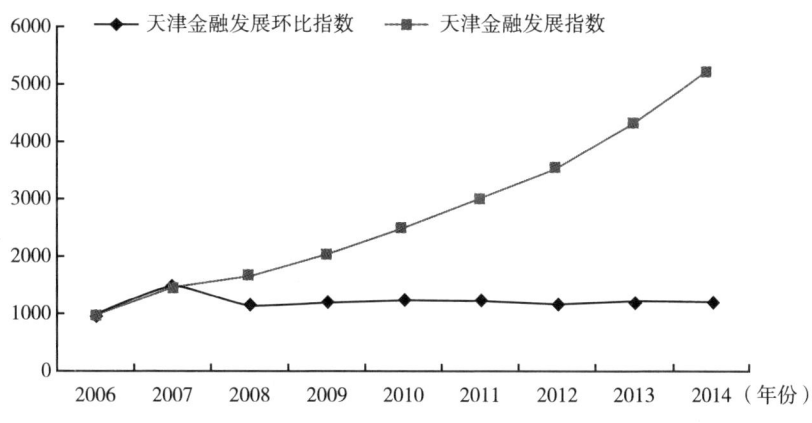

图1 2006~2014年天津金融发展指数及其环比指数

资料来源:课题组整理。

(二)指数编制方法

2012年,天津确立"一个体系、一个基地和一个集聚服务区"的金融业定位目标。为尽快实现天津金融业定位目标,建立符合天津金融发展的考核评价机制,构建可度量、可预测、可考核的金融业奋斗目标,需要编制和发布反映天津金融业发展状态和景气程度的"天津金融发展指数"。为此,

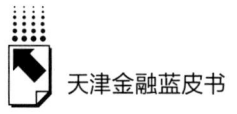

中国滨海金融协同创新中心在2013年年初成立课题组开展"天津金融发展指数"课题专项研究。该指数旨在：（1）依据国务院关于鼓励天津滨海新区金融先行先试的意见精神和天津金融改革创新规划，客观描述天津金融业发展状况和改革方向；（2）推出科学、全面、精准、动态的金融发展指数，度量天津金融发展速度和景气程度，提高决策的综合效率；（3）通过天津金融业实力纵向比较，明确问题和差距，增强决策针对性和前瞻性。

本研究立足天津金融业定位：（1）设计客观评价为主、主观评价为辅的指标体系，涵盖金融市场、机构、人才、创新、生态等内容，按照指标的客观重要性以及天津金融业定位的战略导向，使用专家打分法设置权重。（2）赋予该指数反映金融发展速度和景气程度两种内涵，其中发展速度记录金融业发展轨迹，突出指数的连续性；景气程度刻画金融业行情冷暖，突出指数的前瞻性。通过释放发展和景气信号，预判金融业发展前景。（3）通过权威机构、公开渠道、调查问卷等途径，获得原始数据及评价，利用逐级加权平均法构建指数计算模型，获得金融发展指数。

在指标体系设计思路和方法上，主要采用系统而全面的客观指标评价体系，同时针对金融创新、金融生态环境、金融人才等部分难以量化的领域采用了主观调查问卷评价的方式。在指标选取上，遵循全面性、战略导向性、开放性、数量精简的原则，所有三级客观指标均由权威机构发布，可以由公开渠道获取原始数据，或由其简单合成得到，并有专业团队定期更新和维护数据。针对金融创新等部分难以量化的领域进行主观问卷调查，组织金融业界、政府部门、科研机构、中介机构等部门领导、专家，通过网络以及通信的方式发放并回收调查问卷，覆盖天津金融业的各个组成部分，具有较强的代表性。具体而言，天津金融发展指数包含金融市场、金融机构、金融人才、金融创新和金融生态5个一级指标，在一级指标之下，下设35个二级指标，104个三级指标。

在完成评价指标体系设计后，本研究选取2006年末为基期（1000点），计算全部第三级指标2007~2014年的相对数值（即点数），同时也针对各个

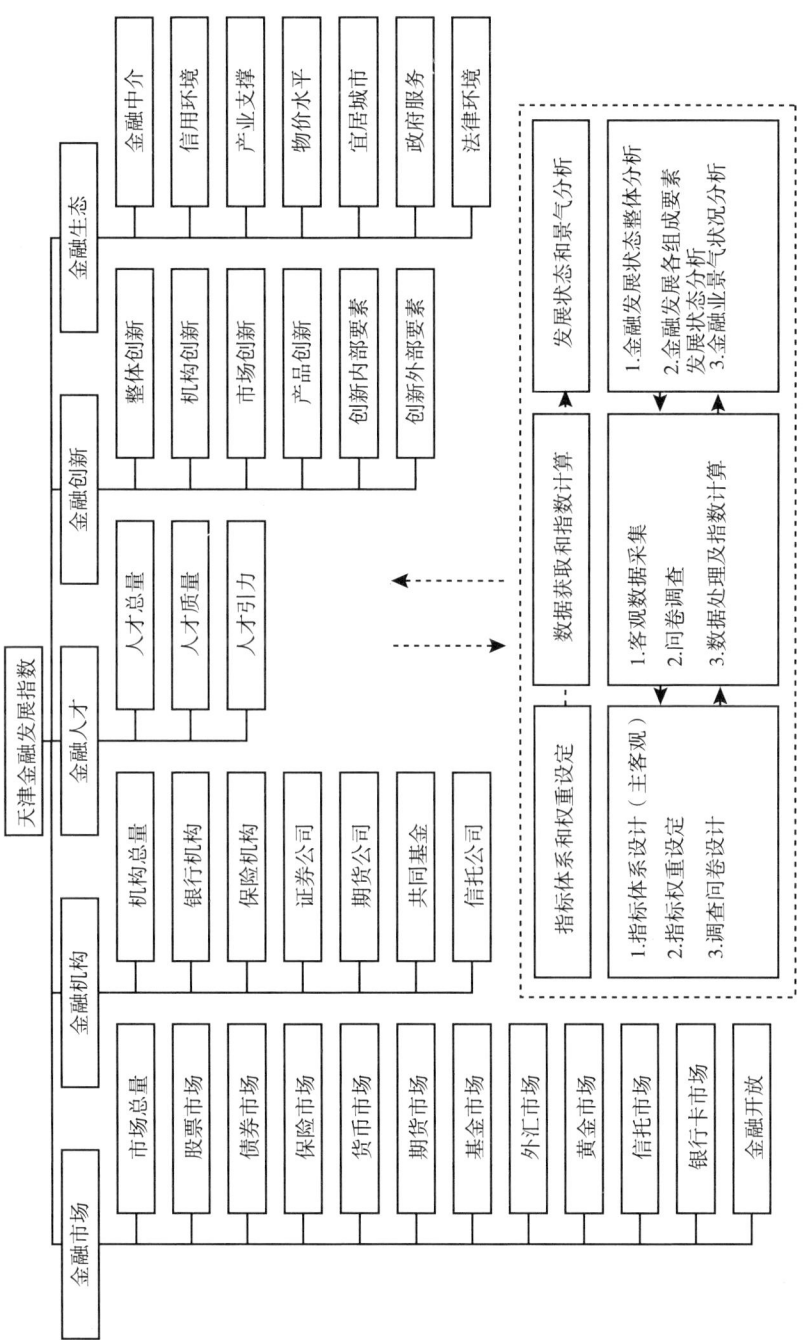

图 2 天津金融发展指数指标体系框架

资料来源：课题组整理。

指标计算其连续8年的各年增速。此后，以逐级加权平均法构建指数计算模型，获得各级指数的计算结果。作为本研究的一个亮点，除了获得天津金融发展指数及其子指数的整体走势外，通过5个一级指标要素的发展结构分析以及2014年当年通过历史增速比较判断的金融信号预警分析，可以获取金融发展指数及其子指数的发展趋势、增长动力和景气状况，并利用相应的子领域做横向和纵向比较分析，揭示金融业发展运行中存在的关键问题。发展水平、速度的高低、景气状况的变动，将成为影响天津金融业定位实现的重要因素。

本部分重点分析天津金融业整体及其组成要素的发展程度和趋势。

（三）金融业整体走势分析

课题组按照可比口径指标与数据，经过全面统计和分析，测度了2006～2014年天津金融发展程度。

第一，从发展速度看，以2006年作为基期（1000点），2014年指数达到5256点，当年增速达22.0%，8年平均增速达23.0%，是全国GDP平均增速的1.6倍，是天津GDP平均增速的1.3倍，见图3；以上年为基期能够更加清晰地识别景气情况。其中，2007年景气程度达到高点，较2006年增长47.0%，其后2008年有所下降，比上年增长15.1%，此后5年增速维持在20%左右，见表1。

表1　选取不同基期的天津金融发展指数

年份	以2006年为基期指数	以上年为基期指数
2006	1000	1000
2007	1470	1470
2008	1684	1145
2009	2028	1205
2010	2507	1236
2011	3022	1206
2012	3544	1173
2013	4310	1216
2014	5256	1220

资料来源：课题组整理。

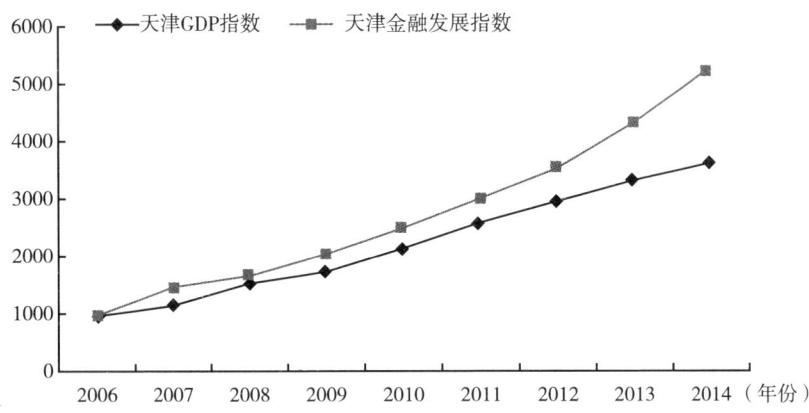

图3 2006~2014年天津金融发展指数与天津GDP指数

资料来源：课题组整理。

第二，从指数发展结构看，金融市场领衔增长（2014年达16256点，年均增速41.7%），创新水平不断提升（2014年达4303点，年均增速20.0%），金融机构较快发展（2014年达3338点，年均增速16.3%），金融人才和金融生态环境平稳发展（2014年分别达到1692点和1631点，年均增速分别为6.8%和6.3%），见图4。

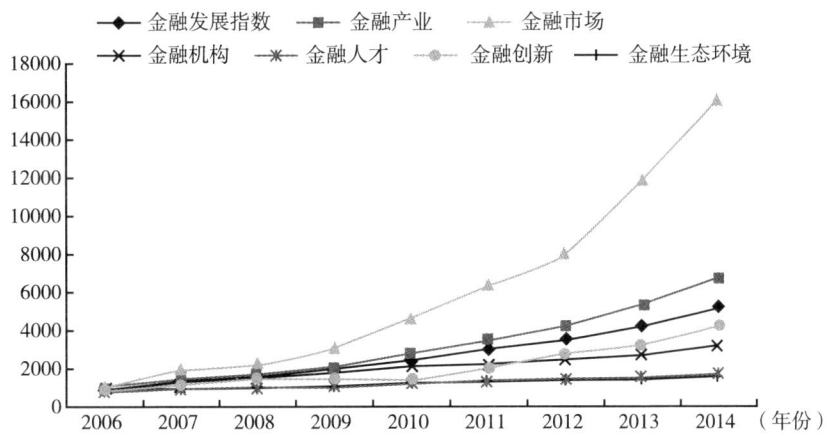

图4 2006~2014年天津金融发展指数及其一级指标的发展速度曲线

资料来源：课题组整理。

第三，从2014年景气程度看，金融业增长稳健，相对往年的平均增速呈现一定的趋缓态势。2014年同比增速为22.0%，比2006~2013年23.2%的年均增速下降1.2个百分点。金融市场保持快速增长，2014年同比增速为34.8%，比2006~2013年42.7%的平均增速下降7.9个百分点。金融创新保持较快增长，2014年同比增速为30.2%，比2006~2013年18.6%的年均增速提升11.6个百分点。金融机构同比增速为20.1%，较2006~2013年15.7%的年均增速上升4.4个百分点。金融人才和金融生态环境同比增速分别为3.7%和5.0%，比2006~2013年年均增速分别下降3.5和1.5个百分点，见图5。

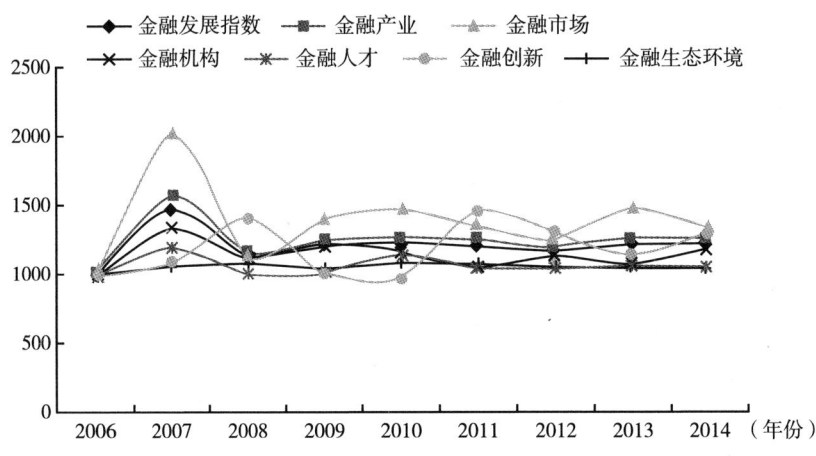

图5　2006~2014年天津金融发展指数及其增量曲线

资料来源：课题组整理。

（四）金融业分项走势分析

1. 金融市场发展指数

金融市场发展指数由金融子市场（10种）、金融市场总量、金融开放等12个要素子指数构成。

从发展速度看，以2006年为基期（1000点），2014年金融市场发展指数为16256点，当年增速达34.8%，8年平均增速为41.7%，是天津金融发展指数平均增速的1.81倍。其中，2007年景气程度达到高点，较2006年大幅增长 101.6%，其后 2008 年有所放缓，但仍比上年增长 13.3%，2009 年和 2010 年增速分别为 40.9% 和 48.0%，2011 年、2012 年和 2013 年增速分别为 35.6%、25.8% 和 48.4%，2014 年增速达到 34.8%。

表 2　选取不同基期的天津金融市场发展指数

年份	以 2006 年为基期指数	以上年为基期指数
2006	1000	1000
2007	2016	2016
2008	2284	1133
2009	3218	1409
2010	4762	1480
2011	6455	1356
2012	8123	1258
2013	12056	1484
2014	16256	1348

资料来源：课题组整理。

从指数发展结构看，债券市场、基金市场、期货市场和信托市场是过去 8 年时间中年均增速最快的市场，指数 8 年年均增速超过 51%，高于平均水平（41.7%）。银行卡市场、股票市场、外汇市场、货币市场、黄金市场、保险市场指数较为平稳，指数 8 年年均增速分别为 33.6%、27.8%、24.6%、23.4%、15.7%、3.8%，低于平均水平（41.7%）。与此同时，市场总量和金融开放的年均增速分别为 24.9% 和 29.1%。

从 2014 年景气程度看，金融市场增长稳健，相对往年平均增速略有上升。2014 年同比增速为 34.8%，比 2006～2013 年 42.7% 的年均增速下降 7.9 个百分点。债券市场、股票市场、基金市场保持快速增长，同比增速在 33.3% 以上，景气程度高；货币市场增速较快，同比增速为 25.3%，景气程度较高；期货市场、保险市场、信托市场同比增速为 13.2%、7.1%。外汇市场、黄金市场、银行卡市场同比增幅分别为 0、0、0。金融市场总量和金融开放同比增速分别为 19.9% 和 24.4%，分别比 2013 年增速降低了 14.1 个和 5.8 个百分点。

2. 金融机构发展指数

金融机构发展指数由机构总量和各种机构（6种）等7个要素子指数构成。

从发展速度看，以2006年为基期（1000点），2014年金融机构发展指数为3338点，当年增幅达20.1%，8年平均增速为16.3%，是天津金融发展指数平均增速的0.7倍。其中，2007年景气程度达到高点，较2006年大幅增长33.5%，其后2008年有所放缓，但仍比上年增长12.2%，2009年和2010年增速分别为22.3%和17.1%，2011年、2012年和2013年增速分别为6.2%、12.8%和8.2%，2014年增速为20.1%，见表3。

表3 选取不同基期的天津金融机构发展指数

年份	以2006年为基期指数	以上年为基期指数
2006	1000	1000
2007	1335	1335
2008	1498	1122
2009	1832	1223
2010	2145	1171
2011	2277	1062
2012	2569	1128
2013	2779	1082
2014	3338	1201

资料来源：课题组整理。

从指数发展结构看，共同基金、银行机构和保险机构是过去8年时间中年均增速最快的机构，指数8年年均增速超过17.5%，高于平均水平（16.3%）。证券公司、期货公司、信托公司发展较为平稳，指数8年年均增速分别为16.1%、14.8%、0，低于平均水平（16.3%）。与此同时，机构总量的年均增速为3.1%。

从2014年景气程度看，金融机构增长平稳，相对往年平均增速略有上升。2014年同比增速为20.1%，比2006~2013年15.7%的年均增速上升4.4个百分点。证券公司、共同基金保持较快增长，同比增速在29%以上，景气程度高；保险机构、银行机构、期货公司，同比增速在8%~9%之间，景气程度较高；信托公司同比增速为0，与2013年同比增速持平。金融机构总量同比增速为0。

3. 金融人才发展指数

金融人才发展指数由人才总量、人才质量和人才引力3个要素子指数构成。

从发展速度看，以2006年为基期（1000点），2014年金融人才发展指数为1692点，当年增速达3.7%，8年平均增速为6.8%，是天津金融发展指数平均增速的0.3倍。其中，2007年和2010年景气程度达到高点，分别同比增长19.6%和14.2%，2008年、2009年、2011年、2012年和2013年增速分别为0.5%、1.7%、4.8%、4.3%和6.9%。2014年增速为3.7%，见表4。

表4 选取不同基期的天津金融人才发展指数

年份	以2006年为基期指数	以上年为基期指数
2006	1000	1000
2007	1196	1196
2008	1202	1005
2009	1223	1017
2010	1396	1142
2011	1463	1048
2012	1526	1043
2013	1631	1069
2014	1692	1037

资料来源：课题组整理。

从指数发展结构看，人才引力和人才质量过去8年间年均增速最快，指数8年年均增速超过7.3%，高于平均水平（6.8%）。人才总量增长较为平稳，指数7年年均增速为4.5%，低于平均水平（6.8%）。

从2014年景气程度看，金融人才稳健发展，相对往年平均增速略有放缓。2014年同比增速为3.7%，比2006~2013年7.2%的年均增速下降3.5个百分点。人才引力保持较快增长，同比增速为5.8%，景气程度高；人才质量、人才总量同比增速分别为4.2%和2.1%。

4. 金融创新发展指数

金融创新发展指数由整体创新、机构创新、市场创新、产品创新、创新内部要素和创新外部要素6个要素子指数构成。

从发展速度看，以2006年为基期（1000点），2014年金融创新发展指数为4303点，当年增速达30.2%，8年平均增速为20.0%，是天津金融发展指数平均增速的0.87倍。其中，2008年、2011年景气程度达到两个高点，分别较上年大幅增长40.7%和46.0%，2007年、2009年、2012年、2013年和2014年，同比增速分别为8.5%、0.6%、30.7%、14.4%和30.2%，此外，2010年增速首次出现了负值，为-1.4%。

表5 选取不同基期的天津金融创新发展指数

年份	以2006年为基期指数	以上年为基期指数
2006	1000	1000
2007	1085	1085
2008	1581	1457
2009	1657	1048
2010	1591	961
2011	2376	1493
2012	2975	1252
2013	3377	1135
2014	4303	1181

资料来源：课题组整理

从指数发展结构看，产品创新、机构创新是过去8年时间中年均增速较快的创新类型，指数8年年均增速分别为34.9%、24.5%，全部高于平均水平（20.0%）。市场创新、整体创新、创新内部要素、创新外部要素指数较为平稳，指数8年年均增速分别为18.3%、11.9%、5.5%、5.2%，低于平均水平（20.0%）。

从2014年景气程度看，金融创新发展较快，相对往年平均增速略有放缓。2014年同比增速为30.2%，比2006~2013年18.6%的年均增速提升

11.6个百分点。产品创新、市场创新、机构创新保持快速增长,同比增速分别为122.2%、30.2%和18.1%,景气程度高;创新内部要素、创新外部要素和整体创新增速较快,同比增速分别为5.3%、5.2%和3.9%。

5. 金融生态环境发展指数

金融生态环境发展指数由金融中介、信用环境、产业支撑、物价水平、宜居城市、政府服务、法律环境7个要素子指数构成。

从发展速度看,以2006年为基期(1000点),2014年金融生态环境发展指数为1631点,当年增速达5.0%,8年平均增速为6.3%,是天津金融发展指数平均增速的0.27倍。其中,2008年、2010年景气程度达到两个高点,分别较上年增长8.1%和8.7%,其余各年同比增速维持在4%~8%的区间内,较为平稳。

从指数发展结构看,产业支撑是过去8年时间中年均增速最快的要素,指数8年年均增速为11.2%,高于平均水平(6.3%)。政府服务、法律环境、信用环境、宜居城市、金融中介指数较为平稳,指数8年年均增速分别为5.2%、5.2%、3.1%、2.9%、2.4%,低于平均水平(6.3%)。此外,物价水平指数8年平均增速为-1.7%[①],见表6。

表6 选取不同基期的天津金融生态环境发展指数

年份	以2006年为基期指数	以上年为基期指数
2006	1000	1000
2007	1058	1058
2008	1144	1081
2009	1198	1047
2010	1302	1087
2011	1402	1077
2012	1485	1059
2013	1552	1046
2014	1631	1050

资料来源:课题组整理。

---

① 本研究中物价水平指数为负,是由于物价水平为逆指标,物价上涨物价指数为负。

从 2014 年景气程度看，金融生态环境稳健发展，相对往年平均增速略有放缓。2014 年同比增速为 4.7%，比 2006~2013 年 6.5% 的年均增速下降 1.8 个百分点。信用环境、产业支撑、政府服务、法律环境、宜居城市、金融中介、物价水平保持增长，同比增速分别在 6.3%、5.9%、5.2%、5.1%、4.9%、4.1%、1.9%，景气程度高。

（五）金融业发展信号预警

2014 年，金融业整体持续稳定发展，当年总体增速与 2009~2011 年，以及 2013 年四个年份的增速基本持平，较 2012 年有所提升；其中金融市场、金融创新增速依旧领跑一级指标；金融市场增速比 2013 年有所回落，达到 34.8%，金融创新增速比 2013 年有所提升，达到 30.2%，是 2012 年之后的一个新的高点；金融机构增速较 2013 年有所提升，达到 20.1%；金融人才和金融生态环境增速相对稳健，但仍处于平稳发展阶段。

从 2006~2014 年 8 年综合发展状况看，5 个一级指标之中金融市场和金融创新的 8 年年均增速相对较高，比较景气。

对于 2014 年，5 个一级指标较 2013 年均有不同程度的增长，且多数指标的增速较 2013 年有所增加。其中，金融市场增速依旧领跑各个指标，环比指数达到 1348 点，高于 2014 年天津金融发展环比指数（1220 点）；金融机构增速有所提升，2014 年为 1201 点，2013 年环比指数为 1082 点；金融创新的增长速度有所提升，2014 年环比指数为 1302 点，而 2013 年环比指数为 1144 点；金融生态环境的增速略有提升，2014 年环比指数为 1050 点，2013 年为 1046 点；金融产业的增速有所回落，2014 年环比指数达到 1244 点，2013 年为 1257 点；金融人才的增速有所回落，2014 年环比指数达 1037 点，2013 年为 1069 点。

2014 年，天津金融业整体处于稳定增长通道中，景气状况处于正常趋缓状态；除金融创新属于快速增长、金融机构属于正常趋涨状况之外，其他指标与金融业整体情况一样，处于正常趋缓状态。

其中，天津金融业整体、金融产业、金融人才以及金融生态环境的增速均属于正常趋缓状况,即当年这些指数的增速低于过去7年历史平均增速、高于过去7年历史平均增速0.5倍。同时,从数据上看,金融创新的增速属于快速增长状况,即当年该指数增速低于过去5年历史最高增速、高于过去5年历史平均增速1.5倍;金融机构的增速属于正常趋涨状况,即当年该指数增速低于过去7年历史平均增速的1.5倍、高于过去7年历史平均增速。作为一个反映地区金融机构体系发育状况的指标,伴随本地区现代金融服务体系日趋成熟、金融业态日益丰富,尤其是在京津冀协同发展战略和自贸区战略等多重机遇下,金融创新活动活跃,发挥示范引领作用,同时,金融机构数量和种类的变化呈现出加快的特点,这都属于正常情况。此外,2014年金融人才的景气程度较2013年略有降低,且其环比增速仍然处于低位运行,反映其变化缓慢的特点。因此,加快金融人才集聚,特别是为金融人才集聚营造必要的从业环境和制度文化土壤,显得尤为重要,见表7。

表7 2012年天津金融业景气程度信号分析

指数	金融整体	金融产业	金融生态	金融市场	金融机构	金融创新	金融人才
增长趋热							
快速增长						√	
正常趋涨					√		
正常趋缓	√	√	√	√			√
增长偏低							
不景气							
信号图示							

资料来源:课题组整理。

三 天津金融发展指数分项分析

(一)金融整体发展度分析

2014年,天津金融业整体保持稳定增长,以2006年为基期,指数达到

5256点，较2013年增长22.0%，增速有所上升，保持自2006年以来的高位运行，当年环比指数达1220点。

以2006年为基期（1000点），通过综合天津金融业在金融产业（包括金融市场、金融机构、金融人才和金融创新四个一级指标）和金融生态环境的主客观评价，测算金融业整体的发展状况及其景气程度。

天津金融发展指数在2006～2014年保持稳步上升态势，以2006年为基期（1000点），2014年指数达到5256点，8年年均增速为23.1%，高于同期天津市GDP年均增速（17.4%）5.7个百分点。天津金融发展指数2014年增速为22.0%，增速有所提升，继续处于快速上升阶段，见图6。

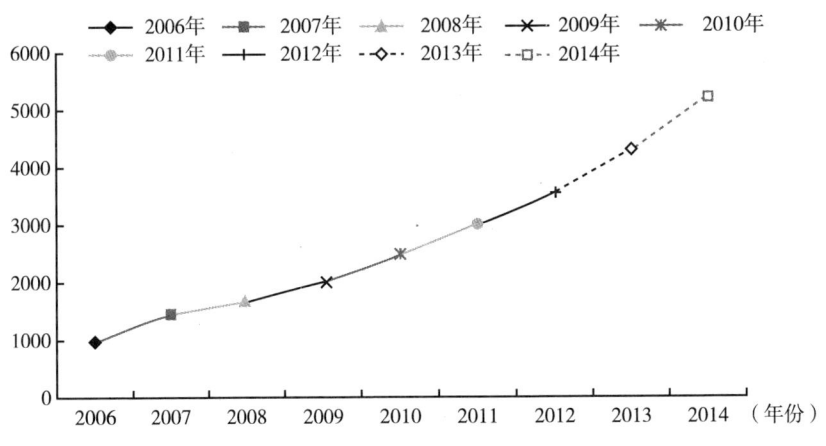

图6　天津金融发展指数曲线

资料来源：课题组整理。

从景气状况看，2006～2014年天津金融业的发展呈现出"先波动后平稳"的特征，尤其是2008年以来波动幅度趋于平稳；2014年天津金融发展指数增速较2013年略有提升，增速指数达到1220点，继续保持快速增长，处于良好的发展趋势，反映天津金融发展比较景气。

从具体数据看，2014年天津金融业增加值达到1389.5亿元，比2013年上涨15.6%；金融业增加值占GDP比重达到8.8%，比2013年提升0.4个百分点，已连续8年稳步提升；2014年天津社会融资规模达到4819亿元，比2013年略有降低。

从发展速度看，2014年，金融市场、金融创新和金融机构"三驾马车"并驾齐驱，共同成为拉动天津金融发展指数上升的核心动力；金融人才和金融生态环境均保持稳健上升的趋势。

综观5个一级指标的发展走势，金融市场增长迅速，增幅超过其他指数，是带动天津金融发展的关键力量；金融创新、金融机构在波动中上行，成为提升天津金融发展的另外两个因素；金融人才和金融生态环境均保持稳健上升趋势，发展态势良好。

（二）金融市场发展度分析

金融市场既是金融工具交易的场所，也是天津金融改革创新的重大突破口。2014年天津金融业稳步发展，成绩显著，主要金融市场交易规模进一步扩张，市场结构和质量进一步优化，金融服务功能全面拓展。

在天津金融发展指数分析中，基于金融市场的战略重要性及对金融发展的影响程度，金融市场一级指标被赋予最高权重，权重达到42%。该指标包括12个二级指标，金融市场及其二级指标权重如表8所示：

表8　金融市场及其二级指标权重

单位：%

金融市场指标权重	42	金融市场指标权重	42
1. 市场总量	20	7. 基金市场	4
2. 股票市场	10	8. 外汇市场	3
3. 债券市场	13	9. 黄金市场	3
4. 保险市场	5	10. 信托市场	9
5. 货币市场	10	11. 银行卡市场	5
6. 期货市场	6	12. 金融开放	12

资料来源：课题组整理。

1. 金融市场整体

金融市场继续保持较快发展速度，金融市场指数达到16256点，较

2013年增长34.8%，增速比2013年有所降低，但发展速度在金融产业的4个一级指标中保持第一位，见图7。

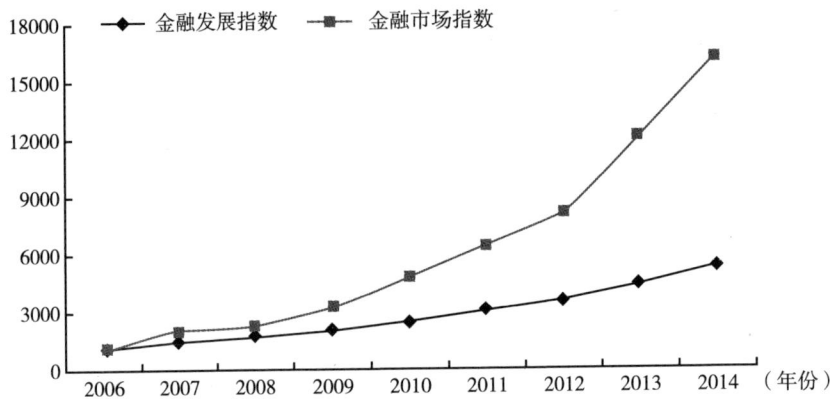

图7　2006～2014年金融市场指数与天津金融发展指数曲线

资料来源：课题组整理。

2014年金融市场指数较天津金融发展指数高出11043点，在一级指标中居于首位。从整体来看，天津金融市场总量和金融市场开放程度较2013年有所提升。从金融市场的子市场看，债券市场、股票市场、基金市场、货币市场呈现明显增长，增速在25%以上；期货市场有一定增长，增速在10%以上；保险市场、信托市场略有增长，同比增速分别为8.3%、7.1%；外汇市场、黄金市场、银行卡市场发展速度平缓（详见各金融子市场分析部分）。

金融市场交易活跃度、市场规模均随市场走势变动，对市场发展趋势的变化最为敏感。2007年金融市场增长较快，交易极为活跃，金融市场指数比2006年增长101.6%；而2008年受金融危机影响，主要金融子市场发展前景均有所回落，特别是股票市场和基金市场比较低迷，反映出股票市场典型的周期性，见图8。

2014年，伴随中国经济进入"新常态"，在基金市场、股票市场、债券市场的带动下，金融市场景气状况仍然维持较高水平，当年增速达到34.8%。

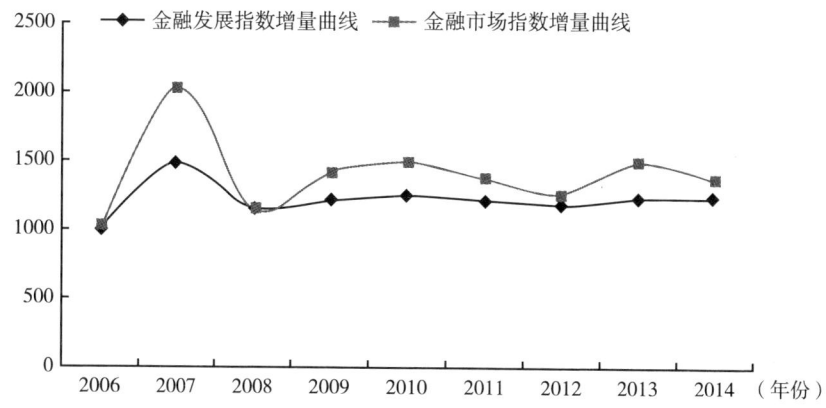

图 8　2006~2014 年金融市场指数与天津金融发展指数增量曲线

资料来源：课题组整理。

2014 年，天津金融市场整体发展良好，大多数市场较 2013 年有显著增长。伴随金融改革创新的不断推动，金融市场总量指数达到 5939 点，较 2013 年增长 19.9%；金融开放指数达到 7739 点，较 2013 增长了 24.4%。其中，债券市场发展较快，2014 年债券市场交易量达到 19542 亿元，当年债券市场融资额达到 1503.1 亿元，分别比 2013 年增长 44.8% 和 45.5%；2014 年，基金市场交易额达到 1610.2 亿元，比 2013 年增长 232.9%；2014 年法人信托公司资产总额达到 4281.2 亿元，比 2013 年增长 7.1%；2014 年，股票市场交易量、融资额显著上升，股票交易量达到 17859 亿元，比 2013 年增长 52.5%，股票市场融资额达到 182 亿元，比 2013 年增长 303.5%；境内上市公司数量达到 42 家，比 2013 年增加 4 家。

2. 金融市场总量及开放

2006~2014 年，天津金融市场快速发展，市场总量持续放大，开放程度明显提升。

（1）市场总量

2014 年市场总量指数达到 5939 点，较 2013 年有所上升，增速为 19.9%；环比指数为 1199 点，较 2013 年降低 141 点，增速有所降低。

市场总量是考量天津金融业发展状况的一个维度，它不仅反映了本地区金融市场的深度和广度,而且是体现天津能否建成市场总量巨大、金融影响力显著的金融集聚服务区,实现金融业由量变到质变飞跃的关键指标,因此,市场总量被赋予了20%的权重。

2014年,天津金融业增加值达到1389.5亿元,比2013年上涨15.6%;金融业增加值占GDP比重达到8.8%,比2012年提升0.4个百分点,已连续8年稳步提升;2014年天津社会融资规模达到4819亿元,比2013年降低1.85%;此外,2014年天津金融市场交易总量(沪深两市交易总额)为39011.4亿元,比2013年提升了51.9%。从长期趋势看,天津金融市场在交易规模、融资能力、产出水平三方面均有所提高。

2014年,金融市场交易总量环比指数为1519点,延续了2013年该指数高位运行的局面;社会融资规模环比指数为981点;金融业增加值环比指数为1156点;金融业增加值占GDP比重环比指数为1052点。上述环比指数绝大多数为正值,实现较快增长。

(2)金融开放

2014年,金融开放指数达到7739点,较2013年有所上升,涨幅达24.4%;环比指数为1244点,较2013年降低58点,增速有所下降。

金融开放是天津金融发展指数的一级指标金融市场中包含的二级指标,金融开放指标反映了天津金融业的对外开放水平和国际化进程。自"十一五"时期以来,天津已有多个市场向外资金融机构开放,并且市场参与程度逐步提升:外资银行、合资基金公司、外资(合资)保险机构、外资消费信贷公司等多种业态的外资金融机构纷至沓来,落户天津。基于金融国际化对于天津金融发展的战略意义,金融开放被赋予了12%的权重。伴随中国(天津)自由贸易试验区获批建设,天津金融对外开放将迎来更好的发展前景。

2014年,天津外资金融机构(银行与保险机构之和)个数为67个,较2013年显著增长;外资银行资产总额达848.8亿元,比2013年降低17.5%;跨境贸易人民币结算量为2379.3亿元,比2013年增长87.0%;海外上市公司(H股)个数和外资保险公司机构数与上年持平。

2014年，外资银行机构数环比指数为2154点；跨境贸易人民币结算量环比指数为1870点。除外资银行资产规模、海外上市公司数（H股）和外资保险公司机构数不变外，其他指标均有所增长。

3. 金融市场子市场

就金融市场的结构来看，各个子市场的发展速度和景气状况不尽相同。2006~2014年，天津金融市场子市场有不同程度的发展。2014年，债券市场、股票市场、基金市场、货币市场发展势头较快；银行卡市场、期货市场、保险市场、信托市场、外汇市场、黄金市场、银行卡市场较上年有一定程度的提升。

从各个金融子市场2006~2014年的综合发展态势可以看出：债券市场、基金市场、期货市场和信托市场是过去8年时间中年均增速最快的市场，指数8年年均增速超过51%，高于其他子市场。就2014年发展情况看，在发展速度较高的4个子市场中，债券市场表现突出，指数达到63958点，较2013年增长了45.0%；基金市场、期货市场的指数分别达到41217点和27640点，较2013年分别增长了232.9%和13.2%；信托市场指数达到26821点，较2013年增长了7.1%。银行卡市场、外汇市场、股票市场、货币市场、黄金市场、保险市场较为平稳，6个市场的指数分别达到10136点、5809点、7104点、5362点、3214点、1352点，较2013年分别增长了0、0、83.9%、25.3%、0、8.3%。

整体而言，2014年天津各金融子市场的发展都处在上升通道中，部分市场继续保持较快增长速度，在国内处于领先地位。

从增速判断景气状况，2014年，各金融子市场的增长态势分化。其中，基金市场、股票市场、货币市场呈现出加速增长的态势，十分景气。其中，基金市场、股票市场、货币市场环比指数分别达到3329点、1839点和1253点，较2013年分别增长了1295点、557点和91点。

债券市场、保险市场、期货市场、信托市场经历过前期快速增长后，继续保持稳定增长，但当年增速较2013年有所降低，环比指数分别为1450点、1083点、1132点、1071点，分别比2013年降低930点、3点、414点、

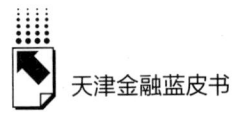

635点。

以下将具体分析各个金融子市场在2006～2014年的发展速度和2014年最新走势，解读各子市场的结构。

（1）股票市场

2014年，股票市场指数为7104点，较2013年有显著增加，增速达83.9%；环比指数为1839点，较2013年增长557点，增速较2013年有明显提升。

天津市历来重视股票市场发展，将推动企业上市和多层次资本市场建设作为建设天津现代金融体系的关键点之一。基于股票市场的重要地位，该指标被赋予10%的权重。

2014年，天津股票市场交易量、融资额和境内上市公司数量有所上升。2014年，天津股票市场交易量为17859亿元，同比上升52.5%；股票市场融资额为182亿元，同比上升303.5%；境内上市公司数达42家，比2013年增加4家。上市公司总股本488.3亿股，总市值5322.0亿元，同比增长48.3%，其中，流通市值4522.1亿元。

2014年，天津股票市场的交易规模和融资能力有不同程度提升。其中，天津股票市场交易量比2013年上升了52.5%；股票市场融资额比2013年上涨了303.5%。

2014年，股票市场交易量环比指数为1525点，股票市场融资额环比指数为4035点，境内上市公司数环比指数为1105点，上述三个指标的增速都有所上升。

（2）债券市场

2014年，债券市场指数达63958点，较2013年增长45.0%；环比指数为1450点，较2013年降低了930点，增速有所下降。

债券市场是金融市场的重要组成部分，融资功能突出，且对稳定金融市场，实施宏观调控具有重要作用。债券市场的快速健康发展，有助于提高金融市场效率，维护金融市场稳定。基于此，债券市场被赋予13%的权重。

2014年债券市场呈现平稳较快发展，债券市场（交易所）交易量与债券市场融资额均有所提升,成为天津金融改革创新的重要成就之一。2014年,天津(交易所)债券市场交易量达到19542亿元,比2013年增长44.8%;2014年天津国内债券筹资额达到1503.1亿元,比2013年增长45.5%。债券市场交易规模和融资能力均有显著提升。

2006~2014年,天津债券市场保持稳健发展,交易规模和融资能力有所提升,见表9和表10。

表9 债券市场组成要素增速

单位:%

增速类型	2006~2014年年均增速	2014年增速
债券市场交易量(交易规模)	51.3	44.8
当年国内债券筹资额(融资能力)	46.4	45.5

资料来源:课题组整理。

表10 2014年债券市场组成要素环比指数

指数类型	2014年环比指数	指数类型	2014年环比指数
债券市场交易量(交易规模)	1448	当年国内债券筹资额(融资能力)	1455

资料来源:课题组整理。

2014年天津债券市场交投活跃,交易规模有显著程度增长,交易所交易量达到19542.2亿元,增速比2013年有所降低,继续保持了快速增长的趋势。2014年天津市直接融资规模和品种进一步拓宽。全年债券发行额为1503.1亿元,股票融资182亿元,其中短期融资券筹资额为387.7亿元,中期票据筹资额为930.4亿元。企业通过银行间债券市场融资规模不断扩大。

(3)保险市场

2014年,保险市场指数为1352点,较2013年增长8.3%;环比指数为1083点,比2013年增速略有下降。

保险市场是重要的避险和投资平台,且具有一定的资金筹措功能,能够增强一个地区的金融实力。鉴于保险市场的地位和作用,赋予该指标5%的权重。2014年,天津保险业在稳定未来预期,防范社会管理风险和克服经济增长挑战方面发挥了积极的作用,保险保障覆盖面不断扩大,承担风险责任和服务社会的能力提升。2014年末,天津市保险公司总资产为1370.1亿元,比年初增长36.9%。2014年,天津市保险业新增承保保单1856.4万件,同比增长75.6%。全年天津市保险业赔付104.4亿元,同比增长2.3%,低于上年同期23.6个百分点。其中,船舶险、货运险和家财险赔款支出显著下降,降幅接近或超过30%,拉低了整体财险赔款支出。专项领域保险取得新进展,起草了《天津市小微企业贷款保证保险风险补贴资金管理办法(试行)》,成立小微企业贷款保证保险服务中心,积极支持小微企业发展。探索专利权质押贷款保险,积极推动专利保险实施。加强地震指数保险与农业保险制度创新步伐等。截至2014年底,天津保险深度为2.0%,较2013年提升0.1个百分点,天津保险密度达到2094.9元/人,较2013年增长11.4%。

如表11所示,保险市场组成要素中,保险深度略有下降外,保险密度有一定的上升。2014年,天津市保险业经营主体稳步扩张。渤海人寿保险公司在津成立,民生人寿保险公司、英大泰和财产保险公司分别在津设立分公司,基本形成了种类齐全、布局合理的保险市场体系;同时,积极推动保险经营模式的转变,防范化解风险,保险市场保费收入稳步增长,产品结构不断优化,保险市场继续朝着种类齐全、布局合理的方向发展。

表11 2014年保险市场组成要素环比指数

指数类型	2014年环比指数	指数类型	2014年环比指数
保险深度	1053	保险密度	1114

资料来源:课题组整理。

(4)货币市场

2014年,货币市场指数为5362点,增速达25.3%,增速已连续四年保持上升,发展速度在各子市场中处于居中的位置;环比指数达到1253点,比 2013 年有所上升，提高了 91 点，发展前景良好。

货币市场是短期资金交易市场，为金融机构提供灵活有效的管理手段，促进资金安全流动，满足了短期资金需要。鉴于货币市场的重要地位，赋予该指标 10% 的权重。

2014 年，货币市场交易额显著提升，达到 72718 亿元，继续保持了市场活跃。2014 年天津市银行间同业拆借市场累计完成信用拆借 2091 笔，同比下降 15.1%；累计拆借金额为 6237.3 亿元，同比下降 22.5%。债券回购交易量继续保持增长态势，累计成交额为 66480.7 亿元，同比增长 32.9%。从期限看，市场交易仍以短期为主。天津地区同业拆借市场上，隔夜和 7 天拆借作为同业拆借市场的主要交易品种，占全部拆借成交金额的 82.5%。在回购交易中，期限在 7 天以内的投资品种也是主要的交易对象，全年的交易金额达到 61556.3 亿元，占全部回购交易量的 92.6%。从资金价格看，2014 年天津机构同业拆借拆入加权平均利率较上年下降 0.3387 个百分点；同业拆借拆出加权平均利率较上年下降 0.2498 个百分点，见表 12。

表 12　2014 年货币市场交易额环比指数

指数类型	2014 年环比指数
货币市场交易额	1253

资料来源：课题组整理。

（5）期货市场

2014 年，期货市场指数为 27640 点，较 2013 年增长 13.2%，市场发展步伐加快；环比指数为 1132 点，较 2013 年增速有所下降，见表 13。

表 13　2014 年期货市场交易额环比指数

指数类型	2014 年环比指数
期货市场交易额	1132

资料来源：课题组整理。

期货市场是重要的衍生品场内交易市场，伴随股指期货推出，国内期货市场发展迈上崭新台阶。基于期货市场的地位，被赋予6%的权重。2014年期货市场发展速度在各个金融子市场中位居中游。在结束了2009年、2010年的快速增长，2011年、2012年的增速放缓，以及2013年增长速度显著回升之后，2014年环比指数达1132点，较2013年降低414点。

2014年，法人期货公司业务规模持续扩大。2014年末，天津市6家法人期货公司资产总计41.7亿元，比年初增加13.7亿元；净资产总计11.3亿元，比年初增加4.8亿元。全年代理交易量5347.1万手，同比增加1663.9万手，代理交易额51321.5亿元，同比增加39.4%，手续费收入1.0亿元，同比增长126.5万元。全市期货营业部增至29家，较上年同期增加9家，期货营业部手续费收入0.6亿元，代理交易额31598.9亿元，代理交易量2559.5万手。

（6）基金市场

2014年，基金市场指数达41217点，较2013年增长232.9%；环比指数达3329点，比2013年增加了1295点，增速有所提升，见表14。

表14　基金市场交易额环比指数

指数类型	2014年环比指数
基金市场交易额	3329

资料来源：课题组整理。

基金市场是天津建设发展资产管理中心的重要支点，伴随着国内股票市场、债券市场、互联网金融的深化发展，天津基金市场将拥有更好的发展环境和机遇。基于此，基金市场被赋予4%的权重。

从基金市场发展看，2014年，天津基金市场交易额达1610.2亿元，比2013年提升232.9%。

（7）外汇市场

2014年，外汇市场指数达5809点，较2013年上涨为0，增长趋于平稳；环比指数达1000点，增速趋缓，见表15。

表15　2014年外汇市场交易额环比指数

指数类型	2014年环比指数
外汇市场交易额	1000

资料来源：课题组整理。

中国的外汇市场以人民币外汇市场为主，包含外汇即期、外汇远期及外汇掉期等业务。对于定位于国际港口城市的天津而言，积极发展本地区的外汇市场，将有助于城市定位目标的实现。基于外汇市场的地位和作用，该指标被赋予3%的权重。

截至2014年末。天津滨海新区外汇各项存款余额为34.64亿元，同比下降0.27%，外汇各项贷款余额为77.14亿元，同比增长7.19%。

SWIFT（环球银行金融电信协会）2015年6月的数据显示人民币在全球支付体系中排名保持第五。根据2011年末联合国公布的数据，中国于2010年取代美国成为世界上最大的制造业国家。伴随中国综合国力提升以及金融体系更加现代化，人民币正以更大的可能性成为将来国际上比较被接受的货币之一。从国际金融史来看，当货币流通范围超过法定的流通区域，或该货币的份数或倍数被其他地区模仿时，该货币就实现国际化了。因此，人民币国际化在很大程度上是市场选择的结果。伴随中国利率汇率市场改革措施稳步推出，以及人民币资本项目可兑换逐步实现，人民币在国际经贸往来中的可用性将会提升，将产生降低中国企业汇率风险、提升我国金融机构融资效率、维护储备资产价值等收益，促进中国经济发展。因此，人民币国际化的步伐将进一步加快，汇率政策的灵活性与自主性也将增强，这将为天津外汇市场的稳步发展创造条件。

（8）黄金市场

2014年，黄金市场指数达3214点，与2013年持平；环比指数达1000点，市场增长速度保持稳健。黄金市场是国际金融市场的组成部分之一，具有保值增值的功能和货币政策功能，鉴于黄金市场的地位和作用，该指标被赋予3%的权重，见表16。

表16 2014年黄金市场交易额环比指数

指数类型	2014年环比指数
黄金市场交易额	1000

资料来源：课题组整理。

黄金市场稳步发展。2014年，天津市黄金市场总体运行状况良好，其中天津市金融机构黄金市场业务发展较为平稳，总体趋势与全国基本一致，呈现交易量和交易金额大幅攀升、交易品种不断丰富、交易机构数量不断增加三大特点。2014年全市金融机构黄金业务交易量及交易金额分别增长至2007年的4.7倍和6.6倍；交易品种由初期的单一品种扩展为15个黄金业务品种；交易机构由四大国有商业银行发展至包括国有、股份制、地方法人和外资银行在内的多种类型的金融机构。

(9) 信托市场

2014年，信托市场指数达26821点，较2013年增长7.1%；环比指数为1071点，较2012年降低635点，增速有所降低。信托市场是一个快速发展的市场，自2007年起，信托公司通过转型和进行结构调整，改善产品和服务，在利润和信托资产等方面均获得了几何级的增长。信托市场能够提供丰富多样的投资渠道，在投资领域和产品架构方面持续创新，管理受托资产时恪尽职守，使其成为越来越多的投资者进行资产配置的市场。鉴于天津信托市场的重要地位和作用，被赋予9%的权重，见表17。

表17 法人信托公司资产总额环比指数

指数类型	2014年环比指数
法人信托公司资产总额	1071

资料来源：课题组整理。

2014年，天津法人信托公司信托资产总额达到4281亿元，比2013年上升7.1%。从企业类型上看，资金信托业务投向大型企业的占比较高，近几年一直保持在高位运行；从行业分布上看，信托资金主要投向租赁和商业服务业、建筑业、水利环境和公共设施管理业、批发和零售业以及制造业，上述行业信托资金占比较高。资金投向的过度集中易使信托资产质量受个别企业、行业经营波动的影响，一旦形成集中违约，不仅给信托公司带来巨大亏损，还可能影响社会稳定。

（10）银行卡市场

2014年，银行卡市场指数达10136点，与2013年持平；环比指数为1000点。近年来，天津银行卡市场发展迅速，构建起良好的电子支付服务环境，切实方便了城市居民生活。鉴于此，该指标被赋予5%的权重，见表18。

表18 2014年银行卡市场环比指数

指数类型	2014年环比指数
银行卡累计消费量	1000

资料来源：课题组整理。

2014年，天津银行卡产业发展加速。银行卡具有安全可靠、支付快捷、标准一致等特点，其应用领域涵盖金融、社保、公共交通、公用事业、医疗卫生、企业等领域。伴随着京津冀协同发展战略实施，银行卡在京津冀大交通领域已取得多方面应用成果。截至2014年末，京津冀金融IC卡累计发卡量为10028万张。银行卡在公共交通领域的应用将促进金融信息化与城市智能化建设紧密结合，使公众享受到金融创新的成果。

（三）金融机构发展度分析

金融机构是金融中心的主要建设者和参与者，也是凝聚各种金融资源的关键。基于金融机构的战略重要性及对金融业发展的影响程度，金融机构被赋予较高的权重，达到33%。该指标下共分7项二级指标，二级指标权重如表19所示：

表19　金融机构及其二级指标权重

单位：%

金融机构指标权重	33	金融机构指标权重	33
1. 机构总量	5	5. 期货公司	6
2. 银行机构	40	6. 共同基金	4
3. 保险机构	20	7. 信托公司	10
4. 证券公司	15		

资料来源：课题组整理。

1. 金融机构整体

金融机构整体2014年继续保持平稳较快发展的趋势，指数达到3338点，较2013年增长20.1%；环比指数达到1201点，比上年增长120点，增速较上一年有所提升。

从发展速度看。2007年、2009年和2010年金融机构增速在17%以上，分别达到33.5%、22.3%和17.1%。金融机构的整体发展速度一直处于较快水平，受全球金融危机和欧洲主权债务危机的影响，2008年有所放缓，但仍比上年增长12.2%，2011年、2012年、2013年增速分别为6.2%、11.8%、8.1%，2014年增速为20.1%。

金融机构增速呈现出一定的波动状态，但总体趋势是好的，在经历了2007年金融机构增速大幅提升后，2008年受到金融危机的影响，增速一度放缓，但是经历了2010年和2011年增速连续放缓以及2012年、2013年增速小幅提升之后，2014年金融机构增速显著提升。

2014年，天津金融机构数量持续增长，金融机构实力更为强劲。一方面，2014年天津法人商业银行数（中资）达到11个，比2013年增加一个；法人保险公司数达到6个，比2013年增加一个；证券公司营业部数达到122个，比2013年增加15个；期货公司营业部数达到29个，比2013年增加4个。另一方面，银行业金融机构资产总额达到4.4万亿元，比2013年增加0.3万亿元，且不良贷款率达到0.94%，比2013年提升了0.15个百分点；保费收入达到317.75亿元，比2013年增加40.95亿元；法人证券公司

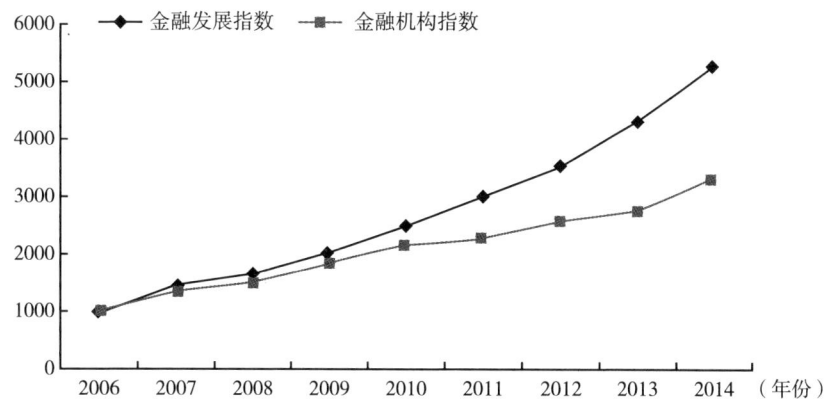

图9 金融机构指数与天津金融发展指数曲线

资料来源：课题组整理。

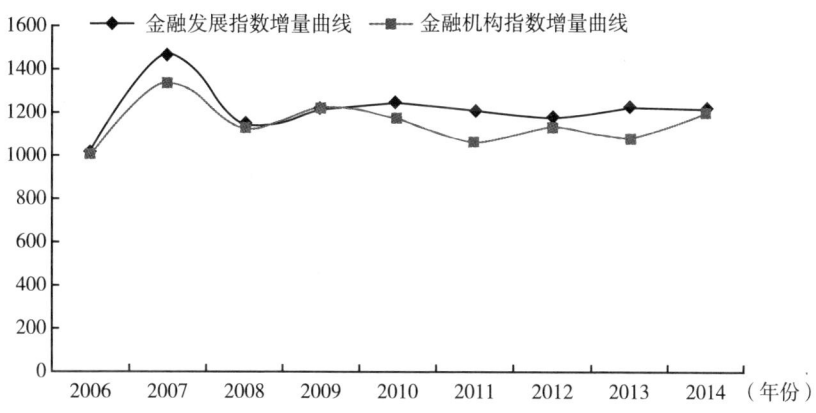

图10 金融机构指数与天津金融发展指数增量曲线

资料来源：课题组整理。

资产总额达到262.36亿元，比2013年增加121.56亿元；法人期货公司手续费净收入达到1亿元，同比增加4%；法人基金管理公司管理资产总额达到5906.05亿元，比2013年增加3962.4亿元。"质量双升"成为2014年天津金融机构整体发展的主要特征。

2. 金融机构总量

就金融机构总量来看，发展速度十分稳健。2014年，机构总量指数达到1274点，与2013年持平；环比指数为1000点，较2013年降低69点，增速有所降低。

机构总量是考察天津金融业发展状况的一个重要指标，通过度量金融市场体系中"岛屿"的丰富程度，反映天津现代金融服务体系的发育程度，鉴于此，机构总量被赋予5%的权重。

2014年，天津金融机构总数达到3798个，与2013年持平。2006~2014年，天津金融机构总数的年均增速达到3.1%，保持了平稳发展的态势。

3. 金融机构子行业

从金融机构行业结构来看，2014年共同基金、证券公司的增长速度较快，发展势头较好；保险机构、银行机构、期货公司、信托公司，增长较为平稳，发展态势稳健。

金融机构共包含7项二级指标，除机构整体评价外，划分为6类金融机构。总的来看，伴随世界经济逐渐复苏，天津金融改革创新不断向纵深推进，多个行业机构发展速度较2013年略有提升，例如共同基金、证券公司、保险机构。此外，银行机构、信托公司、期货公司的发展速度基本稳定，当年增速较2013年略有降低或持平。

在六个金融机构行业中，共同基金发展速度最快，指数达到4839点。环比指数达到2937点，比2013年增加了1937点，增速显著提升。近年来，共同基金发展经历了先稳后快的过程，在经历了2007~2012年的波动上扬后，2013年、2014年共同基金迎来"井喷"式快速发展。发展速度位列其后的分别是银行机构和保险机构，指数分别达到3947点和3638点。其中，银行机构发展经历了先波动后收敛的过程，2007~2012年增速的波动幅度较大，2013年以来增速波动程度有所收敛。2014年银行机构的指数达到3947点，环比指数达到1083点。与此同时，保险机构的增速在经历了2007~2011年的大幅波动后，2012年以来逐渐趋稳。2014年，保险机构的指数达到3638点，环比指数达到了1084点。增速在上述三类机构之后的是期货公司和证券公司，指数分别达到1951点和1648点。其中，期货公司的增速在经历了2007~2011年的大幅波动后，2012年以来逐渐趋稳。2014年期货公司的指数达到3018点，环比指数达到了1082点。证券公司的增速在经历了2007~2010年的大幅波动后，2011年以来逐渐趋稳。2014年证券公司的指数达到2845点，环比指数达到了1459点。此外，由于信托公司的法人机构数近年来没有变化，因此，该类机构的增速保持不变。

（1）银行机构

2014年，银行机构持续稳步发展，指数达3947点，较2013年增长8.3%，增速较上年略有下降。

2014年，天津市银行机构保持平稳较快增长，机构数量与机构实力均有一定的提升。2014年，天津银行业法人商业银行数（中资）达到11家，比2013年增加1家。2014年，商业银行机构数达到2952家，比2006年增加887家。2014年，银行业金融机构资产总额达到4.4万亿元，比年初增加0.3万亿元，同比增长7.1%，增速趋于收敛。2014年，本外币贷款余额为23223.42亿元，增速为11.3%，新增加2365.6亿元，同比少增95.38亿元，贷款增速低于全国本外币贷款平均增速2个百分点。受经营贷款和贸易融资贷款增速明显放缓影响，短期贷款同比少增797.7亿元。其中，短期经营贷款同比少增520.0亿元，为影响全市短期贷款少增的主要因素。中长期贷款和票据融资同比多增显著，是推动全年信贷增长的主力军。在固定资产贷款的拉动下，中长期贷款同比多增309.5亿元。票据融资从二季度开始大幅回升，同比多增292.5亿元。2014年本外币存款余额为24777.8亿元，增速为6.4%，低于全国本外币存款平均增速3.2个百分点，新增加1462亿元，同比少增1519.6亿元。不良贷款率为0.94%，同比上升0.15个百分点，不良贷款余额为245.0亿元，比年初增加了82.4亿元，不良贷款有"双升"压力。银行业金融机构累计实现净利润542.2亿元，同比增长0.4%，较上年回落18.1个百分点，但整体实力仍然较强。地方法人金融机构不断壮大，成立了天津市第一家汽车金融公司，新增加5家村镇银行。

（2）保险机构

2014年，保险机构实现平稳发展，指数达3638点，较2013年增长

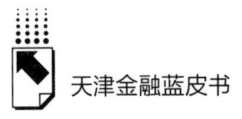

8.4%，增速较上年略有上升。

2014年，天津市保险机构保持平稳增长，机构数量与机构实力均有一定的提升。2014年，天津法人保险公司数达到6家，比2013年增加1家。2014年，保险公司机构数达到621家，比2013年增加16家。2014年，天津全市实现保费收入达到317.8亿元，比2013年增长14.8%。其中，2014年，财产保险公司保费收入108.9亿元，比上年增长6.5%。人身保险业务实现保费收入208.9亿元，同比增长19.7%。全年天津市保险业赔付104.4亿元，同比增长2.3%，低于上年同期23.6个百分点。其中，船舶险、货运险和家财险赔款支出显著下降，降幅接近或超过30%，拉低了整体财险赔款支出。

保险保障覆盖面持续扩大，承担风险责任稳步提升。2014年，天津市保险业新增承保保单1856.4万件，同比增长75.6%，增速较上年提高23.7个百分点；新增保险金额76508.3亿元，同比增长26.8%。

（3）证券公司

2014年，证券业机构稳步发展，指数达2845点，较2013年上涨45.9%，环比指数达1459点，增速比2013年显著上升。

伴随天津证券公司整体稳步发展，证券业机构数量与机构实力均有不同程度的提升。2014年，天津法人证券公司1家，与2013年持平。2014年天津证券公司营业部数达122家，比上年增加15家。2014年，天津法人证券公司资产总额达到262.36亿元，比年初增加88.9亿元，净利润同比上升130.3%。

2014年，天津证券营业部开立资金账户209.1万户，同比上升4.3%，客户交易结算资金余额171.3亿元，同比上升104.9%。

（4）期货公司

2014年，天津期货公司发展步伐稳健，指数达到3018点，较2013年增长45.9%，增速有所上升。

受国际金融危机和主权债务危机的后续影响，天津期货业指数在经历了2007~2010年的快速增长后，在2011年增速放缓，降入谷底，之后到2012

年、2013年增速有所回升，2014年增速达到一个新的高点。2014年天津期货公司指数达到3018点，2014年期货公司环比指数达到1459点，增速显著上升。2014年，期货公司的机构数量和机构实力都有所增长，其中，法人期货公司保持6家。2014年，法人期货公司手续费净收入达到1亿元，同比增长126.5万元。法人期货公司资产总计41.7亿元，比年初增加13.7亿元；净资产总计11.3亿元，比年初增加4.8亿元。全年代理交易量5347.1万手，同比增加1663.9万手，代理交易额51321.5亿元，同比增加39.4%。2014年，期货公司营业部数达到29家，比2013年增加4家。期货营业部手续费收入0.6亿元，代理交易额31598.9亿元，代理交易量2559.5万手。

（5）共同基金

2014年，共同基金呈现出良好的增长势头，指数达到4839点，指数较2013年有显著的提升。

近年来，天津共同基金呈现出较为稳健的增长步伐。法人基金管理公司管理资产总额由2006年的1.88亿元，迅速增长到2007年的59.96亿元，此后2008年进行深度调整，降低至33.9亿元，然后较为稳健地增长至2012年的99.5亿元，2013年迅速扩张至1943.62亿元，2014年提升至5906.05亿元。2014年，天津法人基金管理公司数延续了1家的情况。天津法人基金管理公司管理资产总额比2013年大幅上涨了2.04倍，达到5906.05亿元。天弘基金资产规模快速扩张，得益于其与支付宝合作推出的"余额宝"，即增利宝货币市场基金规模迅速扩张。2014年末该公司管理的基金总数达到39只。综合来看，2014年，天津共同基金呈现出快速增长的态势。

（6）信托公司

近年来，天津市的信托公司呈现出稳健发展的势头，指数自2006~2014年，始终保持1000点，2014年环比指数为1000点。2014年，天津法人信托公司数为2家，营业机构2家，从业人员275人，自营资产总额为73.2亿元。从业人数比2013年减少了13人，自营资产总额比2013年增加了13.6亿元。

（四）金融人才发展度分析

全球金融中心指数（GFCI）研究报告显示，人才供给因素在影响一个国际金融中心的前六大因素中位居榜首。金融人才不仅是发展一个地区金融业的重要基础，也是该地区综合吸引力的体现。近年来，天津持续加大海内外高层次、紧缺金融人才引进培养力度，积极创新人才引进方式，探索形成了"政府积极搭建平台、企业发挥主体作用、充分运用市场机制"的吸引集聚海内外金融人才的协同机制。先后多次组织开展了较大规模的海外人才集中招聘活动，金融人才聚集效应初步显现。

金融人才是影响天津金融业长期发展的重要软因素；但考虑到天津当前的市场特性，金融市场和金融机构相对具有更为显著的影响力，外加政策因素的决定性作用，金融人才的权重设定为10%。

由于人才相关数据更新较慢，且单纯依靠客观数据难以全面反映金融人才方面的发展状况，因此，采取了主观指标和客观指标相结合的方式，反映天津金融业人才发展状况。金融人才包含3项二级指标，二级指标的权重如表20所示：

表20　金融人才及其二级指标权重

单位：%

金融人才指标权重	10
1. 人才总量	40
2. 人才质量	35
3. 人才引力	25

注：2006～2011年，不纳入主观指标时的二级指标权重分别为：人才总量40%，人才质量20%，人才引力40%。

资料来源：课题组整理。

1. 金融人才整体

2014年，金融人才整体继续保持平稳较快发展的趋势，指数达到1692点，较2013年增长3.7%，增速较上一年略有下降；环比指数达到1037点，比上年减少3点。

从发展速度看，2014年金融人才指数达到1692点，较2013年增长3.7%。2007年和2010年，金融人才的整体发展相对较快，增速超过14.2%，但是受到国际金融危机和欧美主权债务危机的影响，2008年和2009年增速有所放缓，伴随全球经济复苏，自2011年以来天津金融人才增速维持在5%左右，见图11。

从增速看，金融人才增速呈现出波动状态，但总体趋势是向上的，在经历了2007年金融人才增速大幅提升后，2008年、2009年受到金融危机的影响，增速一度放缓，此后，在经历了2010年增速再次提升后，2011~2013年金融人才增速趋缓，维持在5%左右，2014年金融人才增速为3.7%，见图12。

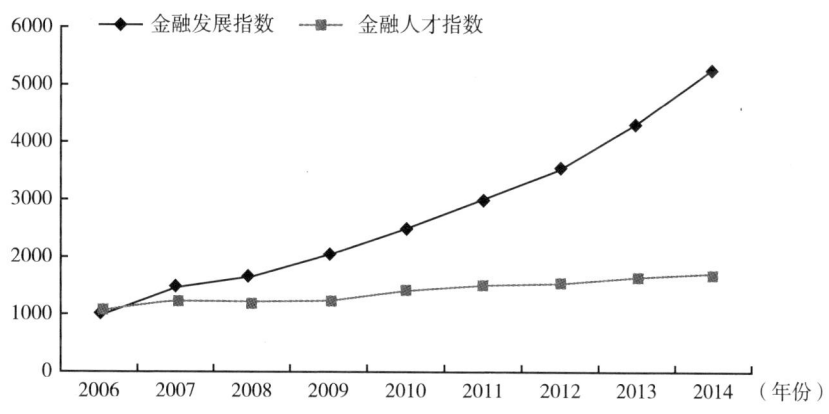

图11　金融人才指数与天津金融发展指数曲线

资料来源：课题组整理。

近年来，天津金融人才"质量双升"，天津对于金融人才的吸引力不断增强。从客观数据看，2014年，天津金融从业人员达到16.16万人，比2013年提升0.6万人，比2006年提升8.09万人；金融从业人员占地区的比重达到1.84%，比2006年增加0.41个百分点；高等学校毕业生人数达到12.35万人，比2013年增长0.25万人。金融从业人员高等学历比例达到

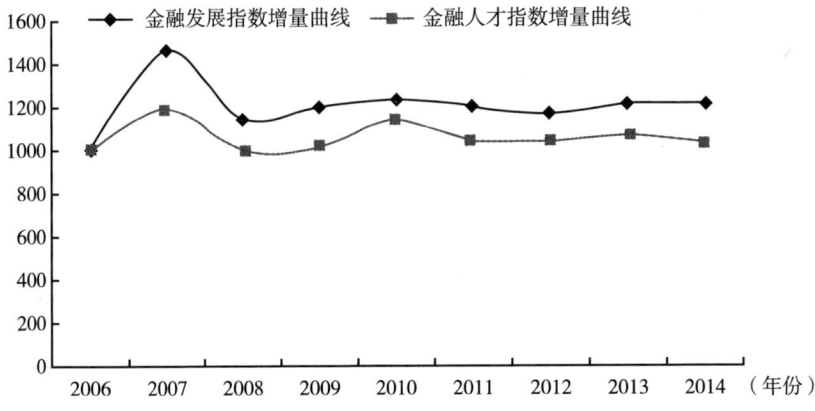

图12 金融人才指数与天津金融发展指数增量曲线

资料来源：课题组整理。

70%，比2013年提升1个百分点；金融从业人员工资水平达到128753元，比2006年增长68956元。从主观评价看，51.58%的受调查人群认为天津金融人才充裕度有所改善，55.58%的受调查人群认为金融人才质量有所改善，40.47%的受调查人群认为金融人才引进力度有所改进。

2. 金融人才各方面

从人才发展结构看，2014年人才质量的增长速度较快，发展态势较好；人才引力、人才总量的增速较低，发展态势稳健。

金融人才包含3项二级指标，分别是人才总量（即人才充裕度）、人才质量、人才引力（金融人才引进力度）。总的来看，伴随全球经济复苏和天津社会经济全面发展，2014年，天津金融人才比2013年具有一定程度的改善。其中，人才引力提升较为显著，人才质量和人才总量的发展较为稳健。

在反映金融人才发展的三个方面之中，人才引力的中长期发展是十分突出的，指数达到1964点。2014年，人才引力环比指数达到1059点，比2013年降低了24点，增速略有放缓。人才引力在2007年和2010年的增速较快，其余年份增速处于相对较低水平。发展程度位列其后的是人才质量，2014年人才质量指数达到1759点，环比指数为1042点，比2013年增速略有提升，提升了3点。人才质量在经历了2007年和2008年的大幅提升后，2009~2014年人才质量增速大致维持在3%至4%之间。最后是人才总量，2014年人才总量指数达到1427点，环比指数为1021点，比2013年增速略有降低，降低了66点。人才总量在经历了2010年和2013年的两次较快增长之后，2014年增速趋缓，其他年份增速则处于相对较低水平。

（1）人才总量

2014年，人才总量持续稳步发展，指数达1427点，较2013年增长2.1%，增速较上年略有降低。

2014年，天津金融人才保持平稳适度增长，其中，人才总量（人才充裕度）、人才质量和金融人才引进力度均有小幅提升。2014年，金融人才指数达1692点，较2013年增长61点，增幅达3.7%。从客观数据看，2014年天津金融从业人员数达到16.16万人，其中，银行业金融机构从业人员达到6.22万人，2006~2014年，天津金融从业人员的年均增速达到9.1%。2014年天津金融从业人员占地区的比重达到1.84%，比2006年提升了0.41个百分点。2014年天津高等学校毕业生数达到12.35万人，2006~2014年，天津大学毕业生人数的年均增速达到5.3%。金融人才充裕度有一定的上升。从主观评价看，2013年有3.25%的受调查人群认为天津金融人才充裕度显著改善，48.40%的受调查人群认为金融人才充裕度较为改善，34.93%的受调查人群认为金融人才充裕度无变化，13.50%的受调查人群持其他观点。

（2）人才质量

2014年，金融人才质量实现平稳发展，指数达1759点，较2013年增长4.2%，增速较上年略有提升。

2014年，天津金融人才质量保持平稳增长。2014年，金融人才质量指数达1759点，较2013年增长70点，增幅达4.2%。从客观数据看，2014年天津金融从业人员高等学历比例达到70%，比2013年提升1个百分点。从主观评价看，2014年有3.98%的受调查人群认为天津金融人才质量显著改善，51.57%的受调查人群认为金融人才质量较为改善，34.14%的受调查人群认为金融人才质量无变化，10.33%的受调查人群持其他观点。

（3）人才引力

2014年，人才吸引力度稳步提升，指数达1964点，较2013年上涨5.9%，环比指数达1059点。

2014年，天津人才吸引力度稳步提升，人才引力指数达1964点，较2013年上涨5.9%，环比指数为1059点。从客观数据看，2014年天津金融从业人员工资水平达到128753元，2006～2014年金融从业人员工资水平的年平均增速达到10.0%。从主观评价看，2014年有3.98%的受调查人群认为天津金融人才引力显著改善，36.50%的受调查人群认为金融人才引力较为改善，46.04%的受调查人群认为金融人才引力无变化，13.47%的受调查人群持其他观点。

3. 金融人才服务体系

天津金融人才综合服务体系框架基本形成，多层次金融人才培训体系、综合服务、法规政策等人才基础建设工作有序开展。

近年来，天津市大力推动金融人才"十二五"规划各项任务的落实，人力资本优先积累、人才投入优先保证机制不断健全，构建起"引才、育才、聚才、用才"的工作体系。

积极推进"千人计划"引进、高层次人才认定及"131"创新型人才培养工程，树立全球视野，加快培育和引进各类高端金融人才。开展"中国（天津）引进海外人才智力网上交流洽谈""中国博士后金融论坛"等主题活动，与美国、英国、中国香港特区、中国台湾地区知名大学、专业培训机构合作，举办金融中高级管理人员出国（境）培训，鼓励金融机构从业人员持证上岗、资格准入，支持与国际接轨的认证机构在天津市开展相关培训和资质认定工作。大力实施多层次、多元化全员培训机制，加大资金投入，加强网络培训基地设施建设，构建"空中课堂、网上课堂"等远程教育网络体系。借助高等院校优势，开设金融专业在职研究生课程班。

深化干部人事制度改革，市场配置、公开选拔、定点招聘中高级管理人员,进一步完善高管人员正常退出和中层管理人员竞争上岗机制,促进优秀人才脱颖而出。大力推动金融企业博士后科研工作站建设。持续举办"财富大讲堂",聚焦金融改革创新,传播金融前沿理念。

(五)金融创新发展度分析

在天津金融发展指数中,金融创新是一大亮点,该指标可以衡量天津作为全国金融改革创新基地的建设情况,以及滨海新区金融先行先试的推进力度,对于全面反映天津金融业发展状况具有不可替代的作用。2014年,面临国家多种战略机遇,天津市委、市政府积极推动,天津金融产品和工具不断丰富,金融机构创新和发展步伐加快,金融市场不断深化发展,为建立与北方经济中心和滨海新区开发开放相适应的现代金融服务体系和金融创新示范区打下坚实基础。金融创新不仅是一个地区金融发展的核心因素,也是实现本地区金融业定位目标的主要推动力量。课题组一方面考虑到金融创新的战略重要性较高,另一方面考虑到由于创新发展速度的衡量方法目前尚处在探索阶段,为避免对最终指数造成过度影响,设置金融创新的权重为15%。该指标包括6项二级指标,二级指标权重如表21所示:

表21 金融创新及其二级指标权重

单位:%

金融创新指标权重	15	金融创新指标权重	15
1. 整体创新	10	4. 产品创新	15
2. 机构创新	20	5. 创新内部要素	25
3. 市场创新	20	6. 创新外部要素	10

资料来源:课题组整理。

1. 金融创新整体

2014年,金融创新保持快速发展,其指数达4303点,较2013年提升30.2%,连续4年保持较快增长,发展态势良好,见图13。

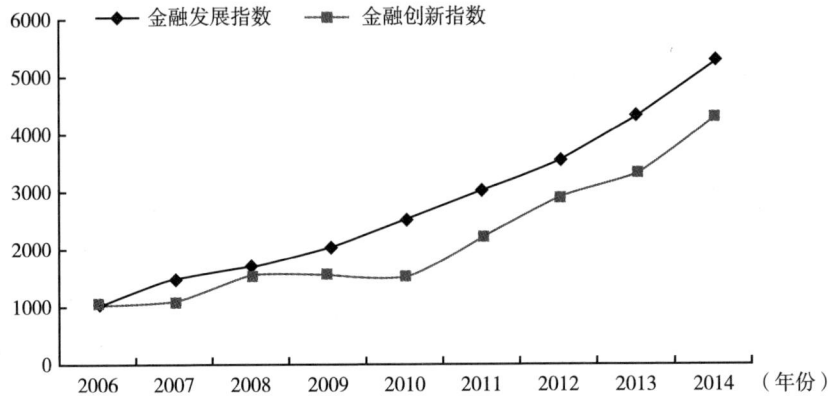

图 13　2006～2014 年金融创新指数与天津金融发展指数曲线

资料来源：课题组整理。

在金融创新指数的计算过程中，综合使用主观和客观方法。其中，机构创新和市场创新采取客观数据计算法，整体创新和产品创新采取主观评价和客观数据法相结合的方法，创新内部要素和创新外部要素采取主观评价法。由于主观评价法难以进行往年倒推，因此，仅 2012 年及其以后年份的天津金融发展指数引进了主观评价法，2006～2011 年的天津金融发展指数及其子指数仅使用客观数据法。

2014 年，金融创新指数达到 4303 点，较 2013 年增长 999 点，增速达 30.2%，连续 4 年保持较快增长；环比指数达到 1302 点，在一级指标中处在较为领先的位置，成为提升天津金融发展指数的引擎之一，见图 14。

2. 金融创新各方面

金融创新的各方面发展速度各有不同。2014 年，产品创新、机构创新、整体创新的发展势头较快；创新内部要素和创新外部要素较为稳健；市场创新发展势头趋缓。

从金融创新的各个方面 2006～2014 年的综合发展态势来看：产品创新、机构创新、市场创新是过去 8 年中年均增速较快的领域，8 年年均增速超过 18.0%，高于其他创新方面。紧随其后的是整体创新，该领域在过去 8 年中年均增速达到 11.9%。创新内部要素和创新外部要素为主观评价类指标，

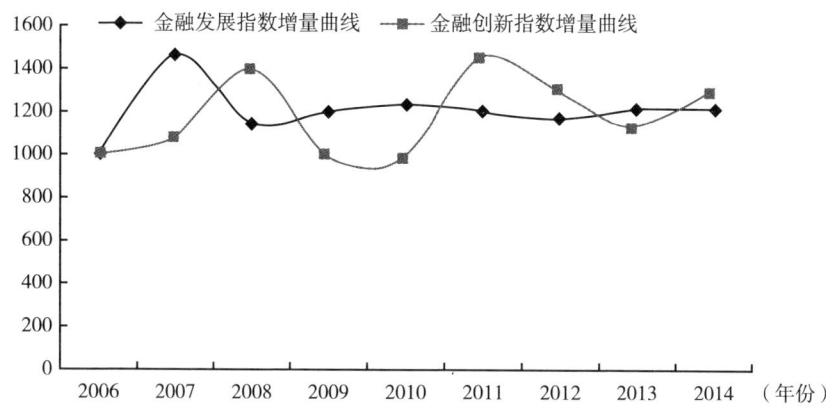

图 14　金融创新指数与天津金融发展指数增量曲线

资料来源：课题组整理。

考虑到 2012 年首次引入，故将 2012～2014 年增速的几何平均值假定为过去 8 年的年均增速，分别达到 5.5% 和 5.2%，比较稳健。

2014 年，在发展速度较高的 3 个创新领域中，产品创新表现尤为突出，指数达到 10965 点，较 2013 年增长了 122.2%；机构创新、市场创新指数分别达到 5785 点和 3844 点，较 2013 年分别增长了 18.1% 和 30.2%。除三个创新领域外，整体创新指数达到 2466 点，较 2013 年增长了 3.9%。创新内部要素和创新外部要素指数分别为 1173 点和 1163 点。

整体而言，2014 年天津金融创新的总体发展处于上升通道中，机构创新、产品创新和市场创新等方面继续保持较快增长速度，在国内处于领先地位。

从增速看，2014 年，整体创新、机构创新、市场创新、产品创新呈现出稳步增长的态势，环比指数分别达到 1039 点、1181 点、1302 点、2222 点，环比指数较 2013 年分别为持平、回落 26 点、回落 56 点、提升 1164 点；创新内部要素和创新外部要素环比增速分别为 1053 点和 1052 点，增速维持在较低水平。

以下报告将具体展示金融创新各子领域在 2006～2014 年的发展速度和 2014 年最新的走势，解读各子领域的结构和特征。

(1) 整体创新

2014年,整体创新指数为2466点,较2013年有所提升,增速达3.9%;环比指数为1039点,增速与2013年持平。

金融先行先试是天津滨海新区综合配套改革试验的重要内容,既是中国金融"自下而上"改革创新的重要组成部分,也是金融创新示范区建设的核心内容,还是中国(天津)自贸区试验的重点内容,天津市委、市政府历来十分重视。基于整体创新的重要地位,被赋予10%的权重。

从客观数据看,2014年天津金融重大先行先试试点数达到3个2与2013年持平。从主观评价看,关于天津整体金融创新,2014年有2.41%的受调查人群认为天津整体金融创新显著改善,53.62%的受调查人群认为整体金融创新较为改善,36%的受调查人群认为整体金融创新无变化,8.1%的受调查人群持其他观点。

从主观评价看,关于天津金融创新人才充裕度,2014年有4.83%的受调查人群认为天津金融创新人才充裕度显著改善,46.78%的受调查人群认为金融创新人才充裕度较为改善,41.12%的受调查人群认为金融创新人才充裕度无变化,7.27%的受调查人群持其他观点。

整体创新包含3项三级指标(1个客观指标和2个主观评价指标),分别从金融先行先试试点、金融整体创新、金融创新人才供给3个方面反映金融整体创新,2014年金融整体创新的3个方面都有一定程度的改善和提升。其中,天津金融重大先行先试试点数由2009年的1个上升为2012的3个,此后2013年、2014年保持不变;2014年,天津整体金融创新的主观评价,折合为环比指数达到1049点;2014年,天津金融创新人才充裕度的主观评价,折合为环比指数达到1048点,反映出受调查人群对于天津金融整体创新发展的乐观态度。从总体看,金融整体创新在上述3类指标的共同带动下,发展态势良好。

2014年,金融重大先行先试环比指数为1000点,整体金融创新主观评价环比指数为1049点,金融创新人才充裕度主观评价环比指数为1048点,呈现出较为稳健的发展趋势。

(2) 机构创新

2014年,机构创新指数达5785点,较2013年增长18.1%;环比指数为1181点,较2013年降低26点,增速略降低。

机构创新作为金融创新的重要组成部分,对于丰富和发展一个地区的金融功能,建成现代金融服务体系具有积极作用,基于此,该指标被赋予10%的权重。

2014年金融机构创新呈现平稳较快发展,创新型金融机构数量和种类均有所提升,凸显全国金融改革创新基地和金融创新示范区的效应。2014年,天津融资租赁法人机构数达到288家,比2013年增加91家,2006~2014年融资租赁法人机构数的年均增速达到86.1%,增速十分强劲。融资租赁合同余额达到10000亿元,同比增长73.9%。2014年,在天津注册的金融租赁公司达5家,截至2015年5月末,在天津注册的金融租赁公司共7家,注册资本金合计290亿元,总资产超过5100亿元,租赁资产合计达到4900亿元,占全国金融租赁行业份额超过35%。2014年,产业基金公司达到2家,与2012年持平。私募股权基金本地投资案例为7个,比2013年减少1个,私募股权基金本地投资金额达到5.23亿美元,比2013年增加469.33亿美元。2014年,天津财务公司为4家,与2013年持平。2014年,小额贷款公司达到110家,比2013年增加100家。2014年,融资性担保公司达到100家。2014年,典当公司达到173家,比2013年增加7家。

金城银行作为我国北方地区唯一获批设立的民营银行,是中国(天津)自贸区推进金融改革创新的一大亮点。自2015年4月27日开业以来,金城银行整体运行平稳,各项业绩指标位于民营银行前列,截至2015年7月,资产总额已达到72.14亿元,其中负债总额42.08亿元,所有者权益总额30.06亿元。与此同时,已储备意向客户项目近百个,涉及业务金额160亿元,涵盖财政金融、融资租赁、电子信息、能源等众多领域。

(3) 市场创新

2014年,市场创新指数为3844点,比2013有显著提升;环比指数为1302点,较2013年有所降低,降低了56点,发展态势良好。

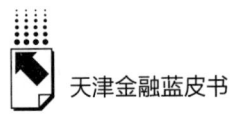

市场创新是滨海新区金融先行先试的重中之重,对于完善和发展天津金融市场功能具有积极影响,基于此,市场创新被赋予20%的权重。

2014年金融市场创新呈现稳健发展,创新型金融市场的个数和交易品种有所增加,一些创新型市场的交易规模有所提升,全国金融改革创新基地效应逐步显现。2014年,天津创新型交易市场个数达到10家,与2013年持平。10家创新型交易市场成交总金额和交易品种均比2013年有显著增加。天津渤海商品交易所、天津贵金属交易所、天津铁合金交易所和天津联合商品交易所4家商品类交易所拥有螺纹钢、热轧卷板、高线、白银、硅铁等数十个交易品种。天津金融资产交易所从事金融债权、不良金融资产等金融资产交易,截至2014年8月,天津金融资产交易所累计交易不良资产913宗,累计成交金额106.65亿元,其中形成竞价交易201宗,竞价平均增值率达22.08%。截至2014年,连续成功举办8届中国企业国际融资洽谈会。前七届融洽会的成功融资额分别为104.6亿元、200亿元、226亿元、256亿元、258亿元、236亿元、365亿元,累计为1645.6亿元。融洽会自2007年举办以来,累计已有来自全球五大洲30多个国家及地区的9800余家企业、机构参会,成为国际上规模大、层次高、交易多、影响广的投融资年度盛会。2014年,中国企业国际融资洽谈会意向融资额达到352亿元,比2013年减少4亿元。目前,天津股权交易所为非上市非公众公司提供股权融资和股权转让服务,以"规范、小额、多次、快捷、低成本"的股权私募融资为主要模式,建立规范的场外交易市场。截至2014年7月末,天津股权交易所累计挂牌企业494家,截至2015年7月,天津股权交易所总市值639.4亿元,市场累计直接融资82.78亿元,带动间接融资192.04亿元,注册服务机构367家,注册投资人37839户,私募债发行金额51.53亿元。此外,天津还积极参与全国中小企业股份转让系统("新三板")建设,加强京津金融合作。截至2014年末,天津已有41家企业在"新三板"挂牌。现在,天津已基本形成各类创新型资本及要素市场规范有序发展的态势。

(4)产品创新

2014年,金融产品创新指数达10965点,较2013年增长122.2%;环比指数为2222点,较2013年提升1164点,增速显著提升。

产品创新是金融创新活动的重要组成部分。根据《帕尔格雷夫经济学大辞典》的界定,"当一个新的金融产品或服务被人们广泛接受用来代替或补充已有的金融工具、机构或业务流程时,就可以称之为创新性的,而不只是新的或新颖的,这和任何其他创新性产品或服务一样。……金融创新重要的不是一种产品或过程(这通常是不明显)的创新,而是创新在市场中的扩散"。考虑到金融产品创新在金融创新中的重要作用,该指标被赋予15%的权重。

2014年金融产品创新获得较快发展,创新产品种类和交易额都有一定程度的增加,反映出金融创新活动具有较高的活跃性。从客观数据来看,2014年,天津市小微企业贷款余额达到3409.23亿元,小微企业贷款比年初增加443.9亿元,同比增长18.1%,高于贷款平均增速6.7个百分点。2014年,法人基金管理公司新基金产品数达到39个,比2013年增加25个,比2006年增加38个。从主观评价看,2014年有3.21%的受调查人群认为天津金融产品创新数量显著改善,53.21%的受调查人群认为金融产品创新数量较为改善,37.14%的受调查人群认为金融产品创新数量无变化,6.44%的受调查人群持其他观点。

(5) 创新内部要素

2014年,创新内部要素指数达1173点;环比指数为1053点,发展速度稳健。

创新内部要素由金融机构创新能力、组织形式创新程度、技术创新程度、服务创新程度、管理创新程度等反映金融体系内部影响金融创新能力的要素构成。考虑到这些影响要素不容易获取数据,本研究采取主观评价方法获得要素评分。同时,考虑到主观评价法难以进行往年倒推,因此,仅获得了创新内部要素2012~2014年的主观评价。考虑到创新内部要素在金融创新中的影响,创新内部要素指标被赋予25%的权重。

创新内部要素包括金融机构创新能力、组织形式创新程度、技术创新程度、服务创新程度、管理创新程度5个三级主观评价指标,每个三级指标的权重均为20%，见表22。下面逐个介绍受调查人群对于5个三级指标的评价。

表22 创新内部要素及其三级指标的权重

单位：%

创新内部要素指标权重	25	创新内部要素指标权重	25
金融机构创新能力	20	服务创新程度	20
组织形式创新程度	20	管理创新程度	20
技术创新程度	20		

资料来源：课题组整理。

关于"2014年金融机构创新能力"的主观评价，有4.82%的受调查人群认为天津金融机构创新能力显著改善，47.57%的受调查人群认为金融机构创新能力较为改善，37.94%的受调查人群认为金融机构创新能力无变化，9.67%的受调查人群持其他观点。

关于"2014年组织形式创新程度"的主观评价，有4.87%的受调查人群认为天津金融组织形式创新程度显著改善，43.91%的受调查人群认为金融组织形式创新程度较为改善，44.70%的受调查人群认为金融组织形式创新程度无变化，6.52%的受调查人群持其他观点。

关于"2014年技术创新程度"的主观评价，有4.83%的受调查人群认为天津金融技术创新程度显著改善，47.59%的受调查人群认为金融技术创新程度较为改善，40.30%的受调查人群认为金融技术创新程度无变化，7.28%的受调查人群持其他观点。

关于"2014年服务创新程度"的主观评价，有8.21%的受调查人群认为天津金融服务创新程度显著改善，52.45%的受调查人群认为金融服务创新程度较为改善，35.23%的受调查人群认为金融服务创新程度无变化，4.12%的受调查人群持其他观点。

关于"2014年管理创新程度"的主观评价，有5.68%的受调查人群认为天津金融管理创新程度显著改善，52.86%的受调查人群认为金融管理创新程度较为改善，36.56%的受调查人群认为金融管理创新程度无变化，4.90%的受调查人群持其他的观点。

结合上述主观评价结果，将5个三级指标折合成环比指数：金融机构创新能力为1046点、组织形式创新程度为1046点、技术创新程度为1049点、服务创新程度为1064点、管理创新程度为1059点。

（6）创新外部要素

2014年，创新外部要素指数达1163点；环比指数为1052点，增速较为稳健。

创新外部要素由监管部门推动创新力度、高校合作创新推动力度等反映金融体系外部影响创新能力的要素构成。与创新内部要素相同，由于这些影响要素不容易获取数据，本研究采取主观评价方法获得要素评分。同时，考虑到主观评价法难以进行往年倒推，因此，同样仅获得创新外部要素2012~2014年的主观评价。考虑到创新外部要素在金融创新中的影响，该指标被赋予10%的权重。

创新外部要素包括监管部门推动创新力度、高校合作创新推动力度2个三级主观评价指标，每个三级指标的权重均为50%，见表23。下面逐个介绍受调查人群对于三级指标的评价。

表23 创新外部要素及其三级指标的权重

单位：%

创新外部要素指标权重	10
监管部门推动创新力度	50
高校合作创新推动力度	50

资料来源：课题组整理。

关于"2014年监管部门推动创新力度"的主观评价，有3.22%的受调查人群认为天津金融监管部门推动创新力度显著改善，48.40%的受调查人群认为金融监管部门推动创新力度较为改善，39.51%的受调查人群认为金融监管部门推动创新力度无变化，8.87%的受调查人群持其他观点。

关于"2014年高校合作创新推动力度"的主观评价,有10.3%的受调查人群认为天津高校合作创新推动力度显著改善,43.3%的受调查人群认为高校合作创新推动力度较为改善,43.0%的受调查人群认为高校合作创新推动力度无变化,3.4%的受调查人群持其他观点。

结合上述主观评价结果,将2个三级指标折合成环比指数:监管部门推动创新力度为1044点、高校合作创新推动力度为1060点。

(六)金融生态发展度分析

金融生态环境是培育金融业发展的土壤,也是影响一个金融中心竞争力的关键因素,对于促进金融业发展,实现金融定位目标,促进金融市场发展具有重要作用。由于金融业的发展容易受到政策导向和规划的直接影响,因而通过政策导向创造有利的外部条件,营造良好的金融生态环境,显得尤为重要。基于以上因素,金融生态环境被赋予20%的权重,见表24。本报告从七个子领域来评估、衡量天津金融生态环境的发展状况,其中产业支撑、物价水平、宜居城市通过定量指标来描述,金融中介和信用环境采取定量指标和主观问卷相结合的方式来描述,政府服务、法律环境通过主观问卷调研的方式评估。

表24 金融生态环境及其二级指标的权重

单位:%

金融生态环境指标权重	20	金融生态环境指标权重	20
1. 金融中介	12	5. 宜居城市	5
2. 信用环境	8	6. 政府服务	20
3. 产业支撑	35	7. 法律环境	10
4. 物价水平	10		

资料来源:课题组整理。

1. 金融生态环境整体

金融生态环境保持平稳发展,2014年指数达1631点,较2013年小幅提升5.0%,增速比2013年提升0.4个百分点,增速依然稳健,见图15。

近年来,天津金融生态环境发展呈现稳步上升态势,尽管其发展速度低于金融市场、金融机构等,但仍以稳健的步伐逐步积累,有序增长,成为维护天津金融业发展的稳定器和土壤环境。金融中介、信用环境、产业支撑、政策支持、法律环境等都在日臻完善,与天津金融生态环境所处的阶段和社会经济环境的特征是相符合的。2014年,金融生态环境指数达到1631点,较2013年增长78点,环比指数达到1050点,低于其他4个一级指标,见图16。

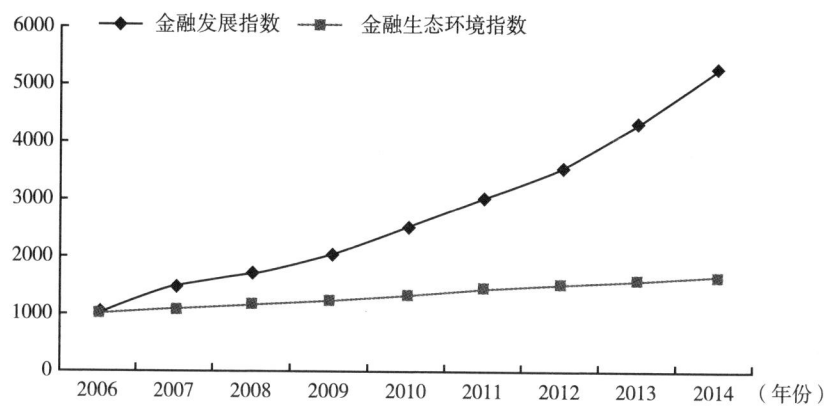

图15　金融生态环境指数与天津金融发展指数曲线

资料来源:课题组整理。

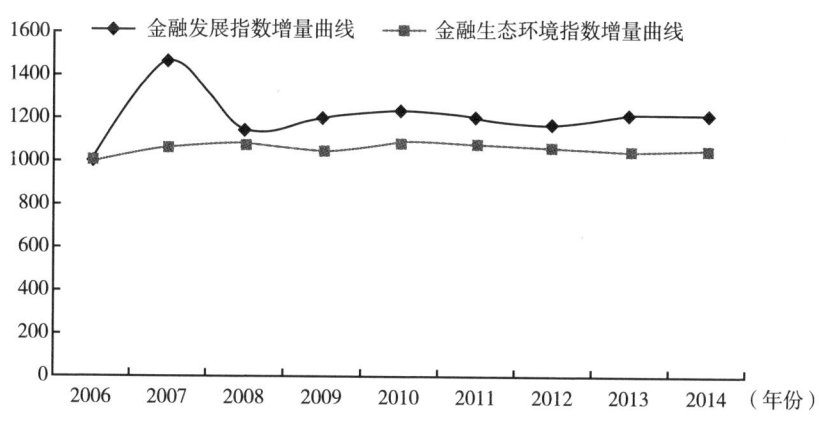

图16　金融生态环境指数与天津金融发展指数增量曲线

资料来源:课题组整理。

2. 金融生态环境各方面

金融生态环境的各方面，发展速度不尽相同。产业支撑、信用环境、宜居城市、金融中介发展速度较快，指数分别达到2332点、1274点、1262点和1213点。政府服务和法律环境稳步发展，指数分别达到1166点和1163点。物价水平基本保持平稳，指数为873点。

金融生态环境包括7个二级指标，涵盖金融生态环境的主要领域，其中产业支撑、物价水平、宜居城市通过定量指标来衡量，金融中介和信用环境采取定量指标和主观问卷相结合的方式来描述，政府服务、法律环境通过主观问卷调研的方式评估。2014年，产业支撑指数为2332点，较2013年增长5.9%；信用环境指数为1274点，较2013年增长6.3%，增速比2013年略有提升；宜居城市指数为1262点，较2013年提升4.9%；金融中介指数为1213点，较2013年增长4.1%，增速比2013年略有上升；物价水平指数为873点。由于政府服务和法律环境指数利用主观评价获取，因此，仅有2012~2014年的评价值，其指数分别达到1166点和1163点。

从金融生态环境各子领域2006~2014年的综合发展态势看：产业支撑在过去8年中的年均增速最高，指数8年年均增速超过11.2%，高于其他领域。紧随其后的是信用环境、宜居城市和金融中介，这三个领域在过去8年中年均增速分别达到3.1%、2.9%和2.4%。物价水平在过去8年中年均增速为负。政府服务和法律环境为主观评价类指标，考虑到2012年首次引入，故将2012年至2014年增速的几何平均值假定为过去8年的年均增速，分别达到5.2%和5.2%，比较稳健。

从总体上看，2014年天津金融生态环境仍处于上升通道之中，产业支撑、金融中介、信用环境、政府服务和法律环境等领域继续保持稳步增长的态势。

从增速看，2014年，信用环境、产业支撑、金融中介、政府服务、法律环境呈现出稳步增长的态势，发展态势良好，环比指数分别达到1063点、1059点、1041点、1052点、1052点；2014年，宜居城市和物价水平的环比指数分别为1049点和1019点。

以下报告将具体介绍金融生态环境各子领域在2006~2014年的发展情况和2014年最新的走势，阐述各个领域的结构和特征。

(1) 金融中介

2014年，金融中介指数为1213点，增速达4.1%；环比指数为1041点，较2013年上升48点，较2013年有所上升。

金融中介服务机构与金融机构的共生现象在金融中心或者城市的金融功能区十分普遍，反映了金融中介服务在金融业发展过程中的重要作用。基于此，金融中介被认为居于较为重要的地位，被赋予12%的权重。

从客观数据看，金融中介机构和金融中介服务人才的数量都有提升。2014年天津万人执业律师人数达到2.58人，与2013年基本持平，比2006年增加0.75人；2014年天津万人律师事务所达到0.28个，与2013年基本持平，比2006年增加0.05个；万人注册会计师达到1.25人，与2013年基本持平，比2007年增加0.01人；万人会计师事务所达到0.062个，与2013年基本持平。2014年万人专业保险中介机构数达到0.078个，比2006年增加0.011个。

关于"2014年会计审计服务"的主观评价，有5.00%的受调查人群认为天津会计审计服务显著改善，45.82%的受调查人群认为会计审计服务较为改善，46.68%的受调查人群认为会计审计服务无变化，2.50%的受调查人群持其他观点。根据上述评价计算环比指数为1053点，在金融中介主观评价的7个类别中环比指数排名第一。

关于"2014年金融法律服务"的主观评价，有5.73%的受调查人群认为天津金融法律服务显著改善，44.27%的受调查人群认为金融法律服务较为改善，45.89%的受调查人群认为金融法律服务无变化，4.11%的受调查人群持其他观点。根据上述评价计算金融法律服务环比指数为1052点，在金融中介主观评价的7个类别中环比指数位于第二位。

关于"2014年融资担保服务"的主观评价，有2.41%的受调查人群认为天津融资担保服务显著改善，50.82%的受调查人群认为融资担保服务较为改善，38.70%的受调查人群认为融资担保服务无变化，8.07%的受调查人群持其他观点。根据上述评价计算环比指数为1048点，在金融中介主观评价的7个类别中环比指数位于第三位。

关于"2014年资讯信息服务"的主观评价，有5.73%的受调查人群认为天津资讯信息服务显著改善，42.63%的受调查人群认为资讯信息服务较为改善，45.92%的受调查人群认为资讯信息服务无变化，5.72%的受调查人群持其他观点。根据上述评价计算环比指数为1048点，在金融中介主观评价的7个类别中环比指数位于第四位。

关于"2014年投资咨询服务"的主观评价，有4.91%的受调查人群认为天津投资咨询服务显著改善，46.72%的受调查人群认为投资咨询服务较为改善，39.35%的受调查人群认为投资咨询服务无变化，9.02%的受调查人群持其他观点。根据上述评价计算环比指数为1047点，在金融中介主观评价的7个类别中环比指数位于第五位。

关于"2014年信用评级服务"的主观评价，有4.02%的受调查人群认为天津信用评级服务显著改善，41.94%的受调查人群认为信用评级服务较为改善，48.38%的受调查人群认为信用评级服务无变化，5.66%的受调查人群持其他观点。根据上述评价计算环比指数为1044点，在金融中介主观评价的7个类别中环比指数位于第六位。

关于"2014年资产评估服务"的主观评价，有2.43%的受调查人群认为天津资产评估服务显著改善，39.85%的受调查人群认为资产评估服务较为改善，53.65%的受调查人群认为资产评估服务无变化，4.07%的受调查人群持其他观点。根据上述评价计算环比指数为1040点，在金融中介主观评价的7个类别中环比指数位于第七位。

考虑到上述7个主观评价指标仅有2012~2014年的环比指数，在本研究中，假设它们的发展指数为1000连续乘以两年的环比指数。

（2）信用环境

2014年，信用环境指数达1274点，较2013年增长6.3%；环比指数为1063点，较2013年提升了1点，增速略升。

信用环境是反映一个地区金融生态环境的重要维度，信用环境建设对于金融生态环境的塑造，乃至金融业的长期健康发展十分重要。基于此，信用环境指标被赋予8%的权重。

2014年，天津社会信用体系建设驶入快车道。从客观数据看，2014年天津信用评级公司数为8家，与2013年持平，发展势头良好。截至2014年底，全国个人征信系统收录天津市950万自然人的基本信息和信用信息，比2013年增加10万人，全国企业征信系统共收录天津市23万户企业和其他经济组织的基本信息和信用信息，比2013年增加1万户。

关于"2014年公民信用意识"的主观评价，有7.93%的受调查人群认为天津公民信用意识显著改善，64.30%的受调查人群认为公民信用意识较为改善，24.61%的受调查人群认为公民信用意识无变化，3.16%的受调查人群持其他观点。根据上述评价计算环比指数为1077点，在信用环境主观评价的4个类别中环比指数排名第一位。

关于"2014年信用数据库建设"的主观评价，有5.60%的受调查人群认为天津信用数据库建设显著改善，63.20%的受调查人群认为信用数据库建设较为改善，27.20%的受调查人群认为信用数据库建设无变化，4.0%的受调查人群持其他观点。将上述评价折合成环比指数达到1070点，在信用环境主观评价的4个类别中环比指数位于第二位。

2014年，天津市在国家金融信用信息基础数据库的日均查询量达1.4万余次；企业和个人公积金信息全部纳入金融信用信息基础数据库。应收账款融资服务平台天津注册用户912家，累计成交48.2亿元；动产融资登记公示系统天津注册机构375家，累计查询量6.9万次。推动天津保税区等组织开展小微企业信用体系试验区建设，扎实开展以农民专业合作社信用体系建设为重点的农村信用体系建设。

关于"2014年信用文化建设"的主观评价，有6.34%的受调查人群认为天津信用文化建设显著改善，59.53%的受调查人群认为信用文化建设较为改善，29.36%的受调查人群认为信用文化建设无变化，4.77%的受调查人群持其他观点。根据上述评价计算环比指数为1067点，在信用环境主观评价的4个类别中环比指数位于第三位。

关于"2014年企业信用状况"的主观评价，有7.19%的受调查人群认为天津企业信用状况显著改善，53.61%的受调查人群认为企业信用状况较为改善，31.19%的受调查人群认为企业信用状况无变化，8.01%的受调查人群持其他观点。根据上述评价计算环比指数为1060点，在信用环境主观评价的4个类别中环比指数位于第四位。

（3）产业支撑

2014年，天津产业支撑指数为2332点，比2013年提升5.9%；环比指数为1059点，较2013年略有回落，降低了16点，但发展态势依然良好。

自滨海新区开发开放以来，天津金融业依托本地区现代制造业和支柱产业优势，大力发展以产业金融为代表的、切实服务实体经济增长的金融业，取得了良好的成果。产业支撑成为促进天津金融业发展的土壤和源泉。基于此，产业支撑被赋予35%的权重。

2014年天津实体经济和产业支撑稳健发展，经济总量不断扩张，经济结构持续优化，经贸往来十分活跃。天津经济总量持续扩张，全市生产总值达到15722.47亿元，比2013年增加1352.3亿元，在此带动下，人均地区生产总值达到105202元，比2013年提升5097元。2014年，工业增加值达到7083.39亿元，比2013年增加404.8亿元。2014年，对外贸易进出口总额达到1339.1亿美元，比2013年增加53.82亿美元。2014年，天津经济结构不断优化，服务业增加值占GDP比率达到49.3%，比2013年提升了1.2个百分点，比2006年提升了9.1个百分点。高新技术产业产值占规模以上工业产值比重达到30.3%。2014年经贸往来更加活跃，港口货物吞吐量达到5.4亿吨，比2013年增加0.4亿吨。实际直接利用外资金额达到188.67亿美元，比2013年增加20.38亿美元，比2006年增加147.36亿美元。

（4）物价水平

2014年，天津物价水平指数达873点，较2013年增加1.9%；环比指数为1019点，较2013年上升了14点，增速略有提升。

通常情况下，一个地区的物价水平，既与这个地区的经济繁荣程度有关，又与该地区的企业运营成本和居民生活成本有关，为了在天津金融生态环境中植入物价水平因素，本研究选取了居民消费价格指数和办公室租用成本两个指标来反映天津金融业所处的物价环境。考虑到物价水平在金融生态环境中的作用，物价水平指标被赋予10%的权重。

2014年，天津办公室租用成本为127元/平方米·月，比2013年降低了3.3元/平方米·月，比2006年增加了30.60元/平方米·月，反映出办公室租用成本在中长期内稳中有升；2014年，居民消费价格指数为101.85%，比2013年降低了1.25个百分点，反映出居民消费价格平稳运行。

(5) 宜居城市

2014年，天津宜居城市指数达1262点，较2013年提升4.9%；环比指数为1049点，较2013年提升了153点，发展增速有所提升。

生态城市是鼎立天津城市定位的三个目标之一，建设生态宜居城市将有助于提升本地区金融机构和金融人才的集聚能力，这一点已被全球城市新的发展运营理念所证明。考虑到宜居城市在金融生态环境中的作用，宜居城市指标被赋予5%的权重。

2014年，天津空气质量达到或好于二级的天数占全年比重达到47.95%，比2013年提升约7.95个百分点，空气质量改善。2014年，建成区绿化覆盖率达到36%，比2013年增加1.07个百分点。2014年，万人城市轨道交通达到0.098公里。2014年，影剧院数为62个，与2013年持平。

(6) 政府服务

2014年，政府服务指数达1166点；环比指数为1052点，发展速度稳健。

政府服务由税收优惠相关政策、政府补贴政策、金融机构奖励政策、金融人才奖励政策、金融区域布局和基础设施建设政策、金融配套服务产业相关政策、金融监管、政府推动信用环境建设活动等反映政府服务的要素构成。考虑到这些政策支持要素不容易获取数据，本研究采取主观评价方法获得要素评分。同时，考虑到主观评价法难以进行往年倒推，因此，仅获得了

政府服务指标 2012~2014 年的主观评价。考虑到政府服务在金融生态环境中的影响,政府服务指标被赋予 20% 的权重。

政府服务包括税收优惠相关政策等 8 个三级主观评价指标,每个三级指标的权重不尽相同,具体情况见表 25。下面逐个介绍受调查人群对于 8 个三级指标的评价。

表25 政府服务及其三级指标的权重

单位:%

政府服务指标的权重	20	政府服务指标的权重	20
税收优惠相关政策	15	金融区域布局和基础设施建设政策	10
政府补贴政策	15	金融配套服务产业相关政策	15
金融机构奖励政策	10	金融监管	15
金融人才奖励政策	10	政府推动信用环境建设活动	10

资料来源:课题组整理。

关于"2014 年政府补贴政策"的主观评价,有 4.8% 的受调查人群认为政府补贴政策显著改善,52.7% 的受调查人群认为政府补贴政策较为改善,39.3% 的受调查人群认为政府补贴政策无变化,3.2% 的受调查人群持其他观点。根据上述评价计算环比指数为 1058 点,在政府服务主观评价的 8 个类别中环比指数排名第一位。

关于"2014 年金融区域布局和基础设施建设政策"的主观评价,有 7.3% 的受调查人群认为金融区域布局和基础设施建设政策显著改善,48.4% 的受调查人群认为政策较为改善,39.4% 的受调查人群认为政策无变化,4.9% 的受调查人群持其他观点。根据上述评价计算环比指数为 1057 点,在政府服务主观评价的 8 个类别中环比指数位于第二位。

作为天津滨海新区金融改革创新工作的重要组成部分,于家堡金融区的区位优势,将使之成为环渤海地区最具发展潜力的金融经济区域之一。于家堡金融区位于天津滨海新区中心商务区的中心区,将建成全国领先、世界一流、功能完善、服务健全的金融改革创新基地。

表26 于家堡金融区注册企业情况

年份	2011年	2012年
累计注册企业户数	300余家	502家
累计注册资本金	700亿元	880亿元

资料来源：课题组整理。

关于"2014年金融机构奖励政策"的主观评价，有9.90%的受调查人群认为金融发展奖励政策显著改善，42.16%的受调查人群认为政策较为改善，42.16%的受调查人群认为政策无变化，5.78%的受调查人群持其他观点。将上述评价折合成环比指数为1055点，在政府服务主观评价的8个类别中环比指数位于第三位。

关于"2014年政府推动信用环境建设活动"的主观评价，有6.6%的受调查人群认为政府推动信用环境建设活动显著改善，48.8%的受调查人群认为活动较为改善，39.0%的受调查人群认为活动无变化，5.6%的受调查人群持其他观点。根据上述评价计算环比指数为1054点，在政府服务主观评价的8个类别中环比指数位于第四位。

关于"2014年税收优惠相关政策"的主观评价，有6.5%的受调查人群认为天津税收优惠相关政策显著改善，41.5%的受调查人群认为税收优惠相关政策较为改善，48%的受调查人群认为税收优惠相关政策无变化，4%的受调查人群持其他观点。根据上述评价计算环比指数为1050点，在政府服务主观评价的8个类别中环比指数位于第五位。

关于"2014年金融配套服务产业相关政策"的主观评价，有4.0%的受调查人群认为金融配套服务产业相关政策显著改善，49.2%的受调查人群认为政策较为改善，39.5%的受调查人群认为政策无变化，7.3%的受调查人群持其他观点。将上述评价折合成环比指数为1049点，在政府服务主观评价的8个类别中环比指数位于第六位。

关于"2014年金融监管"的主观评价，有3.23%的受调查人群认为金融监管显著改善，49.19%的受调查人群认为金融监管较为改善，40.32%的受调查人群认为金融监管无变化，7.26%的受调查人群持其他观点。将上述评价折合成环比指数为1048点，在政府服务主观评价的8个类别中环比指数位于第七位。

关于"2014年金融人才奖励政策"的主观评价，有8.87%的受调查人群认为金融人才奖励政策显著改善，36.29%的受调查人群认为政策较为改善，48.39%的受调查人群认为政策无变化，6.45%的受调查人群持其他观点。将上述评价折合成环比指数为1047点，在政府服务主观评价的8个类别中环比指数位于第八位。

（7）法律环境

2014年，法律环境指数达1163点；环比指数为1051点，发展速度稳健。

法律环境由全国金融法律规章，天津市金融法规、规章，金融执法，金融诉讼仲裁环境等反映法律环境的要素构成。考虑到法律环境相关要素不容易获取数据，本研究采取主观评价方法获得要素评分。同时，考虑到主观评价法难以进行往年倒推，因此，仅获得了法律环境指标2012～2014年的主观评价。考虑到法律环境在金融生态环境中的影响，法律环境指标被赋予10%的权重。

法律环境包括全国金融法律规章等4个三级主观评价指标，每个三级指标的权重不尽相同，具体情况见表27。下面逐个介绍受调查人群对于4个三级指标的评价。

表27　法律环境及其三级指标的权重

单位：%

法律环境指标的权重	10	法律环境指标的权重	10
全国金融法律规章	25	金融诉讼仲裁环境	25
天津市金融法规、规章	25	金融执法	25

资料来源：课题组整理。

首先，关于"2014年天津市金融法规、规章"的主观评价，有9.6%的受调查人群认为天津市金融法规、规章显著改善，44.0%的受调查人群认为较为改善,44.0%的受调查人群认为无变化,2.4%的受调查人群持其他观点。将上述评价折合成环比指数为1060点,在法律环境主观评价的4个类别中环比指数排名第一位。

关于"2014年全国金融法律规章"的主观评价,有5.6%的受调查人群认为全国金融法律规章显著改善,44.8%的受调查人群认为较为改善,46.4%的受调查人群认为无变化,3.2%的受调查人群持其他观点。根据上述评价计算环比指数为1052点,在法律环境主观评价的4个类别中环比指数位于第二位。

关于"2014年金融执法"的主观评价,有7.24%的受调查人群认为金融执法显著改善,44.35%的受调查人群认为较为改善,42.76%的受调查人群认为无变化,5.65%的受调查人群持其他观点。根据上述评价计算环比指数为1052点,在法律环境主观评价的4个类别中环比指数位于第三位。

关于"2014年金融诉讼仲裁环境"的主观评价,有7.26%的受调查人群认为金融诉讼仲裁环境显著改善,34.69%的受调查人群认为较为改善,53.23%的受调查人群认为无变化,4.83%的受调查人群持其他观点。根据上述评价计算环比指数为1042点,在法律环境主观评价的4个类别中环比指数位于第四位。

分报告（上篇）

Sub-reports Part I

·天津金融业的发展·

B.2
2014年的天津金融机构

摘　要： 2014年天津的银行业机构、证券业机构、保险业机构、租赁业机构、信托业机构、保理业机构等多种金融机构快速发展，在机构数量、业务规模、服务水平、创新能力以及从业人员素质等方面均有所提高。面对经济下行压力和新常态下的经济环境，各类金融机构积极应对，顺应京津冀一体化、一带一路等国家战略，不断促进自身发展，有力地支持区域实体经济发展。

关键词： 金融机构　商业银行　金融租赁　天津

2014年是关键的一年，是中国全面深化改革、京津冀协同发展全面启动的一年。面对错综复杂的国内外经济形势，天津全市上下全面贯彻落实党的十八大和十八届三中、四中全会精神,认真落实市委、市政府决策部署,加快建设美丽天津,明确天津城市定位,贯彻落实国家政策,正确把握宏观调控手段,稳中创新、不断开拓,在政治经济、社会福利等各个方面取得新的发展成绩。全市全年实现地区生产总值15722.47亿元,增长率达到10.0%,经济总量继续保持了高速增长。从一、二、三产业的数据看,第一产业增加值201.53亿元,增长2.8%;第二产业增加值7765.91亿元,增长9.9%;第三产业增加值7755.03亿元,增长10.2%。三次产业结构为1.3:49.4:49.3。天津市金融业在经济快速发展的带动下,认真贯彻实施稳健货币政策,保持了良好的发展势头,全年金融业增加值1389.53亿元,增长率达到13.1%,占全市生产总值的8.8%,天津金融业发展对天津市经济发展的贡献度进一步提升。在金融监管部门的正确领导下,全市金融机构继续坚持为实体经济服务的指导思想,在对关键环节和重点领域保持资金有效供给的同时,对经济发展薄弱环节的支持力度进一步加大,不断拓展金融服务的深度和广度,为天津经济的平稳较快发展提供了保障。天津金融改革创新取得新突破,融资租赁、小额贷款公司、融资性担保机构繁荣发展,跨境人民币创新业务试点积极推行,民营银行扎实推进意愿结汇、境外投资基金、期货保税交割、动产权属登记等创新业务。

中国人民银行天津分行统计数据显示:截至2014年12月末,天津市金融机构(含外资)本外币各项存款余额24777.75亿元,比上年同期(下称"同比")增长6.39%,增幅较上月末回落了1.66个百分点;各项贷款余额23223.42亿元,按可比口径计算同比增长11.34%,增幅较上月末回落了0.09个百分点。

2014年全年,天津市金融机构本外币各项存款增加1462.02亿元,同比少增1519.62亿元。其中,单位存款增加635.14亿元,同比少增1288.00亿元;个人存款增加270.76亿元,同比少增643.59亿元。

2014年全年,天津市金融机构本外币各项贷款增加2338.04亿元,同比少增89.23亿元。其中,短期贷款增加298.81亿元,同比少增797.74亿元；中长期贷款增加 1221.28 亿元，同比多增 309.54 亿元；票据融资增加 225.41 亿元，同比多增 292.51 亿元。

一 天津银行业机构发展

截至 2014 年末，天津市共有中外资银行业金融机构 2966 家。其中，在 2910 家中资银行业金融机构中，法人机构 36 家；在 56 家外资银行业金融机构中，法人机构 1 家。营业网点机构个数为 2966 个，从业人数达到 62187 人，资产总额为 44136.7 亿元。

表1 2014年天津市银行业金融机构情况

机构类别	营业网点			法人机构数（个）
	机构个数（个）	从业人数（人）	资产总额（亿元）	
一、大型商业银行	1173	27271	11397.5	0
二、国家开发银行及政策性银行	13	505	2967.4	0
三、股份制商业银行	337	11598	13088.7	1
四、城市商业银行	316	7340	7084.5	1
五、小型农村金融机构	595	8426	3170.1	2
六、财务公司	4	116	212.2	3
七、信托公司	2	299	72.9	2
八、邮政储蓄	416	2508	872.6	0
九、中德住房储蓄银行	3	239	251.4	1
十、外资银行	56	1609	848.8	1
十一、新型农村金融机构	43	969	213.7	18
十二、其他	8	1307	3956.9	8
合 计	2966	62187	44136.7	37

数据来源：中国人民银行天津分行。

1. 资产负债、净利润增长明显放缓

截至 2014 年末，天津辖内银行业金融机构资产总额 4.41 万亿元，比年初增加 3640 亿元，同比增长 9%，较上年回落 8.5 个百分点；负债总额

4.22万亿元，比年初增加3357亿元，同比增长8.6%，较上年回落8.9个百分点。2014年，银行业金融机构累计实现净利润542.2亿元，同比增长0.4%，较上年回落18.1个百分点。不良贷款双控压力较大。2014年末，银行业金融机构不良贷款余额245.0亿元，比年初增加了82.4亿元；不良贷款率为0.94%，比年初上升0.25个百分点。地方法人金融机构不断壮大，成立了天津市第一家汽车金融公司，新增加5家村镇银行。

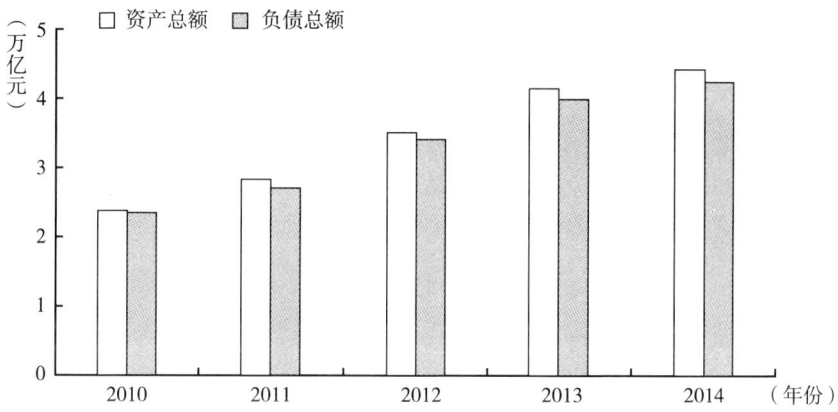

图1 2010~2014年天津市银行业金融机构资产负债规模增长情况

资料来源：中国人民银行天津分行。

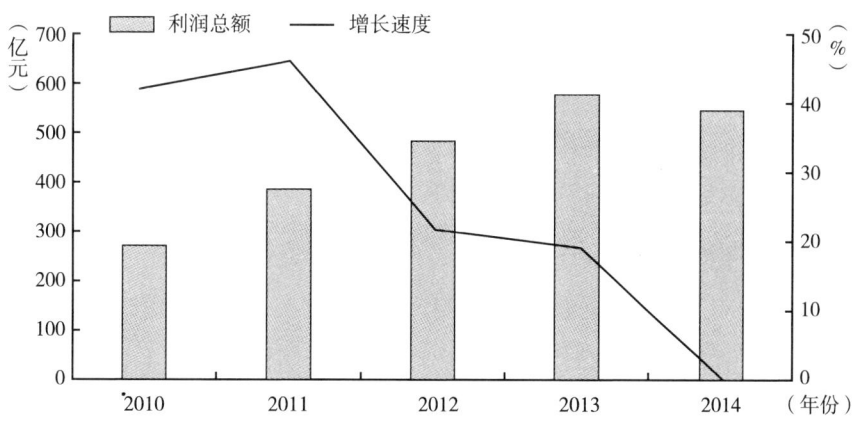

图2 2010~2014年天津市银行业金融机构利润增长变化情况

资料来源：中国人民银行天津分行。

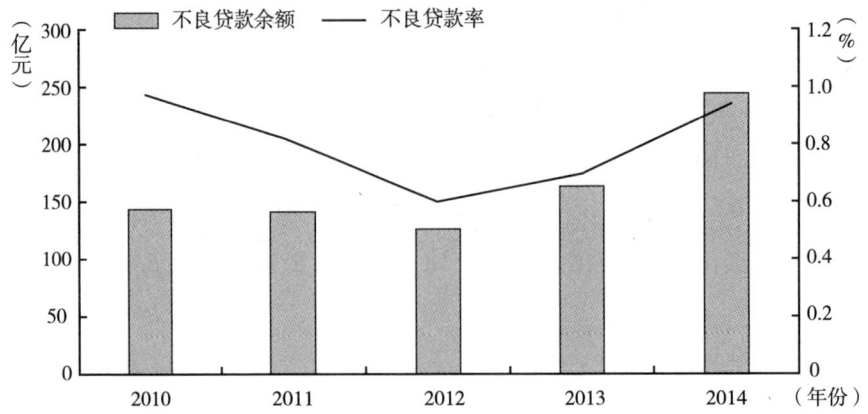

图3 2010~2014年天津市银行业金融机构不良贷款变化情况

资料来源：中国人民银行天津分行。

2014年，天津市银行业金融机构在实现资产规模稳步增长的同时，进一步优化信贷结构，不断增强风险防控能力，完善金融服务体系建设，提高服务实体经济水平。2014年天津市银行业金融机构的各项经营指标稳定，保持了较好的风险防控能力和整体实力。

2. 存款少增较多

2014年末，本外币各项存款余额24777.8亿元，同比增长6.4%，比上年同期低8.5个百分点，比年初增加1462.0亿元，同比少增1519.6亿元。从存款结构看，除财政性存款同比多增46.6亿元之外，单位存款和个人存款均同比少增较多。但在银行承兑汇票签发较多的带动下，单位存款项下保证金存款多增105.4亿元。

3. 贷款平稳适度增长

2014年末，本外币各项贷款余额23223.4亿元，同比增长11.3%，比上年同期回落2.0个百分点，比年初增加2338.0亿元，同比少增89.2亿元。受经营贷款和贸易融资贷款增速明显放缓影响，短期贷款同比少增797.7亿元。其中，短期经营贷款同比少增520.0亿元，是影响全市短期贷款少增的主要因素。中长期贷款和票据融资同比多增较多，是推动全年信贷

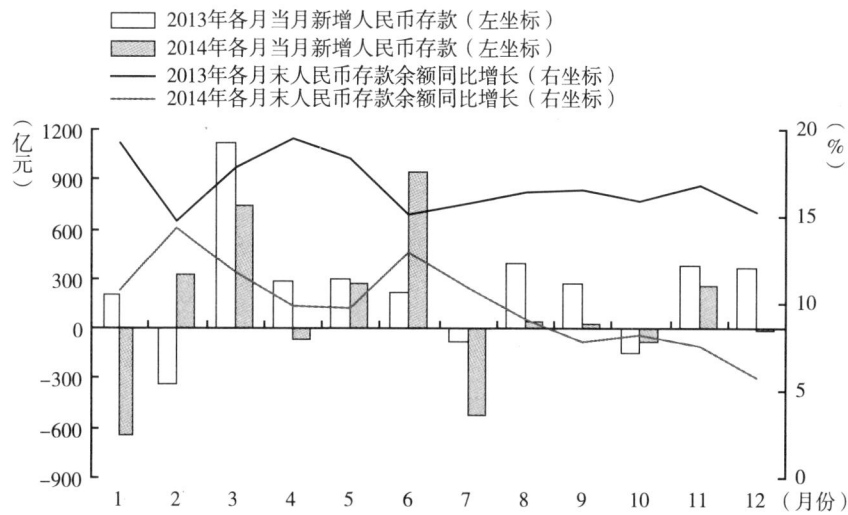

图 4　2013～2014 年天津市金融机构人民币存款增长变化

数据来源：中国人民银行天津分行。

增长的主力军。在固定资产贷款的拉动下，中长期贷款同比多增309.5亿元。票据融资从二季度开始大幅回升，同比多增292.5亿元。

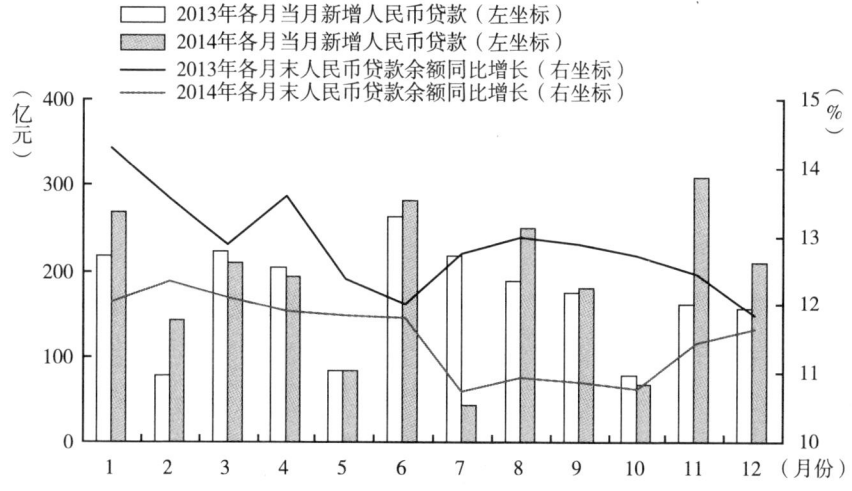

图 5　2013～2014 年天津市金融机构人民币贷款增长变化

数据来源：中国人民银行天津分行。

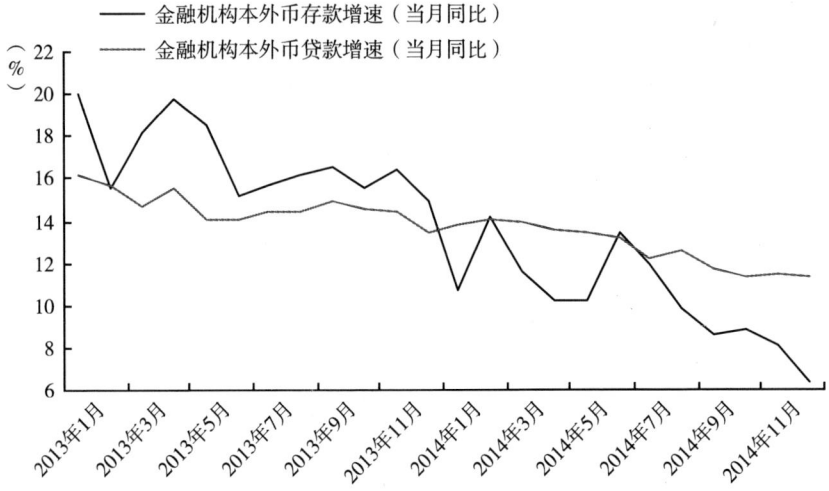

图 6　2013～2014 年天津市金融机构本外币存、贷款增速变化

数据来源：中国人民银行天津分行。

4. 贷款利率先升后降

随着利率市场化改革推进，金融机构逐步完善利率定价机制，提高利率定价能力，全市利率水平基本稳定，发行了第一期同业存单。2014 年全市金融机构人民币一般贷款加权平均利率（不含贴现）为 6.66%，比上年上升 0.08 个百分点。前三季度贷款利率水平逐步上升，受非对称降息等利率市场化调控政策影响，第四季度利率回落至全年最低水平。

5. 大型银行加快改革创新步伐

实行新的科技研发模式，将技术工作前移到需求研发阶段。实现规章制度审批全程在线操作，有效提高管理效率。推出产业链金融业务联动营销，实现公司客户和个人信贷管理系统中客户信息自动判别与关联。发行私募债支持棚户区改造工程，成为全国利用债务融资工具对棚户区改造进行直接融资的首家地区。法人金融机构稳步拓展产品和服务领域，推出中征应收账款服务平台，为应收账款的债权人、债务人和资金提供方等参与机构提供信息合作服务，自主创新研发集银行卡和货币基金为一体的业务品种。

表2 2014年天津市人民币贷款各利率浮动区间占比表

单位：%

月份		1月	2月	3月	4月	5月	6月
合计		100.0	100.0	100.0	100.0	100.0	100.0
下浮		13.2	12.6	14.2	9.6	8.2	7.5
基准		26.8	32.4	29.7	30.4	31.6	25.9
上浮	小计	60.1	55.0	56.1	60.0	60.1	66.6
	(1.0~1.1]	23.1	28.2	23.5	28.4	23.2	30.0
	(1.1~1.3]	28.8	20.9	24.8	27.0	30.6	29.7
	(1.3~1.5]	7.0	4.9	6.1	3.7	4.8	5.8
	(1.5~2.0]	1.0	0.7	0.8	0.2	1.2	0.6
	2.0以上	0.3	0.4	0.9	0.7	0.4	0.5
月份		7月	8月	9月	10月	11月	12月
合计		100.0	100.0	100.0	100.0	100.0	100.0
下浮		9.7	9.8	8.1	9.8	13.1	10.1
基准		25.3	24.3	24.3	23.0	21.8	26.0
上浮	小计	65.0	65.9	67.6	67.1	65.0	63.9
	(1.0~1.1]	32.4	31.7	29.1	28.0	26.8	31.4
	(1.1~1.3]	27.3	26.7	30.2	30.2	27.8	24.4
	(1.3~1.5]	4.6	4.1	7.1	6.9	7.3	5.1
	(1.5~2.0]	0.3	2.2	0.4	0.3	1.6	2.0
	2.0以上	0.3	1.2	0.9	1.6	1.6	1.0

数据来源：中国人民银行天津分行。

6. 跨境人民币业务继续较快增长

2014年，全市办理跨境人民币结算2379.3亿元，同比增长87.1%，占同期银行代客跨境国际收支总额的19.5%，比上年增加8.0个百分点。共有2607家企业办理跨境人民币业务，结算地域涉及95个国家和地区。2014年天津生态城开展跨境人民币创新业务的试点。截至2014年末，天津生态城累计办理9笔跨境人民币贷款合同登记，合同金额4.4亿元，涉及3家企业，累计提款3.9亿元。天津生态城企业在新加坡发行10亿元人民币债券业务获得批准。

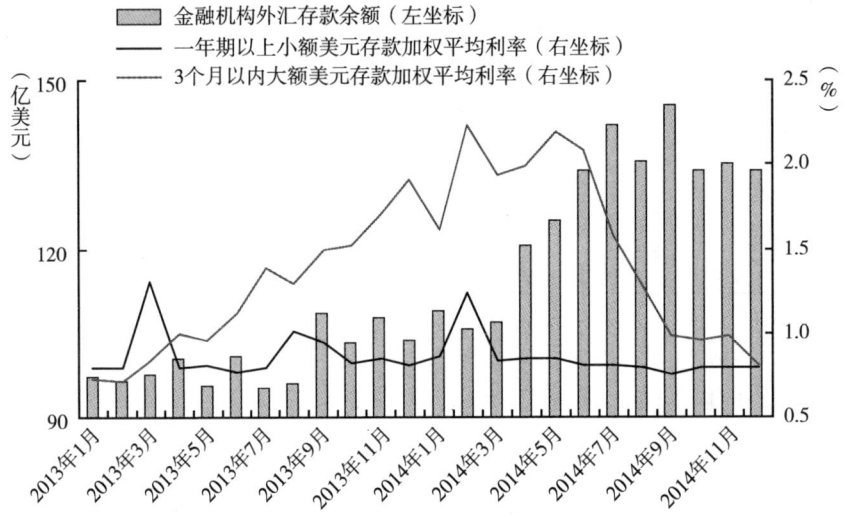

图 7 2013~2014 年天津市金融机构外币存款余额及外币存款利率

数据来源：中国人民银行天津分行。

7. 小微企业金融服务成效显著

截至 2014 年末，天津市全市小额贷款公司达到 173 家，累计向中小企业和"三农"发放贷款超过 1000 亿元。"十二五"规划对小微企业融资做出明确指示，"加强小微企业融资。完善抵押物、质押物评估体系建设，发展天使基金、股权投资、集合性债券等多种新型融资工具。鼓励各类资本参与设立小额贷款公司、村镇银行等机构，探索开展小额贷款公司贷款转让业务，扩大小额贷款公司营运资金规模。完善多层次融资担保服务体系，加快融资超市建设。完善融资担保机构准入退出机制、审批工作流程、非现场和现场监管体系。加快建立担保行业协会，充分发挥协会组织的自律维权、协调服务作用"。农行天津分行的做法是成立中小企业金融服务中心，推行"一站式审批"模式，实行"一次调查、一次审查、一次审批"，满足中小微企业"短、频、急"的融资需求。服务中心还带动提升农行现有的 12 家小微企业专营机构和全市 350 多个网点，打造立体化、专业化的中小企业金融服务体系；建行天津分行则创新推出小微企业"信贷工厂"以缩短决策链条，实现业务专营化、流程高效化。各大银行争相推出创新的小微金融产品。农行有"简式贷""智动贷""小企业应收账款质押融资"等，建行推"信用贷""善融贷"等，助燃民营经济，做强自我竞争力。大连银行天津分行以"小额信用打包贷款"批量支持初创期的小微科技企业，以"天使贷款"助力高端人才创业企业迅速进入成长期，以"专利权质押贷款"为成长期企业提供融资新渠道，以"贷投联动""桥隧模式"为成长期和成熟期企业提供融资支持。建行天津市分行针对正常纳税、信用良好的小微企业客户推出了小微企业"税务贷"产品，该产品以小微企业自身的纳税信用记录和实际纳税额为依据，提供最高200万元的免担保、纯信用贷款。

二 天津证券业机构发展

我国资本市场在20多年的发展进程中取得了不错的成绩，逐步形成了包含股票、债券、期货的多层次资本市场体系。资本市场的健康发展对构建完善的现代市场体系、优化资源配置、拓宽投资者的投融资渠道、促进改革开放和经济社会发展具有重要的现实意义。

2014年，天津市证券期货市场整体发展较为迅速，全市证券营业部开立资金账户209.1万户，同比上升4.3%，客户交易结算资金余额171.3亿元，同比上升104.9%。

2014年12月，全市比上年同期新增证券分公司4家，证券营业部和期货营业部分别增加15家和9家。截至2014年末，天津市共有法人证券公司1家，证券分公司8家，证券营业部122家；证券投资咨询公司1家，信用评级公司1家；基金管理公司1家；期货公司6家，期货营业部29家；上市公司42家。

1. 法人证券公司发展态势良好

2014年随着沪港通开闸、IPO重启、国资国企改革、"新国九条"颁布、降息降准的货币宽松政策推行，沉寂多年的中国股市重新迸发活力，我国股票市场在2014年年尾呈现高走局势，天津市证券业机构的业务发展也

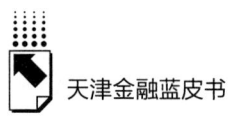

表3 2014年12月全市证券业机构数量情况

单位：家

机构类型	数量	机构类型	数量
证券公司	1	证券投资咨询分公司	0
证券公司分公司	8	证券信用评级公司	1
辖区证券营业部	122	独立基金销售机构	2
基金管理公司	1	期货公司	6
私募基金管理人家	221	辖区期货营业部	29
证券投资咨询公司	1	上市公司	42

资料来源：天津证监局。

受到了积极影响，法人证券公司快速发展，收入情况显著改善。2014年末，法人证券公司资产总额比年初增加88.9亿元，净利润同比上升130.3%。证券公司未经审计财务报表显示，120家证券公司全年实现营业收入2602.84亿元，各主营业务收入分别为：代理买卖证券业务净收入1049.48亿元、证券承销与保荐业务净收入240.19亿元、财务顾问业务净收入69.19亿元、投资咨询业务净收入22.31亿元、资产管理业务净收入124.35亿元、证券投资收益（含公允价值变动）710.28亿元、融资融券业务利息收入446.24亿元，全年实现净利润965.54亿元，119家公司实现盈利。

据统计，截至2014年12月31日，120家证券公司总资产为4.09万亿元，净资产为9205.19亿元，净资本为6791.60亿元，客户交易结算资金余额（含信用交易资金）1.2万亿元，托管证券市值24.86万亿元，受托管理资金本金总额7.97万亿元。

2. 基金管理公司盈利能力大幅提高，公司规模不断扩大

2014年末，法人基金管理公司净利润与上年度相比实现扭亏为盈。基金资产净值比年初增加3954.4亿元。

3. 法人期货公司资产规模增长，代理交易业务持续发展

2014年末，天津市6家法人期货公司资产总计41.7亿元，比年初增加

13.7亿元；净资产总计11.3亿元，比年初增加4.8亿元。全年代理交易量5347.1万手，同比增加1663.9万手，代理交易额51321.5亿元，同比增加39.4%，手续费收入1.0亿元，同比增长126.5万元。全市期货营业部增至29家，较上年同期增加9家，期货营业部手续费收入0.6亿元，代理交易额31598.9亿元，代理交易量2559.5万手。

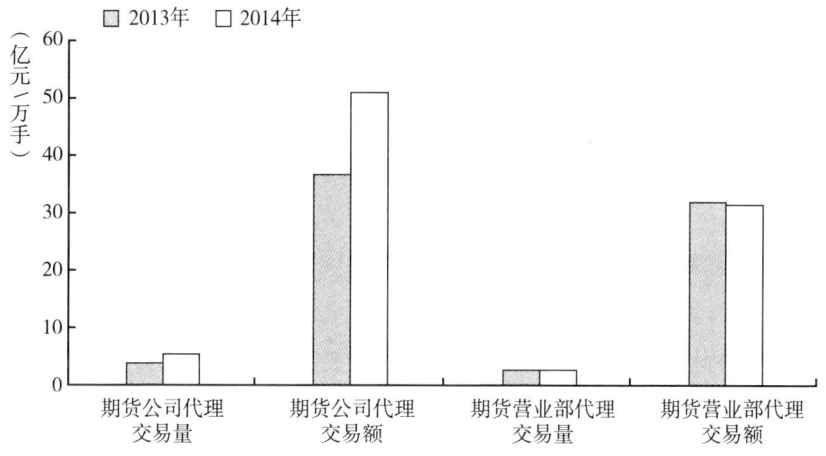

图8 2013~2014年天津市期货机构交易情况

资料来源：中国银行天津分行。

4. 公司上市步伐加快，上市公司市值有所增加

2014年末，天津市境内上市公司42家，上市公司总股本488.3亿股，总市值5322.0亿元，同比增长48.3%，其中流通市值4522.1亿元。

5. 新三板挂牌全面扩容

为推动发展多层次资本市场，天津市积极发展全国中小企业股份转让系统（新三板）。天津"新三板"挂牌企业总数已达41家，比上年增加19家，占比2.61%。2014年股票发行金额为17075.14万元，发行金额占比1.31%，发行股数为3805.15万股，发行股数占比1.44%，发行次数为12次。

在新三板市场面向全国中小企业扩容、改革利好的形势下，2014年3

月由证券公司、律师事务所、会计师事务所、评估师事务所、投资公司、基金公司、咨询公司、新三板上市公司及其他相关单位共同成立了"中国新三板服务商协会"。新三板服务商协会将为各机构提供一个全方位、多层次的中小企业投融资的社会化服务平台,各服务机构也将共同把协会建设成为专业性、权威性、实用性、多赢性的中小企业进入资本市场的一站式服务体系。

三 天津保险业机构发展

2014年,天津市保险保障覆盖面不断扩大,服务社会和经济的作用持续加强,较好地发挥了经济补偿和社会风险管理功能。2014年,全市共有保险总公司6家,各类保险分公司57家,全市保险业经营主体稳步扩张,资产规模大幅增加。渤海人寿保险公司在津成立,民生人寿保险公司、英大泰和财产保险公司分别在津设立分公司。基本形成了种类齐全、布局合理的保险市场体系。2014年末,天津市保险公司总资产为1370.1亿元,比年初增长36.9%。

1. 保费收入增速放缓,赔款给付支出增速大幅下滑

2014年,天津市保险业机构共实现原保险保费收入317.75亿元,同比增长14.79%,增长率降低1.41个百分点。其中,财产保险业务实现保费收入108.87亿元,同比增长6.44%;人身保险业务实现保费收入208.88亿元,同比增长19.69%。人身保险中,寿险业务实现保费收入174.51亿元,同比增长17.48%;健康险和意外险分别实现保费收入27.79亿元和6.58亿元,增速分别为38.47%和11.34%。2014年,天津市保险业赔付支出104.39亿元,同比增长2.34%,增长率降低23.6个百分点。其中,财产险赔付支出59.91亿元,同比增长1.58%;人身险赔付支出44.47亿元,同比增长3.35%。船舶险、货运险和家财险赔付支出显著下降,降幅接近或超过30%,拉低了整体财险赔付支出。

表4 2014年天津市保险业基本情况表

项目	数量(2013)
总部设在辖内的保险公司(家)	6
其中:财产险经营主体(家)	2
寿险经营主体(家)	4
保险公司分支机构(家)	57
其中:财产险公司分支机构(家)	25
寿险公司分支机构(家)	32
保费收入(中外资,亿元)	317.8
其中:财产险保费收入(中外资,亿元)	108.9
人身险保费收入(中外资,亿元)	208.9
各类赔款给付(中外资,亿元)	104.4
保险密度(元/人)	2094.9
保险深度(%)	2.0

资料来源：天津保监局。

表5 2014年天津保费收入和赔款给付

单位：万元

原保险保费收入	3177501.33	赔款、给付	1043856.40
1. 财产险	1088705.28	1. 财产险	599141.63
2. 人身险	2088796.05	2. 人身险	444714.77
(1)寿险	1745102.60	(1)寿险	331878.51
(2)健康险	277850.66	(2)健康险	96134.98
(3)人身意外伤害险	65842.79	(3)人身意外伤害险	16701.28

资料来源：天津保监局。

2. 保险保障覆盖面持续扩大，承担风险责任稳步提升

2014年，天津市保险业新增承保保单1856.4万件，同比增长75.6%，增速较上年提高23.7个百分点；新增保险金额76508.3万元，同比增长26.8%。2014年，天津市保险保障覆盖面进一步扩大，全市保险密度达到2094.9元/人，较上年增加214.88元/人；保险深度为2.0%，比上年提高0.1个百分点。

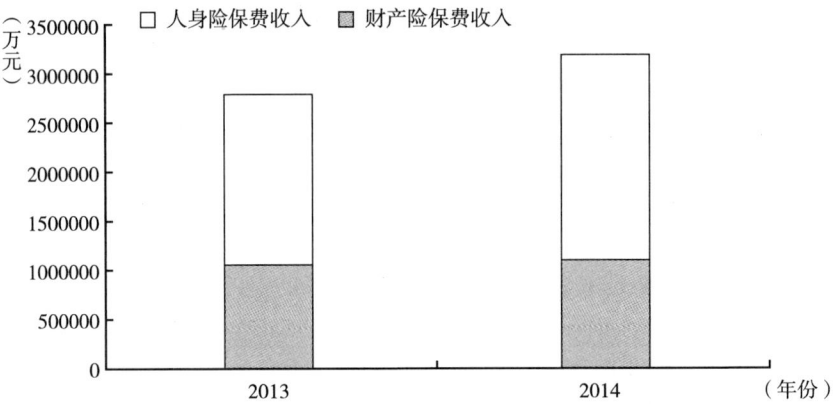

图9 2013～2014年天津市原保险保费收入情况

资料来源：天津保监局。

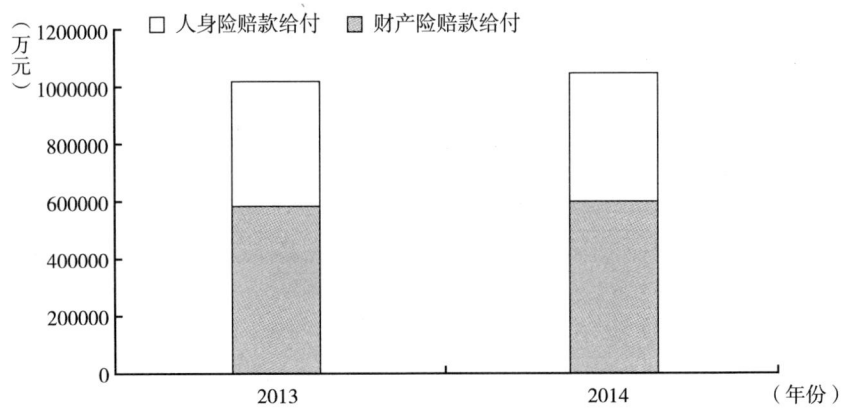

图10 2013～2014年天津市保险业赔付支出情况

资料来源：天津保监局。

表6 2014年天津财产保险公司原保险保费收入情况表

单位：万元

资本结构	公司名称	合计
中资	人保股份津分	307543.21
	大地财产津分	55284.74
	出口信用津分	19156.23
	中华联合津分	28149.11

2014年的天津金融机构

续表

资本结构	公司名称	合计
中资	太保财津分	129575.28
	平安财津分	256332.56
	华泰津分	8835.51
	天安津分	10203.38
	华安津分	7914.97
	太平保险津分	53880.60
	民安津分	16849.56
	中银保险津分	17090.24
	永诚津分	13992.29
	安邦津分	9100.29
	阳光财产津分	60612.09
	都邦津分	4094.75
	渤海津分	31279.12
	国寿财险津分	37757.10
	紫金财产津分	9234.69
	众安财产津分(虚拟)	778.11
	小计	1077663.83
外资	三星津分	10804.17
	安盛天平津分	22990.84
	爱和谊日生同和(中国)津分	3875.29
	小计	37670.30
合计		1115334.13

资料来源：天津保监局。

表7　2014年天津人身保险公司原保险保费收入情况表

单位：万元

资本结构	公司名称	合计
中资	国寿股份津分	483332.16
	太保寿津分	87122.07
	平安寿津分	465309.10
	新华津分	203361.66
	泰康津分	110902.57
	太平人寿津分	104636.35
	光大永明津分	57632.70

续表

资本结构	公司名称	合计
中资	民生人寿津分	214.49
	生命人寿津分	92946.45
	国寿存续津分	15687.32
	平安养老津分	8985.80
	合众人寿津分	44661.10
	太平养老津分	6549.39
	人保健康津分	53020.19
	华夏人寿津分(虚拟)	3123.46
	长城津分	8347.49
	人保寿险津分	137608.68
	国华人寿津分	19959.96
	泰康养老津分	665.53
	阳光人寿津分	20991.81
	中邮人寿津分	27202.39
	小计	1952260.67
外资	中宏人寿津分	1398.08
	工银安盛津分	34026.61
	信诚津分	27107.29
	中荷人寿津分	7226.40
	海康人寿津分	9920.40
	恒安标准津分	16577.75
	陆家嘴国泰人寿津分	1122.67
	平安健康津分	506.29
	中航三星津分	12021.01
	小计	109906.50
合计	合计	2062167.17

资料来源：天津保监局。

截至2014年末，全市参加基本养老保险657.2万人，其中参加城镇职工基本养老保险545.4万人，参加城乡居民养老保险111.8万人。参加医疗保险1023.6万人，其中参加城镇职工居民基本医疗保险509.6万人，参加城乡居民医疗保险514.0万人。建立城乡居民大病保险制度，居民医保筹资补助标准、住院报销比例、企业退休人员养老金、居民基础养老金都有新提高。开工建设保障性住房6万套，新增住房补贴家庭1万户。

表8 2014年天津社会保险参保人数

指标	参保人数（万人）	比上年增长（%）
城镇职工居民基本医疗保险	509.6	3.3
城乡居民医疗保险	514.0	1.1
城镇职工基本养老保险	545.4	4.7
城乡居民养老保险	111.8	5.1
城镇职工失业保险	287.6	3.2
城镇职工工伤保险	345.2	3.0
城镇职工生育保险	774.8	2.3

资料来源：天津市统计局官网。

3. 专项领域保险取得新进展，服务社会和经济作用加强

天津保险业充分发挥风险管理职能，通过保险机制参与公共服务方式创新：探索专利权质押贷款保险，积极推动专利保险实施；关注环境、安全生产等领域，大力发展责任保险；完善自然灾害保险补偿机制，提供巨灾保险；加大"三农"扶持力度，不断推进"三农"保险等。

天津保险业充分发挥社会管理职能，积极参与社会保障体系建设：一是承办天津市全民意外伤害保险，为天津470万城镇职工和303万城乡居民提供意外伤害保险保障。自2011年开办至今，已累计赔付7.65亿元，赔付16.05万人次。二是承保天津城乡居民大病保险项目，保障覆盖523.69万人，开办半年来已赔款支出4665.32万元。三是开展农村居民小额人身保险业务。自2013年5月开办至今，累计为5.35万人提供风险保障11.7亿元，进一步提高了农村居民保障水平。四是开展推动计划生育保险试点工作。2014年承保42万人次，累计赔付635.5万元，赔付3722人次，有效提升了天津独生子女家庭抵御意外风险水平。

在实现医疗责任保险二级以上公立医院统保基础上，天津保监局鼓励保险公司积极开拓创新，在统保未涵盖的武清等郊县卫生院及社区医院内开展医责险区域性统保试点,并首次将有营业许可证、行医资格证的乡村医生一并纳入保险保障范围,为下一步扩大医责险保障覆盖范围、健全农村医疗风险分担机制做出了有益的尝试。

2014年6月10日,人保财险天津市分公司与民生保险国际业务部签订"民生保险"保障组合型责任保险。该保险由公众责任保险及见义勇为救助责任保险组合而成,保单责任限额达8000万元,主要为天津市红桥区辖区内60万居民提供了自然灾害及意外事故保险保障,保证居民的正常生产生活。2014年全年,天津市各保险公司主动与政府部门接洽,共同协商探索惠民利民的保险业务,创新保险市场业务与保险形式,不断满足市场需求、发挥保险的经济职能和社会保障职能,制定出贴近市场需求的保险方案。

4. 小额贷款保证保险产品支持小微企业发展

小额贷款保证保险是天津市为推动小微企业信用保险和贷款保证保险发展,引进保险机制为服务天津经济社会发展、调整经济结构和优化产业升级而推出的新业务。

为贯彻落实《国务院关于扶持小型微型企业健康发展的意见》(国发〔2014〕52号)和《国务院关于加快发展现代保险服务业的若干意见》(国发〔2014〕29号)等文件精神,充分发挥财政资金的导向和放大作用,鼓励和引导商业银行和保险机构向有融资需求的小微企业发放贷款,促进全市经济社会持续健康发展,设立天津市小微企业贷款保证保险风险补贴资金(以下简称风险补贴资金),以天津市中小微企业贷款风险补偿金作为资金来源。起草了《天津市小微企业贷款保证保险风险补贴资金管理办法(试行)》,成立小微企业贷款保证保险服务中心,积极支持小微企业发展。

5. 天津车险理赔服务水平不断提升

2014年,天津20家经营车险业务的产险公司车险历年结案率为89.67%,同比上升2个百分点;全部车险案件(含车险人伤和万元以上案件)结案周期为32.22天,2000元以下结案周期与全国平均水平持平。赔款及时支付率与承诺达成率分别为98.75%和96.80%，继续维持在较高水平。每千万元保费投诉数由上年同期的0.8件下降到2014年的0.3件，显示天津车险理赔服务整体水平及消费者满意度不断提升。

四 天津租赁业机构发展

融资租赁业是近两年我国发展最迅猛的金融服务业。2014年以来，在一系列利好政策的推动下，我国融资租赁业重新步入迅速发展的轨道。据统计，截至2014年12月底，全国融资租赁合同余额约3.2万亿元，比2013年底的2.1万亿元增加约1.1万亿元，增长幅度为52.4%。其中，金融租赁合同余额约1.3万亿元，增长51.2%；内资租赁合同余额约1万亿元，增长44.9%；外商租赁合同余额约9000亿元，增长63.6%。

天津凭借滨海新区良好的政策优势和产业发展环境，2006年租赁业复兴，逐步集聚了大批优质融资租赁公司，业务规模不断扩大，经营效益持续提高，集聚发展优势凸显。天津融资租赁业一直走在行业的前面，已经成为国内最大的融资租赁聚集区。截至2014年底，天津融资租赁机构达到267家，租赁资产超过4000亿元，业务总量超过全国的25%，其中，绝大部分企业在东疆注册或者开展业务。天津的融资租赁业取得了长足的发展，机构数量、实力和创新能力在全国处于前列，形成了比较优势和集聚效应，仅在东疆保税港区注册的融资租赁公司就占了全国的十分之一。

1. 全国规模最大、实力最强的融资租赁聚集地

根据《中国租赁蓝皮书——2014年中国融资租赁业发展报告》统计，在2014年中国融资租赁企业排行榜中，天津市共有5家公司进入十强企业，分别为工银租赁、渤海租赁、长江租赁、民生租赁和兴业租赁，其中，工银租赁以110亿元的注册资本金位居首位。

表9 中国租赁十强企业排行榜（截至2014.12.31）

名次	企业名称	注册时间	注册地	注册资金(亿元)
1	工银金融租赁有限公司	2007	天津	110
2	远东国际租赁有限公司	1991	上海	84.59
3	国银金融租赁有限公司	1984	深圳	80
4	浦航租赁有限公司（原大新华船舶）	2009	上海	76.60
5	平安国际融资租赁有限公司	2012	上海	75.00
6	天津渤海租赁有限公司	2008	天津	62.5
7	交银金融租赁有限责任公司	2007	上海	60
7	招银金融租赁有限公司	2007	上海	60
7	昆仑金融租赁有限责任公司	2010	重庆	60
8	长江租赁有限公司	2004	天津	58
9	民生金融租赁股份有限公司	2007	天津	50.95
10	兴业金融租赁有限责任公司	2010	天津	50
10	太平石化金融租赁有限责任公司	2014	上海	50

资料来源：中国租赁联盟。

2. 全国融资租赁业务创新基地

天津融资租赁公司充分利用天津金融改革创新先行先试的优势，不断推动业务模式、融资模式、资产管理、风险管理等方面多项创新转型工作，实施了一系列租赁创新项目，完成了国内金融租赁公司飞机融资租赁、飞机改装金融租赁、保税港区金融租赁创新等多项业务，引领了行业发展。

中国（天津）自由贸易试验区自建立以来，企业注册数量不断增长，各项试点业务持续开展。东疆保税港区作为天津自贸区的重要组成部分，结合辖区实际发展状况先行先试，以航空和航运为两条主线不断创新融资租赁业务模式，成为我国最主要的飞机和国际船舶融资租赁聚集地。

东疆保税港区在政策和制度上保障融资租赁业的创新发展。支持资信良好和业务成熟的融资租赁企业在东疆保税港区设立项目子公司，不设最低注册资本金限制。准予飞机租赁企业以绝对控股方式设立单机项目公司。准予隶属于同一母公司的单机项目公司实行住所集中登记，且与母公司住所相同。准予飞机租赁企业设立飞机专业子公司，飞机专业子公司可持续经营多个飞机项目。做好东疆保税港区限时办理租赁企业设立、登记、备案服务试点工作，规范金融租赁公司、内资融资租赁业务试点企业和外商投资融资租赁公司的行政许可审批事项、办理程序和办结时限。各行政审批部门要设置专门窗口、安排专业人员，在限定时间内办结有关行政许可审批事项。

融资租赁业是东疆保税港区的招牌。自天津自贸试验区设立运作以来，中铝融资租赁有限公司、国渝国际融资租赁有限公司等大型融资租赁有限公司先后落户东疆。东疆保税港区航空器租赁资产板块约占全国90%，国际船舶租赁约占全国80%，海洋工程结构物租赁约占全国80%。目前，东疆保税港区已经在飞机、船舶融资租赁领域积累了丰富的经验，业务范围进一步拓展，大型设备、医疗器械、地铁设备、高铁机车、水务、环保设施等租赁资产也呈快速增长势头。2009年至今，东疆已创新出近30种租赁交易模式，进口保税租赁、离岸租赁、单机单船租赁、融资租赁出口退税、异地海关监管船舶租赁等中国首单业务模式均是在东疆诞生并成长的。东疆保税港区成为融资租赁模式创新和融资租赁政策试点的重要区域，为全国租赁业发展探索新模式、积累新经验，发挥了租赁业推动经济发展方式转变的战略作用，引领着中国租赁业改革创新、不断发展。

3. 全国融资租赁政策试验基地

为了加快融资租赁集聚，天津市政府积极联合有关部门，先后研究制定了一系列政策措施，全力保障融资租赁业在天津的快速健康发展。

2014年7月，人行天津分行出台《关于促进金融租赁发展服务实体经济的指导意见》，在六个方面对天津市金融改革创新的融资租赁部分提出相关要求：一是鼓励更多金融租赁公司在天津落户，使天津成为融资租赁业聚集地；二是注重先进制造业的上下游产业链整合、"小巨人"企业、楼宇经济发展，结合市场发展需要和商业前景，推进高端装备制造和新型信息技术等新兴产业的发展，积极实施对重点行业如商贸物流、文化创意、信息消费、电子商务、大型会展和楼宇总部等现代服务业的支持措施；三是创新融资租赁的产品内容和服务方式，积极推进新型业务模式；四是支持小微企业和民营经济，认真贯彻落实各项惠民政策；五是严格执行融资租赁业的各项

管理规定,防止资金违规流向,严格规范资金投放和使用;六是加大融资租赁业与保险业的配合与合作,创新运用保险机制,鼓励机构间开展业务合作。

财政部、海关总署、国家税务总局先后印发了关于在天津市开展融资租赁船舶出口退税试点的通知、关于在天津东疆保税港区实行融资租赁货物出口退税政策的通知,批准天津开展融资租赁船舶出口退税试点,批准天津东疆保税港区实行融资租赁出口货物和海洋工程结构物退税政策,上述政策已经在全国推广。中国银监会印发了金融租赁公司试点管理办法,批准工银租赁、民生租赁、兴业租赁等一批金融租赁公司设立运营,印发了关于促进租赁公司在天津保税区设立项目公司,开展融资租赁业务有关通知,批准金融租赁公司在天津东疆保税港区设立特殊项目公司,为中国租赁业创造了公平参与国际竞争的条件。天津市政府及天津市高级人民法院支持租赁业发展,天津市政府陆续出台一系列政策制度规范,天津市高级人民法院出台了与之相匹配的司法指导意见,为租赁公司和融资租赁公司发展提供了良好的法制环境和服务条件。

在飞机租赁企业税收政策方面,积极落实《国务院办公厅关于加快飞机租赁业发展的意见》关于购机环节免征购销合同印花税和《财政部海关总署国家税务总局关于租赁企业进口飞机有关税收政策的通知》(财关税〔2014〕16号)关于一般贸易项下进口飞机税收优惠政策。

在推动和支持融资租赁企业走出去政策方面,天津市更是走在了全国的前列。贯彻落实《财政部海关总署国家税务总局关于在全国开展融资租赁货物出口退税政策试点的通知》(财税〔2014〕62号),推行东疆保税港区融资租赁货物出口退税政策试点经验。天津海关开通绿色通道,简化通关手续,加快通关速度,规范融资租赁企业境外设立项目公司和专业子公司的审批手续,为融资租赁企业提供了便利化的服务,大大方便了融资租赁进出口业务的开展,加快企业"走出去"的步伐。

4. 完善政策制度,提供政策保障

2014年1月9日天津市高级人民法院发布了《天津市高级人民法院关于审理动产权属争议案件涉及登记公示问题的指导意见(试行)》(津高法

发〔2014〕1号），明确了通过法定机构进行应收账款质押和融资租赁物权属公示查询，以及通过委托登记、自愿登记等方式进行权属登记查询的程序和法律效力，为统一的动产权属登记制度提供了司法保障。市金融局、人民银行天津分行、市商务委出台了《市金融局人行天津分行市商务委关于做好应收账款质押及转让业务登记和查询工作的通知》（市金融局〔2014〕8号），要求包括融资租赁企业在内相关机构办理应收账款质押转让业务时，应在中征动产融资登记平台办理登记和查询。

5. 加大金融支持，便利企业融资

第一，发挥银行融资主渠道作用，鼓励银行机构对融资租赁提供产品与服务，针对其项目特点与实际需求，在符合相关政策法规和规定的情形下鼓励对融资租赁企业单独授信，支持融资租赁企业进行境外投资及并购重组。第二，支持融资租赁企业直接融资，积极支持融资租赁企业以发行金融债券、短期融资券、中期票据、非公开定向融资工具、企业债券及资产证券化等方式融资，对已签订合同尚未交付，但有明确承租人及租赁期限的飞机，可认定为拟发行资产证券化项目的基础资产，支持融资租赁企业通过境内外资本市场上市融资，通过全国中小企业股份转让系统、天津股权交易所、天津滨海柜台交易市场股份公司挂牌融资，鼓励股权投资基金、创业投资基金和保险资金等各类资金进入融资租赁业。第三，支持融资租赁企业开展应收账款融资，有效合理利用中征应收账款融资服务平台，拓宽融资渠道，扩大合格（抵）质押物的覆盖范围，提高动产融资交易效率。第四，保险机构开展融资租赁保险业务，支持保险机构开展融资租赁保险等信用保险业务，化解融资租赁企业经营风险，为其提供专业化风险管理服务。第五，融资租赁企业跨境担保业务，依法对外提供担保可自行办理担保合同签约，向境外支付担保费可直接在银行办理购付汇手续；境外公司为融资租赁企业提供本外币贷款（不含委托贷款）担保，融资租赁公司可自行办理担保合同签约。第六，外商投资融资租赁公司外汇资本金实行全额意愿结汇，按照《国家外汇管理局关于在部分地区开展外商投资企业外汇资本金结汇管理方式改革试点有关问题的通知》（汇发〔2014〕36号），搞好外商投资企业外汇资本金结汇管理方式改革试点,注册在滨海新区的外商投资融资租赁公司外汇资本金可以意愿结汇,意愿结汇比例暂定为100%。第七,资产管理公司开展融资租赁企业资产管理业务,按照《财政部银监会关于印发〈金融企业不良资产批量转让管理办法〉的通知》(财金〔2012〕6号)等有关规定,支持金融资产管理公司和地方资产管理公司以市场化方式批量收购和依法处置融资租赁企业的不良资产;支持地方资产管理公司开展租赁资产托管、风险控制、残值处理和价值维护等专业管理服务。第八,对于融资租赁企业对外债权外汇管理,进行事后登记并由所在地外汇管理部门办理;企业可直接申请在所在地银行开立境外放款专户;对外融资业务不受现行境内企业境外放款额度限制。

6. 全国融资租赁信息交流

为了借鉴和交流国内外发展经验,进一步促进天津融资租赁业的快速发展,天津市政府、天津市租赁行业协会等部门积极组织行业专业学者、优秀企业来津进行交流探讨,中国融资租赁业信息交流基地已在津形成。

中国银监会、银行业协会和融资租赁业高度重视理论研究和实践创新,为开办融资业发展论坛,举办专业学会交往,出版融资租赁专业读物等做了大量卓有成效的工作,取得了理论与实践双丰收的重要成果。2014年12月4日,第五届中国金融租赁年会在天津召开,此次年会主论坛以"转型过程中租赁业的定位与作用"为主题,就"租赁业如何充分发挥优势,更好地为实体经济服务""租赁业如何应对经济转型升级"等行业热点问题进行探讨,分论坛分别围绕"保税区、自贸区金融租赁创新发展"和"转型过程中金融租赁业的发展战略选择"展开,为金融租赁业在转型中"扬帆远航"指明了发展方向,促进了租赁行业繁荣稳健发展。

此外,自2007年起,天津市租赁行业协会联合中国租赁联盟、中国国际商会租赁委员会编写《中国租赁蓝皮书》,定期发布融资租赁业发展报告,成为国内外各界了解我国融资租赁发展情况的重要资料。

五 天津其他机构的发展

自2008年国务院通过《天津滨海新区综合配套改革试验总体方案》以

来,天津金融业围绕建设现代金融服务体系和全国金融改革创新基地两项任务,积极进行先行先试,金融改革创新不断取得新突破,逐渐形成了以银行、证券、保险为基础,以融资租赁为特色,信托公司、专业保理公司、小额贷款公司等新型金融机构共同发展的多层次金融机构体系,为国家经济结构调整、产业升级和天津经济发展提供支持和保障。

1. 信托机构运行情况

2014年,天津信托继续推进业务创新,并取得了显著的成果:一是开展信托股权投资基金创新业务,支持全市实体经济发展和新型城镇化建设;二是积极开展与消费金融公司的创新业务合作,通过拉动消费、拉动内需的方式促进实体经济发展;三是在获批特定目的信托受托机构资格的基础上,开展银行信贷资产证券化受托业务。自有资金融资及金融股权投资取得好业绩,风险管控能力和综合管理能力进一步提高。

2. 商业保理机构运行情况

保理业务是一项集贸易融资、商业资信调查、应收账款管理及信用风险担保于一体的新型综合性金融服务,是国内2012年开始试点的创新业态。其核心优势是业务模式灵活,能覆盖单体规模更小、信用资质较弱、相对分散的中小微客户群,有助于其盘活流动资产,是中小微企业快速发展阶段最佳融资和风险转移渠道之一。天津是中国商务部在2012年启动商业保理工作试点的首批城市之一,在保理业发展上取得了显著成就。天津开发区多年来致力于金融产业的发展,创造了适于金融类企业及金融创新企业的发展氛围。中国服务贸易协会商业保理专业委员会发布的《中国商业保理行业发展报告2014》显示,截至2014年底,全国共有注册商业保理企业1220家。2014年全国新设立商业保理企业936家,其中,天津新注册了75家商业保理企业,全国排名第三。全国以外币注册的商业保理企业累计42家,其中天津地区19家。商业保理企业目前拥有的主流客户以大中型企业居多,约占总量的3/4,且保理企业的客户半数以上来自制造业和批发零售行业。

2014年6月7日,首届"津台保理业融合发展主题会议"在天津梅江会展中心举行。该会议以"经济转型背景下的保理业发展与机遇"为主题,金融机构和公司代表、行业专家学者齐聚津城，共同商议促进津台两地乃至全国商业保理发展大计。台湾大学财金系教授黄达业说，天津和台湾的保理业务发展都具有代表性，两地宜发挥各自市场与技术优势，加速双向融合。

天津开发区与新希望集团商业保理项目投资合作协议于2014年6月9日签署，标志着中国"三农"产业链保理产业，率先在天津破题。新希望集团商业保理公司，可为其产业链上下游客户提供贸易融资、应收账款管理与催收等供应链金融服务，是破解"三农"金融环境障碍的一次有益尝试。根据计划，新希望集团商业保理公司在未来3至5年，业务规模将达到200亿元，届时，公司将能服务十几万个"三农"中小微客户。

3. 小额贷款公司运行情况

构建普惠金融体系和增强金融服务实体经济的能力是我国金融改革的两项重要内容。小额贷款公司的设立，合理地将一些民间资金集中了起来，服务于三农和中小企业，是解决三农问题和中小企业融资难问题的有效途径，有利于规范民间借贷市场，实现普惠金融的政策目标。天津市积极响应2008年银监会发布的关于小额贷款公司试点的指导意见，积极推进小额贷款公司在津设立和后续业务发展，鼓励小额贷款公司为"三农"、中小企业提供融资服务，增强金融业对天津经济发展的支持和促进作用。

2014年，天津市小额贷款公司总计110家，从业人员1445人，实收资本金总计129.77亿元，全市小额贷款公司累计贷款余额137.06亿元。

为推动全市金融服务中小微企业取得新成效，2014年12月天津市印发《天津市中小微企业贷款风险补偿金管理办法（试行）》、《天津市小微企业贷款保证保险风险补贴资金管理办法（试行）》和《天津市中小微企业贷款和小微企业贷款保证保险风险补偿补贴资金归集管理办法》，设立天津市中小微企业贷款风险补偿金和小微企业贷款保证保险风险补贴资金（首期规模60亿元）。

4. 互联网产业运行情况

2014年互联网金融被首次写入政府工作报告，2014年成为互联网产业大发展的一年。《中国互联网络发展状况统计报告》统计数据显示，截至

2014年12月底，我国使用网上支付的用户规模达到3.04亿个，较2013年底增加4411万个，增长率为17.0%。与2013年12月底相比，我国网民使用网上支付的比例从42.1%提升至46.9%。与此同时，手机支付用户规模达到2.17亿个，增长率为73.2%，网民手机支付的使用比例由25.1%提升至39.0%。截至2014年底，余额宝资产规模达到5789.36亿元，在余额宝身后，还有它带动的庞大的基金队伍。易观智库的研究显示，2014年国内P2P行业规模达2012.6亿元，2014年新上线的网贷平台就超过900家。

我国互联网产业近年迅猛发展，企业成长周期短、带动面宽，大量创新性技术正加速改变社会生产和生活方式。当前天津已吸引多家知名互联网企业入驻，具有发展互联网产业的产业基础和平台优势，宜立足优势着重发展跨境电子商务、互联网金融、大数据三大互联网产业。

首先，天津市具有发展跨境电子商务的产业基础和平台优势。滨海新区内，跨境电子商务成为外贸企业积极转型升级和开拓海外市场的重要途径，同时知名跨境电商企业与天津开展合作，本土电商迅速崛起开辟O2O新模式，加速来津投资。当前天津应不断优化跨境电子商务发展环境、进一步提高政策支持力度、完善电商服务平台建设，推进外贸传统优势领域与互联网资源的对接和整合，不断探索推出新试点、实现新突破。

其次，天津互联网金融领域发展态势良好。总部在津的银行、保险、基金等传统金融业开拓互联网金融领域，推动传统金融业态转型。互联网金融企业影响力不断增加，机构主体纷纷设立，产品业务转型升级。滨海新区在推动互联网金融发展方面的优势不断显现，健全的政策、雄厚的产业基础和完善的技术支持使其成为天津市互联网金融产业发展聚集地。

最后，大数据成为拉动天津社会经济高速发展的新推手。滨海新区涵盖先进制造、金融商贸、航运物流等各领域产业，拥有得天独厚的数据资源优势；腾讯的数据储备处理服务、中国移动的移动空港IDC等数据中心的设立也为大数据产业所需的工程技术支持提供了有利支撑；京津冀协同发展为北京大数据企业进驻天津、大数据产业京津合作共建大数据产业带创造了难得的政策优势。

Ⓑ.3
2014年的天津金融市场

摘　要： 2014年，天津经济继续保持良好的发展势头，经济结构不断优化，金融体系不断完善，在巩固加强传统金融市场的基础上发展创新型金融市场。本报告认为2014年天津的货币信贷市场、证券期货市场、保险市场、外汇黄金市场以及创新型市场等各类金融市场发展迅速，在广度和深度上都有所提升。目前，天津已基本形成能够服务经济社会发展各个领域，全方位、多层次的金融市场体系。

关键词： 金融市场　信贷市场　证券市场　外汇市场　创新型市场

2014年，天津市认真贯彻中央宏观调控政策，主动适应经济发展新常态，紧紧抓住京津冀协同发展重大机遇，坚持稳中求进、改革创新，全市经济运行总体平稳，质量效益稳步提高，经济结构不断优化，在转型调整中实现新的发展。

随着市场产品创新和制度建设的稳步推进，天津金融市场继续保持了快速健康的发展势头。2014年全年金融业增加值1389.53亿元，增长15.6%。社会融资规模总量变化较小但结构变化较为明显。2014年，天津地区社会融资规模为4819亿元，同比下降91亿元，其中人民币贷款为2235亿元，企业债券为993亿元。从融资结构来看，企业直接融资快速发展，2014年全年实现融资1058亿元，同比多增217亿元，占全部融资规模的21.95%，同比上升4.85个百分点。银行业金融机构表外融资业务有一定幅度的下降，2014年全年表外融资1338亿元，同比减少139

亿元,天津金融机构本外币贷款全年增加2332亿元,同比少增132亿元,占全部融资规模的48.39%,同比下降1.81个百分点,融资结构进一步优化。

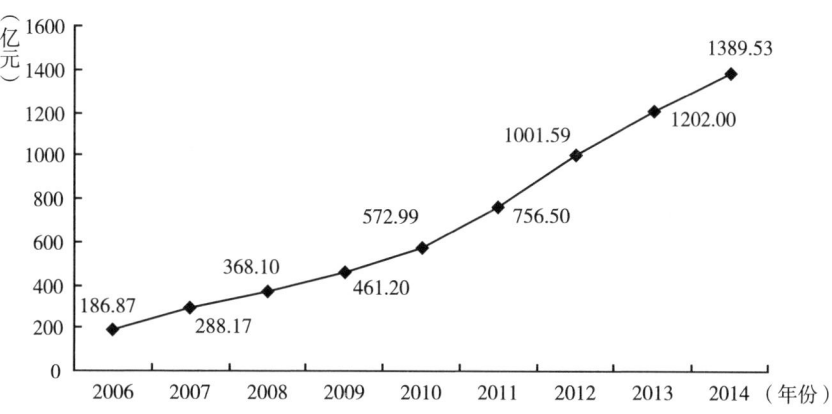

图1 2006~2014年天津市金融业增加值

数据来源:历年天津统计年鉴。

一 货币信贷市场发展

(一)信贷市场发展

中长期贷款、票据融资增幅明显,短期贷款大幅减少。2014年天津市金融机构本外币各项存款余额24777.75亿元,同比增长6.39%,各项贷款余额23223.42亿元,同比增长11.34%。本外币各项存款同比增加1462.02亿元,同比少增1519.62亿元,其中单位存款增加635.14亿元,同比少增1288.00亿元,个人存款增加270.76亿元,同比少增643.59亿元。本外币各项贷款增加2338.04亿元,同比少增89.23亿元。受经营贷款和贸易融资贷款增速明显放缓影响,短期贷款同比少增797.7亿元。其中,短期经营贷款同比少增520.0亿元,以上是影响全市短期贷款少增的主要因素。中长期贷款和票据融资同比多增较多,是推动全年信贷增长的主力军。在固定资产贷款的拉动下，中长期贷款同比多增309.5亿元。票据融资从二季度开始大幅回升，同比多增292.5亿元。

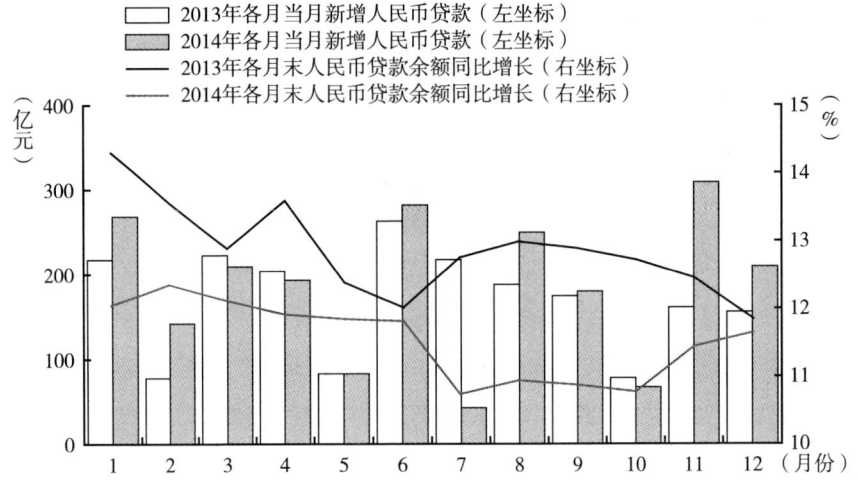

图2 2013~2014年天津市金融机构人民币贷款增长变化趋势

数据来源：中国人民银行天津分行。

信贷投向薄弱环节和重点领域。2014年，天津市小微企业和涉农贷款继续保持较快增长。小微企业贷款比年初增加443.9亿元，同比增长18.1%，高于贷款平均增速6.7个百分点；涉农贷款比年初增加374.1亿元，同比增长16.8%，高于贷款平均增速5.4个百分点。保障性住房开发贷款比年初增加170.6亿元，同比增长46.3%，高于房地产贷款增速29.8个百分点。六大高能耗行业中长期贷款下降31.1亿元。

外币贷款增速回落。2014年末，外币贷款余额246.4亿美元，比年初增加16.0亿美元，同比少增54.5亿美元，增速为6.9%，比上年下降37.2个百分点。其中，境内短期贸易融资下降22.7亿美元，而短期单位经营贷款和融资租赁合计新增31.5亿美元。

表外融资出现回落。2014年天津市银行业金融机构表外融资1338亿元，同比减少139亿元。从结构上看，委托贷款全年增加986亿元，信托贷款减少32亿元，未贴现银行承兑汇票增加385亿元。

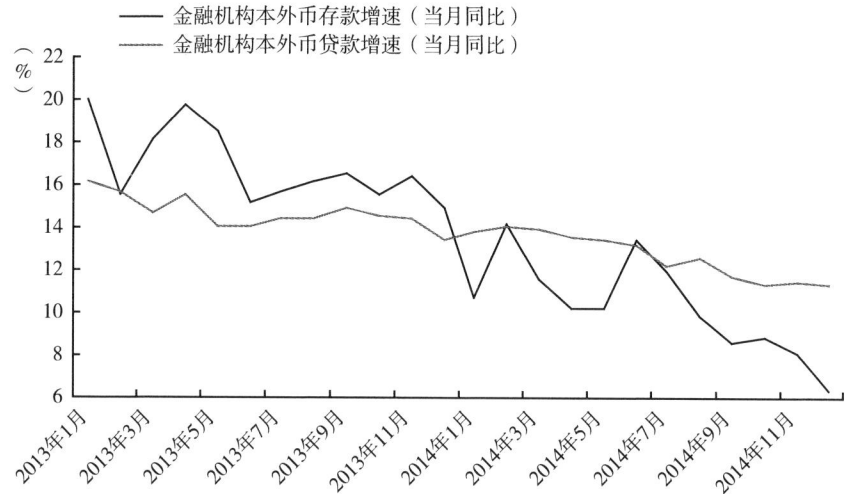

图3 2013~2014年天津市金融机构本外币存、贷款增速变化

数据来源：中国人民银行天津分行。

贷款利率先升后降。随着利率市场化改革推进，金融机构逐步完善利率定价机制，提高利率定价能力，全市利率水平基本稳定，发行了第一期同业存单。2014年全市金融机构人民币一般贷款加权平均利率（不含贴现）为6.66%，比上年上升0.08个百分点。前三季度贷款利率水平逐步上升，受非对称降息等利率市场化调控政策影响，第四季度利率回落至全年最低水平。

表1 2014年天津市人民币贷款各利率浮动区间占比表

单位：%

	月份	1月	2月	3月	4月	5月	6月
	合计	100.0	100.0	100.0	100.0	100.0	100.0
	下浮	13.2	12.6	14.2	9.6	8.2	7.5
	基准	26.8	32.4	29.7	30.4	31.6	25.9
上浮	小计	60.0	55.1	56.1	60.0	60.2	66.6
7.5	(1.0~1.1]	23.1	28.2	23.5	28.4	23.2	30.0
	(1.1~1.3]	28.8	20.9	24.8	27.0	30.6	29.7
	(1.3~1.5]	7.0	4.9	6.1	3.7	4.8	5.8
	(1.5~2.0]	1.0	0.7	0.8	0.2	1.2	0.6
	2.0以上	0.3	0.4	0.9	0.7	0.4	0.5

续表

月份		7月	8月	9月	10月	11月	12月
合计		100.0	100.0	100.0	100.0	100.0	100.0
下浮		9.7	9.8	8.1	9.8	13.1	10.1
基准		25.3	24.3	24.3	23.0	21.8	26.0
下浮	小计	64.9	65.9	67.7	67.0	64.9	63.9
	(1.0-1.1]	32.4	31.7	29.1	28.0	26.8	31.4
	(1.1-1.3]	27.3	26.7	30.2	30.2	27.8	24.4
	(1.3-1.5]	4.6	4.1	7.1	6.9	7.3	5.1
	(1.5-2.0]	0.3	2.2	0.4	0.3	1.4	2.0
	2.0以上	0.3	1.2	0.9	1.6	1.6	1.0

数据来源：中国人民银行天津分行。

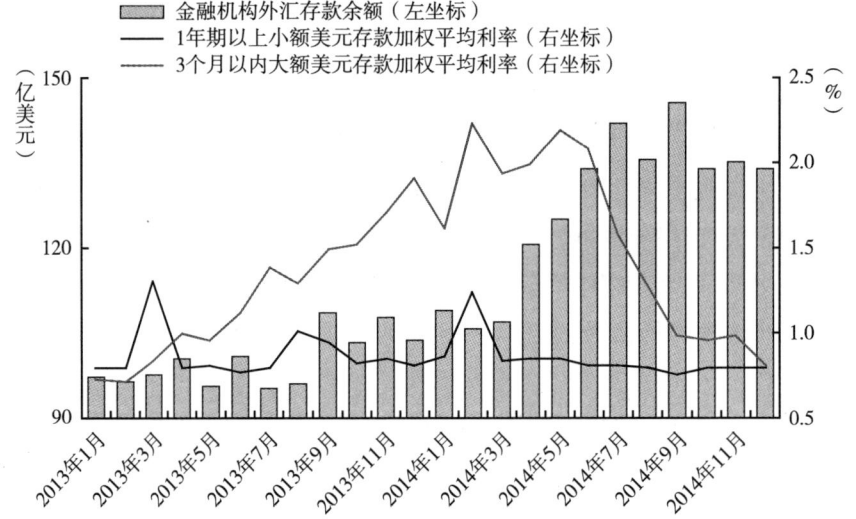

图4 2013~2014年天津市金融机构外币存款余额及外币存款利率

数据来源：中国人民银行天津分行。

（二）货币市场发展

货币市场交易仍以短期为主，利率小幅回落。2014年天津市银行间同业拆借市场累计完成信用拆借2091笔，同比下降15.1%；累计拆借金额为

6237.3亿元,同比下降22.5%。

从期限看,市场交易仍以短期为主。天津地区同业拆借市场上,隔夜和7天拆借作为同业拆借市场的主要交易品种,占全部拆借成交金额的82.5%。

从资金价格看,2014年天津机构同业拆借拆入加权平均利率较上年下降0.3387个百分点;同业拆借拆出加权平均利率较上年下降0.2498个百分点。

表2 2014年下半年天津市同业拆借情况

	融入金额(亿元)	占市场(%)	融出金额(亿元)	占市场(%)
2014年6月	520.52	1.4351	186.10	0.5131
2014年7月	406.88	1.2334	190.22	0.5766
2014年8月	373.89	1.3559	102.90	0.3732
2014年9月	554.12	1.5099	102.88	0.2803
2014年10月	372.97	0.9544	50.80	0.1300
2014年11月	306.89	0.9161	94.70	0.2827
2014年12月	325.60	1.1241	44.60	0.1540

数据来源:中国外汇交易中心。

(三)票据市场发展

票据融资业务平稳发展。2014年,天津市承兑汇票累计发生额为9202.7亿元,同比下降1.5%;票据贴现累计发生额为4160.2亿元,同比下降21.6%。

表3 2014年天津市金融机构票据业务量统计表

单位:亿元

季度	银行承兑汇票		贴现			
			银行承兑汇票		商业承兑汇票	
	余额	累计发生额	余额	累计发生额	余额	累计发生额
1	4329.9	2273.4	655.0	924.4	8.4	22.8
2	4650.0	2477.3	737.4	975.8	13.0	65.1
3	4778.9	2454.2	866.1	1230.1	16.8	66.9
4	4610.7	1997.8	928.6	751.0	37.4	124.1

数据来源:中国人民银行天津分行。

表4 2014年天津市金融机构票据贴现、转贴现利率表

单位：%

季度	贴现		转贴现	
	银行承兑汇票	商业承兑汇票	票据买断	票据回购
1	6.87	7.79	6.40	6.16
2	5.43	6.59	5.39	5.49
3	5.07	6.89	5.14	4.94
4	4.90	7.19	4.86	4.80

数据来源：中国人民银行天津分行。

二 证券期货市场发展

2014年，天津市证券期货市场整体发展较为迅速，全市证券营业部开立资金账户209.1万户，同比上升4.3%，客户交易结算资金余额171.3亿元，同比上升104.9%。

法人证券公司快速发展，收入情况显著改善。2014年末，法人证券公司资产总额比年初增加88.9亿元，净利润同比上升130.3%。

基金管理公司盈利能力大幅提高，公司规模不断扩大。2014年末，法人基金管理公司净利润与上年度相比实现扭亏为盈。基金资产净值比年初增加3954.4亿元。

表5 2014年天津市证券业基本情况表

项目	数量	项目	数量
总部设在辖内的证券公司（家）	1	当年发行H股筹资（亿元）	0.0
总部设在辖内的基金公司（家）	1	当年国内债券筹资（亿元）	1503.1
总部设在辖内的期货公司（家）	6	其中：短期融资券筹资额（亿元）	38.7
年末国内上市公司（家）	42	中期票据筹资额（亿元）	930.4
当年国内股票（A股）筹资（亿元）	182		

数据来源：天津证监局、中国人民银行天津分行。

期货业法人资产规模增长,代理交易业务持续发展。2014年末,天津市6家法人期货公司资产总计41.7亿元,比年初增加13.7亿元;净资产总计11.3亿元,比年初增加4.8亿元。全年代理交易量5347.1万手,同比增加1663.9万手,代理交易额51321.5亿元,同比增加39.4%,手续费收入1.0亿元,同比增长126.5万元。全市期货营业部增至29家,较上年同期增加9家,期货营业部手续费收入0.6亿元,代理交易额31598.9亿元,代理交易量2559.5万手。

公司上市步伐加快,上市公司市值有所增加。2014年末,天津市境内上市公司42家,上市公司总股本488.3亿股,总市值5322.0亿元,同比增长48.3%,其中流通市值4522.1亿元。

表6 2014年12月证券期货市场基本概况

类别	指标名称	单位	当期值	上年同期值
基本情况	证券公司	家	1	1
	证券公司分公司	家	8	4
	辖区证券营业部	家	122	107
	基金管理公司	家	1	1
	证券投资咨询公司	家	1	2
	证券投资咨询分公司	家	0	1
	证券信用评级分公司	家	1	1
	独立基金销售机构	家	2	2
证券营业部	总资产	亿元	191.37	99.38
	净资产	亿元	10.18	11.79
	净利润	亿元	1.72	-0.02
	客户交易结算资金余额	亿元	171.33	83.6
	指定与托管市值	亿元	2587.45	2013.22
	投资者证券账户开户数	万户	300.57	286.35

数据来源:天津市金融工作局。

(一)股票市场发展

2014年,上市公司由于公司结构不断优化、整体上或重组带来的优质资产注入、经营管理效率提高导致业绩大幅增长等,吸引了大量的投资者。全年上市公司的总股本和总市值总体呈现上升趋势,上市公司的总市值在4~6月期间有波折,之后又缓慢上升,到12月达到最高值。

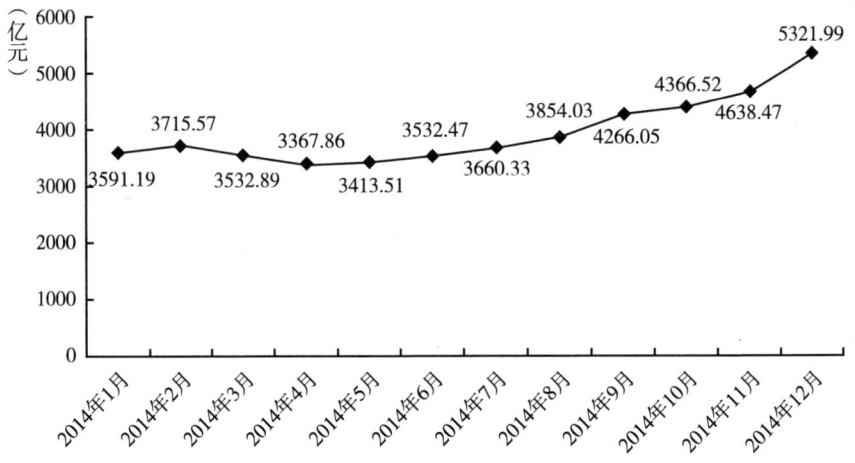

图5 2014年全年上市公司总市值变化趋势

数据来源:中国证监所。

截至2014年末,上市公司总数为42家,其中A股公司37家,AB股公司1家,AH股公司3家,AS股公司1家。在上交所上市的有21家,在深交所主板上市的有8家,在中小板上市的有6家,在创业板上市的有7家,新三板挂牌公司数为41家。2014年12月,天津股票市场上市公司总股本488.27亿股,总市值达到5321.99亿元,比上年同期的434.46亿股和3589.87亿元分别增加了12.39%和48.25%。

表7 2014年12月股票市场概况

指标名称	单位	当期值	上年同期值
上市公司	家	42	38
其中:A股公司	家	37	33
AB股公司	家	1	1
AH股公司	家	3	3
AS股公司	家	1	1

续表

指标名称	单位	当期值	上年同期值
其中：上交所上市公司	家	21	19
深交所主板上市公司	家	8	8
中小板上市公司	家	6	6
创业板上市公司	家	7	5
新三板挂牌公司	家	41	22
上市公司总股本	亿股	488.27	434.46
上市公司总市值	亿元	5321.99	3589.87

资料来源：天津证监局官网。

（二）债券市场发展

2014年，天津市银行间债券市场成员现券买卖成交量保持上升趋势，下半年成交金额达5345.85亿元。其中，现券买入量2587.02亿元，同比有较大提升；现券卖出量2758.83亿元，同比基本持平。从债券类别来看，企业债、中期票据和政策性金融债仍是现券市场的主要交易券种。

债券回购交易量继续保持增长态势，累计成交额为66480.7亿元，同比增长32.9%。2014年下半年债券回购交易量为37702.84亿元，较上半年略有提升，其中质押式回购为33388.78亿元，占总交易量的88.56%；买断式回购为4314.06亿元，相对有较大的增长潜力。从期限类别来看，在7天以内的投资品种是主要的交易对象，2014年全年的交易金额达到61556.3亿元，占全部回购交易量的92.6%。

（三）基金市场发展

2014年全年开放式基金数由14只上升到16只，开放式基金规模和开放式基金资产净值稳步上升，基金规模从1月份的3438.48万份上升到12月份的5906.05万份；开放式基金资产净值从1月份的3539.95亿元上升至12月份的5897.97亿元。在6月份之前上升比较平缓，之后上升幅度陡增。

相比于2013年12月的同期天津开放式基金规模和开放式资产净值的1963.13万份和1943.62亿元,增速达200.85%和203.45%。

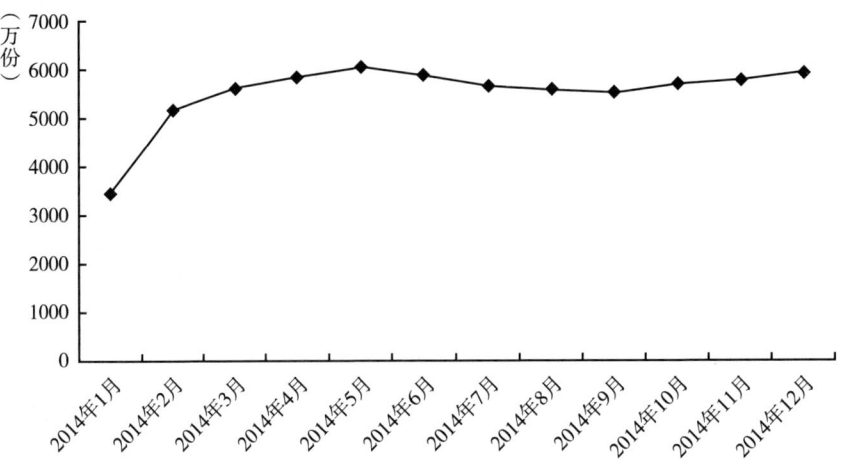

图6　2014年开放式基金规模走势图

数据来源:天津证监局。

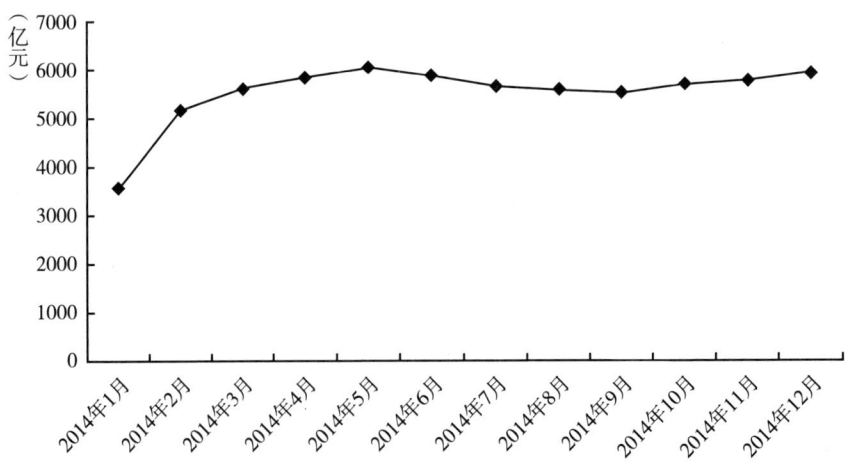

图7　2014年开放式基金资产净值走势图

数据来源:天津证监局。

社长致辞

我们是图书出版者,更是人文社会科学内容资源供应商;

我们背靠中国社会科学院,面向中国与世界人文社会科学界,坚持为人文社会科学的繁荣与发展服务;

我们精心打造权威信息资源整合平台,坚持为中国经济与社会的繁荣与发展提供决策咨询服务;

我们以读者定位自身,立志让爱书人读到好书,让求知者获得知识;

我们精心编辑、设计每一本好书以形成品牌张力,以优秀的品牌形象服务读者,开拓市场;

我们始终坚持"创社科经典,出传世文献"的经营理念,坚持"权威、前沿、原创"的产品特色;

我们"以人为本",提倡阳光下创业,员工与企业共享发展之成果;

我们立足于现实,认真对待我们的优势、劣势,我们更着眼于未来,以不断的学习与创新适应不断变化的世界,以不断的努力提升自己的实力;

我们愿与社会各界友好合作,共享人文社会科学发展之成果,共同推动中国学术出版乃至内容产业的繁荣与发展。

社会科学文献出版社社长
中国社会学会秘书长

2016 年 1 月

社会科学文献出版社
SOCIAL SCIENCES ACADEMIC PRESS (CHINA)

社会科学文献出版社成立于1985年，是直属于中国社会科学院的人文社会科学专业学术出版机构。

成立以来，特别是1998年实施第二次创业以来，依托于中国社会科学院丰厚的学术出版和专家学者两大资源，坚持"创社科经典，出传世文献"的出版理念和"权威、前沿、原创"的产品定位，社科文献立足内涵式发展道路，从战略层面推动学术出版五大能力建设，逐步走上了智库产品与专业学术成果系列化、规模化、数字化、国际化、市场化发展的经营道路。

先后策划出版了著名的图书品牌和学术品牌"皮书"系列、"列国志"、"社科文献精品译库"、"全球化译丛"、"全面深化改革研究书系"、"近世中国"、"甲骨文"、"中国史话"等一大批既有学术影响又有市场价值的系列图书，形成了较强的学术出版能力和资源整合能力。2015年社科文献出版社发稿5.5亿字，出版图书约2000种，承印发行中国社科院院属期刊74种，在多项指标上都实现了较大幅度的增长。

凭借着雄厚的出版资源整合能力，社科文献出版社长期以来一直致力于从内容资源和数字平台两个方面实现传统出版的再造，并先后推出了皮书数据库、列国志数据库、"一带一路"数据库、中国田野调查数据库、台湾大陆同乡会数据库等一系列数字产品。数字出版已经初步形成了产品设计、内容开发、编辑标引、产品运营、技术支持、营销推广等全流程体系。

在国内原创著作、国外名家经典著作大量出版，数字出版突飞猛进的同时，社科文献出版社从构建国际话语体系的角度推动学术出版国际化。先后与斯普林格、博睿、牛津、剑桥等十余家国际出版机构合作面向海外推出了"皮书系列""改革开放30年研究书系""中国梦与中国发展道路研究丛书""全面深化改革研究书系"等一系列在世界范围内引起强烈反响的作品；并持续致力于中国学术出版走出去，组织学者和编辑参加国际书展，筹办国际性学术研讨会，向世界展示中国学者的学术水平和研究成果。

此外，社科文献出版社充分利用网络媒体平台，积极与中央和地方各类媒体合作，并联合大型书店、学术书店、机场书店、网络书店、图书馆，逐步构建起了强大的学术图书内容传播平台。学术图书的媒体曝光率居全国之首，图书馆藏率居于全国出版机构前十位。

上述诸多成绩的取得，有赖于一支以年轻的博士、硕士为主体，一批从中国社科院刚退出科研一线的各学科专家为支撑的300多位高素质的编辑、出版和营销队伍，为我们实现学术立社，以学术品位、学术价值来实现经济效益和社会效益这样一个目标的共同努力。

作为已经开启第三次创业梦想的人文社会科学学术出版机构，我们将以改革发展为动力，以学术资源建设为中心，以构建智慧型出版社为主线，以"整合、专业、分类、协同、持续"为各项工作指导原则，全力推进出版社数字化转型，坚定不移地走专业化、数字化、国际化发展道路，全面提升出版社核心竞争力，为实现"社科文献梦"奠定坚实基础。

皮书系列 重点推荐

 经济类

经 济 类

经济类皮书涵盖宏观经济、城市经济、大区域经济，提供权威、前沿的分析与预测

经济蓝皮书
2016年中国经济形势分析与预测

李 扬 / 主编　　2015年12月出版　　定价:79.00元

◆ 本书为总理基金项目，由著名经济学家李扬领衔，联合中国社会科学院等数十家科研机构、国家部委和高等院校的专家共同撰写，系统分析了2015年的中国经济形势并预测2016年我国经济运行情况。

世界经济黄皮书
2016年世界经济形势分析与预测

王洛林　张宇燕 / 主编　　2015年12月出版　　定价:79.00元

◆ 本书由中国社会科学院世界经济与政治研究所的研究团队撰写，2015年世界经济增长继续放缓，增长格局也继续分化，发达经济体与新兴经济体之间的增长差距进一步收窄。2016年世界经济增长形势不容乐观。

产业蓝皮书
中国产业竞争力报告（2016）NO.6

张其仔 / 主编　　2016年12月出版　　估价:98.00元

◆ 本书由中国社会科学院工业经济研究所研究团队在深入实际、调查研究的基础上完成。通过运用丰富的数据资料和最新的测评指标，从学术性、系统性、预测性上分析了2015年中国产业竞争力，并对未来发展趋势进行了预测。

皮书系列重点推荐

经济类

G20国家创新竞争力黄皮书

二十国集团（G20）国家创新竞争力发展报告（2016）

李建平　李闽榕　赵新力／主编　　2016年11月出版　　估价：138.00元

◆ 本报告在充分借鉴国内外研究者的相关研究成果的基础上，紧密跟踪技术经济学、竞争力经济学、计量经济学等学科的最新研究动态，深入分析G20国家创新竞争力的发展水平、变化特征、内在动因及未来趋势，同时构建了G20国家创新竞争力指标体系及数学模型。

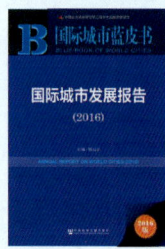

国际城市蓝皮书

国际城市发展报告（2016）

屠启宇／主编　　2016年1月出版　　估价：79.00元

◆ 本书作者以上海社会科学院从事国际城市研究的学者团队为核心，汇集同济大学、华东师范大学、复旦大学、上海交通大学、南京大学、浙江大学相关城市研究专业学者。立足动态跟踪介绍国际城市发展实践中，最新出现的重大战略、重大理念、重大项目、重大报告和最佳案例。

金融蓝皮书

中国金融发展报告（2016）

李　扬　王国刚／主编　　2015年12月出版　　定价：79.00元

◆ 本书由中国社会科学院金融研究所组织编写，概括和分析了2015年中国金融发展和运行中的各方面情况，研讨和评论了2015年发生的主要金融事件。本书由业内专家和青年精英联合编著，有利于读者了解掌握2015年中国的金融状况，把握2016年中国金融的走势。

农村绿皮书

中国农村经济形势分析与预测（2015～2016）

中国社会科学院农村发展研究所　国家统计局农村社会经济调查司／著
2016年4月出版　　估价：69.00元

◆ 本书描述了2015年中国农业农村经济发展的一些主要指标和变化，以及对2016年中国农业农村经济形势的一些展望和预测。

经济类　　皮书系列 重点推荐

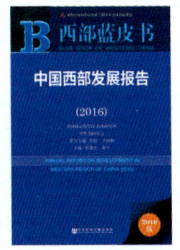

西部蓝皮书

中国西部发展报告（2016）

姚慧琴　徐璋勇 / 主编　2016年7月出版　估价：89.00元

◆ 本书由西北大学中国西部经济发展研究中心主编，汇集了源自西部本土以及国内研究西部问题的权威专家的第一手资料，对国家实施西部大开发战略进行年度动态跟踪，并对2016年西部经济、社会发展态势进行预测和展望。

民营经济蓝皮书

中国民营经济发展报告No.12（2015~2016）

王钦敏 / 主编　2016年1月出版　估价：75.00元

◆ 改革开放以来，民营经济从无到有、从小到大，是最具活力的增长极。本书是中国工商联课题组的研究成果，对2015年度中国民营经济的发展现状、趋势进行了详细的论述，并提出了合理的建议。是广大民营企业进行政策咨询、科学决策和理论创新的重要参考资料，也是理论工作者进行理论研究的重要参考资料。

经济蓝皮书夏季号

中国经济增长报告（2015~2016）

李扬 / 主编　2016年8月出版　估价：69.00元

◆ 中国经济增长报告主要探讨2015~2016年中国经济增长问题，以专业视角解读中国经济增长，力求将其打造成一个研究中国经济增长、服务宏微观各级决策的周期性、权威性读物。

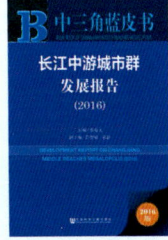

中三角蓝皮书

长江中游城市群发展报告（2016）

秦尊文 / 主编　2016年10月出版　估价：69.00元

◆ 本书是湘鄂赣皖四省专家学者共同研究的成果，从不同角度、不同方位记录和研究长江中游城市群一体化，提出对策措施，以期为将"中三角"打造成为继珠三角、长三角、京津冀之后中国经济增长第四极奉献学术界的聪明才智。

社会政法类

社会政法类

社会政法类皮书聚焦社会发展领域的热点、难点问题，提供权威、原创的资讯与视点

社会蓝皮书
2016年中国社会形势分析与预测

李培林　陈光金　张　翼／主编　2015年12月出版　定价：79.00元

◆ 本书由中国社会科学院社会学研究所组织研究机构专家、高校学者和政府研究人员撰写，聚焦当下社会热点，对2015年中国社会发展的各个方面内容进行了权威解读，同时对2016年社会形势发展趋势进行了预测。

法治蓝皮书
中国法治发展报告No.14（2016）

李　林　田　禾／主编　　2016年3月出版　　估价：105.00元

◆ 本年度法治蓝皮书回顾总结了2015年度中国法治发展取得的成就和存在的不足，并对2016年中国法治发展形势进行了预测和展望。

反腐倡廉蓝皮书
中国反腐倡廉建设报告No.6

李秋芳　张英伟／主编　2017年1月出版　　估价：79.00元

◆ 本书抓住了若干社会热点和焦点问题，全面反映了新时期新阶段中国反腐倡廉面对的严峻局面，以及中国共产党反腐倡廉建设的新实践新成果。根据实地调研、问卷调查和舆情分析，梳理了当下社会普遍关注的与反腐败密切相关的热点问题。

皮书系列
重点推荐

社会政法类

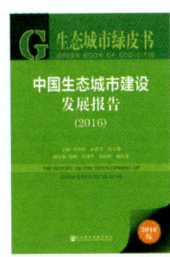

生态城市绿皮书
中国生态城市建设发展报告（2016）
刘举科　孙伟平　胡文臻/主编　2016年6月出版　估价:98.00元
◆ 报告以绿色发展、循环经济、低碳生活、民生宜居为理念，以更新民众观念、提供决策咨询、指导工程实践、引领绿色发展为宗旨，试图探索一条具有中国特色的城市生态文明建设新路。

公共服务蓝皮书
中国城市基本公共服务力评价（2016）
钟　君　吴正杲/主编　2016年12月出版　估价:79.00元
◆ 中国社会科学院经济与社会建设研究室与华图政信调查组成联合课题组，从2010年开始对基本公共服务力进行研究，研创了基本公共服务力评价指标体系，为政府考核公共服务与社会管理工作提供了理论工具。

教育蓝皮书
中国教育发展报告（2016）
杨东平/主编　2016年5月出版　估价:79.00元
◆ 本书由国内的中青年教育专家合作研究撰写。深度剖析2015年中国教育的热点话题，并对当下中国教育中出现的问题提出对策建议。

生态文明绿皮书
中国省域生态文明建设评价报告（ECI 2016）
严耕/主编　2016年12月出版　估价:85.00元
◆ 本书基于国家最新发布的权威数据，对我国的生态文明建设状况进行科学评价，并开展相应的深度分析，结合中央的政策方针和各省的具体情况，为生态文明建设推进，提出针对性的政策建议。

皮书系列重点推荐 行业报告类

行业报告类

行业报告类皮书立足重点行业、新兴行业领域，提供及时、前瞻的数据与信息

房地产蓝皮书
中国房地产发展报告 No.13（2016）

魏后凯　李景国/主编　　2016年5月出版　　估价:79.00元

◆ 蓝皮书秉承客观公正、科学中立的宗旨和原则，追踪2015年我国房地产市场最新资讯，深度分析，剖析因果，谋划对策，并对2016年房地产发展趋势进行了展望。

旅游绿皮书
2015～2016年中国旅游发展分析与预测

宋瑞/主编　　2016年1月出版　　估价:98.00元

◆ 本书中国社会科学院旅游研究中心组织相关专家编写的年度研究报告，对2015年旅游行业的热点问题进行了全面的综述并提出专业性建议，并对2016年中国旅游的发展趋势进行展望。

互联网金融蓝皮书
中国互联网金融发展报告（2016）

李东荣/主编　　2016年8月出版　　估价:79.00元

◆ 近年来，许多基于互联网的金融服务模式应运而生并对传统金融业产生了深刻的影响和巨大的冲击，"互联网金融"成为社会各界关注的焦点。本书探析了2015年互联网金融的特点和2016年互联网金融的发展方向和亮点。

资产管理蓝皮书

中国资产管理行业发展报告（2016）

智信资产管理研究院 / 编著　　2016 年 6 月出版　　估价 :89.00 元

◆ 中国资产管理行业刚刚兴起，未来将中国金融市场最有看点的行业，也会成为快速发展壮大的行业。本书主要分析了 2015 年度资产管理行业的发展情况，同时对资产管理行业的未来发展做出科学的预测。

老龄蓝皮书

中国老龄产业发展报告（2016）

吴玉韶　党俊武 / 编著
2016 年 9 月出版　　估价 :79.00 元

◆ 本书着眼于对中国老龄产业的发展给予系统介绍，深入解析，并对未来发展趋势进行预测和展望，力求从不同视角、不同层面全面剖析中国老龄产业发展的现状、取得的成绩、存在的问题以及重点、难点等。

金融蓝皮书

中国金融中心发展报告（2016）

王　力　黄育华 / 编著　　2017 年 11 月出版　　估价 :75.00 元

◆ 本报告将提升中国金融中心城市的金融竞争力作为研究主线，全面、系统、连续地反映和研究中国金融中心城市发展和改革的最新进展，展示金融中心理论研究的最新成果。

流通蓝皮书

中国商业发展报告（2016）

荆林波 / 编著　2016 年 5 月出版　　估价 :89.00 元

◆ 本书是中国社会科学院财经院与利丰研究中心合作的成果，从关注中国宏观经济出发，突出了中国流通业的宏观背景，详细分析了批发业、零售业、物流业、餐饮产业与电子商务等产业发展状况。

国别与地区类

国别与地区类

国别与地区类皮书关注全球重点国家与地区，提供全面、独特的解读与研究

美国蓝皮书
美国研究报告（2016）

黄　平　郑秉文 / 主编　　2016 年 7 月出版　　估价 : 89.00 元

◆ 本书是由中国社会科学院美国所主持完成的研究成果，它回顾了美国 2015 年的经济、政治形势与外交战略，对 2016 年以来美国内政外交发生的重大事件以及重要政策进行了较为全面的回顾和梳理。

拉美黄皮书
拉丁美洲和加勒比发展报告（2015~2016）

吴白乙 / 主编　　2016 年 5 月出版　　估价 : 89.00 元

◆ 本书对 2015 年拉丁美洲和加勒比地区诸国的政治、经济、社会、外交等方面的发展情况做了系统介绍，对该地区相关国家的热点及焦点问题进行了总结和分析，并在此基础上对该地区各国 2016 年的发展前景做出预测。

日本经济蓝皮书
日本经济与中日经贸关系研究报告（2016）

王洛林　张季风 / 编著　　2016 年 5 月出版　　估价 : 79.00 元

◆ 本书系统、详细地介绍了 2015 年日本经济以及中日经贸关系发展情况，在进行了大量数据分析的基础上，对 2016 年日本经济以及中日经贸关系的大致发展趋势进行了分析与预测。

国别与地区类　皮书系列 重点推荐

俄罗斯黄皮书

俄罗斯发展报告（2016）

李永全 / 编著　2016 年 7 月出版　估价 :79.00 元

◆ 本书系统介绍了 2015 年俄罗斯经济政治情况，并对 2015 年该地区发生的焦点、热点问题进行了分析与回顾；在此基础上，对该地区 2016 年的发展前景进行了预测。

国际形势黄皮书

全球政治与安全报告（2016）

李慎明　张宇燕 / 主编　2015 年 12 月出版　定价 :69.00 元

◆ 本书旨在对本年度全球政治及安全形势的总体情况、热点问题及变化趋势进行回顾与分析，并提出一定的预测及对策建议。作者通过事实梳理、数据分析、政策分析等途径，阐释了本年度国际关系及全球安全形势的基本特点，并在此基础上提出了具有启示意义的前瞻性结论。

德国蓝皮书

德国发展报告（2016）

郑春荣　伍慧萍 / 主编　2016 年 6 月出版　估价 :69.00 元

◆ 本报告由同济大学德国研究所组织编撰，由该领域的专家学者对德国的政治、经济、社会文化、外交等方面的形势发展情况，进行全面的阐述与分析。

中欧关系蓝皮书

中欧关系研究报告（2016）

周弘 / 编著　2016 年 12 月出版　估价 :98.00 元

◆ 本书由欧洲所暨欧洲学会推出，旨在分析、评估和预测年度中欧关系发展态势。本报告的作者均为欧洲方面的专家，他们对欧洲与中国在各个领域的发展情况进行了深入地分析和研究，对读者了解和把握中欧关系是非常有益的参考。

皮书系列
重点推荐

地方发展类

地方发展类

地方发展类皮书关注中国各省份、经济区域，提供科学、多元的预判与资政信息

北京蓝皮书

北京公共服务发展报告（2015~2016）

施昌奎 / 主编　2016年1月出版　估价：69.00元

◆ 本书是由北京市政府职能部门的领导、首都著名高校的教授、知名研究机构的专家共同完成的关于北京市公共服务发展与创新的研究成果。

河南蓝皮书

河南经济发展报告（2016）

河南省社会科学院 / 编著　2016年12月出版　估价：79.00元

◆ 本书以国内外经济发展环境和走向为背景，主要分析当前河南经济形势，预测未来发展趋势，全面反映河南经济发展的最新动态、热点和问题，为地方经济发展和领导决策提供参考。

京津冀蓝皮书

京津冀发展报告（2016）

文　魁　祝尔娟 / 编著　2016年4月出版　估价：89.00元

◆ 京津冀协同发展作为重大的国家战略，已进入顶层设计、制度创新和全面推进的新阶段。本书以问题为导向，围绕京津冀发展中的重要领域和重大问题，研究如何推进京津冀协同发展。

 文化传媒类　皮书系列 重点推荐

文化传媒类

文化传媒类皮书透视文化领域、文化产业，
探索文化大繁荣、大发展的路径

新媒体蓝皮书

中国新媒体发展报告No.7（2016）

唐绪军/主编　　2016年6月出版　　估价:79.00元

◆ 本书是由中国社会科学院新闻与传播研究所组织编写的关于新媒体发展的最新年度报告，旨在全面分析中国新媒体的发展现状，解读新媒体的发展趋势，探析新媒体的深刻影响。

移动互联网蓝皮书

中国移动互联网发展报告（2016）

官建文/编著　　2016年6月出版　　估价:79.00元

◆ 本书着眼于对中国移动互联网2015年度的发展情况做深入解析，对未来发展趋势进行预测，力求从不同视角、不同层面全面剖析中国移动互联网发展的现状、年度突破以及热点趋势等。

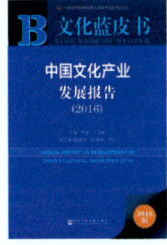

文化蓝皮书

中国文化产业发展报告（2016）

张晓明　王家新　章建刚/主编　　2016年4月出版　　估价:79.00元

◆ 本书由中国社会科学院文化研究中心编写。从2012年开始，中国社会科学院文化研究中心设立了国内首个文化产业的研究类专项资金——"文化产业重大课题研究计划"，开始在全国范围内组织多学科专家学者对我国文化产业发展重大战略问题进行联合攻关研究。本书集中反映了该计划的研究成果。

皮书系列 2016全品种 经济类

经济类

G20国家创新竞争力黄皮书
二十国集团（G20）国家创新竞争力发展报告（2016）
著（编）者：李建平 李闽榕 赵新力
2016年11月出版 估价：138.00元

产业蓝皮书
中国产业竞争力报告（2016）NO.6
著（编）者：张其仔 2016年12月出版 / 估价：98.00元

城市创新蓝皮书
中国城市创新报告（2016）
著（编）者：周天勇 旷建伟 2016年8月出版 估价：69.00元

城市蓝皮书
中国城市发展报告 NO.9
著（编）者：潘家华 魏后凯 2016年9月出版 估价：69.00元

城市群蓝皮书
中国城市群发展指数报告（2016）
著（编）者：刘士林 刘新静 2016年10月出版 估价：69.00元

城乡一体化蓝皮书
中国城乡一体化发展报告（2015~2016）
著（编）者：汝信 付崇兰 2016年7月出版 估价：85.00元

城镇化蓝皮书
中国新型城镇化健康发展报告（2016）
著（编）者：张占斌 2016年5月出版 估价：79.00元

创新蓝皮书
创新型国家建设报告（2015~2016）
著（编）者：詹正茂 2016年11月出版 估价：69.00元

低碳发展蓝皮书
中国低碳发展报告（2016）
著（编）者：齐晔 2016年3月出版 估价：89.00元

低碳经济蓝皮书
中国低碳经济发展报告（2016）
著（编）者：薛进军 赵忠秀 2016年6月出版 估价：85.00元

东北蓝皮书
中国东北地区发展报告（2016）
著（编）者：马克 黄文艺 2016年8月出版 估价：79.00元

工业化蓝皮书
中国工业化进程报告（2016）
著（编）者：黄群慧 吕铁 李晓华 等
2016年11月出版 估价：89.00元

管理蓝皮书
中国管理发展报告（2016）
著（编）者：张晓东 2016年9月出版 估价：98.00元

国际城市蓝皮书
国际城市发展报告（2016）
著（编）者：屠启宇 2016年1月出版 估价：79.00元

国家创新蓝皮书
中国创新发展报告（2016）
著（编）者：陈劲 2016年9月出版 估价：69.00元

金融蓝皮书
中国金融发展报告（2016）
著（编）者：李扬 王国刚 2015年12月出版 定价：79.00元

京津冀产业蓝皮书
京津冀产业协同发展报告（2016）
著（编）者：中智科博（北京）产业经济发展研究院
2016年6月出版 估价：69.00元

京津冀蓝皮书
京津冀发展报告（2016）
著（编）者：文魁 祝尔娟 2016年4月出版 估价：89.00元

经济蓝皮书
2016年中国经济形势分析与预测
著（编）者：李扬 2015年12月出版 定价：79.00元

经济蓝皮书·春季号
2016年中国经济前景分析
著（编）者：李扬 2016年5月出版 估价：79.00元

经济蓝皮书·夏季号
中国经济增长报告（2015~2016）
著（编）者：李扬 2016年8月出版 估价：99.00元

经济信息绿皮书
中国与世界经济发展报告（2016）
著（编）者：杜平 2015年12月出版 定价：89.00元

就业蓝皮书
2016年中国本科生就业报告
著（编）者：麦可思研究院 2016年6月出版 估价：98.00元

就业蓝皮书
2016年中国高职高专生就业报告
著（编）者：麦可思研究院 2016年6月出版 估价：98.00元

临空经济蓝皮书
中国临空经济发展报告（2016）
著（编）者：连玉明 2016年11月出版 估价：79.00元

民营经济蓝皮书
中国民营经济发展报告 NO.12（2015~2016）
著（编）者：王钦敏 2016年1月出版 估价：75.00元

农村绿皮书
中国农村经济形势分析与预测（2015~2016）
著（编）者：中国社会科学院农村发展研究所
　　　　　国家统计局农村社会经济调查司
2016年4月出版 估价：69.00元

农业应对气候变化蓝皮书
气候变化对中国农业影响评估报告 No.2
著（编）者：矫梅燕 2016年8月出版 估价：98.00元

经济类 · 社会政法类

皮书系列 2016全品种

企业公民蓝皮书
中国企业公民报告 NO.4
著(编)者:邹东涛 2016年1月出版 / 估价:79.00元

气候变化绿皮书
应对气候变化报告（2016）
著(编)者:王伟光 郑国光 2016年11月出版 / 估价:98.00元

区域蓝皮书
中国区域经济发展报告（2015~2016）
著(编)者:梁昊光 2016年5月出版 / 估价:79.00元

全球环境竞争力绿皮书
全球环境竞争力报告（2016）
著(编)者:李建平 李闽榕 王金南
2016年12月出版 / 估价:198.00元

人口与劳动绿皮书
中国人口与劳动问题报告 NO.17
著(编)者:蔡昉 张车伟 2016年11月出版 / 估价:69.00元

商务中心区蓝皮书
中国商务中心区发展报告 NO.2（2016）
著(编)者:魏后凯 李国红 2016年1月出版 / 估价:89.00元

世界经济黄皮书
2016年世界经济形势分析与预测
著(编)者:王洛林 张宇燕 2015年12月出版 / 定价:79.00元

世界旅游城市绿皮书
世界旅游城市发展报告（2016）
著(编)者:鲁勇 周正宇 宋宇 2016年6月出版 / 估价:88.00元

西北蓝皮书
中国西北发展报告（2016）
著(编)者:孙发平 苏海红 鲁顺元
2015年12月出版 / 估价:79.00元

西部蓝皮书
中国西部发展报告（2016）
著(编)者:姚慧琴 徐璋勇 2016年7月出版 / 估价:89.00元

县域发展蓝皮书
中国县域经济增长能力评估报告（2016）
著(编)者:王力 2016年10月出版 / 估价:69.00元

新型城镇化蓝皮书
新型城镇化发展报告（2016）
著(编)者:李伟 宋敏 沈体雁 2016年11月出版 / 估价:98.00元

新兴经济体蓝皮书
金砖国家发展报告（2016）
著(编)者:林跃勤 周文 2016年7月出版 / 估价:79.00元

长三角蓝皮书
2016年全面深化改革中的长三角
著(编)者:张伟斌 2016年10月出版 / 估价:69.00元

中部竞争力蓝皮书
中国中部经济社会竞争力报告（2016）
著(编)者:教育部人文社会科学重点研究基地
　　　　南昌大学中国中部经济社会发展研究中心
2016年10月出版 / 估价:79.00元

中部蓝皮书
中国中部地区发展报告（2016）
著(编)者:宋亚平 2016年12月出版 / 估价:78.00元

中国省域竞争力蓝皮书
中国省域经济综合竞争力发展报告（2015~2016）
著(编)者:李建平 李闽榕 高燕京
2016年2月出版 / 估价:198.00元

中三角蓝皮书
长江中游城市群发展报告（2016）
著(编)者:秦尊文 2016年10月出版 / 估价:69.00元

中小城市绿皮书
中国中小城市发展报告（2016）
著(编)者:中国城市经济学会中小城市经济发展委员会
　　　　中国城镇化促进会中小城市发展委员会
　　　　《中国中小城市发展报告》编纂委员会
　　　　中小城市发展战略研究院
2016年10月出版 / 估价:98.00元

中原蓝皮书
中原经济区发展报告（2016）
著(编)者:李英杰 2016年6月出版 / 估价:88.00元

自贸区蓝皮书
中国自贸区发展报告（2016）
著(编)者:王力 王吉培 2016年10月出版 / 估价:69.00元

社会政法类

北京蓝皮书
中国社区发展报告（2016）
著(编)者:于燕燕 2017年2月出版 / 估价:79.00元

殡葬绿皮书
中国殡葬事业发展报告（2016）
著(编)者:李伯森 2016年4月出版 / 估价:158.00元

城市管理蓝皮书
中国城市管理报告（2016）
著(编)者:谭维克 刘林 2017年2月出版 / 估价:118.00元

城市生活质量蓝皮书
中国城市生活质量报告（2016）
著(编)者:张连城 张平 杨春学 郎丽华
2016年7月出版 / 估价:89.00元

皮书系列 2016全品种 — 社会政法类

城市政府能力蓝皮书
中国城市政府公共服务能力评估报告（2016）
著(编)者：何艳玲　2016年7月出版 / 估价：69.00元

创新蓝皮书
中国创业环境发展报告（2016）
著(编)者：姚凯　曹祎遐　2016年1月出版 / 估价：69.00元

慈善蓝皮书
中国慈善发展报告（2016）
著(编)者：杨团　2016年6月出版 / 估价：79.00元

地方法治蓝皮书
中国地方法治发展报告 NO.2（2016）
著(编)者：李林　田禾　2016年1月出版 / 估价：98.00元

法治蓝皮书
中国法治发展报告 NO.14（2016）
著(编)者：李林　田禾　2016年3月出版 / 估价：105.00元

反腐倡廉蓝皮书
中国反腐倡廉建设报告 NO.6
著(编)者：李秋芳　张英伟　2017年1月出版 / 估价：79.00元

非传统安全蓝皮书
中国非传统安全研究报告（2015～2016）
著(编)者：余潇枫　魏志江　2016年5月出版 / 估价：79.00元

妇女发展蓝皮书
中国妇女发展报告 NO.6
著(编)者：王金玲　2016年9月出版 / 估价：148.00元

妇女教育蓝皮书
中国妇女教育发展报告 NO.3
著(编)者：张李玺　2016年10月出版 / 估价：78.00元

妇女绿皮书
中国性别平等与妇女发展报告（2016）
著(编)者：谭琳　2016年12月出版 / 估价：99.00元

公共服务蓝皮书
中国城市基本公共服务力评价（2016）
著(编)者：钟君　吴正杲　2016年12月出版 / 估价：79.00元

公共管理蓝皮书
中国公共管理发展报告（2016）
著(编)者：贡森　李国强　杨维уч
2016年4月出版 / 估价：69.00元

公共外交蓝皮书
中国公共外交发展报告（2016）
著(编)者：赵启正　雷蔚真　2016年4月出版 / 估价：89.00元

公民科学素质蓝皮书
中国公民科学素质报告（2016）
著(编)者：李群　许佳军　2016年3月出版 / 估价：79.00元

公益蓝皮书
中国公益发展报告（2016）
著(编)者：朱健刚　2016年5月出版 / 估价：78.00元

国际人才蓝皮书
海外华侨华人专业人士报告（2016）
著(编)者：王辉耀　苗绿　2016年8月出版 / 估价：69.00元

国际人才蓝皮书
中国国际移民报告（2016）
著(编)者：王辉耀　2016年2月出版 / 估价：79.00元

国际人才蓝皮书
中国海归发展报告（2016）NO.3
著(编)者：王辉耀　苗绿　2016年10月出版 / 估价：69.00元

国际人才蓝皮书
中国留学发展报告（2016）NO.5
著(编)者：王辉耀　苗绿　2016年10月出版 / 估价：79.00元

国家公园蓝皮书
中国国家公园体制建设报告（2016）
著(编)者：苏杨　张玉钧　石金莲　刘锋　等
2016年10月出版 / 估价：69.00元

海洋社会蓝皮书
中国海洋社会发展报告（2016）
著(编)者：崔凤　宋宁而　2016年7月出版 / 估价：89.00元

行政改革蓝皮书
中国行政体制改革报告（2016）NO.5
著(编)者：魏礼群　2016年4月出版 / 估价：98.00元

华侨华人蓝皮书
华侨华人研究报告（2016）
著(编)者：贾益民　2016年12月出版 / 估价：98.00元

环境竞争力绿皮书
中国省域环境竞争力发展报告（2016）
著(编)者：李建平　李闽榕　王金南
2016年11月出版 / 估价：198.00元

环境绿皮书
中国环境发展报告（2016）
著(编)者：刘鉴强　2016年5月出版 / 估价：79.00元

基金会蓝皮书
中国基金会发展报告（2016）
著(编)者：刘忠祥　2016年4月出版 / 估价：69.00元

基金会绿皮书
中国基金会发展独立研究报告（2016）
著(编)者：基金会中心网　中央民族大学基金会研究中心
2016年6月出版 / 估价：88.00元

基金会透明度蓝皮书
中国基金会透明度发展研究报告（2016）
著(编)者：基金会中心网　清华大学廉政与治理研究中心
2016年9月出版 / 估价：85.00元

教师蓝皮书
中国中小学教师发展报告（2016）
著(编)者：曾晓东　鱼霞　2016年6月出版 / 估价：69.00元

社会政法类 — 皮书系列 2016全品种

教育蓝皮书
中国教育发展报告（2016）
著(编)者:杨东平　2016年5月出版 / 估价:79.00元

科普蓝皮书
中国科普基础设施发展报告（2016）
著(编)者:任福君　2016年6月出版 / 估价:69.00元

科学教育蓝皮书
中国科学教育发展报告（2016）
著(编)者:罗晖　王康友　2016年10月出版 / 估价:79.00元

劳动保障蓝皮书
中国劳动保障发展报告（2016）
著(编)者:刘燕斌　2016年8月出版 / 估价:158.00元

连片特困区蓝皮书
中国连片特困区发展报告（2016）
著(编)者:游俊　冷志明　丁建军
2016年3月出版 / 估价:98.00元

民间组织蓝皮书
中国民间组织报告（2016）
著(编)者:黄晓勇　2016年12月出版 / 估价:79.00元

民调蓝皮书
中国民生调查报告（2016）
著(编)者:谢耘耕　2016年5月出版 / 估价:128.00元

民族发展蓝皮书
中国民族发展报告（2016）
著(编)者:郝时远　王延中　王希恩
2016年4月出版 / 估价:98.00元

女性生活蓝皮书
中国女性生活状况报告NO.10（2016）
著(编)者:韩湘景　2016年4月出版 / 估价:79.00元

汽车社会蓝皮书
中国汽车社会发展报告（2016）
著(编)者:王俊秀　2016年1月出版 / 估价:69.00元

青年蓝皮书
中国青年发展报告（2016）NO.4
著(编)者:廉思　等　2016年4月出版 / 估价:69.00元

青少年蓝皮书
中国未成年人互联网运用报告（2016）
著(编)者:李文革　沈杰　季为民
2016年11月出版 / 估价:89.00元

青少年体育蓝皮书
中国青少年体育发展报告（2016）
著(编)者:郭建军　杨桦　2016年9月出版 / 估价:69.00元

区域人才蓝皮书
中国区域人才竞争力报告NO.2
著(编)者:桂昭明　王辉耀
2016年6月出版 / 估价:69.00元

群众体育蓝皮书
中国群众体育发展报告（2016）
著(编)者:刘国永　杨桦　2016年10月出版 / 估价:69.00元

人才蓝皮书
中国人才发展报告（2016）
著(编)者:潘晨光　2016年9月出版 / 估价:85.00元

人权蓝皮书
中国人权事业发展报告NO.6（2016）
著(编)者:李君如　2016年9月出版 / 估价:128.00元

社会保障绿皮书
中国社会保障发展报告（2016）NO.8
著(编)者:王延中　2016年4月出版 / 估价:99.00元

社会工作蓝皮书
中国社会工作发展报告（2016）
著(编)者:民政部社会工作研究中心
2016年8月出版 / 估价:79.00元

社会管理蓝皮书
中国社会管理创新报告NO.4
著(编)者:连玉明　2016年11月出版 / 估价:89.00元

社会蓝皮书
2016年中国社会形势分析与预测
著(编)者:李培林　陈光金　张翼
2015年12月出版 / 定价:79.00元

社会体制蓝皮书
中国社会体制改革报告（2016）NO.4
著(编)者:龚维斌　2016年4月出版 / 估价:79.00元

社会心态蓝皮书
中国社会心态研究报告（2016）
著(编)者:王俊秀　杨宜音　2016年10月出版 / 估价:69.00元

社会组织蓝皮书
中国社会组织评估发展报告（2016）
著(编)者:徐家良　廖鸿　2016年12月出版 / 估价:69.00元

生态城市绿皮书
中国生态城市建设发展报告（2016）
著(编)者:刘举科　孙伟平　胡文臻
2016年9月出版 / 估价:148.00元

生态文明绿皮书
中国省域生态文明建设评价报告（ECI 2016）
著(编)者:严耕　2016年12月出版 / 估价:85.00元

世界社会主义黄皮书
世界社会主义跟踪研究报告（2015～2016）
著(编)者:李慎明　2016年4月出版 / 估价:258.00元

水与发展蓝皮书
中国水风险评估报告（2016）
著(编)者:王浩　2016年9月出版 / 估价:69.00元

皮书系列 2016全品种 — 社会政法类·行业报告类

体育蓝皮书
长三角地区体育产业发展报告（2016）
著(编)者:张林　2016年4月出版 / 估价:79.00元

体育蓝皮书
中国公共体育服务发展报告（2016）
著(编)者:戴健　2016年12月出版 / 估价:79.00元

土地整治蓝皮书
中国土地整治发展研究报告 NO.3
著(编)者:国土资源部土地整治中心
2016年5月出版 / 估价:89.00元

土地政策蓝皮书
中国土地政策发展报告（2016）
著(编)者:高延利　李宪文　唐健
2016年12月出版 / 估价:69.00元

危机管理蓝皮书
中国危机管理报告（2016）
著(编)者:文学国　范正青　2016年8月出版 / 估价:89.00元

形象危机应对蓝皮书
形象危机应对研究报告（2016）
著(编)者:唐钧　2016年6月出版 / 估价:149.00元

医改蓝皮书
中国医药卫生体制改革报告（2016）
著(编)者:文学国　房志武　2016年11月出版 / 估价:98.00元

医疗卫生绿皮书
中国医疗卫生发展报告 NO.7（2016）
著(编)者:申宝忠　韩玉珍　2016年4月出版 / 估价:75.00元

政治参与蓝皮书
中国政治参与报告（2016）
著(编)者:房宁　2016年7月出版 / 估价:108.00元

政治发展蓝皮书
中国政治发展报告（2016）
著(编)者:房宁　杨海蛟　2016年5月出版 / 估价:88.00元

智慧社区蓝皮书
中国智慧社区发展报告（2016）
著(编)者:罗昌智　张辉德　2016年7月出版 / 估价:69.00元

中国农村妇女发展蓝皮书
农村流动女性城市生活发展报告（2016）
著(编)者:谢丽华　2016年12月出版 / 估价:79.00元

宗教蓝皮书
中国宗教报告（2016）
著(编)者:邱永辉　2016年5月出版 / 估价:79.00元

行业报告类

保健蓝皮书
中国保健服务产业发展报告 NO.2
著(编)者:中国保健协会　中共中央党校
2016年7月出版 / 估价:198.00元

保健蓝皮书
中国保健食品产业发展报告 NO.2
著(编)者:中国保健协会
　　　中国社会科学院食品药品产业发展与监管研究中心
2016年7月出版 / 估价:198.00元

保健蓝皮书
中国保健用品产业发展报告 NO.2
著(编)者:中国保健协会
　　　国务院国有资产监督管理委员会研究中心
2016年2月出版 / 估价:198.00元

保险蓝皮书
中国保险业创新发展报告（2016）
著(编)者:项俊波　2016年12月出版 / 估价:69.00元

保险蓝皮书
中国保险业竞争力报告（2016）
著(编)者:项俊波　2015年12月出版 / 估价:99.00元

采供血蓝皮书
中国采供血管理报告（2016）
著(编)者:朱永明　耿鸿武　2016年8月出版 / 估价:69.00元

彩票蓝皮书
中国彩票发展报告（2016）
著(编)者:益彩基金　2016年4月出版 / 估价:98.00元

餐饮产业蓝皮书
中国餐饮产业发展报告（2016）
著(编)者:邢颖　2016年4月出版 / 估价:69.00元

测绘地理信息蓝皮书
测绘地理信息转型升级研究报告（2016）
著(编)者:库热西·买合苏提　2016年12月出版 / 估价:98.00元

茶业蓝皮书
中国茶产业发展报告（2016）
著(编)者:杨江帆　李闽榕　2016年10月出版 / 估价:78.00元

产权市场蓝皮书
中国产权市场发展报告（2015～2016）
著(编)者:曹和平　2016年5月出版 / 估价:89.00元

产业安全蓝皮书
中国出版传媒产业安全报告（2016）
著(编)者:北京印刷学院文化产业安全研究院
2016年4月出版 / 估价:69.00元

产业安全蓝皮书
中国文化产业安全报告（2016）
著(编)者:北京印刷学院文化产业安全研究院
2016年4月出版 / 估价:89.00元

行业报告类 / 皮书系列 2016全品种

产业安全蓝皮书
中国新媒体产业安全报告（2016）
著(编)者：北京印刷学院文化产业安全研究院
2016年5月出版 / 估价:69.00元

大数据蓝皮书
网络空间和大数据发展报告（2016）
著(编)者：杜平　2016年2月出版 / 估价:69.00元

电子商务蓝皮书
中国电子商务服务业发展报告 NO.3
著(编)者：荆林波　梁春晓　2016年5月出版 / 估价:69.00元

电子政务蓝皮书
中国电子政务发展报告（2016）
著(编)者：洪毅　杜平　2016年11月出版 / 估价:79.00元

杜仲产业绿皮书
中国杜仲橡胶资源与产业发展报告（2016）
著(编)者：杜红岩　胡文臻　俞锐
2016年1月出版 / 估价:85.00元

房地产蓝皮书
中国房地产发展报告 NO.13（2016）
著(编)者：魏后凯　李景国　2016年5月出版 / 估价:79.00元

服务外包蓝皮书
中国服务外包产业发展报告（2016）
著(编)者：王晓红　刘德军
2016年6月出版 / 估价:89.00元

服务外包蓝皮书
中国服务外包竞争力报告（2016）
著(编)者：王力　刘春生　黄育华
2016年11月出版 / 估价:85.00元

工业和信息化蓝皮书
世界网络安全发展报告（2016）
著(编)者：洪京一　2016年4月出版 / 估价:69.00元

工业和信息化蓝皮书
世界信息化发展报告（2016）
著(编)者：洪京一　2016年4月出版 / 估价:69.00元

工业和信息化蓝皮书
世界信息技术产业发展报告（2016）
著(编)者：洪京一　2016年4月出版 / 估价:79.00元

工业和信息化蓝皮书
世界制造业发展报告（2016）
著(编)者：洪京一　2016年4月出版 / 估价:69.00元

工业和信息化蓝皮书
移动互联网产业发展报告（2016）
著(编)者：洪京一　2016年4月出版 / 估价:79.00元

工业设计蓝皮书
中国工业设计发展报告（2016）
著(编)者：王晓红　于炜　张立群
2016年9月出版 / 估价:138.00元

互联网金融蓝皮书
中国互联网金融发展报告（2016）
著(编)者：李东荣　2016年8月出版 / 估价:79.00元

会展蓝皮书
中外会展业动态评估年度报告（2016）
著(编)者：张敏　2016年1月出版 / 估价:78.00元

节能汽车蓝皮书
中国节能汽车产业发展报告（2016）
著(编)者：中国汽车工程研究院股份有限公司
2016年12月出版 / 估价:69.00元

金融监管蓝皮书
中国金融监管报告（2016）
著(编)者：胡滨　2016年4月出版 / 估价:89.00元

金融蓝皮书
中国金融中心发展报告（2016）
著(编)者：王力　黄育华　2017年11月出版 / 估价:75.00元

金融蓝皮书
中国商业银行竞争力报告（2016）
著(编)者：王松奇　2016年5月出版 / 估价:69.00元

经济林产业绿皮书
中国经济林产业发展报告（2016）
著(编)者：李芳东　胡文臻　乌云塔娜　杜红岩
2016年12月出版 / 估价:69.00元

客车蓝皮书
中国客车产业发展报告（2016）
著(编)者：姚蔚　2016年2月出版 / 估价:85.00元

老龄蓝皮书
中国老龄产业发展报告（2016）
著(编)者：吴玉韶　党俊武　2016年9月出版 / 估价:79.00元

流通蓝皮书
中国商业发展报告（2016）
著(编)者：荆林波　2016年5月出版 / 估价:89.00元

旅游安全蓝皮书
中国旅游安全报告（2016）
著(编)者：郑向敏　谢朝武　2016年5月出版 / 估价:128.00元

旅游绿皮书
2015～2016年中国旅游发展分析与预测
著(编)者：宋瑞　2016年1月出版 / 估价:98.00元

煤炭蓝皮书
中国煤炭工业发展报告（2016）
著(编)者：岳福斌　2016年12月出版 / 估价:79.00元

民营企业社会责任蓝皮书
中国民营企业社会责任年度报告（2016）
著(编)者：中华全国工商业联合会
2016年7月出版 / 估价:69.00元

皮书系列 2016全品种 行业报告类

民营医院蓝皮书
中国民营医院发展报告（2016）
著(编)者：庄一强　2016年10月出版／估价：75.00元

能源蓝皮书
中国能源发展报告（2016）
著(编)者：崔民选　王军生　陈义和
2016年8月出版／估价：79.00元

农产品流通蓝皮书
中国农产品流通产业发展报告（2016）
著(编)者：贾敬敦　张东科　张玉玺　张鹏毅　周伟
2016年1月出版／估价：89.00元

期货蓝皮书
中国期货市场发展报告(2016)
著(编)者：李群　王在荣　2016年11月出版／估价：69.00元

企业公益蓝皮书
中国企业公益研究报告（2016）
著(编)者：钟宏武　汪杰　顾一　黄晓娟　等
2016年12月出版／估价：69.00元

企业公众透明度蓝皮书
中国企业公众透明度报告（2016）NO.2
著(编)者：黄速建　王晓光　肖红军
2016年1月出版／估价：98.00元

企业国际化蓝皮书
中国企业国际化报告（2016）
著(编)者：王辉耀　2016年11月出版／估价：98.00元

企业蓝皮书
中国企业绿色发展报告NO.2（2016）
著(编)者：李红玉　朱光辉　2016年8月出版／估价：79.00元

企业社会责任蓝皮书
中国企业社会责任研究报告（2016）
著(编)者：黄群慧　钟宏武　张蒽　等
2016年11月出版／估价：79.00元

企业社会责任能力蓝皮书
中国上市公司社会责任能力成熟度报告（2016）
著(编)者：肖红军　王晓光　李伟阳
2016年11月出版／估价：69.00元

汽车安全蓝皮书
中国汽车安全发展报告（2016）
著(编)者：中国汽车技术研究中心
2016年7月出版／估价：89.00元

汽车电子商务蓝皮书
中国汽车电子商务发展报告（2016）
著(编)者：中华全国工商业联合会汽车经销商商会
　　　　　北京易观智库网络科技有限公司
2016年5月出版／估价：128.00元

汽车工业蓝皮书
中国汽车工业发展年度报告（2016）
著(编)者：中国汽车工业协会　中国汽车技术研究中心
　　　　　丰田汽车（中国）投资有限公司
2016年4月出版／估价：128.00元

汽车蓝皮书
中国汽车产业发展报告（2016）
著(编)者：国务院发展研究中心产业经济研究部
　　　　　中国汽车工程学会　大众汽车集团（中国）
2016年8月出版／估价：158.00元

清洁能源蓝皮书
国际清洁能源发展报告（2016）
著(编)者：苏树辉　袁国林　李玉斋
2016年11月出版／估价：99.00元

人力资源蓝皮书
中国人力资源发展报告（2016）
著(编)者：余兴安　2016年12月出版／估价：79.00元

融资租赁蓝皮书
中国融资租赁业发展报告（2015~2016）
著(编)者：李光荣　王力　2016年1月出版／估价：89.00元

软件和信息服务业蓝皮书
中国软件和信息服务业发展报告（2016）
著(编)者：洪京一　2016年12月出版／估价：198.00元

商会蓝皮书
中国商会发展报告NO.5（2016）
著(编)者：王钦敏　2016年7月出版／估价：89.00元

上市公司蓝皮书
中国上市公司社会责任信息披露报告（2016）
著(编)者：张旺　张杨　2016年11月出版／估价：69.00元

上市公司蓝皮书
中国上市公司质量评价报告（2015~2016）
著(编)者：张跃文　王力　2016年11月出版／估价：118.00元

设计产业蓝皮书
中国设计产业发展报告（2016）
著(编)者：陈冬亮　梁昊光　2016年3月出版／估价：89.00元

食品药品蓝皮书
食品药品安全与监管政策研究报告（2016）
著(编)者：唐民皓　2016年7月出版／估价：69.00元

世界能源蓝皮书
世界能源发展报告（2016）
著(编)者：黄晓勇　2016年6月出版／估价：99.00元

水利风景区蓝皮书
中国水利风景区发展报告（2016）
著(编)者：兰思仁　2016年8月出版／估价：69.00元

私募市场蓝皮书
中国私募股权市场发展报告（2016）
著(编)者：曹和平　2016年12月出版／估价：79.00元

碳市场蓝皮书
中国碳市场报告（2016）
著(编)者：宁金彪　2016年11月出版／估价：69.00元

皮书系列 2016全品种
行业报告类

体育蓝皮书
中国体育产业发展报告（2016）
著(编)者：阮伟 钟秉枢　2016年7月出版 / 估价:69.00元

投资蓝皮书
中国投资发展报告（2016）
著(编)者：谢平　2016年4月出版 / 估价:128.00元

土地市场蓝皮书
中国农村土地市场发展报告（2016）
著(编)者：李光荣 高传捷　2016年1月出版 / 估价:69.00元

网络空间安全蓝皮书
中国网络空间安全发展报告（2016）
著(编)者：惠志斌 唐涛　2016年4月出版 / 估价:79.00元

物联网蓝皮书
中国物联网发展报告（2016）
著(编)者：黄桂田 龚六堂 张全升
2016年1月出版 / 估价:69.00元

西部工业蓝皮书
中国西部工业发展报告（2016）
著(编)者：方行明 甘犁 刘方健 姜凌 等
2016年9月出版 / 估价:79.00元

西部金融蓝皮书
中国西部金融发展报告（2016）
著(编)者：李忠民　2016年8月出版 / 估价:75.00元

协会商会蓝皮书
中国行业协会商会发展报告（2016）
著(编)者：景朝阳 李勇　2016年4月出版 / 估价:99.00元

新能源汽车蓝皮书
中国新能源汽车产业发展报告（2016）
著(编)者：中国汽车技术研究中心
　　　　　日产（中国）投资有限公司 东风汽车有限公司
2016年8月出版 / 估价:89.00元

新三板蓝皮书
中国新三板市场发展报告（2016）
著(编)者：王力　2016年6月出版 / 估价:69.00元

信托市场蓝皮书
中国信托业市场报告（2015～2016）
著(编)者：用益信托工作室
2016年2月出版 / 估价:198.00元

信息安全蓝皮书
中国信息安全发展报告（2016）
著(编)者：张晓东　2016年2月出版 / 估价:69.00元

信息化蓝皮书
中国信息化形势分析与预测（2016）
著(编)者：周宏仁　2016年8月出版 / 估价:98.00元

信用蓝皮书
中国信用发展报告（2016）
著(编)者：章政 田侃　2016年4月出版 / 估价:99.00元

休闲绿皮书
2016年中国休闲发展报告
著(编)者：宋瑞
2016年10月出版 / 估价:79.00元

药品流通蓝皮书
中国药品流通行业发展报告（2016）
著(编)者：佘鲁林 温再兴
2016年8月出版 / 估价:158.00元

医药蓝皮书
中国中医药产业园战略发展报告（2016）
著(编)者：裴长洪 房书亭 吴滌心
2016年3月出版 / 估价:89.00元

邮轮绿皮书
中国邮轮产业发展报告（2016）
著(编)者：汪泓　2016年10月出版 / 估价:79.00元

智能养老蓝皮书
中国智能养老产业发展报告（2016）
著(编)者：朱勇　2016年10月出版 / 估价:89.00元

中国SUV蓝皮书
中国SUV产业发展报告（2016）
著(编)者：靳军　2016年12月出版 / 估价:69.00元

中国金融行业蓝皮书
中国债券市场发展报告（2016）
著(编)者：谢多　2016年7月出版 / 估价:69.00元

中国上市公司蓝皮书
中国上市公司发展报告（2016）
著(编)者：中国社会科学院上市公司研究中心
2016年9月出版 / 估价:98.00元

中国游戏蓝皮书
中国游戏产业发展报告（2016）
著(编)者：孙立军 刘跃军 牛兴侦
2016年4月出版 / 估价:69.00元

中国总部经济蓝皮书
中国总部经济发展报告（2015～2016）
著(编)者：赵弘　2016年9月出版 / 估价:79.00元

资本市场蓝皮书
中国场外交易市场发展报告（2016）
著(编)者：高峦　2016年8月出版 / 估价:79.00元

资产管理蓝皮书
中国资产管理行业发展报告（2016）
著(编)者：智信资产管理研究院
2016年6月出版 / 估价:89.00元

文化传媒类

传媒竞争力蓝皮书
中国传媒国际竞争力研究报告（2016）
著(编)者：李本乾 刘强
2016年11月出版 / 估价：148.00元

传媒蓝皮书
中国传媒产业发展报告（2016）
著(编)者：崔保国 2016年5月出版 / 估价：98.00元

传媒投资蓝皮书
中国传媒投资发展报告（2016）
著(编)者：张向东 谭云明
2016年6月出版 / 估价：128.00元

动漫蓝皮书
中国动漫产业发展报告（2016）
著(编)者：卢斌 郑玉明 牛兴侦
2016年7月出版 / 估价：79.00元

非物质文化遗产蓝皮书
中国非物质文化遗产发展报告（2016）
著(编)者：陈平 2016年5月出版 / 估价：98.00元

广电蓝皮书
中国广播电影电视发展报告（2016）
著(编)者：国家新闻出版广电总局发展研究中心
2016年7月出版 / 估价：98.00元

广告主蓝皮书
中国广告主营销传播趋势报告 NO.9
著(编)者：黄升民 杜国清 邵华冬 等
2016年10月出版 / 估价：148.00元

国际传播蓝皮书
中国国际传播发展报告（2016）
著(编)者：胡正荣 李继东 姬德强
2016年11月出版 / 估价：89.00元

纪录片蓝皮书
中国纪录片发展报告（2016）
著(编)者：何苏六 2016年10月出版 / 估价：79.00元

科学传播蓝皮书
中国科学传播报告（2016）
著(编)者：詹正茂 2016年7月出版 / 估价：69.00元

两岸创意经济蓝皮书
两岸创意经济研究报告（2016）
著(编)者：罗昌智 董泽平 2016年12月出版 / 估价：98.00元

两岸文化蓝皮书
两岸文化产业合作发展报告（2016）
著(编)者：胡惠林 李保宗 2016年7月出版 / 估价：79.00元

媒介与女性蓝皮书
中国媒介与女性发展报告(2015~2016)
著(编)者：刘利群 2016年8月出版 / 估价：118.00元

媒体融合蓝皮书
中国媒体融合发展报告（2016）
著(编)者：梅宁华 宋建武 2016年7月出版 / 估价：79.00元

全球传媒蓝皮书
全球传媒发展报告（2016）
著(编)者：胡正荣 李继东 唐晓芬
2016年12月出版 / 估价：79.00元

少数民族非遗蓝皮书
中国少数民族非物质文化遗产发展报告（2016）
著(编)者：肖远平（彝） 柴立（满）
2016年6月出版 / 估价：128.00元

视听新媒体蓝皮书
中国视听新媒体发展报告（2016）
著(编)者：国家新闻出版广电总局发展研究中心
2016年7月出版 / 估价：98.00元

文化创新蓝皮书
中国文化创新报告（2016）NO.7
著(编)者：于平 傅才武 2016年7月出版 / 估价：98.00元

文化建设蓝皮书
中国文化发展报告（2016）
著(编)者：江畅 孙伟平 戴茂堂
2016年4月出版 / 估价：108.00元

文化科技蓝皮书
文化科技创新发展报告（2016）
著(编)者：于平 李凤亮 2016年10月出版 / 估价：89.00元

文化蓝皮书
中国公共文化服务发展报告（2016）
著(编)者：刘新成 张永新 张旭 2016年10月出版 / 估价：98.00元

文化蓝皮书
中国公共文化投入增长测评报告（2016）
著(编)者：王亚南 2016年12月出版 / 估价：79.00元

文化蓝皮书
中国少数民族文化发展报告（2016）
著(编)者：武翠英 张晓明 任乌晶
2016年9月出版 / 估价：69.00元

文化蓝皮书
中国文化产业发展报告（2016）
著(编)者：张晓明 王家新 章建刚
2016年4月出版 / 估价：79.00元

文化蓝皮书
中国文化产业供需协调检测报告（2016）
著(编)者：王亚南 2016年2月出版 / 估价：79.00元

文化蓝皮书
中国文化消费需求景气评价报告（2016）
著(编)者：王亚南 2016年2月出版 / 估价：79.00元

文化传媒类·地方发展类

皮书系列 2016全品种

文化品牌蓝皮书
中国文化品牌发展报告（2016）
著(编)者：欧阳友权　2016年4月出版 / 估价:89.00元

文化遗产蓝皮书
中国文化遗产事业发展报告（2016）
著(编)者：刘世锦　2016年3月出版 / 估价:89.00元

文学蓝皮书
中国文情报告（2015~2016）
著(编)者：白烨　2016年5月出版 / 估价:69.00元

新媒体蓝皮书
中国新媒体发展报告NO.7（2016）
著(编)者：唐绪军　2016年7月出版 / 估价:79.00元

新媒体社会责任蓝皮书
中国新媒体社会责任研究报告（2016）
著(编)者：钟瑛　2016年10月出版 / 估价:79.00元

移动互联网蓝皮书
中国移动互联网发展报告（2016）
著(编)者：官建文　2016年6月出版 / 估价:79.00元

舆情蓝皮书
中国社会舆情与危机管理报告（2016）
著(编)者：谢耘耕　2016年8月出版 / 估价:98.00元

地方发展类

安徽经济蓝皮书
芜湖创新型城市发展报告（2016）
著(编)者：张志宏　2016年4月出版 / 估价:69.00元

安徽蓝皮书
安徽社会发展报告（2016）
著(编)者：程桦　2016年4月出版 / 估价:89.00元

安徽社会建设蓝皮书
安徽社会建设分析报告（2015~2016）
著(编)者：黄家海　王开玉　蔡宪
2016年4月出版 / 估价:89.00元

澳门蓝皮书
澳门经济社会发展报告（2015~2016）
著(编)者：吴志良　郝雨凡　2016年5月出版 / 估价:79.00元

北京蓝皮书
北京公共服务发展报告（2015~2016）
著(编)者：施昌奎　2016年1月出版 / 估价:69.00元

北京蓝皮书
北京经济发展报告（2015~2016）
著(编)者：杨松　2016年6月出版 / 估价:79.00元

北京蓝皮书
北京社会发展报告（2015~2016）
著(编)者：李伟东　2016年7月出版 / 估价:79.00元

北京蓝皮书
北京社会治理发展报告（2015~2016）
著(编)者：殷星辰　2016年6月出版 / 估价:79.00元

北京蓝皮书
北京文化发展报告（2015~2016）
著(编)者：李建盛　2016年5月出版 / 估价:79.00元

北京旅游绿皮书
北京旅游发展报告（2016）
著(编)者：北京旅游学会　2016年7月出版 / 估价:88.00元

北京人才蓝皮书
北京人才发展报告（2016）
著(编)者：于淼　2016年12月出版 / 估价:128.00元

北京社会心态蓝皮书
北京社会心态分析报告（2015~2016）
著(编)者：北京社会心理研究所
2016年8月出版 / 估价:79.00元

北京社会组织管理蓝皮书
北京社会组织发展与管理（2015~2016）
著(编)者：黄江松　2016年4月出版 / 估价:78.00元

北京体育蓝皮书
北京体育产业发展报告（2016）
著(编)者：钟秉枢　陈杰　杨铁黎
2016年10月出版 / 估价:79.00元

北京养老产业蓝皮书
北京养老产业发展报告（2016）
著(编)者：周明明　冯喜良　2016年4月出版 / 估价:69.00元

滨海金融蓝皮书
滨海新区金融发展报告（2016）
著(编)者：王爱俭　张锐钢　2016年9月出版 / 估价:79.00元

城乡一体化蓝皮书
中国城乡一体化发展报告·北京卷（2015~2016）
著(编)者：张宝秀　黄序　2016年5月出版 / 估价:79.00元

创意城市蓝皮书
北京文化创意产业发展报告（2016）
著(编)者：张京成　王国华　2016年12月出版 / 估价:69.00元

创意城市蓝皮书
青岛文化创意产业发展报告（2016）
著(编)者：马达　张丹妮　2016年6月出版 / 估价:79.00元

23

皮书系列 2016全品种 地方发展类

创意城市蓝皮书
台北文化创意产业发展报告（2016）
著(编)者：陈耀竹 邱琪瑄　2016年11月出版 / 估价：89.00元

创意城市蓝皮书
无锡文化创意产业发展报告（2016）
著(编)者：谭军 张鸣年　2016年10月出版 / 估价：79.00元

创意城市蓝皮书
武汉文化创意产业发展报告（2016）
著(编)者：黄永林 陈汉桥　2016年12月出版 / 估价：89.00元

创意城市蓝皮书
重庆创意产业发展报告（2016）
著(编)者：程宇宁　2016年4月出版 / 估价：89.00元

地方法治蓝皮书
南宁法治发展报告（2016）
著(编)者：杨维超　2016年12月出版 / 估价：69.00元

福建妇女发展蓝皮书
福建省妇女发展报告（2016）
著(编)者：刘群英　2016年11月出版 / 估价：88.00元

甘肃蓝皮书
甘肃经济发展分析与预测（2016）
著(编)者：朱智文 罗哲　2016年1月出版 / 估价：79.00元

甘肃蓝皮书
甘肃社会发展分析与预测（2016）
著(编)者：安文华 包晓霞　2016年1月出版 / 估价：79.00元

甘肃蓝皮书
甘肃文化发展分析与预测（2016）
著(编)者：安文华 周小华　2016年1月出版 / 估价：79.00元

甘肃蓝皮书
甘肃县域社会发展评价报告（2016）
著(编)者：刘进军 柳民 王建兵
2016年1月出版 / 估价：79.00元

甘肃蓝皮书
甘肃舆情分析与预测（2016）
著(编)者：陈双梅 郝树声　2016年1月出版 / 估价：79.00元

甘肃蓝皮书
甘肃商务发展报告（2016）
著(编)者：杨志武 王福生 王晓芳
2016年1月出版 / 估价：69.00元

广东蓝皮书
广东全面深化改革发展报告（2016）
著(编)者：周林生 涂成林　2016年11月出版 / 估价：69.00元

广东蓝皮书
广东社会工作发展报告（2016）
著(编)者：罗观翠　2016年6月出版 / 估价：89.00元

广东蓝皮书
广东省电子商务发展报告（2016）
著(编)者：程晓 邓顺国　2016年7月出版 / 估价：79.00元

广东社会建设蓝皮书
广东省社会建设发展报告（2016）
著(编)者：广东省社会工作委员会
2016年12月出版 / 估价：99.00元

广东外经贸蓝皮书
广东对外经济贸易发展研究报告（2015~2016）
著(编)者：陈万灵　2016年5月出版 / 估价：89.00元

广西北部湾经济区蓝皮书
广西北部湾经济区开放开发报告（2016）
著(编)者：广西北部湾经济区规划建设管理委员会办公室
广西社会科学院 广西北部湾发展研究院
2016年10月出版 / 估价：79.00元

广州蓝皮书
2016年中国广州经济形势分析与预测
著(编)者：庾建设 沈奎 谢博能　2016年6月出版 / 估价：79.00元

广州蓝皮书
2016年中国广州社会形势分析与预测
著(编)者：张强 陈怡霓 杨秦　2016年6月出版 / 估价：79.00元

广州蓝皮书
广州城市国际化发展报告（2016）
著(编)者：朱名宏　2016年11月出版 / 估价：69.00元

广州蓝皮书
广州创新型城市发展报告（2016）
著(编)者：尹涛　2016年10月出版 / 估价：69.00元

广州蓝皮书
广州经济发展报告（2016）
著(编)者：朱名宏　2016年7月出版 / 估价：69.00元

广州蓝皮书
广州农村发展报告（2016）
著(编)者：朱名宏　2016年8月出版 / 估价：69.00元

广州蓝皮书
广州汽车产业发展报告（2016）
著(编)者：杨再高 冯兴亚　2016年9月出版 / 估价：69.00元

广州蓝皮书
广州青年发展报告（2015～2016）
著(编)者：魏国华 张强　2016年7月出版 / 估价：69.00元

广州蓝皮书
广州商贸业发展报告（2016）
著(编)者：李江涛 肖振宇 荀振英
2016年7月出版 / 估价：69.00元

广州蓝皮书
广州社会保障发展报告（2016）
著(编)者：蔡国萱　2016年10月出版 / 估价：65.00元

广州蓝皮书
广州文化创意产业发展报告（2016）
著(编)者：甘新　2016年8月出版 / 估价：79.00元

广州蓝皮书
中国广州城市建设与管理发展报告（2016）
著(编)者：董皞 陈小钢 李江涛　2016年7月出版 / 估价：69.00元

24　权威 前沿 原创

地方发展类

皮书系列
2016全品种

广州蓝皮书
中国广州科技和信息化发展报告（2016）
著（编）者：邹采荣 马正勇 冯元 2016年8月出版 / 估价：79.00元

广州蓝皮书
中国广州文化发展报告（2016）
著（编）者：徐俊忠 陆志强 顾涧清 2016年7月出版 / 估价：69.00元

贵阳蓝皮书
贵阳城市创新发展报告·白云篇（2016）
著（编）者：连玉明 2016年10月出版 / 估价：89.00元

贵阳蓝皮书
贵阳城市创新发展报告·观山湖篇（2016）
著（编）者：连玉明 2016年10月出版 / 估价：89.00元

贵阳蓝皮书
贵阳城市创新发展报告·花溪篇（2016）
著（编）者：连玉明 2016年10月出版 / 估价：89.00元

贵阳蓝皮书
贵阳城市创新发展报告·开阳篇（2016）
著（编）者：连玉明 2016年10月出版 / 估价：89.00元

贵阳蓝皮书
贵阳城市创新发展报告·南明篇（2016）
著（编）者：连玉明 2016年10月出版 / 估价：89.00元

贵阳蓝皮书
贵阳城市创新发展报告·清镇篇（2016）
著（编）者：连玉明 2016年10月出版 / 估价：89.00元

贵阳蓝皮书
贵阳城市创新发展报告·乌当篇（2016）
著（编）者：连玉明 2016年10月出版 / 估价：89.00元

贵阳蓝皮书
贵阳城市创新发展报告·息烽篇（2016）
著（编）者：连玉明 2016年10月出版 / 估价：89.00元

贵阳蓝皮书
贵阳城市创新发展报告·修文篇（2016）
著（编）者：连玉明 2016年10月出版 / 估价：89.00元

贵阳蓝皮书
贵阳城市创新发展报告·云岩篇（2016）
著（编）者：连玉明 2016年10月出版 / 估价：89.00元

贵州房地产蓝皮书
贵州房地产发展报告NO.3（2016）
著（编）者：武廷方 2016年6月出版 / 估价：89.00元

贵州蓝皮书
册亨经济社会发展报告(2016)
著（编）者：黄德林 2016年1月出版 / 估价：69.00元

贵州蓝皮书
贵安新区发展报告（2016）
著（编）者：马长青 吴大华 2016年4月出版 / 估价：69.00元

贵州蓝皮书
贵州法治发展报告（2016）
著（编）者：吴大华 2016年5月出版 / 估价：79.00元

贵州蓝皮书
贵州民航业发展报告（2016）
著（编）者：申振东 吴大华 2016年10月出版 / 估价：69.00元

贵州蓝皮书
贵州人才发展报告（2016）
著（编）者：于杰 吴大华 2016年9月出版 / 估价：69.00元

贵州蓝皮书
贵州社会发展报告（2016）
著（编）者：王兴骥 2016年5月出版 / 估价：79.00元

海淀蓝皮书
海淀区文化和科技融合发展报告（2016）
著（编）者：陈名杰 孟景伟 2016年5月出版 / 估价：75.00元

海峡西岸蓝皮书
海峡西岸经济区发展报告（2016）
著（编）者：福建省人民政府发展研究中心
　　　　　福建省人民政府发展研究中心咨询服务中心
2016年9月出版 / 估价：65.00元

杭州都市圈蓝皮书
杭州都市圈发展报告（2016）
著（编）者：董祖德 沈翔 2016年5月出版 / 估价：89.00元

杭州蓝皮书
杭州妇女发展报告（2016）
著（编）者：魏颖 2016年4月出版 / 估价：79.00元

河北经济蓝皮书
河北省经济发展报告（2016）
著（编）者：马树强 金浩 刘兵 张贵
2016年3月出版 / 估价：89.00元

河北蓝皮书
河北经济社会发展报告（2016）
著（编）者：周文夫 2016年1月出版 / 估价：79.00元

河北食品药品安全蓝皮书
河北食品药品安全研究报告（2016）
著（编）者·丁锦霞 2016年6月出版 / 估价：79.00元

河南经济蓝皮书
2016年河南经济形势分析与预测
著（编）者：胡五岳 2016年2月出版 / 估价：69.00元

河南蓝皮书
2016年河南社会形势分析与预测
著（编）者：刘道兴 牛苏林 2016年4月出版 / 估价：69.00元

河南蓝皮书
河南城市发展报告（2016）
著（编）者：谷建全 王建国 2016年3月出版 / 估价：79.00元

河南蓝皮书
河南法治发展报告（2016）
著（编）者：丁同民 闫德民 2016年6月出版 / 估价：79.00元

河南蓝皮书
河南工业发展报告（2016）
著（编）者：龚绍东 赵西三 2016年1月出版 / 估价：79.00元

皮书系列 2016全品种 地方发展类

河南蓝皮书
河南金融发展报告（2016）
著(编)者:河南省社会科学院
2016年6月出版 / 估价:69.00元

河南蓝皮书
河南经济发展报告（2016）
著(编)者:河南省社会科学院
2016年12月出版 / 估价:79.00元

河南蓝皮书
河南农业农村发展报告（2016）
著(编)者:吴海峰　2016年4月出版 / 估价:69.00元

河南蓝皮书
河南文化发展报告（2016）
著(编)者:卫绍生　2016年3月出版 / 估价:79.00元

河南商务蓝皮书
河南商务发展报告（2016）
著(编)者:焦锦淼　穆荣国　2016年4月出版 / 估价:88.00元

黑龙江产业蓝皮书
黑龙江产业发展报告（2016）
著(编)者:于渤　2016年10月出版 / 估价:79.00元

黑龙江蓝皮书
黑龙江经济发展报告（2016）
著(编)者:曲伟　2016年1月出版 / 估价:79.00元

黑龙江蓝皮书
黑龙江社会发展报告（2016）
著(编)者:张新颖　2016年1月出版 / 估价:79.00元

湖南城市蓝皮书
区域城市群整合（主题待定）
著(编)者:童中贤　韩未名　2016年12月出版 / 估价:79.00元

湖南蓝皮书
2016年湖南产业发展报告
著(编)者:梁志峰　2016年5月出版 / 估价:98.00元

湖南蓝皮书
2016年湖南电子政务发展报告
著(编)者:梁志峰　2016年5月出版 / 估价:98.00元

湖南蓝皮书
2016年湖南经济展望
著(编)者:梁志峰　2016年5月出版 / 估价:128.00元

湖南蓝皮书
2016年湖南两型社会与生态文明发展报告
著(编)者:梁志峰　2016年5月出版 / 估价:98.00元

湖南蓝皮书
2016年湖南社会发展报告
著(编)者:梁志峰　2016年5月出版 / 估价:88.00元

湖南蓝皮书
2016年湖南县域经济社会发展报告
著(编)者:梁志峰　2016年5月出版 / 估价:98.00元

湖南蓝皮书
湖南城乡一体化发展报告（2016）
著(编)者:陈文胜　刘祚祥　邝奕轩　等
2016年7月出版 / 估价:89.00元

湖南县域绿皮书
湖南县域发展报告NO.3
著(编)者:袁准　周小毛　2016年9月出版 / 估价:69.00元

沪港蓝皮书
沪港发展报告（2015~2016）
著(编)者:尤安山　2016年4月出版 / 估价:89.00元

吉林蓝皮书
2016年吉林经济社会形势分析与预测
著(编)者:马克　2016年2月出版 / 估价:89.00元

济源蓝皮书
济源经济社会发展报告（2016）
著(编)者:喻新安　2016年4月出版 / 估价:69.00元

健康城市蓝皮书
北京健康城市建设研究报告（2016）
著(编)者:王鸿春　2016年4月出版 / 估价:79.00元

江苏法治蓝皮书
江苏法治发展报告NO.5（2016）
著(编)者:李力　龚廷泰　2016年9月出版 / 估价:98.00元

江西蓝皮书
江西经济社会发展报告（2016）
著(编)者:张勇　姜玮　梁勇　2016年10月出版 / 估价:79.00元

江西文化产业蓝皮书
江西文化产业发展报告（2016）
著(编)者:张圣才　汪春翔　2016年10月出版 / 估价:128.00元

经济特区蓝皮书
中国经济特区发展报告（2016）
著(编)者:陶一桃　2016年12月出版 / 估价:89.00元

辽宁蓝皮书
2016年辽宁经济社会形势分析与预测
著(编)者:曹晓峰　张晶　梁启东
2016年12月出版 / 估价:79.00元

拉萨蓝皮书
拉萨法治发展报告（2016）
著(编)者:车明怀　2016年7月出版 / 估价:79.00元

洛阳蓝皮书
洛阳文化发展报告（2016）
著(编)者:刘福兴　陈启明　2016年7月出版 / 估价:79.00元

南京蓝皮书
南京文化发展报告（2016）
著(编)者:徐宁　2016年12月出版 / 估价:79.00元

内蒙古蓝皮书
内蒙古反腐倡廉建设报告NO.2
著(编)者:张志华　无极　2016年12月出版 / 估价:69.00元

地方发展类

**皮书系列
2016全品种**

浦东新区蓝皮书
上海浦东经济发展报告（2016）
著(编)者：沈开艳 陆沪根　2016年1月出版 / 估价:69.00元

青海蓝皮书
2016年青海经济社会形势分析与预测
著(编)者：赵宗福　2015年12月出版 / 估价:69.00元

人口与健康蓝皮书
深圳人口与健康发展报告（2016）
著(编)者：陆杰华 罗乐宣 苏杨
2016年11月出版 / 估价:89.00元

山东蓝皮书
山东经济形势分析与预测（2016）
著(编)者：李广杰　2016年11月出版 / 估价:89.00元

山东蓝皮书
山东社会形势分析与预测（2016）
著(编)者：涂可国　2016年6月出版 / 估价:89.00元

山东蓝皮书
山东文化发展报告（2016）
著(编)者：张华 唐洲雁　2016年6月出版 / 估价:98.00元

山西蓝皮书
山西资源型经济转型发展报告（2016）
著(编)者：李志强　2016年5月出版 / 估价:89.00元

陕西蓝皮书
陕西经济发展报告（2016）
著(编)者：任宗哲 白宽犁 裴成荣
2016年1月出版 / 估价:69.00元

陕西蓝皮书
陕西社会发展报告（2016）
著(编)者：任宗哲 白宽犁 牛昉
2016年1月出版 / 估价:69.00元

陕西蓝皮书
陕西文化发展报告（2016）
著(编)者：任宗哲 白宽犁 王长寿
2016年1月出版 / 估价:65.00元

陕西蓝皮书
丝绸之路经济带发展报告（2016）
著(编)者：任宗哲 石英 白宽犁
2016年8月出版 / 估价:79.00元

上海蓝皮书
上海传媒发展报告（2016）
著(编)者：强荧 焦雨虹　2016年1月出版 / 估价:69.00元

上海蓝皮书
上海法治发展报告（2016）
著(编)者：叶青　2016年5月出版 / 估价:69.00元

上海蓝皮书
上海经济发展报告（2016）
著(编)者：沈开艳　2016年1月出版 / 估价:69.00元

上海蓝皮书
上海社会发展报告（2016）
著(编)者：杨雄 周海旺　2016年1月出版 / 估价:69.00元

上海蓝皮书
上海文化发展报告（2016）
著(编)者：荣跃明　2016年1月出版 / 估价:74.00元

上海蓝皮书
上海文学发展报告（2016）
著(编)者：陈圣来　2016年1月出版 / 估价:69.00元

上海蓝皮书
上海资源环境发展报告（2016）
著(编)者：周冯琦 汤庆合 任文伟
2016年1月出版 / 估价:69.00元

上饶蓝皮书
上饶发展报告（2015~2016）
著(编)者：朱寅健　2016年3月出版 / 估价:128.00元

社会建设蓝皮书
2016年北京社会建设分析报告
著(编)者：宋贵伦 冯虹　2016年7月出版 / 估价:79.00元

深圳蓝皮书
深圳法治发展报告（2016）
著(编)者：张骁儒　2016年5月出版 / 估价:69.00元

深圳蓝皮书
深圳经济发展报告（2016）
著(编)者：张骁儒　2016年6月出版 / 估价:89.00元

深圳蓝皮书
深圳劳动关系发展报告（2016）
著(编)者：汤庭芬　2016年6月出版 / 估价:79.00元

深圳蓝皮书
深圳社会建设与发展报告（2016）
著(编)者：张骁儒 陈东平　2016年6月出版 / 估价:79.00元

深圳蓝皮书
深圳文化发展报告(2016)
著(编)者：张骁儒　2016年1月出版 / 估价:69.00元

四川法治蓝皮书
四川依法治省年度报告 NO.2（2016）
著(编)者：李林 杨天宗 田禾
2016年3月出版 / 估价:108.00元

四川蓝皮书
2016年四川经济形势分析与预测
著(编)者：杨钢　2016年1月出版 / 估价:89.00元

四川蓝皮书
四川城镇化发展报告（2016）
著(编)者：侯水平 范秋美　2016年4月出版 / 估价:79.00元

四川蓝皮书
四川法治发展报告（2016）
著(编)者：郑泰安　2016年1月出版 / 估价:69.00元

27

皮书系列 2016全品种

地方发展类·国家国别类

四川蓝皮书
四川企业社会责任研究报告（2015~2016）
著(编)者:侯水平 盛毅　2016年4月出版 / 估价:79.00元

四川蓝皮书
四川社会发展报告（2016）
著(编)者:郭晓鸣　2016年4月出版 / 估价:79.00元

四川蓝皮书
四川生态建设报告（2016）
著(编)者:李晟之　2016年4月出版 / 估价:79.00元

四川蓝皮书
四川文化产业发展报告（2016）
著(编)者:侯水平　2016年4月出版 / 估价:79.00元

体育蓝皮书
上海体育产业发展报告（2015~2016）
著(编)者:张林 黄海燕　2016年10月出版 / 估价:79.00元

体育蓝皮书
长三角地区体育产业发展报告（2015~2016）
著(编)者:张林　2016年4月出版 / 估价:79.00元

天津金融蓝皮书
天津金融发展报告（2016）
著(编)者:王爱俭 孔德昌　2016年9月出版 / 估价:89.00元

图们江区域合作蓝皮书
图们江区域合作发展报告（2016）
著(编)者:李铁　2016年4月出版 / 估价:98.00元

温州蓝皮书
2016年温州经济社会形势分析与预测
著(编)者:潘忠强 王春光 金浩　2016年4月出版 / 估价:69.00元

扬州蓝皮书
扬州经济社会发展报告（2016）
著(编)者:丁纯　2016年12月出版 / 估价:89.00元

长株潭城市群蓝皮书
长株潭城市群发展报告（2016）
著(编)者:张萍　2016年10月出版 / 估价:69.00元

郑州蓝皮书
2016年郑州文化发展报告
著(编)者:王哲　2016年9月出版 / 估价:65.00元

中医文化蓝皮书
北京中医药文化传播发展报告（2016）
著(编)者:毛嘉陵　2016年5月出版 / 估价:79.00元

珠三角流通蓝皮书
珠三角商圈发展研究报告（2016）
著(编)者:王先庆 林至颖　2016年7月出版 / 估价:98.00元

遵义蓝皮书
遵义发展报告（2016）
著(编)者:曾征 龚永育　2016年12月出版 / 估价:69.00元

国别与地区类

阿拉伯黄皮书
阿拉伯发展报告（2015~2016）
著(编)者:罗林　2016年11月出版 / 估价:79.00元

北部湾蓝皮书
泛北部湾合作发展报告（2016）
著(编)者:吕余生　2016年10月出版 / 估价:69.00元

大湄公河次区域蓝皮书
大湄公河次区域合作发展报告（2016）
著(编)者:刘稚　2016年9月出版 / 估价:79.00元

大洋洲蓝皮书
大洋洲发展报告（2015~2016）
著(编)者:喻常森　2016年10月出版 / 估价:89.00元

德国蓝皮书
德国发展报告（2016）
著(编)者:郑春荣 伍慧萍
2016年5月出版 / 估价:69.00元

东北亚黄皮书
东北亚地区政治与安全（2016）
著(编)者:黄凤志 刘清才 张慧智 等
2016年5月出版 / 估价:69.00元

东盟黄皮书
东盟发展报告（2016）
著(编)者:杨晓强 庄国土　2016年12月出版 / 估价:75.00元

东南亚蓝皮书
东南亚地区发展报告（2015~2016）
著(编)者:厦门大学东南亚研究中心 王勤
2016年4月出版 / 估价:79.00元

俄罗斯黄皮书
俄罗斯发展报告（2016）
著(编)者:李永全　2016年7月出版 / 估价:79.00元

非洲黄皮书
非洲发展报告 NO.18（2015~2016）
著(编)者:张宏明　2016年9月出版 / 估价:79.00元

皮书系列重点推荐 — 国家国别类

国际形势黄皮书
全球政治与安全报告（2016）
著(编)者：李慎明　张宇燕
2015年12月出版 / 定价：69.00元

韩国蓝皮书
韩国发展报告（2016）
著(编)者：牛林杰　刘宝全
2016年12月出版 / 估价：89.00元

加拿大蓝皮书
加拿大发展报告（2016）
著(编)者：仲伟合　2016年4月出版 / 估价：89.00元

拉美黄皮书
拉丁美洲和加勒比发展报告（2015～2016）
著(编)者：吴白乙　2016年5月出版 / 估价：89.00元

美国蓝皮书
美国研究报告（2016）
著(编)者：郑秉文　黄平
2016年6月出版 / 估价：89.00元

缅甸蓝皮书
缅甸国情报告（2016）
著(编)者：李晨阳　2016年8月出版 / 估价：79.00元

欧洲蓝皮书
欧洲发展报告（2015～2016）
著(编)者：周弘　黄平　江时学
2016年7月出版 / 估价：89.00元

日本经济蓝皮书
日本经济与中日经贸关系研究报告（2016）
著(编)者：王洛林　张季风
2016年5月出版 / 估价：79.00元

日本蓝皮书
日本研究报告（2016）
著(编)者：李薇　2016年4月出版 / 估价：69.00元

上海合作组织黄皮书
上海合作组织发展报告（2016）
著(编)者：李进峰　吴宏伟　李伟
2016年7月出版 / 估价：98.00元

世界创新竞争力黄皮书
世界创新竞争力发展报告（2016）
著(编)者：李闽榕　李建平　赵新力
2016年1月出版 / 估价：148.00元

土耳其蓝皮书
土耳其发展报告（2016）
著(编)者：郭长刚　刘义　2016年7月出版 / 估价：69.00元

亚太蓝皮书
亚太地区发展报告（2016）
著(编)者：李向阳　2016年1月出版 / 估价：69.00元

印度蓝皮书
印度国情报告（2016）
著(编)者：吕昭义　2016年5月出版 / 估价：89.00元

印度洋地区蓝皮书
印度洋地区发展报告（2016）
著(编)者：汪戎　2016年5月出版 / 估价：89.00元

英国蓝皮书
英国发展报告（2015～2016）
著(编)者：王展鹏　2016年10月出版 / 估价：89.00元

越南蓝皮书
越南国情报告（2016）
著(编)者：广西社会科学院　罗梅　李碧华
2016年8月出版 / 估价：69.00元

越南蓝皮书
越南经济发展报告（2016）
著(编)者：黄志勇　2016年10月出版 / 估价：69.00元

以色列蓝皮书
以色列发展报告（2016）
著(编)者：张倩红　2016年9月出版 / 估价：89.00元

中东黄皮书
中东发展报告 No.18（2015～2016）
著(编)者：杨光　2016年10月出版 / 估价：89.00元

中欧关系蓝皮书
中欧关系研究报告（2016）
著(编)者：周弘　2016年12月出版 / 估价：98.00元

中亚黄皮书
中亚国家发展报告（2016）
著(编)者：孙力　吴宏伟　2016年8月出版 / 估价：89.00元

社会科学文献出版社　皮书系列

❖ 皮书起源 ❖

"皮书"起源于十七、十八世纪的英国,主要指官方或社会组织正式发表的重要文件或报告,多以"白皮书"命名。在中国,"皮书"这一概念被社会广泛接受,并被成功运作、发展成为一种全新的出版形态,则源于中国社会科学院社会科学文献出版社。

❖ 皮书定义 ❖

皮书是对中国与世界发展状况和热点问题进行年度监测,以专业的角度、专家的视野和实证研究方法,针对某一领域或区域现状与发展态势展开分析和预测,具备原创性、实证性、专业性、连续性、前沿性、时效性等特点的公开出版物,由一系列权威研究报告组成。

❖ 皮书作者 ❖

皮书系列的作者以中国社会科学院、著名高校、地方社会科学院的研究人员为主,多为国内一流研究机构的权威专家学者,他们的看法和观点代表了学界对中国与世界的现实和未来最高水平的解读与分析。

❖ 皮书荣誉 ❖

皮书系列已成为社会科学文献出版社的著名图书品牌和中国社会科学院的知名学术品牌。2011年,皮书系列正式列入"十二五"国家重点出版规划项目;2012~2015年,重点皮书列入中国社会科学院承担的国家哲学社会科学创新工程项目;2016年,46种院外皮书使用"中国社会科学院创新工程学术出版项目"标识。

中国皮书网
www.pishu.cn

发布皮书研创资讯，传播皮书精彩内容
引领皮书出版潮流，打造皮书服务平台

栏目设置：

- □ 资讯：皮书动态、皮书观点、皮书数据、
     皮书报道、皮书发布、电子期刊
- □ 标准：皮书评价、皮书研究、皮书规范
- □ 服务：最新皮书、皮书书目、重点推荐、在线购书
- □ 链接：皮书数据库、皮书博客、皮书微博、在线书城
- □ 搜索：资讯、图书、研究动态、皮书专家、研创团队

中国皮书网依托皮书系列"权威、前沿、原创"的优质内容资源，通过文字、图片、音频、视频等多种元素，在皮书研创者、使用者之间搭建了一个成果展示、资源共享的互动平台。

自2005年12月正式上线以来，中国皮书网的IP访问量、PV浏览量与日俱增，受到海内外研究者、公务人员、商务人士以及专业读者的广泛关注。

2008年、2011年，中国皮书网均在全国新闻出版业网站荣誉评选中获得"最具商业价值网站"称号；2012年，获得"出版业网站百强"称号。

2014年，中国皮书网与皮书数据库实现资源共享、端口合一，将提供更丰富的内容，更全面的服务。

权威报告　热点资讯　海量资源

当代中国与世界发展的高端智库平台

皮书数据库 www.pishu.com.cn

皮书数据库是专业的人文社会科学综合学术资源总库,以大型连续性图书——皮书系列为基础,整合国内外相关资讯构建而成。包含六大子库,涵盖两百多个主题,囊括了近十几年间中国与世界经济社会发展报告,覆盖经济、社会、政治、文化、教育、国际问题等多个领域。

皮书数据库以篇章为基本单位,方便用户对皮书内容的阅读需求。用户可进行全文检索,也可对文献题目、内容提要、作者名称、作者单位、关键字等基本信息进行检索,还可对检索到的篇章再做二次筛选,进行在线阅读或下载阅读。智能多维度导航,可使用户根据自己熟知的分类标准进行分类导航筛选,使查找和检索更高效、便捷。

权威的研究报告,独特的调研数据,前沿的热点资讯,皮书数据库已发展成为国内最具影响力的关于中国与世界现实问题研究的成果库和资讯库。

皮书俱乐部会员服务指南

1. 谁能成为皮书俱乐部成员?
● 皮书作者自动成为俱乐部会员
● 购买了皮书产品(纸质书/电子书)的个人用户

2. 会员可以享受的增值服务
● 免费获赠皮书数据库100元充值卡
● 加入皮书俱乐部,免费获赠该纸质图书的电子书
● 免费定期获赠皮书电子期刊
● 优先参与各类皮书学术活动
● 优先享受皮书产品的最新优惠

3. 如何享受增值服务?
(1) 免费获赠100元皮书数据库体验卡
第1步 刮开皮书附赠充值的涂层(右下);
第2步 登录皮书数据库网站
(www.pishu.com.cn),注册账号;
第3步 登录并进入"会员中心"—"在线充值"—"充值卡充值",充值成功后即可使用。

(2) 加入皮书俱乐部,凭数据库体验卡获赠该书的电子书
第1步 登录社会科学文献出版社官网
(www.ssap.com.cn),注册账号;
第2步 登录并进入"会员中心"—"皮书俱乐部",提交加入皮书俱乐部申请;
第3步 审核通过后,再次进入皮书俱乐部,填写页面所需图书、体验卡信息即可自动兑换相应电子书。

4. 声明
解释权归社会科学文献出版社所有

皮书俱乐部会员可享受社会科学文献出版社其他相关免费增值服务,有任何疑问,均可与我们联系。
图书销售热线:010-59367070/7028　图书服务QQ:800045692　图书服务邮箱:duzhe@ssap.cn
数据库服务热线:400-008-6695　数据库服务QQ:2475222410　数据库服务邮箱:database@ssap.cn
欢迎登录社会科学文献出版社官网(www.ssap.com.cn)和中国皮书网(www.pishu.cn)了解更多信息

（四）期货市场发展

2014年全年期货交易总量呈现波动上升的趋势，在12月份达到最大值。虽然全年期货公司数量继续保持上一年的6家不变，但期货营业部的数量由1月份的25家陆续上升到12月份的29家，在所有的期货交易额中，期货公司代理交易额所占的比重显著大于期货营业部代理交易额，其中8月份期货公司代理交易额为6207.44亿元，占当月总交易额8384.67亿元的74.03%，12月期货代理交易额为7354.96亿元，达到当年的峰值。说明期货公司的营业能力和市场占有在上升。

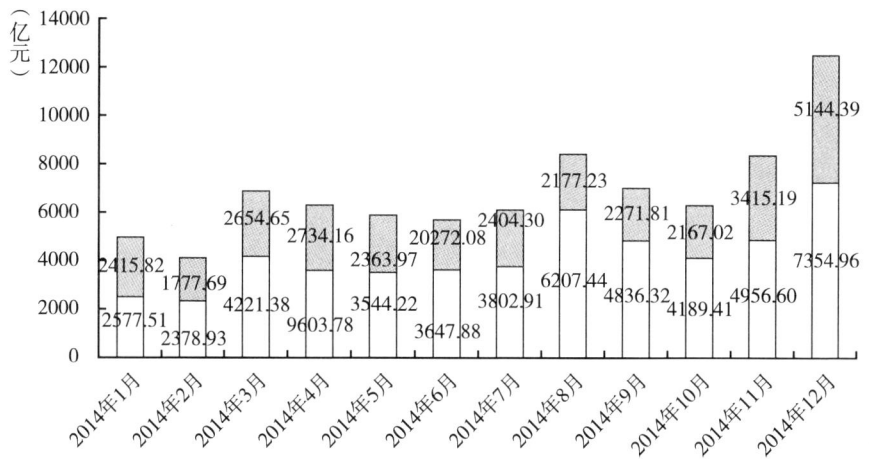

图8 2014年期货市场交易额

数据来源：天津证监局。

与上年同期相比，在期货营业部数、期货交易额和交易量上均有上升，且上升幅度较大，以2014年12月份为例，见表8。

此外，法人期货公司业务平稳发展。截至2014年末，6家法人期货公司全年代理交易量5347.06万手，代理交易额51321.51亿元，同比分别增长45.17%和39.46%。25家期货营业部全年代理交易量2499.45万手，代理交易额27998.93亿元，同比分别下降1.31%和12.03%。

表8 2014年12月天津证券期货市场概况

类别	指标名称	单位	当期值	上一年同期值
基本情况	期货公司	家	6	6
	辖区期货营业部	家	29	25
	期货交割库	家	46	32
期货公司	代理交易额	亿元	7354.96	3256.21
	代理交易量	万手	641.18	333.52
期货营业部	代理交易额	亿元	5144.39	2676.82
	代理交易量	万手	306.96	189.39

数据来源：天津证监局。

三 天津保险市场发展

2014年，天津市保险业经营主体稳步扩张，资产规模大幅增加。渤海人寿保险公司在津成立，民生人寿保险公司、英大泰和财产保险公司分别在津设立分公司。基本形成了种类齐全、布局合理的保险市场体系。2014年末，天津市保险公司总资产为1370.1亿元，比年初增长36.9%。

保险市场基本情况

保险市场平稳运行。截至2014年12月末全市共有保险总公司5家，资产管理类公司1家。年末共有各类保险分公司54家，各类保险支公司、营业部、营销服务部和专属机构599家，保险专业中介机构118家。全年原保险保费收入317.75亿元，同比增长14.79%。其中，财产保险保费收入108.9亿元，同比增长9.04%；人身保险实现保费收入208.9亿元，同比增长18.73%。全年赔款和给付104.38亿元，其中，财产险赔付59.91亿元，增长1.58%；人身险赔付44.48亿元，增长3.35%。

保费收入增速放缓，赔款给付支出增速大幅下滑。2014年，天津市保险业实现保费收入317.8亿元，同比增长14.8%，低于上年同期1.4个百分点。全年天津市保险业赔付104.4亿元，同比增长2.3%，低于上年同期

23.6个百分点。其中,船舶险、货运险和家财险赔款支出显著下降,降幅接近或超过30%,拉低了整体财险赔款支出。

保险保障覆盖面持续扩大,承担风险责任稳步提升。2014年,天津市保险业新增承保保单1856.4万件,同比增长75.6%,增速较上年提高23.7个百分点;新增保险金额76508.3亿元,同比增长26.8%。

专项领域保险取得新进展,服务社会和经济作用加强。一是起草了《天津市小微企业贷款保证保险风险补贴资金管理办法(试行)》,成立小微企业贷款保证保险服务中心,积极支持小微企业发展。二是探索专利权质押贷款保险,积极推动专利保险实施。三是加强地震指数保险与农业保险制度创新步伐。

表9 2014年天津市保险业基本情况表

项目	数量
总部设在辖内的保险公司数(家)	5
其中:财产险经营主体(家)	2
人身险经营主体(家)	3
保险公司分支机构(家)	54
其中:财产险公司分支机构(家)	24
人身险公司分支机构(家)	30
保费收入(中外资,亿元)	317.75
其中:财产险保费收入(中外资,亿元)	108.9
人身险保费收入(中外资,亿元)	208.9
各类赔款给付(中外资,亿元)	104.4
保险密度(元/人)	2094.9
保险深度(%)	2.0

数据来源:天津保监局、中国人民银行天津分行。

四 外汇市场发展

(一)银行间人民币外汇即期交易市场

1.2014年,人民币汇率首次出现贬值

美元、港币、日元、欧元和英镑兑人民币的汇率均呈现先上升后下降的

趋势，但各自上升的幅度及时间长短不同。

第一，2014年美元汇率1～5月上升，年初美元中间价为1美元兑人民币6.1043元，5月中间价为6.1636元，达到该年最高值。此后便开始波动下降，年末报收于6.1238元，与上年末中间价6.1175元相比仍略有上升。2014年美元兑人民币汇率中间价最高为6.1636元，最低价为6.1043元，波幅0.0593元，相对平稳。

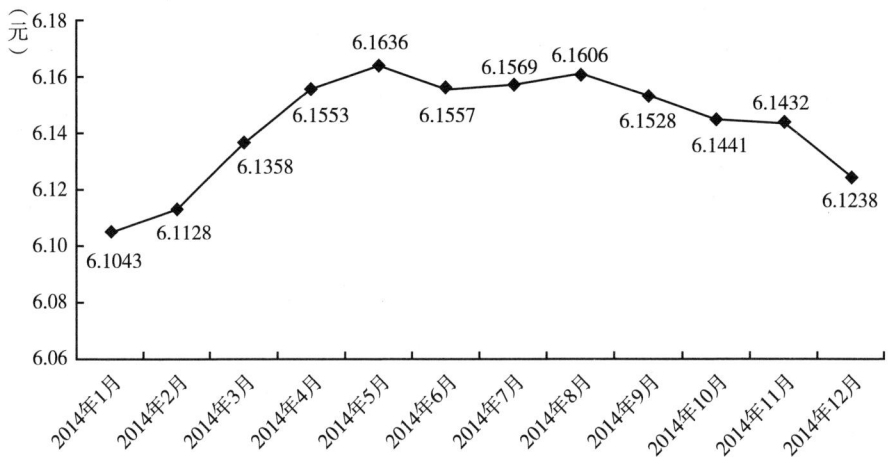

图9　2014年美元/人民币汇率中间价走势图

资料来源：国家外汇管理局官方网站。

第二，2014年，港币兑人民币汇率走势与美元兑人民币汇率相似。年初港币中间价为1港币兑人民币0.78694元，年末报收于0.78967元，与上年末中间价0.7890元相比略有上升。2014年港币兑人民币汇率中间价最高位出现在5月为0.79505元，最低为0.78694元，全年波幅0.00811元。

第三，2014年日元先升后降，但上升较平缓，下降幅度较大。年初日元中间价为100日元兑人民币5.8544元，年末报收于5.1436元，与上年末中间价相比下降了。2014年日元兑人民币汇率中间价最高为100日元兑6.0726元，最低为100日元兑5.1436元，全年波幅达0.929元。

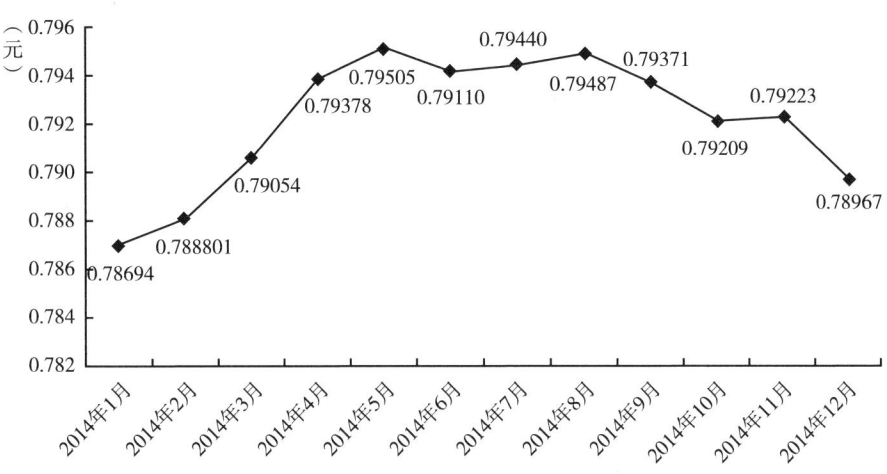

图 10　2014 年港币/人民币汇率中间价走势图

资料来源：国家外汇管理局官方网站。

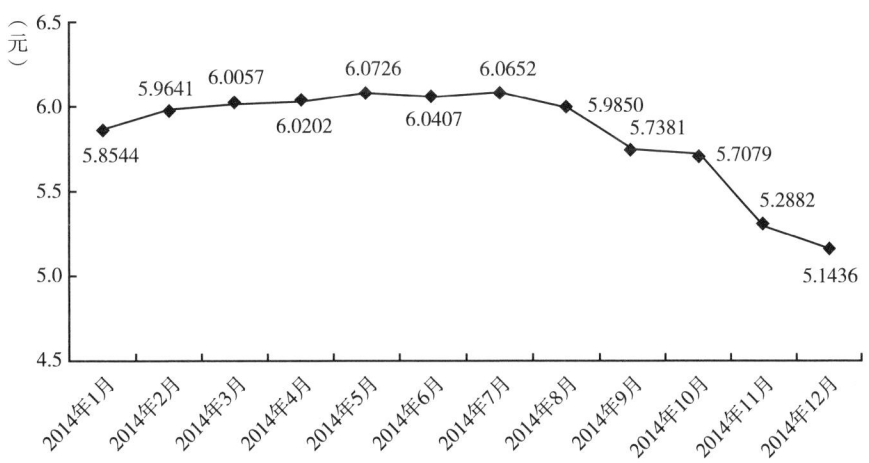

图 11　2014 年 100 日元/人民币汇率中间价走势

资料来源：国家外汇管理局官方网站。

第四，2014 年欧元总趋势是先经历短期上升后长期保持下跌。年初欧元中间价为 1 欧元兑人民币 8.3179 元，在 4 月达到全年最高值 8.5001 元，第二季度缓慢下降，后半年下降幅度较大，年末报收于 7.5621 元，与上年末中间价 8.3780 元相比稍有上升。全年波动幅度较大，为 0.938 元。

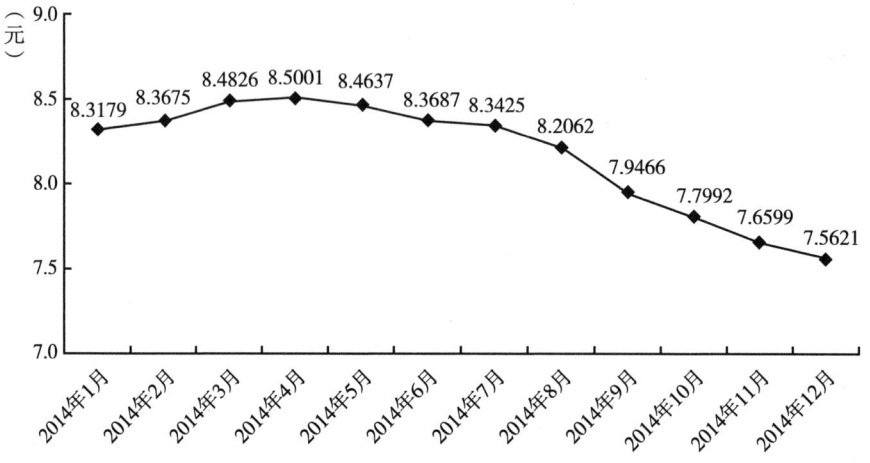

图12　2014年欧元/人民币汇率中间价走势

资料来源：国家外汇管理局官方网站。

第五，2014年英镑兑人民币汇率中间价先升后降，且上升下降呈直线趋势，无明显波动。年初中间价为10.0534元，年末报收于9.5923元，较上年同期下降了0.423元。2014年英镑兑人民币汇率中间价最高为10.5345元，最低为9.5923元，全年波幅达0.9422元。

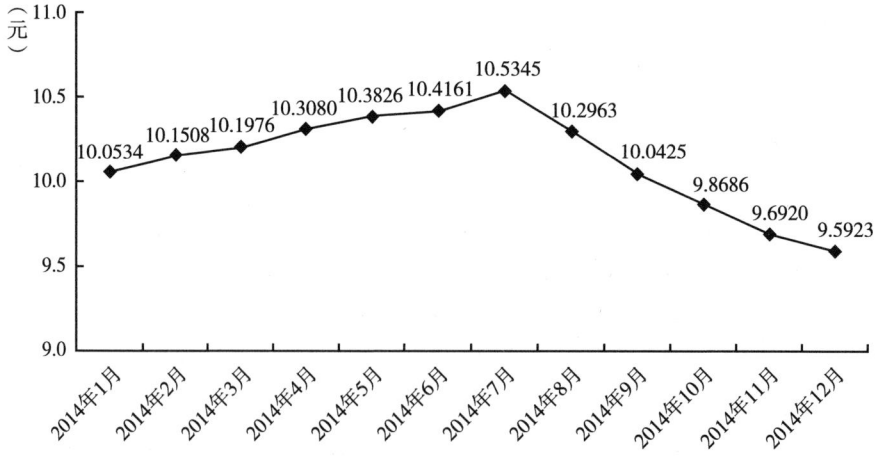

图13　2014年英镑/人民币汇率中间价走势

资料来源：国家外汇管理局官方网站。

2. 人民币外汇即期成交情况

截至 2014 年，银行间人民币外汇即期市场共有市场会员 429 家，其中做市商 31 家。如表 10 所示，美元与人民币的即期交易额远大于其他种类货币即期交易额，且是其他货币与人民币即期交易的总额的几十倍。其次是日元与人民币的即期交易。

表 10　2014 年下半年全国人民币外汇即期交易成交额

单位：亿美元

时间	USD/CNY	100JPY/CNY	HKD/CNY	EUR/CNY	GBP/CNY
2014 年 6 月	3118.29	57.71	12.49	28.48	32.19
2014 年 7 月	2995.96	64.17	33.32	24.17	49.02
2014 年 8 月	2844.11	52.62	31.14	16.74	19.62
2014 年 9 月	3362.24	63.32	26.09	39.43	23.97
2014 年 10 月	3140.47	51.19	11.62	79.51	22.38
2014 年 11 月	3346.39	51.90	17.90	82.55	34.52
2014 年 12 月	3469.23	47.15	75.77	91.02	32.16

数据来源：国家外汇管理局官方网站。

（二）银行间人民币外汇远期市场

2014 年银行间人民币外汇远期市场发展迅速，成交额是 2013 年的 300 多倍。如表 11 统计数据，2014 下半年，外汇远期呈现一波三折的趋势，各期限品种成交额在 10 月达到最大值 39079.58。在诸多外汇交易品种中，1D 的成交额最大，尤其是在 6 月与 10 月，占所有外汇远期交易品种成交额的 85.76% 和 78.05%。其次是 1W，相对上年成交量增幅较大。

表 11　2014 年下半年全国人民币外汇远期市场各期限品种成交额

单位：百万美元

	1D	1W	1M	3M	6M
2014 年 6 月	31106.70	4170.99	306.91	89.11	1.29
2014 年 7 月	26053.26	5104.29	414.40	106.78	2.90
2014 年 8 月	19470.22	6185.20	247.42	118.05	3.00

续表

	1D	1W	1M	3M	6M
2014年9月	27646.21	6762.39	246.46	138.14	9.20
2014年10月	30501.97	6455.88	470.22	116.88	4.25
2014年11月	24463.37	7455.74	451.02	158.88	20.62
2014年12月	19761.09	7439.91	313.85	152.74	20.44

	9M	1Y	其他	合计
2014年6月	5.00	13.17	4684.69	40377.86
2014年7月	—	26.15	6327.89	38035.67
2014年8月	—	0.50	7715.04	33739.43
2014年9月	—	3.28	8545.43	43260.11
2014年10月	—	24.80	7874.53	45448.53
2014年11月	0.50	29.00	8331.95	40911.08
2014年12月	1.00	15.30	8644.69	36349.02

资料来源：国家外汇管理局官方网站。

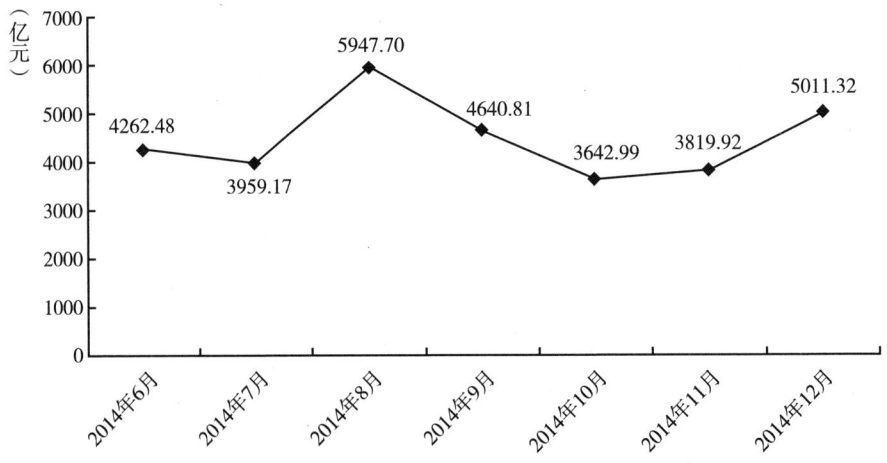

图14　全国人民币外汇远期交易市场交易总量

资料来源：国家外汇管理局官方网站。

（三）银行间人民币外汇掉期市场

2014年全年交易量呈波动增长态势。全年最高峰值出现在12月，达到

4551.81亿美元。交易主要集中于隔夜交易,全年增幅较缓,波动较为频繁。即期/远期掉期组合成交量仅次于隔夜交易,且与隔夜交易量的差距相对较小,但全年波动幅度较大,尤其在9~11月,急速下降后有急速增长。远期/远期掉期组合成交量最低,远小于前两者的交易量,但波动幅度是三个品种中最大的,仅9~10月,就下降了101.73亿美元,跌幅达27.9%。

表12　2014年下半年全国人民币外汇掉期市场各期限品种成交额

单位:亿美元

	隔夜	即期/远期	远期/远期	合计
2014.06	1876.58	1552.80	245.19	3674.57
2014.07	2171.45	1661.43	324.88	4157.76
2014.08	2038.61	1517.28	345.99	3901.88
2014.09	2474.06	1489.15	364.59	4327.80
2014.10	2234.07	1096.18	262.86	3593.11
2014.11	2094.81	1532.61	305.30	3932.72
2014.12	2495.28	1711.54	344.99	4551.81

资料来源:国家外汇管理局官方网站。

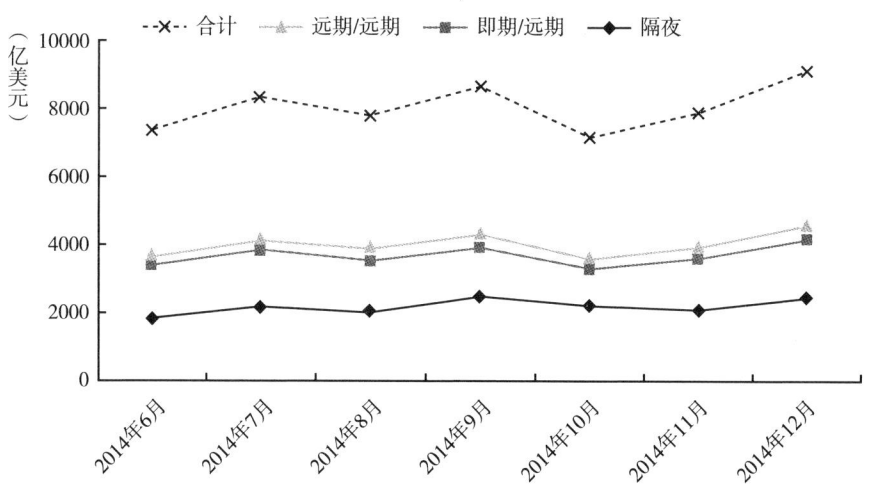

图15　2014年下半年全国人民币外汇掉期市场各期限品种成交额

资料来源:国家外汇管理局官方网站。

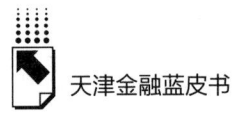

天津金融蓝皮书

五 新型交易市场发展

（一）天津股权交易所

2008年9月，天津股权交易所在新区挂牌成立，经天津市政府批准，由天津产权交易中心、天津开创投资有限公司等机构共同发起组建的公司制交易所。截至2014年12月，该所累计挂牌企业已逾500家，挂牌企业覆盖28个省市，直接融资80.28亿元，全年融资总额为45.47亿元，其中股权质押融资为28.49亿元。表13和表14反映了天津股权交易所在我国区域性股权交易市场中的地位和作用。

表13 主要区域性股权交易市场规模、投资者准入及交易机制对比

名称	天津股权交易所	上海股权托管交易中心	齐鲁股权托管交易中心
注册地	滨海新区	张江高科技园区	山东淄博市
覆盖省市	全国28个省市	上海、长三角及其他地区	—
投资者准入（自然人）	个人金融资产10万元以上	2年以上证券投资经验且拥有100万以上金融资产	
交易机制	"集合竞价+报价商双向报价+协商定价"的混合型交易定价	协议转让	协议转让
财税支持	对初始融资额达到500万元以上的挂牌企业，给予50万元的一次性专项补助		

资料来源：长江证券研究报告。

表14 全国各区域性股权交易市场成立时间、挂牌数及股东情况

名称	成立时间	注册资本(亿元)	挂牌家数	股东
天津股权交易所	Sep-08	—	455	天津产权交易中心、天津开创投资
齐鲁股权托管交易中心	Dec-10	—	310	淄博市金融办
上海股权托管交易中心	Feb-12	1.2	185	上海国际集团31%、上交所29%、张江高科23.25%、上海联合产权交易所16.75%
广州股权交易中心	Aug-12	1.8	650	广州国际控股集团(万联证券股东)、广东粤财投资
浙江股权交易中心	Oct-12		858	浙商、财通证券各10%
重庆股份转让中心	Feb-13	1.56	—	西南证券53%、渝富集团、深圳证券信息公司
大连股权交易中心	Feb-13	0.5	30	大连港集团、华信信托、大通证券
辽宁股权交易中心	Apr-13	—	55	信达证券33%、大通证券10%、中天证券4%
前海股权交易中心	May-13	5.55	3216	中信27.027%、国信22.5225%、安信18.018%
海峡股权交易中心	Jul-13	1.9	—	兴业证券23.68%(第一大股东,负责日常经营管理)
广东金融高新区股权交易中心	Jul-13	1	10	广发、招商证券各32.5%
江苏股权交易中心	Jul-13	2	30	华泰证券52%,东吴、南京、东海、国联分别12%

资料来源:长江证券研究报告。

(二)天津金融资产交易所

2010年5月注册设立,注册资本金人民币1568万元,是全国首家正式成立的金融资产交易所,为金融资产特别是不良金融资产的交易构建了更具公信力的平台。截至2014年底,累计挂牌项目(企业)16249宗。

(三)渤海商品交易所

自 2009 年 9 月揭牌成立,渤海商品交易所首创推出"现货连续交易方式",设立连续交易、延期交收补偿和中间仓补充交收三大制度,实现了现货贸易、商品投资和价格形成三大功能。通过不断创新完善市场交易方式、保证金结算方式、实货交割方式、客户服务方式等交易所业务,渤海商品交易所努力发展成为具有国际重要影响力的多商品交易中心和定价中心。

(四)天津滨海柜台交易市场

天津滨海柜台交易市场股份有限公司于 2010 年 8 月注册成立,注册资本金人民币 3 亿元,主要为股权、债券、信托产品、创业投资基金和产业投资基金等提供交易场所、设施和服务。累计企业会员规模总数超过千家。建成以来,帮助企业融资 50 多亿元,并为股份转让平台培育输送了十多家改制中的拟挂牌企业。

(五)天津滨海国际股权交易所

2008 年 10 月开业成立,实行会员制经营,吸收了全球近三百家主流的投资机构(VC、PE)和知名中介机构,以及国内一百多家经纪公司创始会员,与国内近千家的商业银行、信托公司、担保公司、金融租赁公司等金融机构建立了战略合作关系,为我国企业的股权融资提供了有力支持。

(六)天津排放权交易所

2008 年 9 月 25 日在天津滨海新区挂牌成立,借鉴芝加哥气候交易所运营模式,经营范围涵盖排放权初始分配的一级市场和排放权交易二级市场。作为全国首家综合性环境权益交易机构,天津排放权交易所已成为一个利用市场化手段和金融创新方式促进节能减排的国际化交易平台。

（七）天津贵金属交易所

2008年12月由天津产权交易中心发布成立，2012年2月正式成立，是目前国家唯一批准的做市商模式的黄金、白银等贵金属交易市场，目前上市交易的品种有铂、钯、白银三种贵金属。

（八）天津铁合金交易所

2009年7月9日正式注册成立，注册资本金人民币1亿元，是全球首家铁合金现货电子交易平台。以铁合金及相关产品现货电子交易、市场信息资讯、融资担保和仓储物流为服务重点，组织引导国内外的铁合金交易商通过现代科学的营销方式进行铁合金的采购和销售。

（九）天津滨海国际知识产权交易所

2011年6月正式揭牌，为国内首家公司制知识产权交易服务机构。截至2014年12月末，已设立生物医药、新能源新材料、现代制造、信息工程、现代农业、文化创意、移动互联及城市创新"7+1"专业服务平台，形成逾2500项项目资源库，其中天津市项目约65%，国内其他省市项目约35%，在建专利池3个，涉及各个领域、各个行业。

（十）天津矿业权交易所

天津矿业权交易所（以下简称天矿所）是唯一通过政府设立，国有全资的国际矿业综合服务平台。天矿所秉承"服务矿业、创新发展"的理念，逐步建立引导社会资金有序投入矿产资源勘查开发领域，架起有特色的金融服务实体经济的桥梁，助力全球矿业企业持续健康发展。

（十一）天津文化艺术交易所

2009年9月注册成立，天津文化艺术交易所创新了文化艺术品的"份额化"经营，秉持"交易所管理份额、银行管理交易资金"的原则，为每

一位投资人开立份额交易账户和资金明细账户,确保投资人的账目明晰。同时合作的商业银行对投资人的账户进行全封闭管理、全流程监管的支付,确保投资人账户安全。

六 天津金融市场展望

2014年,天津金融市场保持健康平稳的运行态势,有力地支持了实体经济的发展,与此同时,在扩大市场规模、优化市场结构、金融创新和制度建设方面实现新突破。未来,天津要进一步改善金融发展环境,加快建设国内外投资者共同参与的具有国际影响力的金融市场体系。

(一)建设多元金融市场,优化市场结构层次

根据《国务院关于进一步促进资本市场健康发展的若干意见》的要求,加快发展多层次股票市场,规范发展债券市场,培育私募市场,提高证券期货服务业竞争力,满足居民多元化投资和企业多样化融资的现实需求,健全多层次资本市场体系,丰富金融工具和产品供给,提高证券期货经营机构的服务能力和水平,建立健全促进社会储蓄高效转化为投资的机制,扩大直接融资,优化融资结构,防范和分散金融风险。

加快多层次股权市场建设,鼓励市场化并购重组,完善退市制度,提高上市公司质量,增强持续回报投资者的能力。开发适合不同投资者群体的多样化债券品种,深化债券市场互联互通,强化债券市场信用约束,加强债券市场监管协调。发展私募投资基金,鼓励和引导创业投资基金支持中小微企业,促进战略性新兴产业发展。进一步扩大人民币海外投贷基金的募集规模,更好地为国内企业海外投资并购提供专业完善的综合服务和操作平台。发展商品期货市场,继续推出大宗资源性产品期货品种,建设金融期货市场,充分发挥期货市场价格发现和风险管理功能。提高证券期货服务业竞争力。放宽业务准入,促进中介机构创新发展,壮大专业机构投资者,引导证券期货互联网业务有序发展。建立国内领先的互联网金融综合服务区。扩大

资本市场开放。进一步放宽 QFII 投资范围,便利境内外主体跨境投融资,逐步提高证券期货行业对外开放水平。

(二)加快创新建设自贸区,逐步开放金融市场

完善相关管理办法,加强有效监管,允许自贸区内符合条件的中资银行开办离岸业务,允许符合条件的外资金融机构设立外资银行,允许符合条件的民营资本与外资金融机构共同设立中外合资银行。在条件具备时,适时在自贸区内试点设立有限牌照银行。允许融资租赁公司兼营与主营业务有关的商业保理业务。

建立与自贸区发展需求相适应的外汇管理体制。简化经常项目单证审核、直接投资项下外汇登记手续。放宽对外债权债务管理。改进跨国公司总部外汇资金集中运营管理、外币资金池以及国际贸易结算中心外汇管理。完善结售汇管理,便利开展大宗商品衍生品的柜台交易。

支持不同层级、不同功能、不同类型、不同所有制的金融机构进入自贸区,引导和鼓励民间资本投资区内金融业,支持自贸试验区互联网金融发展,支持在区内建立面向国际的金融交易以及服务平台,提供登记、托管、交易和清算等服务,支持在区内建立完善信托登记平台,探索信托受益权流转机制。

(三)配合京津冀协同发展,促进金融产业升级

发挥天津服务优势、载体优势和区位优势,主动承接非首都核心功能疏解,吸引、支持金融机构、跨国公司在天津建立地区总部、运营中心、结算中心等功能性总部,提升资金结算、运营服务能力。开展外商投资企业资本金结汇管理改革试点,支持跨国公司外汇资金集中运营管理。

参与全国中小企业股份转让系统("新三板")建设扩容,力争承接"新三板"更多功能。提前研究"新三板之国际板"的发展蓝图,使京津金融市场成为未来海外科技企业赴中国内地上市融资的前沿阵地。

发挥天津和北京各自的资源比较优势,在天津滨海新区和京津毗邻地区

建立离岸金融市场,支持两地金融机构跨区域发展,引导金融机构对两地基础设施和重大产业项目提供融资服务。支持两地大宗商品及要素市场跨区域发展,鼓励北京、天津两地产权交易所、金融资产交易所、环境交易所等专业交易平台开展广泛合作,积极拓展并充分发挥京津场外交易市场功能和作用。

(四)完善金融风险测度,健全协调监管机制

按照功能监管、适度监管的原则,完善股权投资基金、私募资产管理计划、私募集合理财产品、集合资金信托计划等各类私募投资产品的监管标准。依法严厉打击以私募为名的各类非法集资活动。充分发挥公司信用类债券部际协调机制作用,各相关部门按照法律法规赋予的职责,各司其职,加强对债券市场准入、信息披露和资信评级的监管,建立投资者保护制度,加大查处债券市场虚假陈述、内幕交易、价格操纵等各类违法违规行为的力度。

完善系统性风险监测预警和评估处置机制,健全市场稳定机制,从严查处证券期货违法违规行为,推进证券期货监管转型。逐步建立覆盖各类金融市场、机构、产品、工具和交易结算行为的风险监测监控平台。完善风险管理措施,及时化解重大风险隐患。加强涵盖资本市场、货币市场、信托理财等领域的跨行业、跨市场、跨境风险监管。加强协调配合,健全法规制度,坚决保护投资者特别是中小投资者合法权益,完善市场税收政策和基础设施,规范市场信息传播秩序。打破过去分业经营、分业监管的格局,建立综合金融监管,加强各部门的协调管理,鼓励创新监管手段,兼顾监管的刚性与柔性。建立权责明确、具体可行的监管措施,行政管理、社会监督和行业自律三方共同参与,共同发挥作用。

B.4
2014年的天津金融产品创新

摘　要： 金融创新是产品的创新、服务的升级。金融创新就是拓展金融发展空间、创造出金融新的业态，丰富金融服务手段。提高运行效率，让金融更好地服务大众；并且，还要以批判的精神来对待金融产品的创新，力保创新的有序和有效。总的来说，金融创新是让金融创新服务实体经济，与自身风险管控能力相匹配，依法合规稳健。本报告介绍了2014年天津银行产品、证券产品、保险产品以及信托产品的发展状况。为应对风云变幻的国内外经济环境，天津主动适应经济发展新常态并紧紧抓住京津冀协同发展等重大机遇，坚持在保障经济平稳运行的前提下加快发展、改革创新，不仅使得全市经济水平质量效益显著提高，天津金融业也在转型调整中实现了新的发展。

关键词： 金融产品创新　银行　证券　保险　信托

一　天津银行产品创新

（一）信贷市场产品创新

1. 银行纷纷设立滨海分行只为金融租赁

天津设立自由贸易区，金融租赁是其发展一大重点。经国务院批准，2008年3月，《天津滨海新区综合配套改革总体方案》允许天津先行试验一些重大改革开放措施。在经过多次尝试后,天津决定把融资租赁作为金融改革的重点。2010年10月,天津市出台相关文件并提出"推进综合配套改革和金融改革创新,促进租赁业发展并成为我市重要的金融主导产业"的目标。到2014年止,天津金融在经营效益、融资和交易规模等方面取得显著进步,天津已成为国内最大融资租赁聚集区。

2014年8月,中国农业银行天津滨海分行组建成立。中国银行天津滨海分行同年也与滨海新区塘沽街道办事处签订融资服务合作协议,双方合力为当地企业发展提供金融性服务支持。

在股份制银行及城商行中,招商银行天津滨海分行、天津银行滨海分行、天津农商银行等也纷纷成立,为滨海新区当地的经济发展添砖加瓦。天津银行滨海分行经过不懈努力,到2014年底,与2006年建行之初相比各项存款余额增长了1.7倍,各项贷款余额增长了1.61倍,账面利润增长了14倍,成为天津银行业科学发展的排头兵。

2. 天津税务机关助力建设银行天津分行推出"税务贷"

2014年初,建设银行天津分行与各区县政府部门联手,推出了小微企业"税务贷";只要企业正常纳税、信用良好,就可以申请。该贷款依据小微企业自身的纳税信用记录和实际纳税额情况发放,贷款额最高可达200万元,是一种免担保、纯信用的贷款。这种以小企业自身信用记录得到生产经营周转资金信贷支持的方式适应小微企业"轻资产、缺抵押物"的特点,并对依法纳税小微企业形成了正向激励。

3. 天津银行发行首只非金融企业债务融资工具

2014年以来,天津银行在扎实做好传统信贷服务的基础上,以债券承销业务作为服务实体经济的重要抓手,帮助实体企业降低融资成本、拓宽融资渠道、提升融资功能。2014年3月经中国银行间市场交易商协会批准,天津银行成为首批获得非金融企业债务融资工具B类主承销商资格的银行,仅半年内就储备项目共计160亿元。

2014年9月26日,天津银行联席主承销的"天津城市基础设施建设投资集团非公开定向债务融资工具(PPN)"成功发行,首笔主承销8亿元,发行价格在同年天津市发行的相同期限品种的债券中最低。

4. 天津银行推出"金溢贷"对接市民多样化消费需求

天津银行认真贯彻执行央行、银监会在2014年9月30日联合出台的房贷新政。该政策规定对于拥有1套住房且家庭名下无房贷记录，或拥有1套住房并已结清房贷的家庭，在新购普通商品住房时均适用首套房贷政策。根据政策规定并结合天津市住房信贷特点，天津银行决定把服务重点放在购买首套住房和有改善住房需求的购房客户上；在此情况下正式推出个人消费贷款新产品——"金溢贷"，进一步延伸住房信贷服务，为客户提供最长期限5年、无抵押的保证贷款，全程对接市民家装、家电、汽车、旅游、留学等多样化消费需求，为促进消费、拉动内需提供新动力。同时，为争取给市民提供更加快捷、便利的金融服务，天津银行优化贷款业务流程，实现受理、审批、签约、放款等各个环节业务操作的无缝对接并下放审批权限，大大提高了业务办理的效率和质量。

（二）理财产品发展创新

渤海银行和天津银行是天津市辖内两大股份制商业银行，这两家银行不约而同地在2014年推出相似的余额理财产品。

1. 天津银行联合天弘基金推出"天天宝"

随着互联网金融的不断拓展，线上与线下融合已经成为银行和互联网跨界融合的新方向。银行与基金公司的优势互补可以为客户提供更加便捷的一站式金融服务，打破线上与线下边界。2014年10月28日，天津银行与天弘基金合作正式推出"天天宝"。

"天天宝"是一种将单纯的线上操作转换为线上、线下相结合的理财产品，给客户带来了更多便捷和实惠。与普通的银行卡不同，"天天宝"兼具自动理财和消费取现功能，采取"全智能"模式，创造性地为客户提供一站式服务，将客户的存款、投资、消费行为进行有机整合。

2. 渤海银行携手诺安基金打造"添金宝"

2014年5月，"添金宝"诞生。"添金宝"的收益水平远超活期存款，却具有与之相当的便利性。"添金宝"以金融IC卡为载体,不但具有银行借记卡的所有功能,如可转账、POS机消费、ATM机取现,还具备了自动投资功能,卡内资金可以每日自动归集投资于诺安理财宝货币市场基金。不仅如此,"添金宝"还可以实现即需即取的功能,且没有快速取现限额,可直接在ATM机上取现和POS机消费。投资者可以通过"添金宝"便捷地规划自己的投资组合。

"天天宝"和"添金宝"的诞生标志着个人投资理财的资金利用率得到前所未有的提升。"天天宝"和"添金宝"账户有望成为一张全能型银行卡,对日常消费和包括储蓄在内的现金管理、投资理财、日用缴费等个人生活所有领域实现全覆盖。

表1 天天宝、添金宝与其他低风险投资渠道的比较

	活期存款	定期存款	普通理财产品	天天宝	添金宝
年化收益率(%)	0.35	2.35(三个月)	5~6(三个月)	4.855(七日)	4.46(三个月)
流动性	极高	差	差	极高	极高
投资风险	无	无	视产品而定	极低	极低
最低金额	1元	一般为50元	大多5万元	1分	1分

数据来源:融360、好买基金网。

表2 天天宝、添金宝与余额宝比较

产品名称	合作基金	申购限制	取现方式	取现时间	取现上限
添金宝	诺安基金	无限制	直接刷卡、取现	随时	无
天天宝	天弘基金	无限制	直接刷卡、取现	随时	无
余额宝	天弘基金	借记卡快捷转入余额宝不同银行额度不同	转入银行卡	不同银行不同	有限额,不同银行不同

资料来源:余额宝。

3. 2014年天津银行发行的理财产品依旧分为四档:添富计划、汇富计划、聚富计划和创富计划,共计267款

在产品期限方面,期限在三月之内的共计141款,期限在三月以上半年以内的共计74款,期限在半年以上一年以内的共计46款,期限在一年以上的共计4款;在收益率方面,预期收益率最低的是2014年11月7日和14

日发行的"聚富计划141期"和"聚富计划143期",预期收益率为4.2%;收益率最高的是2014年12月29日发行的"汇富401期",收益率为6.8%。2014年天津银行在津发售的理财产品,见图1。

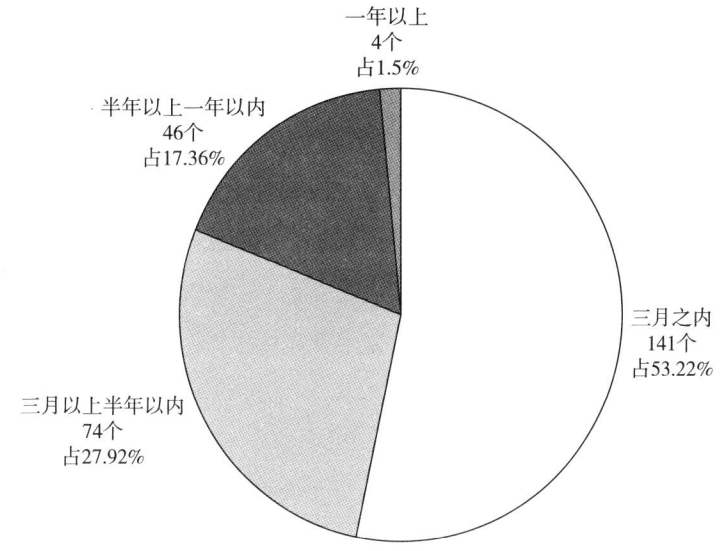

图1 2014年天津银行在津发售理财产品期限分布

数据来源:根据东方财富网整理。

(三)其他产品创新

渤海银行天津分行在从2013年9月到2014年10月末仅13个月的时间里,开发建设并上线的特色系统有10个,包括商品房监管系统、私产房代收代付系统、自助设备银联话费代收系统、小客车保证金资金监管系统、非税收入代收系统、社保代收代付系统暨社保即时发卡系统、天津金交所系统、"添金通"发卡充值系统、天津公积金系统等。按照科技生产力计算,平均一个半月上线一个业务系统。渤海银行天津分行在满足正常业务系统运转的同时,高度重视客户业务需求研究并以此为依据致力于系统优化改造,力求在带给客户卓越体验的同时拓展特色业务和服务,通过科技手段来保障分行创新工作以更好地服务社会和民生,实现客户、银行、社会三方共赢。

二 天津证券产品创新

1. 2014年,天津市唯一的基金管理公司,天弘基金管理有限公司推出了两只基金

表3 2014年天弘基金管理有限公司所推基金

序号	基金全称	基金简称	基金主代码	基金类型	基金合同生效日	基金管理人	基金托管人	基金经理
1	天弘季加利理财债券型证券投资基金	天弘季加利理财债券	A类000670 B类000671	债券型基金	2014年6月18日	天弘基金管理有限公司	中国农业银行股份有限公司	王登峰
2	天弘通利混合型证券投资基金	天弘通利混合	000573	混合型证券投资基金	2014年3月14日	天弘基金管理有限公司	中国邮政储蓄银行股份有限公司	姜晓丽

资料来源:天弘基金管理有限公司官方网站。

天弘季加利理财债券型基金:此基金将一个季度作为一个运作周期,每季度末开放申购赎回。该基金是短期理财债券型基金,采用固定组合策略投资,封闭期近三个月。与其他封闭性基金相同,该基金份额在封闭期间始终保持不变;这有利于基金管理人进行连续性投资。此基金每季度末倒数第三个工作日开放申购赎回,为持有人的资产管理提供了适当的流动性便利。

天弘通利混合型基金:天弘通利混合型基金中的股票与债券投资配置比例异常灵活。股票市场牛市时天弘通利混合型基金大量投资具有良好发展前景并获得市场认可的上市公司,股票资产占基金资产的比例为0~90%,以分享股市的高收益;而在股票市场遭遇震荡时,天弘通利混合型基金则缩减股票持仓比例,增加固定收益类品种的投资,从而规避市场风险。截至2014年底,天弘通利混合型基金累计收益达到5.43%。

天弘通利混合型基金还可以积极地参与新股发行,力争获得可观的收

益。天弘通利混合型基金自成立以来共获配14只股票，金额达到660多万元。天弘通利混合型基金作为一只混合型基金，中等风险、中等收益的特征使之比较适合风格稳健的投资者，同时也与天弘基金"稳健理财、值得信赖"的经营理念相吻合。

2. 滨海农商行信贷资产证券化

2014年8月5日，第一期信贷资产证券化项目经中国银监会同意，由天津滨海农村商业银行股份有限公司作为发起机构、天津信托有限责任公司作为受托机构开办，总项目规模不超过人民币10.39亿元。

天津滨海农村商业银行与天津信托公司签署了《天津滨海农商行2014年第一期信贷资产证券化业务合作协议》。该项目整体资产池的信用风险较低，交易结构的设计更趋完善，产品设计也颇具创新。同时，信贷资产证券化可以减少经济资本占用、降低存贷比、提高资产回报率，同时减少资产负债年期不匹配的问题、改善资产负债结构，对于农村商业银行意义重大。该信贷资产证券化产品的创新为今后天津市开展类似项目提供了宝贵的经验。

三 天津保险产品创新

（一）"分红险"走俏

2014年初，集合保值、投资、保障于一身的"分红险"因能积极满足人们对财产保值及财富传承的需求，当仁不让地成为天津寿险市场的翘楚。该保险主要是针对人们退休后的生活所做的一个保险；以多数老年人购买的"尊越人生"两全分红险为例，从保险的第三年开始，每年可以领取一定资金，60岁前都可领取生日关爱金。"分红险"既能保证投入资金的安全，又能实现资产增值，为退休后的养老生活提供了高质量的保障；另外，投保人在资金短缺时还可以使用保单的贷款功能来解决燃眉之急。

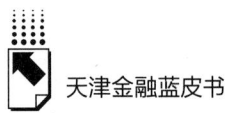

（二）民生保险天津分公司获准业务展开

2014年8月7日上午，民生人寿保险股份有限公司经中国保险监督管理委员会批准，获准在天津建立分公司并开展业务，这是自2012年以来保险体制改革新政背景下在天津运营的首家省级寿险分公司。

民生保险已经与天津金融、证券、投资等领域的多家金融机构达成了战略合作，以期未来在保险办理及理赔、金融投资、快捷支付等诸多方面展开合作，创建一个综合性的金融平台为天津市民提供一体化便捷服务。得力于近年来天津经济的快速发展、滨海新区建设的不断深入，天津吸引了越来越多的金融机构进驻。民生保险天津分公司不仅是一个分公司的开设，更是对行业及公司模式创新的一个探索。商业保险公司经过近20年快速成长，为中国保险体制改革做出了巨大的贡献。着眼未来，民生保险天津分公司将在天津市场推出员工制、门店制、综拓化和专精化四大创新举措；其中，员工制和门店制是保险行业在经营模式上的革命性创新。

民生保险天津分公司将通过理念和模式的创新，培育高素质人才，为客户提供专业、优质、便捷、高效的大数据时代金融服务，同时也为天津市民的民生服务。

（三）人保财险天津分公司：民生保险第一单

2014年6月10日，人保财险天津分公司与民生保险成功签订"民生保险"。这是一种保障组合型责任险，保单的责任限额达8000万元。该组合型保险主要包括公众责任保险和见义勇为救助责任保险，为天津市红桥区辖区内的居民们提供了自然灾害及意外事故保险保障。

四 天津信托产品创新

（一）天津信托

天津信托作为地方性的金融机构，其两大股东是天津海泰控股集团有限公司和泰达国际控股（集团）有限公司。天津信托结合天津地方经济的经营特色，为天津经济发展献上一份力量。

天津信托以创新来带动发展，通过创新调整盈利模式和管理能力。这不仅体现在业务上，而且贯穿整个公司、体现在每个方面。就2014年及之前的情况而言，天津信托有专门的创新部，同时每个业务团队也都有各自的创新人员。通过近几年的创新发展，天津信托除了非贷投资包括资产证券、准资产证券、私募股权投资、保障房投资、中小企业投资以外，还推出了股权信托、权益类信托、租赁信托等。另外天津信托还在创新一些夹层投资基金的业务和中小企业的项目。2014年天津信托作为委托人引入了全国社保理事会的30亿元资金，专项支持天津的保障房建设。

（二）北方信托PE子公司

2014年银监会《关于信托公司风险监管的指导意见》（99号文）发布，明确了信托业转型发展五个定位：发展目标定位、发展路径定位、功能定位、业务定位和服务定位。《意见》也鼓励信托公司进行差异化发展，提出：真正的股权投资业务、并购业务、信贷资产证券化业务、家族财富管理等。

在这样的政策授意下，信托公司成立PE子公司的热情高涨，其中北方信托已经成立了自己的PE子公司。

中国信托协会发布的《2014年度中国信托业发展评析》显示，截至2014年末，信托行业管理的信托资产规模为13.98万亿元（平均每家信托公司2055.88亿元），同比2013年度增长28.14%，自2008年以来的高速增长结束步入转型发展阶段。传统融资类业务受阻、综合报酬率下降的问题也不断显现。从总体上来看，中国信托业在稳定增长发展的阶段更需要加快增长方式的转型与创新。未来的路怎么走还在探索，中国信托业转型已迫在眉睫。

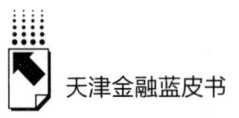

五　金融产品创新展望

（一）天津金融产品创新空间

1. 碳金融

2014年是天津碳市场运行的第二个年头。这一年中，碳期货正在研发进行中，碳基金一经成立即成为政府发展低碳产业推动减排的重要方式。运作良好的碳基金不仅可以反哺控排企业、支持企业减排，也能吸引社会投资并实现循环运转；这将大大促进低碳产业的发展。

截至2014年底全国范围内碳金融取得成就的是广东，其正在研究利用配额有偿发放的收入设立低碳发展基金并利用拍卖所得6亿元成立碳基金。在吸收借鉴别人经验的基础上，天津也应加快步伐，研究出适合天津市场的碳期货或成立碳基金。

2. 贸易金融

我国商业银行贸易金融业务借着中国经济高速增长的便利可谓高速发展，方兴未艾；而天津作为港口城市、北方贸易中心，贸易力量更不可忽视。2014年，天津外贸进出口总额1339.1亿美元，其中出口和进口分别为526.0亿美元和813.2亿美元，同比增长分别为7.3%和2.3%，高于全国1.2个和1.9个百分点。

因此，贸易金融将会成为天津金融市场创新发展的一个重点。作为与贸易金融联系最密切的商业银行，应积极把握机会优化升级贸易金融业务以更好地服务实体经济，重点为以下三点：

一要关注国家政策导向。贸易金融与实体经济联系紧密，是实体经济增长的"助推器"，也是反映实体经济状况的"晴雨表"。

二要关注人民币国际化趋势。全面把握人民币国际化给贸易金融业务带来的业务发展机遇，提升对境内外客户综合化、一站式服务水平；深度挖掘人民币国际化业务新兴领域，大力发展跨境人民币结算与利率、汇率结合产品和跨市场、多元化的产品。同时也要密切关注人民币汇率变化对贸易带来的种种不利因素。

三要关注企业需求变化。经济发展"新常态"激活了企业金融服务的新需求。商业银行需要加快产品创新与服务升级，根据新的贸易模式、企业特征、地域特征提供融合贸易结算、融资、担保、咨询等的金融服务，将贸易金融服务进一步延伸至现金管理、投资管理。

3. 科技小巨人发展行动计划

天津市科技小巨人发展三年（行动）计划意在提升金融对科技的服务水平。计划要求各区县都要建设科技金融对接平台、建立银行科技金融专业队伍，每月至少开展一次科技型中小企业与金融机构的融资对接活动；建立投资、保险、贷款融资服务体系，创新融资担保和抵押质押方式，开发新型金融产品，建立融资征信服务平台，为企业落实解决1000亿元融资的难题；完善天使资金投资、创业投资和股权投资体系，充分发挥天津股权交易所、产权交易所、"新三板"市场的作用，支持企业上市。

4. 互联网金融继续向前

经过2013年的发酵，互联网金融在2014年开始加快步伐发展，一个全新的互联网金融生态体系将可预见地加快形成。

2013年6月由阿里集团支付宝创新推出的余额宝在2014年仍然是互联网金融创新的"指导"。大型银行、股份制银行和地方性银行机构都在紧锣密鼓地布局互联网金融，如天津银行和渤海银行在2014年推出的"天天宝"和"添金宝"；除此之外，证券公司、保险公司及其他传统金融机构也都在积极利用互联网搭建金融创新升级平台。

天津结合自身优势资源，于2014年2月出台了《天津开发区推进互联网金融产业三年行动方案》，以扶持鼓励政策为重点，争夺互联网金融的优质资源以刺激金融发展和GDP增长。

（二）天津金融发展创新思路

2015年将是天津发展历史中不平凡的一年，京津冀协同发展、自由贸

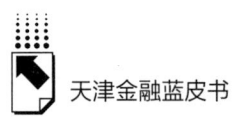

易试验区顺利获批、建设国家自主创新示范区、滨海新区实力日益增强、"一带一路"战略中的桥头堡作用等等，都为天津带来前所未有的机遇。在金融方面，天津则要加大金融创新力度，构建区域性金融产品创新体系。

1. 突出地方特色，创建区域金融品牌

京津冀金融一体化由来已久，是以北京作为金融中心、天津为辐射地区和后台区域的模式。天津作为北京金融中心的辐射区域，一方面为北京提供金融后台支持；另一方面发挥产业优势，发展新金融业态。在新金融业态功能分布上，除了全国性多层次资本市场体系中的非上市公众公司股权交易市场和投资基金市场落户在天津滨海新区之外，天津还要争取成为北方投资基金交易中心、融资租赁中心、资金结算运营中心、金融服务外包中心。

2. 尽早形成京津冀金融机构后台和北方大数据分中心

天津应积极撮合在京津冀交汇处尝试建立"廊和坊"金融街，以期打造金融机构后台和大数据基地，实现金融活动同城化；同时鼓励三地互联网企业和大数据公司进驻，共同在第三方支付、众筹融资、电商融资、智能银行、O2O等方面发展区域性的金融创新试验田。充分利用天津港口优势，与北京合作研发海洋金融、跨境人民币借款、离岸金融等创新产品；实现网上受理与线上线下交易同时发展，并针对企业通关业务，在互联网金融产品创新上成为互联网金融、大数据创新实验分中心。

3. 打造北方资金结算运营中心

针对京津冀三地批发市场动迁和商户云集的情况，天津应加快创新O2O金融服务模式，让三地商家享受金融创新带来的便利。O2O应用方便消费者利用商家提供的平台完成信息查询、选购、支付等环节，并提供电子凭证到线下商户消费。这不仅需要商家具有一定科技力量，而且要投入巨大资源进行平台建设和推广，三地应在这方面加大金融与电商的跨界融合。

4. 利用渤海商品交易平台优势，加快建设京津冀大宗商品交易平台，加快北方现货市场交易中心建设

天津应发挥股权交易所、渤海商品交易所等11家新型交易市场资源优势，在北京全力支持区域性物流中心、批发功能向天津转移的情况下，鼓励外贸货物代理、物流和跨境电商企业在天津海关特殊监管区设立物流仓库和大宗商品集散中心。同时,借鉴上海自贸区大宗商品交易平台业务创新经验,早复制,早安排。天津还应鼓励北京、河北资源和商品在渤海商品交易所挂牌上市。

5. 积极探索创新蓝色金融、港口金融

津冀都有港口,海空两港是天津最突出的比较优势,也是推进京津冀协同发展的最具现实性的抓手和平台。在临港工业建设和项目落实中,商业银行应借助各类资源要素集聚的有利时机,研发相应的融资便利化工具。政府部门和银行都要制定一揽子"蓝色金融"实施方案,以项目为依托,通过PPP模式、政府投资、银行信贷、保险、风险投资、国际机构资金援助、企业融资等公共性和市场化的投资融资机制,为其提供资金支持。

6. 在住房金融改革创新上先行先试、协同共赢

例如建设银行天津分行,抓住银监会提出推进组建新型政策性金融机构的利好政策,走在住房金融领域改革创新最前列,超前进行探索:一是利用天津市独具住房公积金、抵押贷款制度和住房储蓄制度这三大住房融资工具的先发优势,在公积金制度基础上率先成立政策性住房银行,成为专门解决居民基本住宅需求的政策性、互助性、救济性的金融机构。二是将住房公积金制度纳入政策性金融体系中接受金融监管。三是创新融资模式。突破现有公积金管理,逐步实现跨三地并在全国范围内展开住房公积金互贷的创举。三地商业银行应率先设计开发"跨界"双向互贷和多向互贷业务产品,达到三地城镇业务对接、跨界融合、有益民生之目的。

B.5
2014年的天津金融人才

摘　要： 2014年，天津市大力引进和培养金融市场建设专业人才、复合型经营管理人才以及高级专业金融分析人才。本报告系统介绍了当前天津金融人才规模、人才政策、薪资待遇、管理方式等，并提出了促进天津金融人才队伍建设的对策建议。

关键词： 金融人才　人才数量　人才政策

金融人才是建设金融中心的基础，也是一个金融中心综合吸引力的实际体现。"十二五"期间是天津实现转型升级、创新发展的关键时期，也是天津人才事业发展的战略机遇期。《天津市"十二五"人才发展规划》对于天津市金融人才的发展做出了明确的要求："以实施金融人才'百千万工程'为载体，重点抓好股权投资基金管理人队伍、资本市场专业人才队伍、复合型金融管理人才队伍、金融领域研究人才队伍和金融业务骨干人才队伍建设，形成高效的金融人才培养体系、畅通的金融人才引进体系、科学的金融人才评价体系、有序的金融人才选用交流体系以及合理的金融人才激励机制。"

借助互联网金融兴起的契机，天津作为一线二线城市之间的"1.5线城市"迎来新型金融产业发展的机遇与挑战。未来一线城市的快速发展将会产生一定程度上的经济溢出，其金融产业向1.5线城市如天津的延伸直接刺激了当地对金融人才的需求，使其承接大量的金融人才流入；同时互联网金融产业的兴起急需创新型人才，天津抓住金融和互联网兴起的新机遇，对金融人才队伍建设提出新的现实要求。

一 天津金融人才发展

人才是先进生产力和先进文化的重要创造者和传播者，人才是一个国家、一个地区发展的核心竞争力。人才作为最具潜力、最有价值、最需开发的独特资源，对企业、社会和国家的繁荣与发展都具有重大的现实意义和深远的历史意义。面对当前经济全球化的现实背景，科学发展与先进技术日新月异，国与国之间竞争日趋激烈，人才发展成为各个国家提高综合国力的重大战略选择。对于天津来说，面对当前新局势和新环境，加快人才培养和人才队伍建设是天津抓住机遇迎接挑战的关键举措。当前，天津必须贯彻落实科学发展观，把培养人才摆在重要的战略位置，解放思想，实事求是，利用好人才这一宝贵资源，坚定不移地走人才强市之路。

2014年，天津市进一步推动金融人才"十二五"规划各项任务落实，以实施金融人才"百千万工程"为载体，重点抓好股权投资基金管理人才队伍和金融业务骨干人才队伍建设，引进和培养股权投资基金管理人才、金融市场建设专业人才、复合型经营管理人才、高级专业金融分析人才；培养对国内外金融市场，具有敏锐思考力和洞察力、熟悉国内外创新金融产品和服务、能够参与国际竞争的优秀金融实践人才；培养踏实肯干、诚实守信、爱岗敬业的熟悉本岗位具体业务，具有高水平技能的金融从业人员。随着金融人才集聚能力的不断增强，天津市金融业在关键环节和重点领域保持了资金有效供给的同时，对经济发展薄弱环节的支持力度继续加大，金融业呈稳健运行态势。

（一）天津金融人才总量提升

截至2014年末，天津市共有中外资银行业金融机构2966家。其中，在2910家中资银行业金融机构中，法人机构36家；在56家外资银行业金融机构中，法人机构1家。营业网点机构个数为2966个，从业人数达到62187

人，资产总额为44136.6亿元。

具体数据如表1：

表1 天津银行业机构数及从业人数

机构类型	营业网点						法人机构	
	2014年			2013年			2014年	2013年
	机构数(个)	从业人数(人)	资产总额(亿元)	机构数(个)	从业人数(人)	资产总额(亿元)	法人机构数(个)	法人机构数(个)
大型商业银行	1173	27271	11397.5	1174	27295	11801.9	0	0
国家开发银行和政策性银行	13	505	2967.4	13	488	2674.8	0	0
股份制银行	337	11598	13088.7	306	10903	12030.4	1	1
城市商业银行	316	7340	7084.5	284	6949	6367.6	1	1
农村合作机构	595	8426	3170.1	594	8049	2910.2	2	2
财务公司	4	116	212.2	4	111	189.7	3	3
信托公司	2	299	72.9	2	288	59.6	2	2
邮政储蓄	416	2508	872.6	415	2494	857.1	0	0
中德住房储蓄银行	3	239	251.4	—	—	—	1	—
外资银行	56	1609	848.8	26	1627	1028.3	1	3
新型农村机构	43	969	213.7	25	588	152.3	18	13
其他	8	1307	3956.9	7	1075	3199.2	8	7
合计	2966	62187	44136.6	2850	59867	41271.2	37	32

资料来源：2014年和2013年天津市金融运行报告。

（二）天津金融人才发展政策

2014年，天津市积极推进"千人计划"引进、高层次人才认定及"131"创新人才培养工程、树立全球视野，加快培育和引进高端人才。开展金融主题活动,与美国、英国、中国香港、中国台湾等国家和地区知名大学、专业培训机构合作,举办金融中高级管理人员出国(境)培训,鼓励金融企业自主选派专业技术和管理人员赴境外培训。推行金融从业人员持证上岗、资格准入,支持与国际接轨的认证机构在天津市开展相关培训和资质认定工作。大力实施多层次、多元化全员教育机制,加大资金投入,加强网络培训基地设施建设。借助高校优势,开设金融专业在职研究生课程班。深化干部人事制度改革,市场配置,公开选拔,定点招聘中高级管理人员,进一步深化完善了高管人员正常退出和中层管理人员竞争上岗机制,促进优秀人才脱颖而出。大力推动金融企业博士后科研工作站建设。天津市教育和科学技术繁荣发展,人才培养成果显著,科技人才队伍不断壮大。2014年末在津两院院士37名,引进聚集国家"千人计划"人才113人,以工作调动方式从外地引进人才2936人,新建博士后工作站20个,年末拥有博士后流动站77个,工作站193个,在站博士后850余人。

2014年天津市金融人才相关政策节选如下:

1. 《市人力社保局关于印发2014年"津洽会"人才智力引进活动工作方案的通知》(津人社办发〔2014〕43号):《2014年"津洽会"人才智力引进活动工作方案》按照"勤俭、绿色、务实"的原则,强调京津冀协同发展战略、明确天津市城市发展定位、围绕滨海新区开发开放、重大项目建设、科技型中小企业发展,搭建人才智力交流平台,拓宽天津人才引进渠道,为美丽天津建设提供强有力的人才智力保障。

2. 《市委组织部市人力社保局关于开展2014年天津市人才服务月活动的通知》(津人社办发〔2014〕44号):为进一步提高人才服务水平,优化人才环境,引导企业和各类人才为美丽天津建设贡献力量,市委组织部、市人力社保局决定,从5月份开始,在全市开展人才服务月活动,包括宣传天津市近年来人才工作新成就、对接企业帮助用人单位用好政府政策、搭建平台促进人才培养与交流、贴近服务创新服务方式,提升服务水平等内容。

3. 《市人力社保局关于实施2014年优秀博士后国际化培养计划的通知》(津人社办发〔2014〕96号):为进一步加大高层次创新型博士后人才

的培养力度，不断提高博士后人才服务滨海新区开发开放和天津经济社会又好又快发展的能力，根据市人才办《天津市资助选派优秀博士后国际化培养计划实施办法》（津人才办〔2012〕1号），将组织实施2014年优秀博士后国际化培养计划。

4.《市人力社保局关于加快推进天津市人力资源市场整合改革工作的实施意见》（津人社局发〔2014〕94号）：为深入贯彻落实《人力资源和社会保障部关于加快推进人力资源市场整合的意见》（人社部发〔2013〕18号）精神，加快推进天津市人力资源市场整合改革工作，健全统一规范的人力资源市场，整合机构，统一领导；整合法规，统一制度；整合功能，统一标准；整合监督，统一管理；整合网络，统一信息系统。推进分离改革，发挥市场配置人力资源的作用；完善市场准入，促进人力资源服务业的发展。

5. 2014年8月14日，市长黄兴国主持召开了市政府第36次常务会议，会议审议并通过了《天津市"千企万人"支持计划》。计划天津市在3到5年的时间内，从重要领域和重点产业中遴选出千家具有发展潜力和前景的创新性企业，并依托"千企万人"的发展平台，引入和培养万名高层次高素质的创新型人才，使高端人才在支柱产业和新兴产业领域聚集。该计划有利于逐步形成人尽其才、企业创新、产业集群发展、创新成果不断涌现的新局面；对于壮大高水平高层次创新人才队伍、积极推进科学技术进步、转变经济增长方式、加快社会经济结构转型升级具有重大战略意义。

（三）国内城市金融人才状况比较

本部分的分析基于第六期"中国金融中心指数报告"（CDI - CFCI）的观点，该报告于2014年8月20日由综合开发研究院（中国深圳）发布。CDI - CFCI基于对金融中心的内涵和形成机理的长期深入研究设计了一套涵盖86个客观指标的金融中心竞争力评价指标体系，对内地31个提出建设金融中心城市的金融竞争力进行综合评价。金融中心综合竞争力由金融产业绩效、金融机构实力、金融市场规模和金融生态环境四方面构成。其中，金融生态环境竞争力指标划分为金融人才环境和金融商业环境，用于衡量各城市对金融人才和金融机构等金融资源的吸引能力、集聚能力。首期CDI-CFCI指数于2009年5月发布，其后每年更新一次，此次发布的是第六期指数。

在第六期CDI-CFCI的综合竞争力评价中，全国性金融中心排名依然是上海、北京、深圳，前十大区域性金融中心城市依次是：广州、天津、杭州、南京、成都、重庆、苏州、武汉、大连和西安。综合排名上升的城市共十个，分别为：苏州、武汉、宁波、福州、哈尔滨、天津、厦门、济南、南宁、温州。大连、天津、杭州、广州、武汉和成都分别在东北地区、北部沿海地区、东部沿海地区、南部沿海区域、中部地区和西部地区的区域金融中心竞争中各自保持区域领先。

第六期"中国金融中心指数"（CDI-CFCI 6）显示，中国金融业的总体发展呈如下状况及特征：一是金融总量逆势扩张，金融业地位继续上升。二是组织体系更加健全，金融机构实力不断增强。三是市场创新力度加大，金融改革试点引发"蝴蝶效应"。四是对外开放快速推进，金融国际化水平提升。就天津而言，总体金融生态环境排名第6位，得分为70.54分。生态环境领先的主要原因在于较好的商业环境，良好的经济基础、专业服务以及国际开放程度，这些都增强了天津金融生态环境的竞争力。而在其分项指标金融人才环境竞争力指标中，天津仅排名第15位，得分为70.86分。与排名第1位的北京相差50.05分。在其分项指标金融商业环境竞争力指标中，天津排名第5位，为73.24分。这表明，天津在营造良好的金融人才环境方面仍存在较大的改进空间。如表2、表3所示：

表2 第六期CDI-CFCI金融生态环境排名

城市	CFCI排名	CFCI得分	城市	CFCI排名	CFCI得分
北京	1	135.83	天津	6	70.54
上海	2	115.90	杭州	7	69.55
深圳	3	98.37	武汉	8	67.56
广州	4	93.40	苏州	9	67.26
南京	5	70.91	重庆	10	65.40

资料来源：第六期CDI CFCI。

表3　第六期 CDI – CFCI 金融人才环境排名

城市	CFCI排名	CFCI得分	城市	CFCI排名	CFCI得分
北京	1	120.91	杭州	9	72.57
上海	2	102.87	西安	10	72.00
广州	3	95.86	长春	11	69.71
南京	4	85.20	济南	12	69.46
武汉	5	83.55	长沙	13	69.21
深圳	6	81.00	成都	14	69.19
重庆	7	80.61	天津	15	70.86
沈阳	8	73.99			

资料来源：第六期 CDI CFCI。

二　金融人才现存问题

近年来，天津市金融人才队伍建设取得显著进展，金融人才数量增加、人才综合素质提升、人才发展环境完善，有力支持了天津金融人才的集聚与发展。但是较之于国内外金融中心城市，天津金融人才队伍建设仍有一定的潜力可挖。

（一）人才质量有待改善

《天津中长期人才发展规划纲要（2010~2020）》提出，"尽管市委、市政府历来高度重视人才工作，特别是市第九次党代会以来，对加强全市人才工作做出了一系列部署，制定了完善人才政策，推进体制机制创新，不断优化人才服务，努力造就良好环境，培养和用好各类人才，人才队伍建设取得了显著成绩。但是，我们必须清醒地看到，我市人才队伍建设还不适应经济社会发展的需要，高层次创新创业人才，尤其是领军型人才缺失，人才结构和布局还不尽合理，人才发展体制机制障碍尚未完全消除，人才资源开发投入不足，人才工作综合配套体系还不健全等等。"

1. 金融人才队伍素质待提升

从金融人才的学历和证照来看，硕士研究生和博士研究生占比不高，仍有较大提升空间；拥有注册金融分析师（CFA）、注册会计师（CPA）、注册金融策划师（CFP）、注册财务策划师（RFP）、特许财富管理师（CWM）、项目数据分析师（CPDA）等高质量从业证照的金融人才较少。

2. 金融人才国际化程度低

掌握金融专业知识并熟练使用外语的金融人才少，熟识国际金融规则、惯例和业务的金融人才少。

3. 天津中高层次金融管理人才和高级金融专业人才缺口大

目前，天津市银行与其他非银金融机构急需中高层次金融管理人才和高级金融专业技术人才，而目前市场上这几类人才的供给均处于紧缺状态。天津市金融创新动力不足，整个金融产业内在活力和竞争力需要高层次金融人才参与，其供给不足制约了天津金融业的发展。

4. 复合型金融人才匮乏

伴随着大数据、云计算、物联网等技术的快速发展，能够了解金融运作并掌握互联网新技术、新理论和新方法的复合型金融人才很可能引领金融业的变革，但这种复合型人才仍然较少。复合型人才的需求既包括金融与互联网跨界人才，也包括金融与会计、法律以及其他各行各业综合性人才。

（二）人才培养方式有待改善

要想满足金融发展对高素质人才的需求，教育是关键。天津金融人才的培养与输出地集中在南开大学和天津财经大学两所高校，其为天津金融建设输送高质量金融人才的使命不容忽视。天津的高校虽然在金融教育方面取得了一些成就，但与其他国家金融中心对金融人才的教育相比，我们在教师力量、教学内容、创新与实践等方面均存在较大的差距。金融人才培养与输出首先要认识到天津高等教育在金融方面的不足，进行天津高校金融教育的建设。在金融人才培养方面，国际合作与交流至关重要，我们要借鉴先进的国际金融人才培养经验，提高天津高校办学水平。

1. 高校教育体制依然偏重于应试教育，教育体制与市场对于人才的需

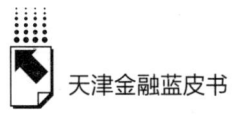

求联系不紧密,教育体制存在弊端。在教育过程中,过于注重理论教育,缺乏实践培养。实践课仍然以考试为主,对学生的考查不灵活,不能让学生很好地掌握实践技能,以致培养的金融人才和社会需要的金融人才差距很大,进入社会后操作性差。周汉民(2009)认为目前的(高等)"教育"仍处在国际营销理念的初级阶段——"我生产什么,我就吆喝什么"。我们高校教育体制改革应该转变思路,把教育引导到"市场需要什么,教育就提供什么",而不是学校有什么教育资源,学生就必须学习什么。同时,一定要以高校教育引领社会发展功能,使得优秀金融人才培养对金融体制改革和社会发展起到推动作用。

2. 教学内容缺乏创新,仍然沿用十几年前形成的系统培训体系,对我国金融和世界金融快速发展与创新形成的新金融领域与金融知识介绍较少,衔接性较差,教学内容与现实世界接轨不充分。我国金融业发展迅速,而当前的系统培训课程培养出的金融人才不能适应金融市场对相关金融人才的需求,金融人才供给不足已影响了我国金融业转型。

3. 高品质的专家讲课队伍匮乏。对比香港大学等高校,内地高校缺乏一支具有国外金融行业从业经验的高品质的专家讲师团队,这对培养具有实际操作能力的金融人才不利。

4. 我国金融行业由于缺乏对从业人员终身教育和职业生涯培养的重视,没有形成规范的从业人员培训教育体系,这给我国金融业健康发展埋下了巨大隐患,因为金融人才是金融行业发展的根本力量,不平衡的在职教育规划会限制高端人才的培养,严重阻碍金融业转型升级发展。

(三)天津的金融人才服务机构发展滞后

人才市场中介服务机构种类单一、层次较低、市场化程度低,不能满足天津金融业对金融人才的需求。天津人才市场中介服务机构数量较少、种类单一,主要依赖于政府提供的公共服务,如大学毕业生招聘会。人才服务市场层次较低,提供的仅是一个初级的平台,不能满足金融机构对于高层次金融人才供给的需求。人才中介服务机构不健全、服务水平也不能充分满足需要、缺乏国际化的中外合资的人才中介组织（如类似金融青联这样的机构）和国际著名的金融猎头公司。完善金融人才中介服务市场，是天津的当务之急。

（四）天津的政策法规体系吸引力不强

天津的政策法规对高级金融人才的吸引力不强，金融人才引进工作的合力也不够，政策协调统一性也不强。天津人才政策的法律法规建设没有和国际并轨，例如，中国香港的个人所得税最高为17%，新加坡为20%，而我国的个人所得税最高则达到45%。从而可以看出，我国的个人所得税率偏高，天津市政府在个人所得税方面也没有明确提出优惠的措施。天津市委组织部、人力资源和社会保障局、市金融服务办公室、市外事办等职能部门在自己的职责范围内制定和实施人才政策，对海外人才进行管理。这种现状不利于政府对整个地区乃至全国在金融人才方面的分配规划和宏观调控，降低了人才管理的效率。

（五）天津的交通与生活环境需要改善

天津的交通管理和交通基础设施建设取得了较大的进步，很多地方道路已经得到拓宽平整，立交桥的修建在一定程度上缓解了交通拥堵，已经形成了地铁多线交错、公交系统完善、轻轨便利城郊、交通监控设施不断改观的现代化交通新格局。但天津市交通状况仍然存在着高峰期拥堵严重、交通管理水平不高、监控缺乏统一系统、无法实现宏观协调等问题。天津市的交通费用与其他城市相比较高。天津公交费最低是1.5元，一般都是2元，而在其他城市则为1元，与北京相比更是差距明显。天津的空气质量需要大力改善，空气污染与大风交替出现，雾霾与风沙对人们的生活影响较大。目前，天津在就医、子女就学等国际金融人才关心的软环境方面也存在一定差距，医疗保障制度还不是很健全，海外人员子女的就学选择性比较少，具备国际化的教育学校还很少，因此，这些不足也就制约了高层次金融人才的引进。

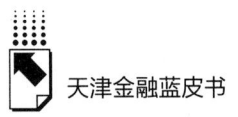

三 金融人才发展建议

金融人才发展有赖于为人才建设提供良好的生态环境，形成有利于金融人才良性循环的外部生态环境和内部生态环境。通过与市场需求接轨的金融人才培养方法提高金融人才素质营造良好的金融人才内部生态环境，通过优化公开竞争机制，完善高端人才引进制度等方法优化金融人才外部生态环境，实现金融人才存量盘活、素质提升，为天津金融业大发展增强活力。

（一）树立金融教育是百年大计的理念

高等院校的金融专业学生是金融人才最大的储备力量，提升金融高等教育质量对于天津金融人才的发展具有重要意义。目前高校金融专业已经成为重要专业且具备一定的规模，学校资源和师资力量向其倾斜，家长和学生对其关注度较高，渐渐成为热门专业。而金融机构对高层次金融人才的需求仍然与供给存在较大缺口，高端金融管理人才和专业技术人才储备严重不足。因此，我国高等教育在金融领域迫切需要转变教育观念，改进教育内容，从数量扩张向质量提升转变，教育方式方法从外延式向内涵式转变，对于高校的本科生、硕士研究生和博士研究生的培养，要做到面向社会、面向市场、面向国际，既要适应国内金融业对人才的需求，还要满足国外金融业对国际金融人才的需求；既要强调理论知识的学习与掌握、还要注重实践以适应工作岗位要求的实务技能；既要培养专业知识，又要重视综合素质的培养。面对现阶段金融人才供需的结构性矛盾，鉴于我国金融人才强国的战略化目标，我国金融高等教育应积极面向市场、注重实践技能、强调综合素质，从教育理念上转变、从教育方式上创新，从而壮大高层次金融人才队伍，培养出大批优秀的高水平复合型国际金融人才。

第一，加强对在校学生实践能力的培养。创新金融培养课程设置体系，密切联系实际，结合国内外金融改革的重大问题和天津金融改革创新的关键点，进一步发挥专家学者和国内外理论研究机构的作用，根据实际情况对现实的金融问题进行理论研究,改革课程设置,根据市场的变动趋势有针对性地进行理论传授以及实践锻炼。结合金融市场的实际需要有针对性地培养各类岗位的应用型人才,如聘请校外导师等方法鼓励学生学习与金融行业发展关系密切的相关知识经验和具体操作技能,提高专业实践能力,理论与实践统一,满足金融行业发展对人才实务技能的需求。采用创新教学法重点培养综合性、创新型的金融人才,如案例教学法、情景模拟教学法、实习考核管理等。

第二,加强对在校学生综合素质的培养。金融业对复合型人才的需求不断增加,对金融人才的培养要既重视对金融专业知识的培养,又重视其他自然学科、人文学科知识的教学和应用。优化课程设置,实现综合素质全面提升。专业课程体系要从注重宏观性课程向注重微观性课程转变,满足当代金融微观化的趋势;增加外语课程的比例注重外语学习,用科学的教育方法从听说读写译各个方面全面提升学生的外语水平;开设专业课以外的其他学科课程,涵盖商科类基础学科和经济学、会计学、统计学、法学等相关学科,注重多学科的交叉融合;鉴于互联网金融高速发展的现实趋势,计算机以及通信技术在金融领域的运用会越来越多,互联网金融将成为各金融机构发展的重要突破口,要重视金融业IT人才的建设,从而激发天津市金融行业的活力;改革教材体系,及时更新调整课本内容,借鉴吸收国际最新金融理论知识,力求教学内容融入国际化体系,及时与国际接轨。

第三,加强对在校学生国际化金融专业人才的培养。随着经济全球化和世界经济大融合的现实趋势,金融专业人才面向国际市场、具有国际视野成为金融市场衡量金融人才的重要标准。中国高等院校的金融教育必须认清当前现实,注重对国际复合型专业人才的培养,为学生创造接触国际理论与实务、开展国际交流、融入国际金融市场的条件。首先,教师队伍国际化。一方面可以聘请外国优秀教师到本校教学,国外教师可以带来国外先进的理论知识和技术方法,同时外国教师与本校教师通过交流能够更新教育理念,逐步与国际优秀金融教育接轨。另一方面可以派中国教师出国深造,使国内教师能够全面提高跨文化交流能力和视野,学习吸收外国新兴金融理论,接触了解国际业务知识。其次,办学方式国际化。可以开展中外联合办学,授予国内国外双重学位，推广本校学生出国交流，接纳国际学生到本校学习。最后，培养方式国际化。让本校学生和国际学生一起生活学习，培养学生的国际视野和跨文化交际能力，提高其面向国际的适应性。

（二）加强金融人才培养的持续投入

目前，金融业正处于快速向前发展的阶段。变化性强，产品更新迅速、新规则出台快，这些需要从业人员及时了解并掌握。因此，对金融从业人员开展专业知识、专业技术再培训是非常重要的。加强金融人才的后续培养，是保证整个金融人才队伍不断获取最新理论知识的重要一环。对于金融机构来说，加强其员工的后续培养，既要重视"校企协同"的发展模式，又要完善其内部培养机制。同时政府应该办好金融人才交流平台，多举办金融论坛、金融峰会等平台活动，促进金融人才间交流分享，为创新成果产生创造条件。《天津金融改革创新"十二五"规划》指出，"积极推动金融人才队伍建设，建立动态的按需引才机制。推进金融企业领导职务任期制，建立科学的薪酬分配机制。完善与国内外知名院校和研究机构的合作机制，发挥亚洲商学院、大公信用管理学院和新金融研发中心等教学研究机构的作用。组织开展高层次金融理论研讨交流。实施金融知识培训计划，开展金融高管及从业人员在职教育和技能培训。继续推动地方金融机构建立博士后工作站。"

第一，重视对在职员工的培养和投入。金融机构应加强对内部员工的培训，如鼓励员工自我学习，对于员工学习的一些费用企业予以报销，设立一些激励机制，如选派一部分优秀管理人员和优秀员工去国外考察学习，经常举办有企业国外分支机构参加的座谈会和经验交流会，在激发在职员工的工作热情的同时提高其综合能力和国际化程度。政府金融主管部门如一行三会应制定相关政策规定要求各金融机构制定系统的人才培养计划，并定期开展有针对性的对金融市场上出现的创新产品和业务以及金融改革的新制度和新规则的适应性培训，引进国际成熟的金融职业资格培训项目，加强与天津高等院校的金融培训合作。

第二，为人才培养营造良好的市场环境。实现金融业从业人员的资格化与职业化，推广较高层次的职业资格认证，积极引进国际资格认证制度，建立职业化的银行家队伍。完善激励机制和薪酬制度，采取股票和期权等资本化的长期激励方式；设计中高层管理人员薪酬级差，对工资差距的拉大有利于进一步吸引中高层管理人员，提高其工作热情和贡献度；根据金融人才市场行情推行年薪制。建立健全金融人才的开发使用机制，促进各个部门各个地域之间人才合理有效流动，完善职业发展、晋升、考核机制，建立健全和谐高效的良好用人环境。

（三）加快金融业高端人才引进和培养

第一，通过优惠政策及金融环境的优化，来增加天津对国内外高层次金融人才的吸引力度，建立健全户籍制度和住房保障制度，要本着实事求是的精神，解决高端人才的实际问题，降低金融人才流动风险，降低个人所得税，从而吸引更多外地金融人才来天津就职。例如，对新迁入新区的金融机构总部和在新区设立的金融服务机构按照投资规模给予100万元至500万元的资金补助，对金融企业在办公用房、营业税等方面给予政策优惠。对在外省市任职两年以上的机构副高职称以上高级管理人员，允许其家庭户口落入天津，在天津市第一次购买商品房、汽车的，五年内按其缴纳个人工薪收入所得税地方分享部分予以奖励，不在本市行政辖区内购买商品房、汽车的，三年内按其缴纳个人工薪收入所得税地方分享部分的50%给予奖励。对于外地普通金融机构从业人员来说，多数在天津没有本人的住所，政府应拨款建造保障性青年金融人才公寓，来解决刚入职员工的住房问题，减轻其生活负担。进一步完善人才流动制度，增加人才市场的流动性，完善天津社会保障体系，及时办理外地人员进津的社会保障手续，做好其工作转变的后勤工作。完善对优秀人员的医疗卫生保障制度，为在滨海新区金融人才聚集提供一整套的政策优惠方案。

第二，要构建多层次的金融人才市场。引进国际外资人才中介机构，放开对外资人才中介机构的限制，加强与外资人才中介机构的合作，带动天津市人才中介机构的建设和完善；推动人才中介协会和服务协会的建立与市场

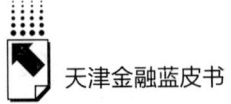

参与，把政府部分管理职能转入行业协会，规范行业标准；以实施"千人计划"为契机，不断拓宽海外金融人才引进渠道，加强与海外金融平台（如金融行业协会）、海外政府机构（如驻外领事馆）、大型跨国金融机构等的合作关系；引进国际成熟金融职业资格培训项目，加强其与高校的合作，推进国际职业资质项目本土化。

（四）优化金融发展环境基础

第一，积极推动金融总部的建设，带动金融人才聚集。目前，天津在金融机构级别上的表现是金融机构总公司数量较少，只有四家总行（渤海银行、天津市商业银行、天津市农村合作银行、中德住房储蓄银行），其他银行最高级别均为分行级。证券保险等金融机构大多是全国或天津市法人机构的基层分支机构。而这些分支机构中的高级金融人才匮乏，无法形成资金、信息、人才聚集效应。与上海、北京相比，天津的金融级别较低，差距较大，需要积极加大金融机构总部的建设，从而带动金融人才尤其是高层次金融人才聚集。努力营造一流的投资环境，制定总部金融经济发展的优惠政策，加快区域的总部聚集，形成总部集群的规模效应和放大效应，从而吸引更多的金融人才来津就业。反过来，高层次金融人才的培养也有利于金融机构总部在天津的设立。

第二，加快我国金融市场的对外开放。目前，我国金融业对外开放的程度还有很大的进步空间，金融服务和产品创新步伐比较缓慢，所以与国际金融高端人才同台竞技的场合不多，这就使得我国金融行业的人才缺少机会更新知识和提高自身专业水平，也不利于吸引海外金融人才回国工作。天津要想成为北方国际金融中心，就必须加快现代金融服务体系的建设，加快金融市场和金融创新方面的开放步伐，加大金融市场的开放力度，为国际金融人才提供展示才能的空间，吸引更多的金融人才在天津聚集，培养更多的高层次复合型金融人才。

第三，进行税制改革，完善法制环境。我国的内地个人所得税高达45%，远高于中国香港的17%和新加坡的20%，税收原因使得不少金融高管将新加坡和中国香港作为居住首选地区。而天津也可以以中国香港和新加坡为参照，采用阶段性的优惠政策来吸引和挽留金融人才，如"税收返还"政策，或设立"金融人才奖励金"制度来弥补部分个人所得税带来的经济利益损失，从而增加天津对高端金融人才的吸引力和竞争力。依法贯彻落实国家法律法规，依法支持和引导金融机构改革创新，完善促进金融业健康发展的相关法律和政策，注重对于金融产品服务创新的知识产权保护。设立达到国际水平的海商海事服务平台，搭建与国际接轨的法律服务中心，支持仲裁机构和矛盾调节机制的建立和完善。

第四，积极推动我国和地方的信用体系建设。信用体系对于一个国家和一个地区的整个金融与经济社会发展具有重要意义，是金融人才发展不可或缺的重要基础环境。积极开发企业和个人信息数据库，整合多渠道信息数据资源，建立信息信用大数据。推广征信体系和评级制度的运用，提高其向社会提供信用信息服务的适用性。建设动产登记公示系统，实行动产登记和公示。完善金融信息共享机制，建立健全金融企业工商注册登记、台账和备忘录制度，建立金融业统计月报，及时反映和报送金融业信息。搞好金融业统计与核算试点，建立完善的金融业实际统计制度。建立区县金融增加值统计制度。

第五，加大宣传教育。为建立天津金融人才聚集高地，天津市政府应首先利用政务网、人才引进网等加大宣传力度，公开宣传集聚金融机构和金融人才的有关优惠政策；宣传市区的各有关人才服务受理网点及办理程序，以及人才引进的条件。其次，充分利用于家堡金融论坛、政府金融融洽会等形式聚集海内外高端金融人才，扩大建立天津金融人才聚集高地的影响力。

第六，改善社会环境。目前，天津的空气质量和交通环境急待改善。空气和交通环境对于人才吸引有着不可或缺的重要作用，高层次人才在选择工作地时空气和交通等社会基础环境占有较大的比重。只有不断提升环境质量，完善基础设施建设，优化社会环境配置，才能以良好的工作环境、生活环境、文化环境来吸引人、满足人、成就人，使天津成为优秀金融人才的优先选择，使美好的环境与优秀的人才互相影响互相成就，使天津成为人才聚集金融大发展的宝地。

B.6
2014年的天津金融生态环境

摘　要： 金融生态环境是培育金融业发展的土壤，也是影响一个金融中心竞争力的关键因素，对于促进金融业发展，实现金融定位目标，促进金融市场发展具有重要作用。本报告介绍了2014年天津在金融制度规章、金融基础设施、金融服务体系和金融市场环境方面的发展状况，展望了未来天津金融生态环境的发展前景。

关键词： 金融生态环境　金融制度规章　金融基础设施　市场环境

金融对现代社会发展的影响越来越显著，地区经济发展水平往往与其金融活跃性呈正比，而良好的金融生态是区域经济健康持续发展的重要基础。天津作为我国重点发展的北方经济中心，处于聚集、导向各类金融资源的核心主导地位。2014年天津获批成立自贸区，京津冀协同发展上升至国家战略地位，对天津的金融服务能力提出了更高的要求，而金融生态环境的建设便显得至关重要。在机遇和挑战并存的条件下，天津在建设北方金融中心的过程中，非常重视金融生态系统建设，充分发挥天津滨海新区综合配套改革试点的体制优势，同时不断结合滨海新区发展基础现实，积极推进新区法制环境、财政政策环境、金融体系等方面的建设，有力地从外部环境和内在制度层面实现了金融中心建设和金融生态环境建设的协调发展。

一 天津金融生态环境总体状况

（一）金融生态环境内涵界定

从宏观层面上看，金融生态环境是指与金融机构和金融市场生存与发展具有互动关系的各种因素的总和。从微观层面上看，金融生态环境则具体涵盖法律制度、行政管理体制、社会诚信状况、会计与审计准则、中介服务体系、企业发展等多层次的内容。

2004年，周小川首次在"中国经济50人论坛"的演讲上专门探讨了金融生态问题。在该篇演讲中，周小川对金融生态做了狭义解释，即仅指微观层面上的金融环境。2009年，周小川再次重申了金融生态环境与区域经济发展的重要关系，他指出，我国的金融生态环境具有地域性的显著差异，金融生态环境的优良与否，与该区域的地方政府对金融的行政干预强弱息息相关，这个时候金融环境的概念除了宏观层面上政策指导的作用，地方政府信用建设等问题也被纳入金融生态环境的领域，成为值得讨论的重要问题。

（二）天津金融生态环境概况

近年来，天津市各个方面齐心协力，扎实工作，以改革创新的精神，共同推进金融生态建设，使得天津市金融生态环境持续得到改善。尽管其在发展速度、发展质量上还有待继续进步，但其以稳健的步伐逐步积累，有序增长，已成为维护天津金融业发展的稳定器和助推器。

从总体上来看，2014年天津金融生态环境稳步发展，在产业支撑、金融中介、信用环境、政府支持和法律环境等领域继续保持稳步增长的态势。具体来看，分以下几个方面：首先，2014年，天津经济持续快速健康发展，天津金融在改革创新中稳定发展，金融业整体实力显著增强，金融体系抵御风险能力进一步提高。2014年全市生产总值15722.47亿元，同比增长

10.0%。全年外贸进出口总额1339.13亿美元，同比增长4.2%。进口与出口分别为813.16亿美元和525.97亿美元，同比增长分别为2.3%和7.3%。全市金融机构（含外资）本外币各项贷款余额23223.42亿元，增长11.3%。新增贷款中，短期贷款占12.8%，中长期贷款占52.2%，融资租赁占23.5%。全年城镇与农村居民人均可支配收入分别是31506元和17014元，同比分别增长8.7%和10.8%。

2014年，天津金融中介机构数量质量都有提升，同时中介服务核心业务稳固，传统业务在规避风险的前提下稳步发展。截至2014年12月，天津市共有法人证券公司1家，基金管理公司1家，期货公司6家，上市公司42家；2014年，天津市保险保障覆盖面不断扩大，服务社会和经济作用持续加强，较好地发挥了经济补偿和社会风险管理功能。截至2014年12月，天津市保险市场共有总、分公司54家，专业中介机构118家，兼业代理机构3107家，基本形成了种类齐全、布局合理的保险市场体系。

征信基础设施和征信服务渠道建设逐渐完善。2014年末，国家金融信用信息基础数据库共收录天津市23万户企业和950万自然人的信用信息，全年数据库日均查询量达1.4万余次；企业和个人公积金信息全部纳入金融信用信息基础数据库。应收账款融资服务平台天津注册用户912家，累计成交48.2亿元；动产融资登记公示系统天津注册机构375家，累计查询量6.9万。推动天津保税区等组织开展小微企业信用体系试验区建设，扎实开展以农民专业合作社信用体系建设为重点的农村信用体系建设。可见天津社会信用体系建设已驶入快车道，中小企业和农村信用服务机制初现成效，信用服务市场得到培育发展。

支付渠道畅通，支付工具丰富。2014年，天津市各类支付清算系统为公众提供了畅通、高效的支付清算途径。推出电子票据、网上支付、电话支付、移动支付等多种新兴支付工具，满足客户的不同需求。创新发展金融IC卡，积极搭建"就医一卡通"项目。

金融消费权益保护机制不断健全。正式开通"12363"金融消费权益保护咨询投诉电话，2014年，天津分行"12363"累计受理咨询704件，投诉38件。

二 天津金融生态环境分项发展

2014年，天津信用体系建设稳步推进，天津金融法治体系建设逐步完善；反洗钱工作积极贯彻落实，金融机构积极自查，加强监督；设立互联网金融产业基金，促进金融市场的多元发展。总体而言，金融生态环境建设日益优化。

（一）天津金融法治体系建设逐步完善

金融法律制度在维护正常的金融秩序，保证金融交易的顺利完成，规范金融业务，防范金融风险，促进金融创新方面均起着十分重要的作用，因此优化金融法治环境成为天津改革发展的一项重要内容。

为增强天津服务企业的国际竞争力，促进天津服务贸易兼具高质量与高速度的发展，市商务委、市金融办、天津银监局联合发布《关于天津市金融支持服务贸易发展的若干意见》，通过制定一系列详细的指导要求，全面向高技术、高附加值、中国特色、传统优势、战略新兴五大服务领域提供金融支持。

为贯彻落实《国务院关于扶持小型微型企业健康发展的意见》（国发〔2014〕52号）等文件精神，发挥财政资金的导向和放大作用，鼓励和引导金融机构向有融资需求的中小微企业发放贷款，促进全市经济社会持续健康发展，设立天津市中小微企业贷款风险补偿金。为保障风险补偿金高效、规范使用，天津市人民政府办公厅印发关于天津市中小微企业贷款风险补偿机制的三个文件《天津市中小微企业贷款风险补偿金管理办法（试行）》《天津市小微企业贷款保证保险风险补贴资金管理办法（试行）》《天津市中小微企业贷款和小微企业贷款保证保险风险补偿补贴资金归集管理办法》。

国家外汇管理局与海关总署联合发布《银行调运外币现钞进出境管理规定》（汇发〔2014〕24号），允许符合条件的机构办理调运外币现钞进出

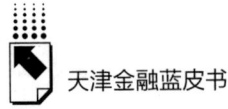

境业务,天津市特许机构跨境调钞业务即将取得突破性进展。作为落实市政府第三批20项金融改革创新重点工作之一,近年来,天津市分局始终重视并积极推进特许机构跨境调钞业务。一是成立课题组开展特许机构跨境调钞课题研究,推动《规定》将特许机构纳入调运外币现钞进出境管理。二是积极参与外汇总局《特许机构调运外币现钞管理方案》的起草和讨论,推进特许机构跨境调钞业务具体可实施。三是积极申请天津渤海通汇货币兑换有限公司跨境调钞业务试点资质。

表1 2014年天津重要金融政策指示

发布时间	文件名称
2014年2月8日	《关于天津市金融支持服务贸易的若干意见》
2014年2月25日	《天津市滨海新区高新技术企业培育资金管理办法》
2014年5月8日	《天津市金融改革创新重点方案》
2014年7月8日	《天津生态城跨境人民币创新业务试点管理暂行办法》
2014年7月15日	《关于促进金融租赁发展服务实体经济的指导意见》
2014年12月10日	《天津市境外投资管理办法实施细则》
2014年12月12日	《关于金融支持民营经济加快发展的实施意见》
2014年12月29日	《天津市中小微企业贷款风险补偿金管理办法(试行)》《天津市小微企业贷款保证保险风险补贴资金管理办法(试行)》和《天津市中小微企业贷款和小微企业贷款保证保险风险补偿补贴资金归集管理办法》

资料来源:天津政务网。

(二)天津金融基础设施建设取得卓越成就

天津在取得了2013年金融基础设施建设的诸多成就的基础上,2014年在征信体系建设,互联网金融产业支持,反洗钱工作上取得了显著的进步。2014年,天津稳步推进金融基础设施建设,金融基础设施不断健全和完善,在营造安全有序的金融环境、促进金融业稳健运行方面发挥了重要作用。

1. 征信体系建设不断完善

为推动市场主体信用体系建设,规范市场主体信用信息公示行为,改进市场监管方式，促进市场主体诚信自律，2014年9月，天津市人民政府出台《天津市市场主体信用信息公示管理暂行办法》。从信用信息归集、目录管理、申报、使用、异议和举报、监督检查和责任追究六个方面，全面规范了市场主体信用信息体系。通过建立全市统一的信用信息公示系统和系统数据规范，保证市场主体信用信息通过信用信息公示系统向社会公示，免费提供信息查询。

为制定更详细的市场信用信息工作和监管机制，2014年，天津建立《市场主体信用信息公示目录》，发布《关于加强市场主体信用信息归集工作的通知》，颁布《市场主体信用信息归集职责分工规定》，出台《天津市市场主体信用风险等级分类办法》和《天津市市场主体随机监督检查办法》，建立了权责明确的信用信息录入归集责任分工和工作机制。

为依法规范征信机构、金融机构征信业务活动，培育和发展征信市场，推动社会信用体系建设，根据中国人民银行总行统一部署，2014年6月13日，人民银行天津分行组织召开天津市开展征信和社会信用体系专题宣传活动启动会议。为办好此次专题宣传活动，天津分行研究制定了宣传活动方案，向金融机构及各有关单位下发了《关于天津市开展征信和社会信用体系专题宣传活动的通知》，在为期三个月的宣传活动中，天津分行围绕"加快社会信用体系建设，促进征信市场健康发展"宣传主题，以《征信业管理条例》《征信机构管理办法》等法规制度、小微企业和农村信用体系建设情况及成效、《中国征信业发展报告（2003－2013年）》等为主要宣传内容，协调政府相关部门进一步推进政务信用信息的公开、归集与使用，培育和发展征信市场；引导征信机构合规参与征信市场业务经营活动；督促金融机构、评级机构合规开展征信业务，依法规范使用征信服务和产品；提升小额贷款公司和融资性担保公司服务小微企业的融资能力；促进社会公众增强自身信用意识，珍爱自身信用记录，自觉维护自身合法权益。通过组织开展征信宣传活动，在全市形成有效的宣传声势，助推天津市社会信用体系建设。

2. 支持互联网金融产业发展

为抓住互联网金融发展的历史机遇，加快发展天津互联网金融产业，培育新增长点，促进产业结构调整，从而达到实现经济发展方式转变和提升天津市信息产业综合竞争力的目的。2014年，天津制定《天津开发区推进互联网金融产业三年行动方案（2014～2016）》，搭建互联网金融产业发展平台，完善相关基础设施建设，设立互联网金融产业发展专项资金，未来将以现代服务业发展为基础，引进一批重点龙头企业，构建完整产业生态。探索制定法规和服务标准，构建成熟商业模式。

以"完善三大业务，构建一个平台"作为推进互联网金融产业的发展重点，即电子商务相关的结算业务、基于销售信息的小微贷款业务、基于支付账户的标准化金融产品的销售业务和借贷双方的信息平台，从而借电子商务来发展壮大第三方支付行业，以灵活、便捷、低成本为特征的互联网金融的服务模式与产品设计来匹配小微企业的融资需求。应用大数据来开展互联网金融机构的小微金融业务。借助网络技术和信用评估技术，协助投资者与借款人实现直接借贷的中介服务平台。

搭建产业基地，构建金融云平台，以激励天津开发区发挥金融创新的全部潜力。对在产业基地购买办公用房的企业，给予1000元/平方米（最高1000万元）的资金扶持；对租赁基地内办公用房的企业，三年内给予最高每月30元/平方米的租金扶持。与国家超算滨海中心合作，建设金融信息服务平台和服务全市金融机构、金融审批和监管部门的"金融云"，争取相关上级部门在审批、监管方面的支持。对于入驻的互联网金融企业，在存储空间、计算能力等方面给予优惠。鼓励互联网金融企业与其展开合作，鼓励区内现有银行、结算和支付企业在金融云进行托管。

以开发区金融服务中心为平台，强化针对互联网金融企业的行政支持和协调服务。开发区金融服务中心作为区内金融创新类企业的服务平台，为互联网金融企业提供注册地址及公用办公间，以及企业登记注册一条龙服务。另外，金融服务中心可以利用中心内众多的金融创新企业及项目资源，为企业提供全方位的投融资服务。

天津开发区制定促进互联网金融产业发展的专项政策，对符合优惠政策条件的互联网金融企业给予系列扶持，主要包括：

（1）设立额度高达1亿元的专项资金，用以完善基础配套设施，给予房租和税收优惠，鼓励人才引进，设立专项奖励与补贴。

（2）自开业年度起五年内，按照互联网金融企业的注册资金以及对开发区的实际财政贡献，给予不超过200万元的运营扶持。

（3）对于互联网金融企业上缴的营业税和企业所得税开发区留成部分，自开业年度起两年内，给予其100%的金融创新奖励，之后三年给予50%的奖励。对其新购建的自用办公房产所缴纳的契税给予100%的扶持，房产税给予三年100%的扶持。

（4）加大对互联网金融龙头企业的支持力度，以"一企一策"该种特殊优势政策来鼓励在区域内做出重要影响，发挥带头作用的互联网金融企业。

3. 反洗钱工作高效开展

（1）利用大数据开展反洗钱工作

人行天津分行组织召开天津市反洗钱工作会议，传达总行反洗钱工作会议精神，要求各单位要扎实推进大额和可疑交易综合报告试点工作，实现对大额和可疑交易的识别、监控、分析、跟踪，提高大额和可疑交易报告质量；不断深化反洗钱工作协调与配合，充分调动各有关部门的资源和力量，共同预防和遏制洗钱犯罪活动；着力增强现场检查工作的针对性和有效性。要求有效整合数据资源，最大限度地实现数据信息的开放性、共享性，科学借助统计分析系统或分析模型，深度挖掘数据背后的趋势性、规律性信息，并将数据分析结果与实践经验相结合，提高对大额和异常交易分析的敏感性和精确性。

（2）金融机构加强反洗钱培训自查

生命人寿天津分公司开展反洗钱主题宣传月活动，将反洗钱知识融入客户服务的范畴。以"预防洗钱维护金融安全"为主题，重点针对恐怖融资和涉众型洗钱案件等现象，向客户和员工提醒洗钱风险，普及如何识别洗钱陷阱，远离洗钱犯罪，保护自身利益等相关反洗钱知识。提高全体从业人员

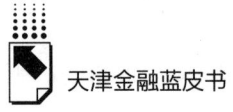

和保险消费者的风险识别能力，自觉预防、及时报告涉嫌洗钱线索，维护金融安全。中华保险天津分公司加强了反洗钱的宣传和培训。在全辖区范围内对反洗钱专管员进行实物操作培训；对新成立机构及新入司员工讲解反洗钱基础概念及要求，宣讲公司反洗钱制度和流程。开展反洗钱专项审计整改，解决客户风险等级划分、可疑交易具体操作不规范情况，加强关键风险点的检查，提升各级反洗钱专管员的履职意识、业务能力。

（三）中介服务体系建设成果显著

1. 传统金融服务机构

截至2014年底，天津全市金融机构本外币各项贷款余额23223.42亿元，同比增长11.3%。新增贷款中，短期贷款占12.8%，中长期贷款占52.2%，融资租赁占23.5%。各项存款余额24777.75亿元，同比增长6.4%。银行业金融机构资产总额4.4万亿元，同比增长9%，银行业整体实力稳步提高。

表2 2014年天津金融机构数量

机构类别	营业网点			法人机构数(个)
	机构个数(个)	从业人数(人)	资产总额(亿元)	
一、大型商业银行	1173	27271	11397.5	0
二、国家开发银行及政策性银行	13	505	2967.4	0
三、股份制商业银行	337	11598	13088.7	1
四、城市商业银行	316	7340	7084.5	1
五、小型农村金融机构	595	8426	3170.1	2
六、财务公司	4	111	189.7	3
七、信托公司	2	288	59.6	2
八、邮政储蓄银行	416	2494	857.1	0
九、中德住房储蓄银行	3	239	251.4	1
十、外资银行	56	1609	848.8	1
十一、新型农村金融机构	43	969	213.7	18
十二、其他	8	1307	3956.9	8
合计	2966	63187	44136.6	37

资料来源：中国人民银行天津分行。

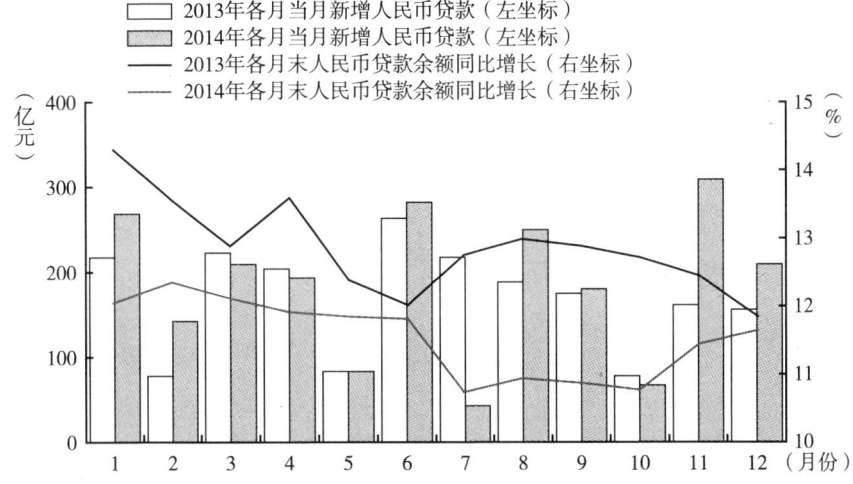

图1　2013～2014年天津市金融机构人民币贷款增长变化

资料来源：中国人民银行天津分行。

2. 证券基金机构

2014年，天津市证券期货市场整体发展较为迅速，全市证券营业部开立资金账户209.1万户，同比上升4.3%，客户交易结算资金余额171.3亿元，同比上升104.9%。法人证券公司快速发展，收入情况显著改善。2014年末，法人证券公司资产总额比年初增加88.9亿元，净利润同比上升130.3%。

表3　2014年天津证券业发展情况

项目	数量
总部设在辖内的证券公司(家)	1
总部设在辖内的基金公司(家)	1
总部设在辖内的期货公司(家)	6
年末国内上市公司(家)	42
当年国内股票(A股)筹资(亿元)	183
当年H股筹资(亿元)	0
当年国内债券筹资(亿元)	1503.1

资料来源：天津证监局。

期货业法人资产规模增长,代理交易业务持续发展。2014年末,天津市6家法人期货公司资产总计41.7亿元,比年初增加13.7亿元;净资产总计11.3亿元,比年初增加4.8亿元。6家法人期货公司全年代理交易量5347.06万手,代理交易额51321.51亿元,同比分别增长45.17%和39.46%。25家期货营业部全年代理交易量2499.45万手,代理交易额27998.93亿元,同比分别下降1.31%和12.03%。

3. 保险业机构

2014年,天津市保险业经营主体稳步扩张,资产规模大幅增加,渤海人寿保险公司在津成立,民生人寿保险公司、英大泰和财产保险公司分别在天津设立分公司,基本形成了种类齐全、布局合理的保险市场体系。2014年末,天津市保险公司总资产为1370.1亿元,比年初增长36.9%。全年原保险保费收入317.75亿元,同比增长14.79%。其中,财产保险保费收入108.9亿元,同比增长9.04%;人身保险实现保费收入208.9亿元,同比增长18.73%。全年赔款和给付104.38亿元,其中,财产险赔付59.91亿元,增长1.58%;人身险赔付44.48亿元,增长3.35%。

表4 2014年天津市保险业基本情况表

项目	数量
总部设在辖内的保险公司数(家)	5
其中:财产险经营主体(家)	2
人身险经营主体(家)	3
保险公司分支机构(家)	54
其中:财产险公司分支机构(家)	24
人身险公司分支机构(家)	30
保费收入(中外资,亿元)	317.75
其中:财产险保费收入(中外资,亿元)	108.9
人身险保费收入(中外资,亿元)	208.9
各类赔款给付(中外资,亿元)	104.4
保险密度(元/人)	2094.9
保险深度(%)	2.0

数据来源:天津保监局、中国人民银行天津分行。

4. 融资租赁机构

截至 2014 年底,全市融资租赁机构已达 267 家,注册资本金超过 1000 亿元,天津融资租赁资产已达 4000 多亿元。在政策支持下,天津的融资租赁业取得了长足发展,机构数量、实力和创新能力在全国处于前列,形成了比较优势和聚集效应,仅在东疆保税港区注册的融资租赁公司就占了全国的十分之一。在方向上,天津金融租赁将努力更好地为实体经济服务,加大对小微企业和民营经济的支持力度,密切关注先进制造业产业链构建、积极推动有市场发展前景的高端装备制造、新一代信息技术等战略性新兴产业的发展,研究实施对全市重点发展的商贸物流、文化创意、信息消费、电子商务、大型会展和楼宇总部等现代服务业的租赁支持措施。

(四)金融市场健康发展

1. 社会融资结构不断完善

2014 年,天津地区社会融资规模为 4819 亿元,同比下降 91 亿元,其中人民币贷款为 2235 亿元,企业债券为 993 亿元。从融资结构来看,企业直接融资快速发展,全年实现融资 1058 亿元,同比多增 217 亿元,占全部融资规模的 21.95%,同比上升 4.85 个百分点。银行业金融机构表外融资业务有一定幅度的下降,2014 年表外融资 1338 亿元,同比减少 139 亿元,天津金融机构本外币贷款全年增加 2332 亿元,同比少增 132 亿元,占全部融资规模的 48.39%,同比下降 1.81 个百分点,融资结构进一步优化。

2. 货币市场交易仍以短期为主,利率小幅回落

2014 年天津市银行间同业拆借市场累计完成信用拆借 2091 笔,同比下降 15.1%;累计拆借金额为 6237.3 亿元,同比下降 22.5%。债券回购交易量继续保持增长态势,累计成交额为 66480.7 亿元,同比增长 32.9%。

3. 票据融资业务平稳发展

2014 年,全市承兑汇票累计发生额为 9202.6 亿元,同比下降 1.5%;票据贴现累计发生额为 4160.1 亿元,同比下降 21.6%。

表5　2014年天津金融机构票据业务统计量

单位：亿元

季度	银行承兑汇票承兑		贴现			
			银行承兑汇票		商业承兑汇票	
	余额	累计发生额	余额	累计发生额	余额	累计发生额
1	4329.9	2273.4	655.0	924.4	8.4	22.8
2	4650.0	2477.3	737.4	975.8	13.0	65.1
3	4778.9	2454.2	866.1	1230.1	16.8	66.9
4	4610.7	1997.8	928.6	751.0	37.4	124.1

资料来源：中国人民银行天津分行。

三　天津金融生态环境发展展望

改善金融生态环境的任务是艰巨而复杂的，非一朝一夕能够完成的。但金融生态环境已成为金融机构赖以生存和发展的首要前提，良好的金融生态环境也是加快金融业创新步伐、提高金融机构运行效率的重要保障。天津目前处于高速的发展期，高速的经济发展必然会加剧金融风险的发生，这就要求配套金融服务业，相应金融生态环境的建设。我们认为，为完成天津整体金融业规划，实现天津突破式发展，不仅需要法制环境和财税政策的支持，也需要政府、金融机构、企业乃至个人的努力和多方面共同配合。我们认为，为实现天津经济突破式发展，还需要在以下几方面继续努力。

（一）深化金融机构改革，健全现代金融服务体系

加快天津整体经济结构战略性调整，积极推动银行业金融机构的区域合理布局，大力发展证券、保险等非银行金融机构，扩大金融对实体经济的服务覆盖面，拓宽企业，特别是新兴科技及中小企业的融资渠道，完善大型金融机构的公司治理，提高资本运作效率，形成有效决策、执行、制衡机制，继续推动政策性金融机构的改革，促进金融资产管理公司商业化转型，完善保险机构公司治理。

落实中小企业贷款风险补偿机制，鼓励银行等金融机构向中小微企业提供贷款；积极发展信用保险，鼓励保险业金融机构向中小微企业提供保证保险服务，建立贷款保证保险风险补贴机制，鼓励保险机构开发为中小微企业服务的保险产品。推广专利权、商标权、股权和应收账款质押贷款等符合先进，高端制造业发展需求的金融产品。支持先进高端制造业企业通过上市和挂牌融资，发行中小企业私募债等融资工具，拓宽直接融资渠道。支持符合条件的先进高端制造业企业参股设立银行、财务公司、租赁公司、小额贷款公司等金融机构或者金融服务机构。

（二）完善人民币回流机制，加强外汇管理体制改革

与境外人民币离岸中心合作发展人民币业务，研究开展人民币离岸业务及人民币回流的政策需求和操作方式，积极争取国家支持政策，力争在资本项下人民币回流方面取得突破，选择在滨海新区开展试点。支持台资在天津市设立金融机构，提高与台湾金融业的合作水平。加大宣传、政策引导和产品创新力度，扩大台资企业跨境人民币结算和台资企业人民币直接投资规模。中新天津生态城开展跨境人民币创新试点。中新天津生态城管委会会同人民银行天津分行尽快与人民银行总行进行衔接，争取做成第一单金融产品。

（三）加强金融深化程度，支持各类产业金融机构发展

发挥天津融资租赁的先期优势，推进租赁业创新，建设国家租赁创新示范区，设立中国天津租赁平台和中国金融租赁登记流转平台，开展租赁资产登记、公示、流转等试点。支持租赁业境外融资，鼓励各类租赁公司扩大跨境人民币资金使用范围。支持金融租赁公司和融资租赁公司设立专业子公司和项目公司，经营大型设备、成套设备等融资租赁业务，开展境内外租赁业务。支持天弘基金管理有限公司与浙江阿里巴巴电子商务有限公司合作，在互联网金融领域更快更好发展。支持渤海银行与华泰汽车集团有限公司合作设立华泰汽车金融公司。支持天津雷沃重工集团股份有限公司发展金融业务。支持大连万达集团股份有限公司设立财务公司等金融机构。

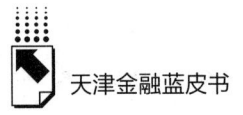

(四)推动仲裁机构开展业务,加强金融机构和金融业务监管

加快发展天津国际经济金融以及海事两大仲裁中心和天津海损理算中心,推介仲裁业务知识,扩展仲裁业务范围,加强仲裁知识培训,营造适合金融仲裁业务发展的良好环境。发挥金融仲裁专业化程度高、办理周期短等优势,为企业发展提供有效服务。支持金融仲裁发展壮大,搭建金融仲裁、海事仲裁机构与相关企事业单位沟通联系平台,指导推进制式合同仲裁条款修订工作,解决在开展金融仲裁和海事仲裁过程中出现的实际问题。做好仲裁机构迁入于家堡金融区相关工作。加强对金融工作的组织领导,强化主管部门监管责任,健全地方金融监管体系,全面提高金融监管和服务水平。制定完善股权投资基金、中介咨询、融资租赁、商业保理、小额贷款公司、融资性担保机构、交易场所等具体行业的监管办法,强化资质和准入审查,实行客观、审慎的审查审批,强化非现场监管和监督检查。健全非法集资案件处置责任制度,做好处置非法集资工作,坚决打击金融犯罪。

(五)加快推动社会信用体系建设

贯彻落实《国家社会信用体系建设规划纲要(2014~2020年)》,扩大中小企业信用试验范围,研究制定《天津市社会法人失信惩戒办法(试行)》和《天津市自然人失信惩戒办法(试行)》,推动建设企业和自然人信用征信数据库。在小额贷款公司、融资担保公司、商业保理公司准入,以及纳入碳排放权交易企业和发行企业债券中,引入信用评级制度、信用承诺制度。建立金融信用信息基础数据库,积极推进小微企业和农村信用体系建设;推动信用信息公开,开展行业信用评价,实施信用分类监管;积极开展诚信宣传教育和诚信自律活动;探索建立综合性信用信息共享平台,促进信用信息整合应用。建立网络信用评价体系,建立涵盖互联网企业、上网个人的网络信用档案,积极推进建立网络信用信息与社会其他领域相关信用信息的交换共享机制,建立网络信用黑名单制度,将实施网络欺诈、造谣传谣、侵害他人合法权益等严重网络失信行为的企业、个人列入黑名单,对列入黑名单的主体采取网上行为限制、行业禁入等措施,通报相关部门并进行公开曝光。

(六)建立持续性的金融生态环境监测评估机制

金融市场是各种信息的聚集地,天津作为国家大力发展的北方经济中心,已拥有众多金融资源和经济发展优势与潜力,应该充分发挥贴近中国金融市场的优势,对各种经济金融信息进行持续性跟踪分析,尤其是要建立持续性的金融生态环境监测评估机制,一方面要承担好人行总行赋予的持续性监测评估的责任,另一方面委托民间自律组织定期进行独立性监测监控。

(七)全面提升市民的金融素质

天津北方金融中心建设应有广大市民积极参与,需要广大市民具备较高的金融素质,以及对天津北方金融中心的认知度和参与度,要大力发展金融媒体产业、金融博览业、金融培训业,充分发挥金融行业组织、群众组织、社会教育培训机构的作用,大力开展金融知识宣传教育活动,普及金融知识,加强金融法制教育,切实增强市民的金融意识和能力,增强市民对天津北方金融中心建设的认知水平,形成良好的社会信用文化。

B.7
2014年的天津金融改革创新

摘 要： 天津充分利用先行先试政策，紧密结合促进经济社会发展，积极深化金融企业、金融业务、金融市场以及金融开放等方面的改革创新，在多个领域都取得了重大成果。本报告介绍了2014年天津加快金融改革创新建设，在银行、证券、保险服务以及产业金融等方面取得的重要成果。

关键词： 金融改革创新　创新型市场　产业金融

2014年自贸区的获批让滨海新区特别是天津港处于五大战略（综合配套改革试验区、京津冀协同发展战略、天津自由贸易试验区、国家自主创新示范区、"一带一路"建设）叠加的重大历史机遇期。天津市以服务实体经济为宗旨，全面推进金融改革创新，着力打造区域性融资租赁中心、金融要素市场中心、股权基金管理服务中心、资金结算中心和于家堡现代金融集聚区，全面提升金融业发展质量效益、资源配置效率和服务实体经济能力，全力把天津建设成为辐射京津冀、服务全国的金融改革创新示范基地。2014年以来，天津继续加快金融改革创新建设，在银行、证券、保险及融资租赁等多方面取得了不错的成绩。

一 天津金融改革创新总体成就

天津市委、市政府一直把金融改革创新作为天津滨海新区改革发展的重要任务。2014年中天津继续深化金融创新改革工作，多方面取得了重大进展。

(一)金融机构体系日趋完善

2014年有多家新的金融机构落户天津。

2014年6月9日新希望集团与天津市政府签订投资合作协议,决定在天津滨海新区注册成立新希望商业保理有限公司,注册资本金拟1亿元。该保理公司专门服务农牧产业链及相关中小微企业。新希望集团还与中国农业银行天津分行签订银企战略合作框架协议,由农行天津分行提供10亿元专项授信支持给新成立的商业保理公司。

2014年7月锦联金融服务集团(天津)股份有限公司正式落户天津滨海新区中心商务区,成为天津首家民营企业金融服务集团。该公司注册资本金2亿元,将以贷款、担保、融资租赁、商业保理、投资等业务为主导,为区域中小型企业提供全方位服务,着力打造全国乃至境外的金融服务机构。

此外,国内首家民营金融租赁公司获准设立,金城银行纳入国家首批民营银行试点,多层次、多功能、全牌照金融机构体系进一步完善。

(二)打造金融改革创新基地

天津自由贸易试验区于2014年12月12日获得批准,2014年12月28日经国务院正式批准设立总面积119.9平方公里的试验区,包含天津港片区、天津机场片区以及滨海新区中心商务片区3个功能区。天津在努力建设自贸区的同时兼顾京津冀协同发展、"一带一路"建设等重大战略,为推进更高水平的对外开放作出应有贡献。

东疆保税港区是天津港片区的核心,是滨海新区涉外体制和金融体制改革的前沿阵地。截至2014年末,天津共有融资租赁法人机构288家,注册资本金1083亿元。与此同时,全国29%的融资租赁都在天津;绝大多数位于东疆保税港区。

中心商务区金融业的发展为天津保理业的发展提供了肥沃的土壤。资料显示,截至2014年底,在天津市注册的保理公司有90余家,占全国总注册保理公司的一半,而其中50余家坐落于中心商务区。中心商务区聚集了天津市最多的保理公司,在全国处于比较领先的地位。为给保理业发展创造比较好的服务环境和经营环境,中心商务区先后建设了金融服务中心、保理服务中心。

(三)改革创新不断拓展发展空间

中国(天津)自由贸易试验区获批建设,为金融、贸易等领域制度创新和开发开放带来新的机遇。2014年全年新批外商投资企业674家,合同外资额228.20亿美元,增长10.1%;实际直接利用外资188.67亿美元,增长12.1%。其中,制造业实际直接利用外资83.29亿美元,增长15.6%;服务业实际直接利用外资102.89亿美元,增长8.6%,占全市的54.5%。全市实际利用内资3600.32亿元,增长15.4%。

(四)投融资额稳步提升

2014年天津市融资租赁机构达到288家,业务总量占全国近三成。全市实体经济投资7759.33亿元,增长18.9%,比上年加快4.3个百分点;占全社会投资的66.6%,比上年提高2.1个百分点。房地产投资增幅回落。房地产开发投资1699.65亿元,增长14.8%,比上年回落2.7个百分点;商品房销售面积1612.98万平方米,销售额1486.94亿元,分别下降12.7%和8.0%。

2014年社会融资总量为4819亿元,其中人民币贷款为2235亿元,企业债券为993亿元。全年金融业增加值1389.53亿元,增长13.1%,占全市生产总值(15722.47亿元)的比重上升到8.8%。

表1 2014年天津地区社会融资规模统计表

单位:亿元

社会融资规模	人民币贷款	外币贷款	委托贷款	信托贷款	未贴现银行承兑汇票	企业债券	非金融企业境内股票融资
4819	2235	97	986	-32	385	993	65

资料来源:中商情报网。

（五）外汇改革继续前进

天津滨海新区在探索涉外经济体制改革方面，意愿结汇、跨境人民币创新试点举措接踵而至。2014年8月，外商投资企业外汇资本金结汇管理改革在全国16个试点区域实施，滨海新区成为试点之一，标志着意愿结汇试点拓展到全区。在新政出台后一个月，有超过3600万美元通过意愿结汇的方式成功结汇。

除了意愿结汇，跨境人民币创新业务也在新区开展试点探索。中国人民银行总行于7月正式批复中新天津生态城跨境人民币创新业务试点。滨海新区涉外经济体制改革再向前迈进一步，为国内大范围推广先行探路。2014年11月，在国家外汇局塘沽中心支局的帮助下，一家在天津滨海新区注册的企业成功办理了内地首笔境外投资基金试点企业对外投资登记业务。

2014年8月，天津市多部门联合下发文件，公布了天津市开展境外投资基金试点工作的操作明细。至此，天津市境外投资基金试点工作全面展开。

二 天津金融改革创新分项成果

2014年天津金融改革创新成果显著。天津市全面落实国家决策部署，不断加大在金融领域的先行先试力度，充分发挥金融在服务实体经济、深化改革开放和推动科学发展中的重要作用，各项工作取得了显著进展。银行、证券、保险行业与上年相比发展迅猛；尤其是融资租赁业，天津已成为全国最大的融资租赁聚集地。

总体来看，2014年天津市金融业增加值为1389.53亿元，比2010年增长147.8%；银行业（金融业）总资产为4.41万亿元，比2010年增长84.3%。银行业存款余额为2.48万亿元，比2010年增长50.2%，贷款余额为2.32万亿元，比2010年增长68.6%，银行卡发卡量达到10030.22万张，刷卡消费额由2010年的2414亿元增加到5607.30亿元，增长132.3%；融资租赁合同余额为9100亿元，比2010年增长526.3%；保险业保费收入为317.75亿元，比2010年增长48.5%。金融业已经成为天津经济社会持续发展的支柱产业，成为转变发展方式、优化经济结构、实现科学发展的重要力量。

表2 2010~2014年天津市主要金融指标情况

单位：亿元，%

	2010年	2011年	2012年	2013年	2014年	年均增长
金融业增加值	560.7	701.8	959.0	1202.0	1389.5	25.5
银行业总资产	23934.4	28110.7	35115.2	41000	44100	16.5
存款余额	16499.3	17586.9	20293.8	23316.6	24777.8	10.7
贷款余额	13774.1	15924.7	18396.8	20857.8	23223.4	14.0
保费收入	214.0	211.7	238.2	276.8	317.8	10.4
租赁合同余额	1453	2200	3600	5750	9100	58.2

数据来源：天津市金融工作局。

（一）银行业

1.银行卡业务发展迅速

2014年全年，天津市银行卡产业快速发展，发卡银行继续增加，发卡数量首次超过1亿张，银行卡刷卡消费快速增长，受理环境建设持续深化。主要有以下三点：

（1）银行卡业务主体逐步丰富。截至2014年底，天津市共有48家发卡银行，较上年末增加6家，增长比例为14.29%。48家发卡银行中，国有银行5家，地方法人银行5家（包括1家外资法人），股份制银行11家，城市商业银行11家，外资银行9家，村镇银行7家。从收单方来看，天津市共有收单机构54家，其中银行机构32家，支付机构22家。

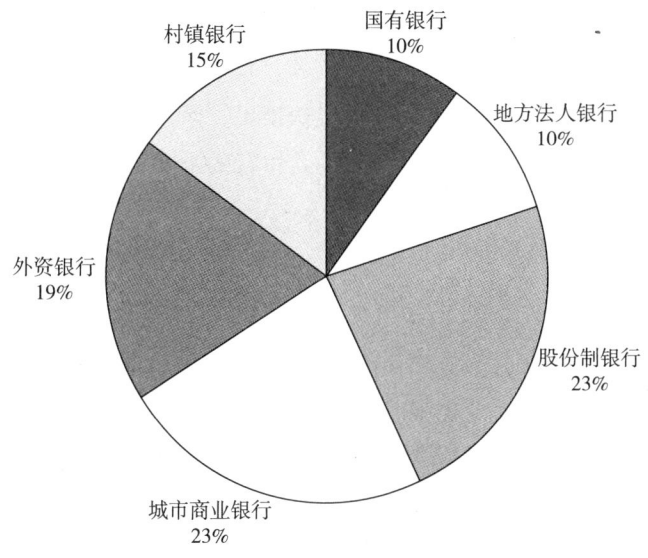

图 1　银行卡业务主体分类

资料来源：作者整理。

（2）发卡量快速增长，2014年底首次突破1亿张。截至2014年底，天津市共发行借记卡8897.74万张，同比增长9.90%，信用卡1132.48万张，同比增长12.70%，合计10030.22万张，同比增长10.21%，人均持卡超过7张。

（3）银行卡受理环境进一步改善，银行卡刷卡消费持续快速增长。截至2014年底，天津市共有受理银行卡业务的自助设备1.30万台，同比增长15.90%。其中ATM机8201台，同比增长15.60%。ATM交易笔数和金额分别达到36007.54万笔和4851.08亿元，同比增长分别达到20.90%和28.78%。同期，天津市共有特约商户20.99万户，布放POS机27.69万台，同比分别增长32.20%和34.75%。2014年全年，天津市共发生POS机交易14652.92万笔，交易金额5607.30亿元，同比分别增长11.24%和39.49%。

2. 国内首批民营银行——金城银行开业

天津金城银行成为国内首批民营银行试点，定位为重点服务地方经济和民营经济的区域型中小商业银行。筹建该行的出资方全部是本市的实力型民营企业，因此金城银行可以说是真正的纯民营银行。该行未来将以支持民营

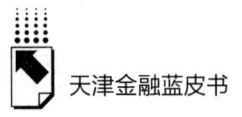

经济为重点方向,为实体经济服务。

民营银行对传统银行业具有积极意义,它将推进国家相关金融改革配套措施的出台。例如,存款保险制度将尽快推出,该制度能保障中小银行保持稳健平稳的发展势头,让社会各方对民营银行的未来更加充满信心。

3. 银行间融资体系日益成熟

中国人民银行天津分行发布的统计数据显示,截至2014年12月末,天津市金融机构(含外资)本外币各项存款余额24777.75亿元,比上年同期(下称"同比")增长6.39%,比年初增加1462.02亿元,同比少增加1519.62亿元。各项存款小幅回落,其中,单位存款增加635.14亿元,同比少增加1288.00亿元;受理财产品、股市等分流影响,个人存款增加270.76亿元,同比少增加643.59亿元,个人存款余额增长3.3%,比重为34.4%。

2014年全年,天津市金融机构本外币各项贷款余额23223.42亿元,按可比口径计算同比增长11.34%,比年初增加2338.04亿元,同比少增加89.23亿元。各项贷款增势平稳,其中,短期贷款增加298.81亿元,同比少增加797.74亿元;中长期贷款增加1221.28亿元,同比多增加309.54亿元;票据融资增加225.41亿元,同比多增加292.51亿元。新增贷款中,短期贷款占12.8%,中长期贷款占52.2%,融资租赁占23.5%。贷款增幅高于存款。

表3 2014年12月天津市金融市场主要指标情况

金融机构存贷款	12月末余额	比年初		余额同比±%
		2014年	2013年	
1. 中外金融机构本外币各项存款(亿元)	24777.75	1462.02	2981.64	6.4
#单位存款	14703.58	635.14	1923.14	4.8
个人存款	8519.73	270.76	914.35	3.3
中外金融机构本外币各项贷款	23223.42	2338.04	2427.27	11.3
#短期贷款	6579.54	298.81	1096.55	5.3
中长期贷款	12837.16	1221.28	911.74	10.5
2. 中资金融机构人民币各项存款(亿元)	23484.54	1217.09	2902.88	5.6
#单位存款	13687.84	482.93	1857.45	3.9
个人存款	8348.35	261.92	901.68	3.2

续表

金融机构存贷款	12月末余额	比年初		余额同比±%
		2014年	2013年	
中资金融机构人民币各项贷款(亿元)	21189.30	2174.28	1976.15	11.6
#短期贷款	5720.23	335.40	819.71	6.8
中长期贷款	12099.47	1170.44	833.46	10.7
#个人消费贷款	2064.15	243.09	301.24	13.4

资料来源：人民网。

(二)证券业

1."小城镇债"试点

从2014年3月开始，天津金融工作局会同人行天津分行向中国银行间市场交易商协会提出在全国率先创新发行"小城镇债"试点，以"自愿择优"原则筛选示范小城镇建设项目，探索银行间债券市场债务融资工具的金融创新。此举得到中国银行间交易商协会的积极支持。6月25日，全国首单小城镇私募债，即东丽区军粮城示范镇70亿元私募债获批注册发行，开创了全国城镇化建设由区县级平台发债的先河。

天津金融工作局将按照市委、市政府工作要求，统筹规划全市企业债券融资工作，充分利用银行间债券市场，解决天津市区县级平台公司和中小企业信用级别低、发债难、融资难、融资贵的问题；不断完善债务借用管还机制，加强金融生态建设和市场信用体系建设，实现发债资金使用合规和安全，积极保障"三区联动"、"三改一化"和"美丽天津"一号工程建设顺利推进。

2.天津股权交易所

2014年，天交所市场融资额持续增长。如9月单月为挂牌企业实现融资超4亿元。其中直接融资1.17亿元，间接融资2.84亿元。市场融资功能进一步凸显。12月单月内为挂牌企业实现融资总额超4亿元。其中，天交所共为13家挂牌企业实现股权质押融资近2.68亿元。

天交所2014年完美收官。截至2014年12月31日，天交所累计为挂牌企业提供各类融资总额262.63亿元，其中直接融资80.28亿元、直接融资带动间接融资182.25亿元。据统计，天交所2014年融资总额同比增长20.18%，其中直接融资额同比增长26.15%。这标志着天交所市场融资功能不断增强，在为中小微企业解决融资难方面成效显著。

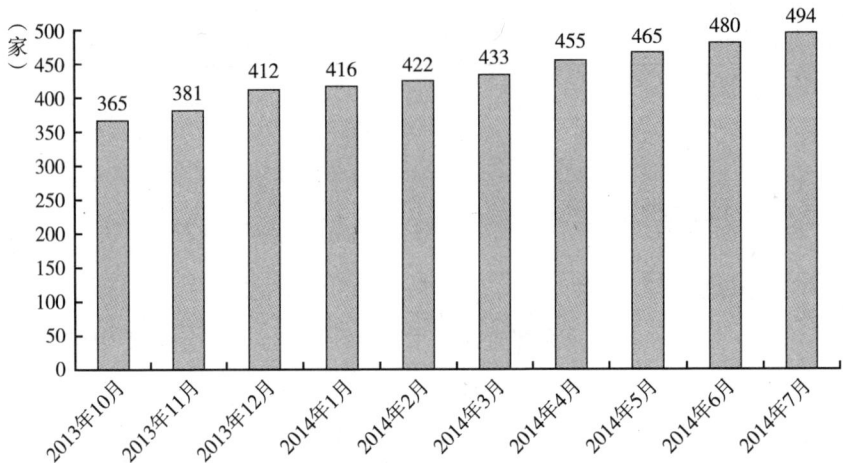

图2　累计挂牌企业数

数据来源：天津股权交易所。

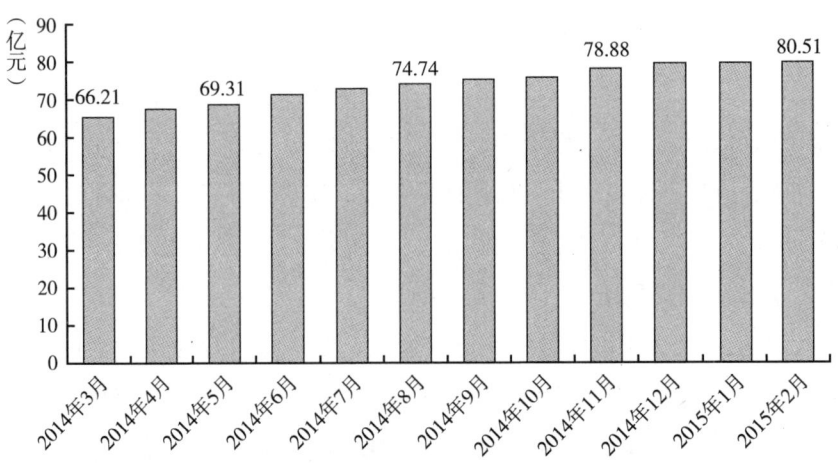

图3　累计股权直接融资额

数据来源：天津股权交易所。

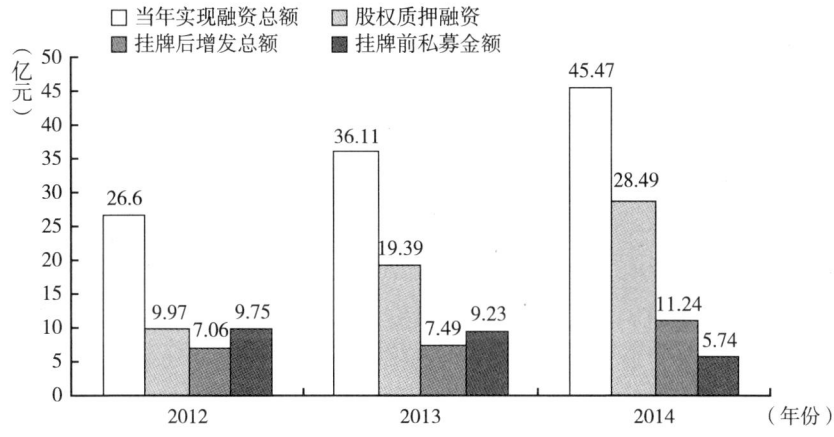

图 4 历年主要融资数据

数据来源：天津股权交易所。

3. 天津证券期货市场

据 2014 年 1～12 月天津辖区证券期货市场的统计数据，截至 2014 年底，天津市共有 60 家上市公司的 65 只股票在境内外资本市场上市交易，其中 B 股 1 只，4 家公司为两地上市公司。沪深两市共 42 家上市公司（上海主板 22 家、深圳主板 7 家、中小企业板 6 家、创业板 7 家），7 家注册地在津的境外上市公司，3 家香港红筹上市公司及 12 家具有天津资产背景的海外上市公司。截至 2014 年底，天津市在新三板挂牌企业 41 家，天津股权交易所挂牌企业 45 家，天津滨海柜台交易市场挂牌企业 8 家。

截至 2014 年底，天津市有证券公司 1 家，证券公司分公司 8 家，证券营业部 122 家，基金管理公司 1 家，开放式基金 16 只，基金总份额 5906 亿份，资产净值 5898 亿元。私募基金管理人 221 家，证券投资咨询公司 1 家，信用评级公司 1 家，独立基金销售机构分公司 2 家。年末辖区证券营业部开立账户累计达 300.57 万户，增长 5.0%。全市证券营业部总资产 191.37 亿元，增长 92.6%，全年平均净资产 12.13 亿元，增长 4.4%；客户交易结算资金余额 171.33 亿元，增长 104.9%，指定与托管市值 2587.45 亿元，增长

28.5%，实现净利润6.35亿元，增长92.4%。证券交易规模大幅增长。全年深圳市场各类证券交易额10463.72亿元，增长48.2%。其中，股票交易额8769.33亿元，增长48.6%；债券交易额1498.25亿元，增长46.5%；基金交易额196.14亿元，增长44.1%。

截至2014年底，天津市有期货公司6家，期货营业部29家。受证券交易规模大幅增长影响，全年期货营业部代理成交量2499.45万手，下降0.5%；代理成交额31598.96亿元，增长3.1%。期货交割库由32家增加到46家，涉及期货品种16个，期货交割库和交易品种数量继续位居国内前列。

表4 2014年1~12月天津辖区证券期货市场概况

类别		指标名称	单位	当期值	上年同期值
上市公司指标		上市公司	家	42	38
		其中:A股公司	家	37	33
		AB股公司	家	1	1
		AH股公司	家	3	3
		AS股公司	家	1	1
		其中:上交所上市公司	家	21	19
		深交所主板上市公司	家	8	8
		中小板上市公司	家	6	6
		创业板上市公司	家	7	5
		新三板挂牌公司	家	41	22
		上市公司总股本	亿股	488.27	434.46
		上市公司总市值	亿元	5321.99	3589.87
证券公司、证券营业部指标	基本情况	证券公司	家	1	1
		证券公司分公司	家	8	4
		辖区证券营业部	家	122	107
		基金管理公司	家	1	1
		私募基金管理人家	家	221	
		私募基金产品	支	77	
		证券投资咨询公司	家	1	1
		证券信用评级公司	家	1	1
		独立基金销售机构	家	2	2

续表

类别		指标名称	单位	当期值	上年同期值
证券公司、证券营业部指标	证券营业部	总资产	亿元	191.37	99.38
		净资产	亿元	12.13	11.61
		净利润	亿元	6.35	3.3
		客户交易结算资金余额	亿元	171.33	83.6
		指定与托管市值	亿元	2587.45	2013.22
		投资者证券账户开户数	万户	300.57	286.35
基金管理公司指标		开放式基金	只	16	14
		开放式基金份额	亿份	5906.05	1963.13
		开放式基金资产净值	亿元	5897.97	1943.62
期货公司、期货营业部指标	基本情况	期货公司	家	6	6
		辖区期货营业部	家	29	20
		期货交割库	家	46	32
	期货公司	代理交易额	亿元	51348.51	34076.91
		代理交易量	万手	5347.06	3527.01
	营业部	代理交易额	亿元	31598.96	30653.54
		代理交易量	万手	2499.45	2512.88

数据来源:天津证监局。

(三)保险业

1. 天津创新开展医疗责任保险郊区县区域性统保试点

在实现医疗责任保险二级以上公立医院统保基础上,天津保监局鼓励保险公司积极开拓创新,在统保未涵盖的武清等郊区县卫生院及社区医院内开展医责险区域性统保试点,并首次将有营业许可证、行医资格证的乡村医生一并纳入保险保障范围。截至2014年底,武清区共投保医疗机构32家,参保医院医务人员和乡村医生1800人左右,保险机构提供风险保障约3.92亿元,为下一步扩大医责险保障覆盖范围、健全农村医疗风险分担机制做出了有益的尝试。

2. 天津保险业积极参与社会保障体系建设

天津保险业充分发挥社会管理职能,积极参与社会保障体系建设:

一是承办天津市全民意外伤害保险,为天津470万城镇职工和303万城乡居民提供意外伤害保险保障,自2011年开办至2014年,已累计赔付7.65亿元,赔付16.05万人次。二是承保天津城乡居民大病保险项目,保障覆盖523.69万人,开办半年来已赔款支出4665.32万元。三是开展农村居民小额人身保险业务。自2013年5月开办至2014年,累计为5.35万人提供风险保障11.7亿元,进一步提高农村居民保障水平。四是开展推动计划生育保险试点工作。2014年承保42万人次,累计赔付635.5万元,赔付3722人次,有效提升了天津市独生子女家庭抵御意外风险水平。

3. 天津保险市场发展势头良好

从2015年天津市保险监管情况通报会上获悉,随着华安资产、渤海人寿等法人机构相继在天津成立,全市已有保险法人主体6家,分公司51家,资产管理公司1家,专业中介机构118家,各级各类兼业代理机构3000余家。产险、寿险、资产管理、保险中介等各类机构相互配合,保险市场体系不断完善。2014年全年天津保险业共实现保费收入317.75亿元,同比增长14.79%。其中,财产险保费收入108.87亿元,同比增长6.45%,取得承保利润2.79亿元,同比大幅提升45.65%。人身险保费收入实现208.88亿元,同比增长19.69%,高于全国平均增幅1.33个百分点。此外,支持三农发展的农业保险保费收入1.97亿元,同比增长18.97%;服务经济社会建设的责任保险保费收入3.24亿元,同比增长21.82%。保险公司总资产达1370.09亿元,同比增长36.93%,为天津经济发展和人民生产生活提供风险保障8万亿元,支付各项赔款给付共计104.39亿元,其中,财产险赔款给付59.91亿元,人身险赔款给付44.47亿元。

2014年天津车险历年结案率为89.67%,车险理赔服务质量保持较高水平。全部车险案件(含车险人伤和万元以上案件)结案周期为32.22天,2000元以下结案周期与全国平均水平持平,赔款支付及时率98.75%。消费者对车险理赔的满意度大幅提升,每千万元保费投诉数0.3件,同比下降62.03%。

表5 2014年1~12月天津市保险市场统计数据

单位：万元，%

原保险保费收入	3177501.33	14.8
1、财产险	1088705.28	6.5
2、人身险	2088796.05	19.7
（1）寿险	1745102.60	
（2）健康险	277850.66	
（3）人身意外伤害险	65842.79	
赔款、给付	1043856.40	2.3
1、财产险	599141.63	1.6
2、人身险	444714.77	3.4
（1）寿险	331878.51	
（2）健康险	96134.98	
（3）人身意外伤害险	16701.28	

资料来源：天津保监局。

表6 财产保险公司原保险保费收入情况表

单位：万元

资本结构	公司名称	合计
中资	人保股份津分	307543.21
	大地财产津分	55284.74
	出口信用津分	19156.23
	中华联合津分	28149.11
	太保财津分	129575.28
	平安财津分	256332.56
	华泰津分	8835.51
	天安津分	10203.38
	华安津分	7914.97
	太平保险津分	53880.60
	民安津分	16849.56
	中银保险津分	17090.24
	永诚津分	13992.29
	安邦津分	9100.29
	阳光财产津分	60612.09
	都邦津分	4094.75
	渤海津分	31279.12

续表

资本结构	公司名称	合计
中资	国寿财险津分	37757.10
	紫金财产津分	9234.69
	众安财产津分（虚拟）	778.11
	小计	1077663.3
外资	三星津分	10804.17
	安盛天平津分	22990.84
	爱和谊日生同和（中国）津分	3875.29
	小计	37670.30
合计		1115334.3

资料来源：天津保监局。

（四）融资租赁

天津市高度重视融资租赁业发展，努力营造良好政策环境，推动融资租赁机构设立和业务创新，形成了融资租赁业的聚集效应和比较优势。截至2014年底，天津市融资租赁公司达288家，注册资本金1083亿元，不论是机构数量还是业务规模均位于全国前列。形成了金融租赁、内资租赁、外资租赁相互补充、共同发展，龙头带动效应明显、产品业务多元、创新能力突出的良好局面。融资租赁业成为金融改革创新的重要成果和亮点之一。

1. 天津租赁市场日益壮大

2014年以来，国家出台的相关鼓励政策极大地鼓舞了融资租赁业的发展。截至2014年末，总部设在天津市的各类融资租赁企业295家（不含单一项目租赁公司），约占全国13.4%，比2013年底的206家增加89家，增幅达43.2%，其中278家企业注册在滨海新区；注册资本金统一按人民币计算约合1180.8亿元，约占全国17.9%，比2013年底的840亿元增长340.8亿元，增幅为40.6%；从业务发展情况看，全市融资租赁合同余额约为9100亿元，约占全国28.4%，比2013年底的5750亿元增加约3350亿元，增长幅度为58.3%。其中金融租赁企业5家，注册资本金240亿元，总资产 3725 亿元；内资融资租赁试点企业 15 家，注册资本金 141.37 亿元，总资产 652.61 亿元；外商投资融资租赁企业 275 家，注册资本金 128.9 亿美元，合同外资 87.2 亿美元，租赁资产 471.88 亿元。

融资租赁业作为天津市发展的重点行业，形成了金融租赁、内资租赁、外资租赁协同发展的良好局面。2014 年，天津市融资租赁行业取得快速发展，配套政策制度不断健全，机构的数量、实力和创新能力在全国继续处于前列，形成了比较优势和聚集效应，促进了我国融资租赁行业的健康发展。

2. 天津租赁市场不断改革创新

天津市融资租赁公司改革创新取得了丰硕的成果，在国家政策支持指导下，开展了单机、单船租赁，基础设施租赁，不动产租赁、离岸租赁，跨境采购和转口租赁等业务，融资租赁公司开发了基础设施，商务楼宇等融资租赁，特别是在经济下行压力加大的情况下，租赁公司积极为中小微企业融资融物，有效促进了中小微企业发展。

融资租赁业作为连接金融业和实体经济的纽带，助推了产融结合加速推进。2014 年以来，融资租赁业正全面进军实体经济领域，除了传统的飞机、船舶租赁外，大型机械装备租赁领域都取得新突破。如海上作业平台等大型海工装备、先进的消防设备等。而在滨海新区，产融结合正加速推进。如在东疆保税港区，上半年以来，海工租赁业务异军突起，实现了多个创新。如价值 1.66 亿美元的"海湾石油 289"号自升式钻井平台、"海湾钻探 1 号"、"凯旋 1 号"，都是通过租赁方式完成的。天津的租赁公司积极推进改革创新，开展了单机、单船租赁，基础设施租赁，不动产租赁、离岸租赁，跨境人民币结算租赁、跨境采购和转口租赁等创新业务。融资租赁公司开发了空客 A320 厂房、公路基础设施、商务楼宇、特种消防车辆等融资租赁产品。特别是在经济下行压力加大的情况下，融资租赁公司积极为中小微企业融资融物，有效地拓展了中小微企业的发展空间。

天津方案中租赁业是其核心特色之一，这可能是有别于上海等其他自贸区方案的一个个性化的特点。

未来，天津融资租赁的发展：要将融资租赁业务作为天津新型资本市场体系的重要组成部分；要通过建立服务全国的"天津融资租赁业产权登记中心"形成一个有效的风险防范机制；要在天津融资租赁业产权登记中心的基础上，建立服务全国的天津融资租赁产权交易所；要以股份制方式建立具有自助性的融资租赁同业拆借市场；要建立集融资租赁与经营租赁、自主租赁与代理租赁于一体，一手装备与二手装备、国内市场与国际市场互相对接、功能齐全、运行规范、体系完整、服务全国的融资租赁市场。

（五）外汇市场

人民银行天津分行在2014年3月12日召开的天津市跨境人民币业务工作会议上指出，2014年要在风险可控前提下，积极推动人民币资本输出和人民币境外循环使用，全面推动天津市跨境人民币业务健康、快速地发展。一是加强政策业务宣传培训，提高政策宣传培训的有效性。二是创新产品和服务，更好地满足企业结算和投融资需求。三是开拓创新，扩大跨境人民币业务领域。四是深入推进渤商所现货商品跨境交易人民币结算。五是强化管理，有效防范风险。六是明确目标任务，推动业务发展。2014年天津市跨境人民币结算量计划增长60%左右，累计结算量力争实现2000亿元。

1. 渤海通汇货币兑换有限公司获批为全国首家"线上预订、线下提取"业务试点

2014年3月21日，经外汇局天津分局报请总局批准，天津渤海通汇货币兑换有限公司获准开展"线上预订、线下提取"业务（以下简称O2O业务）试点，成为全国首家试点机构，按规定为境内个人提供网上兑换外币现钞和电子旅行支票服务。

O2O业务开通后，个人可通过互联网完成预定及付款，自主选择外币现钞和电子旅行支票提取地点，这对提升天津市金融服务水平具有积极作用。

自2013年以来，外汇局天津分局大力研究O2O业务创新模式、切入点、实施方案和管理办法，积极向总局争取业务试点，推进该项业务的成功开展。

下一步天津市分局将按照总局要求，做好试点的各项推进和落实工作。

2. 特许机构开展跨境调运外币现钞工作取得新进展

2014年5月国家外汇管理局与海关总署联合发布《银行调运外币现钞进出境管理规定》（汇发〔2014〕24号）（以下简称《规定》），允许符合条件的机构办理调运外币现钞进出境业务，天津市特许机构跨境调钞业务即将取得突破性进展。

作为落实市政府第三批20项金融改革创新重点工作之一，近年来，外汇局天津分局始终重视并积极推进特许机构跨境调钞业务。一是成立课题组开展特许机构跨境调钞课题研究，推动《规定》将特许机构纳入调运外币现钞进出境管理。二是积极参与总局《特许机构调运外币现钞管理方案》的起草和讨论，推进特许机构跨境调钞业务具体可实施。三是积极申请天津渤海通汇货币兑换有限公司（以下简称"渤海通汇"）跨境调钞业务试点资质。

3. 国家外汇管理局天津市分局积极开展外汇指定银行远期结汇专项检查

为打击远期结汇非法套利行为，规范银行远期结汇业务，根据中国人民银行和国家外汇管理局的要求，外汇局天津分局于2014年3月开展远期结汇专项检查。第一阶段对相关企业办理远期结汇业务的合规性检查已经完成，通过检查发现了企业可通过错配币别来实现无风险套利以及目前远期结汇的操作模式，无法制约企业通过违约来实现收益等五项关注问题，同时对远期结汇外汇管理政策存在的漏洞及产生的影响进行了深入的分析，并以报告形式上报总局。6月开展了第二阶段对相关外汇指定银行办理远期结汇业务的专项检查，检查的主要内容：

（1）远期结汇业务内控制度建设、制度执行和监督管理情况；

（2）远期结汇的定价机制；

（3）远期结汇签约、履约以及违约情况；

（4）远期结汇数据报送情况；

（5）其他外汇管理政策执行情况

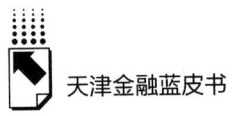

（六）金融创新基地

1. 国家自主创新示范区

2014年12月，国务院正式批复同意天津建设国家自主创新示范区，要求建成创新主体集聚区、产业发展先导区、转型升级引领区、开放创新示范区。面对国家创新驱动发展和京津冀协同发展两个重大战略的双重机遇，天津国家自主创新示范区将作为国家创新驱动发展的试验区，成为天津市全面推进创新驱动发展的新起点。

根据国务院《关于同意支持天津滨海高新技术产业开发区建设国家自主创新示范区的批复》，天津市将进一步深化科技体制改革，广泛聚集国内外科技资源与创新要素，加快推进科技型中小企业发展，大力培育战略性新兴产业集群，培养引进高水平的创新人才队伍，构建富有活力的创新生态系统，努力建设具有国际影响力的产业创新中心和国家级区域创新中心。

2. 天津自贸区

建设天津自由贸易试验区是党中央赋予我们的重大责任，建设自由贸易试验区要为国家层面创新提供有益借鉴。对于已经成立的上海自由贸易试验区，天津要认真借鉴其取得的成功经验，同步试验其正在进行的改革，逐步探索天津区域的特色，完成创新积累。

根据规划，天津自贸区包括天津港片区30平方公里、天津机场片区43.1平方公里、滨海新区中心商务片区46.8平方公里。这三块区域各具特色，充分体现了近年来滨海新区开发开放、改革创新的成果。

天津市委代理书记、市长黄兴国在天津自由贸易试验区建设工作座谈会上表示，天津自贸区当务之急是"要进一步深化细化各项实施方案，明确各片区功能定位和试验重点，制定时间表和路线图"。

在三大片区中，空港经济区是机场片区的核心，在未来的自贸区中，侧重航空航天产业、先进制造业和物流，与其他片区产业互补。该区内已累计注册企业8000多家，其中仅世界500强投资项目就超过160个。

由于接近机场空运优势凸显，12月20日，获批建设不久的天津航空物流区首批企业正式入驻并相继开工建设，吸引了包括中外运、中远空运、金鹿航空、顺丰在内的首批近20家航空物流龙头企业注册。

3. 东疆保税港区

东疆保税港区是天津港片区的核心，是滨海新区涉外体制和金融体制改革的前沿阵地。早在2011年5月东疆即被国务院批复建立北方国际航运中心的核心功能区，并在融资租赁、航运金融等四大领域探索创新。

截至2014年末，天津共有融资租赁法人机构288家，注册资本金1083亿元，天津地区融资租赁规模占全国总规模已接近29%，其中绝大多数位于东疆保税港区。

国务院已经正式批准了天津港口岸新一轮扩大对外开放计划，批准天津港口岸新增对外开放水域1120平方公里，新增码头岸线69.1公里，新建对外开放码头泊位71个。此举为自贸区后该片区对外开放的新格局奠定基础。

2014年7月，天津东疆保税港区国际贸易服务有限公司在大连商品交易所顺利完成20吨低密度聚乙烯（LLDPE）的期货保税仓单注册，该笔仓单顺利完成交割，这是继上海洋山保税港区开展铜的期货保税交割试点后，东疆保税港区完成的第一笔期货保税仓单。期货保税交割业务的开展，将会促使进口资源从国外"移库"到保税港区，帮助中国涉外企业降低交易成本，规避航运风险和期间的汇率风险，提高涉外企业在国际市场的生存能力和竞争能力。

自东疆保税港区获批低密度聚乙烯（LLDPE）期货保税交割业务试点以来，促进了区域化工产品贸易和项目招商。东疆保税港区已经吸引了中农集团、天津物产集团、远大物产集团、普丰物流、华韩物流等企业进驻。并在东疆保税港区开展低密度聚乙烯（LLDPE）的进口和物流仓储业务，目前正与多家相关企业进行洽谈合作。结合天津自由贸易试验区的申建，除低密度聚乙烯（LLDPE）外，东疆保税港区也在积极研究探讨橡胶、铁矿石等大宗商品的期货保税交割业务，吸引物流和资金流聚集。

2014年8月，天津东疆保税港区完成20吨线型低密度聚乙烯（LLDPE）期货保税仓单注册，并将进行仓单交割，这是继上海洋山保税港区后，全国第二个期货保税交割试点。期货保税交割业务的推行，不仅能够

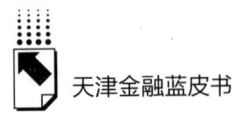

帮助企业缩短仓单注册周期，还将帮助企业降低资金占用率，提高我国大宗商品国际定价的话语权。

4. 于家堡金融区

《天津于家堡金融创新支持现代产业发展试点方案》已于2014年初正式上报国务院，国家发改委正在征求各部委意见。于家堡将按照"一个基地、五个中心"（金融改革创新基地、股权基金中心、融资租赁中心、要素市场中心、商业保理中心、结算中心）的定位，开展外资股权投资基金、商业保理、融资租赁注册资本金意愿结汇试点，打造国际金融服务区。

预计10年后，这里将建成120个市场会展、现代金融、传统金融、教育培训和商业商住项目，成为迄今为止全球规模最大的金融区，其定位是"与中国北方经济中心相适应的金融服务体系和金融改革创新基地"。

三 天津金融改革创新发展前景展望

2015年是全面深化改革、建设美丽天津的关键之年，也是全面完成"十二五"规划的收官之年，任务艰巨而繁重。但与此同时，若能把京津冀协同发展、"一带一路"重大战略、全面推进自贸区和国家自主创新示范区建设、全面推进滨海新区开发开放和深化改革等重大机遇牢牢抓住，天津经济转型升级和创新发展便能取得前所未有的突破。

（一）高水平建设自由贸易试验区

天津自贸区建设将在利率市场化等方面大胆创新、大力发展融资租赁业务。

自由贸易试验区建设，是"制度高地"，要为国家层面创新提供有益借鉴。同上海已经建立的自贸区一样，天津同样实施准入前国民待遇加负面清单管理模式，努力打造国际化、市场化、法治化营商环境。以融资租赁为突破口，搭建租赁资产交易平台，开展租赁权属登记、资产证券化、流转退出等改革试点。先行先试贸易和通关便利化措施，继续实施外汇改革创新、离岸金融、航运金融、人民币跨境使用、外国投资基金和境外投资基金投资、期货保税交割、保税展示交易等试点。

（二）以机构准入为重点，完善现代金融组织体系

支持设立村镇银行、保险公司、货币经纪公司、财务公司、金融租赁公司、汽车金融公司等金融法人机构。支持台资和外资金融企业设立银行、保险、租赁、保理、小额贷款公司等金融和非金融机构。支持证券机构开展服务实体经济、便利投融资需求的创新业务。支持地方金融法人机构引进战略投资者，完善法人治理结构，设立异地分支机构，增强市场竞争力、行业影响力和持续发展能力。

（三）特色金融发展

1. 发展产业金融，支持经济发展方式转变

发展以发挥财政职能为重点的金融服务体系，运用财政拨款、贴息、贴费、担保等功能，支持企业和金融业发展。发展以服务滨海新区开发开放为重点的金融服务体系，加快发展财务公司、担保公司、评级公司等市场主体。发展以天津泰达国际控股（集团）有限公司为重点的金融控股集团，进一步整合地方国有金融资源，通过增资等方式支持地方国有金融企业做大做强，增强金融在转变经济发展方式中的积极作用。

2. 发展科技金融，实现科技与金融融合发展

贯彻落实《关于大力推进体制机制创新，抓实做好科技金融服务的意见》（银发〔2014〕9号），研究制定具体落实措施。提升科技型中小企业专营机构服务功能，鼓励全市银行设立更多科技型中小企业金融服务团队或部门。鼓励银行、保险、证券、信托、创业投资等各类金融业态加强合作，丰富金融产品体系，促进科技成果转化为融资手段。支持银行扩大担保物的范围，增加担保品种，扩大知识产权、商标权、专利权、股权质押等融资规模。支持天津创投之家有限责任公司等创新服务平台发展，促进科技型中小企业与创业投资机构、股权投资基金的股权投融资对接。

3. 发展农村金融，服务农业和农村经济发展

鼓励金融机构到农村设立分支机构和网点，支持村镇银行、兴农贷款公司和农村金融服务站加快发展，提高为三农和小微企业服务水平。在继续推进农业固定资产、农用生产设备和商标专用权、专利权、水域滩涂养殖权抵押贷款的基础上，进一步扩大农村可抵押权属范围，创新农村各类权属抵押融资模式。探索建立以政策性农业保险为主、商业性农业保险为辅的农业生产风险保障体系。

4. 发展航运金融，建设航运金融服务体系

全面贯彻落实国务院批准的北方国际航运中心核心功能区建设方案，搞好船舶产业投资基金试点，继续发展飞机租赁基金和航空产业投资基金。搞好航运税收政策和融资租赁货物出口产品出口退税政策试点。制定船舶特案登记制度试点方案，建立与国际接轨的船舶特案登记制度。支持租赁公司设立海外专项公司和单一项目公司，完善公司法人治理结构，适应租赁业务国际化发展需要。支持天津海事仲裁中心和天津海损理算中心发展，积极营造符合国际航运规则的海事海商服务环境。

5. 发展消费金融，建设消费金融服务体系

支持捷信消费金融有限公司实现跨区域经营。支持中德住房储蓄银行增加资本金，扩大政策性住房信贷服务，拓展商业性住房信贷业务，增加全国分行机构布局。继续做好房地产信托投资基金试点工作，为天津市发展保障性住房提供直接融资渠道。推动渤海易生商务服务有限公司、荣程网络科技有限公司、天津城市一卡通有限公司发展。

6. 发展商贸金融，建设商贸物流资金结算中心

支持金融租赁公司和融资租赁公司集中集聚，全面优化以飞机为代表的进口租赁和保税租赁、以船舶为代表的出口租赁和离岸租赁发展环境，创立租赁客户资产轻量化和城乡基础设施融资租赁业务模式，建设融资租赁中心。搞好滨海新区商业保理试点工作，规范商业保理公司发展，鼓励商业银行在天津市设立非法人的保理业务部。支持金融服务外包公司集中集聚，发展票据分配、档案管理、信息处理、现钞物流管理等第三方金融外包服务和

第三方支付融资模式，建成金融服务外包中心。支持现代服务业和物流业集中集聚，发展物资流、信息流和资金流，建立生产资料交易体系和生活资料销售体系，把直接交易与客户配送紧密结合起来，节约交易成本，降低物流成本，建成资金结算中心。

7. 发展动产金融，满足资金供需双方需求

继续完善天津市动产权属统一登记公示制度，拓宽动产权属登记公示平台服务范围，推动相关法定登记机构充分利用平台功能进行动产权属登记、公示，提高动产融资交易效率，更好地为小微企业融资和实体经济发展服务，努力将天津市打造成全国动产融资创新发展中心。依托人民银行征信中心的应收账款质押登记公示系统、融资租赁登记公示系统和应收账款融资服务平台，积极做好动产融资创新服务，更好地满足资金供需双方需求。

（四）发展直接融资，建设股权投资基金中心

改进完善私募基金发展环境，培育合格的基金投资人和基金管理人，开拓基金退出通道；加强资金募集、工商登记、账户托管、备案管理、投资运作和合规监管等管理工作，健全合伙制企业法人治理模式；提高基金质量，大力发展以股权投资基金、物权投资基金和对冲基金为主体的综合性和专业化基金。扩大托管资金的规模，提高基金的综合管理水平，逐步建成全国股权基金发行、管理、交易、信息和人才培训中心。继续办好中国企业国际融资洽谈会和有关其他地区分会。支持天津企业在境内外资本市场上市融资，通过在全国中小企业股份转让系统、天津股权交易所、滨海柜台交易市场等场外交易市场挂牌拓宽直接融资渠道，促进资本市场规范、健康、快速发展。支持企业灵活运用股权、债权等融资工具，支持上市公司通过增发、配股、公司债券等方式实现再融资，引入优质中介机构，提高企业直接融资和并购重组的质量和效率。

（五）继续搞好外汇改革试点

进一步深化经常项目外汇管理制度改革。继续推进货物贸易外汇管理改

革，完善服务贸易外汇管理政策，做好个人外汇非现场监管，加大对银行个人外汇业务的指导力度。做好保险、证券公司外汇业务管理。继续推进资本项目外汇改革试点。继续推进外资股权投资基金外汇改革、外商投资小额贷款公司资本金结汇改革试点，全面落实直接投资外汇管理改革政策。积极研究探索加快北方航运中心、发展离岸金融业务的外汇管理政策，推动外汇新业务在滨海新区先行先试。稳步推进个人本外币兑换特许业务发展。指导特许机构建立健全内部管理制度，鼓励特许机构创新业务品种。加快特许机构全国化、国际化布局。推动特许业务机构运用行商模式开展个人本外币兑换特许业务，推动特许机构跨境调运外币现钞。

（六）推进于家堡金融区建设

进一步加快于家堡金融区建设，按照"一个基地、五个中心"（金融改革创新基地、股权基金中心、融资租赁中心、要素市场中心、商业保理中心、结算中心）的定位，开展外资股权投资基金、商业保理、融资租赁注册资本金意愿结汇试点，打造国际金融服务区。同时，推进洛克菲勒中国中心、铁狮门金融中心等项目建设，完善金融生态环境和市场秩序，建设机构集中、人才集聚、要素集约、功能健全的金融改革创新基地，努力打造面向世界的金融开放窗口。

分报告（下篇）

Sub-reports Part II

·天津金融业的分析与展望·

2015年的天津金融发展状况分析

摘　要： 本报告重点对2014年天津金融发展状况进行分析。首先，总结2014年天津的经济与运行情况，并提出发展过程中存在的问题及面临的机遇与挑战；其次，就天津的金融集聚情况的优势及劣势进行分析，并提出政策建议；最后，总结目前天津金融改革创新所取得的成果以及所面临的主要任务，并对此提出政策建议。

关键词： 天津　金融运行　金融集聚　金融改革创新

一　2014年天津经济金融运行状况

近年来，天津加快转变经济发展方式，优化经济与产业结构，大力发展实体经济，发展势头良好，发展的质量与效益水平也得到显著提升。滨海新区综合配套改革成效显著，重点领域和关键环节改革实现新突破。推进金融改革创新，股权基金及创新型交易市场快速发展。未来，天津将牢牢把握构建我国北方改革开放先行区、实现天津城市定位的历史机遇，逐步完善现代金融服务体系与金融改革创新基地，建立融资租赁、资金结算、股权基金、要素市场四个中心以及于家堡金融服务区。

（一）2014年天津经济运行状况

2014年，面对复杂多变的国内外经济环境以及经济下行压力，全市上下认真落实市委、市政府决策部署，主动适应经济发展新常态，围绕建设美丽天津总目标，稳中求进，坚持以改革统领全局、以创新带动发展，着眼于改善民生，紧紧抓住京津冀协同发展等重大机遇，坚持稳中求进、改革创新，促进经济发展，完善城市功能服务，以提高经济质量、效益，优化经济结构为目标，在转型调整中实现新的发展。

1. 经济运行总体稳定，质量效益稳步提高

2014年，天津市生产总值达到15722.47亿元，比上年增长10.0%（见图1）。其中，第一产业增加值为201.53亿元，增长2.8%；第二产业增加值为7765.91亿元，增长9.9%，其中工业增加值7083.39亿元，增长10.0%；第三产业增加值为7755.03亿元，增长10.2%，占全市生产总值比重达到49.3%。三次产业结构为1.2：49.5：49.3（见图2）

2014年，天津市公共财政收入为2390.02亿元，增长15%。2014年，天津市社会固定资产投资11654.09亿元，增长15.1%。其中，城镇固定资产投资为10986.50亿元，增长15.3%。按隶属关系分：中央项目投资742.26亿元，同比增长5.9%；地方项目投资10244.24亿元，同比增长16.1%。按产业结构分：第一产业投资为75.50亿元，增长18.8%；第二产业投资为4845.20亿元，增长15.1%；第三产业投资为6065.80亿元，增长15.4%。消费市场比较活跃，2014年，天津市社会消费品零售总额为4738.65亿元，同比增长6.0%。天津市全年外贸进出口总额为1339.1亿美

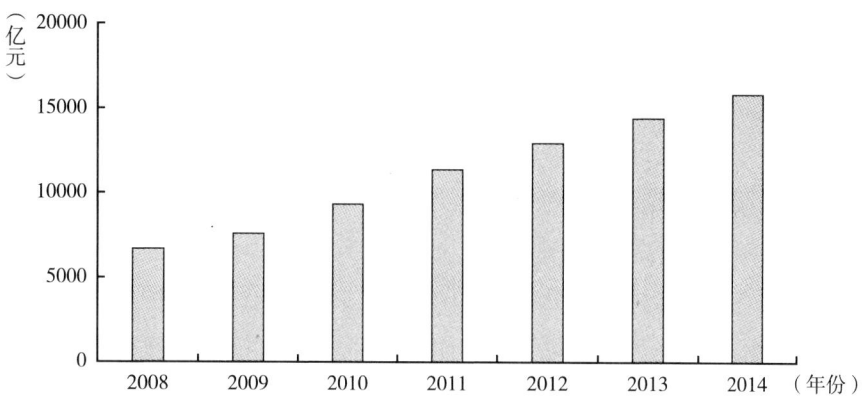

图 1　2008～2014 年天津市 GDP

资料来源：天津市统计局网站。

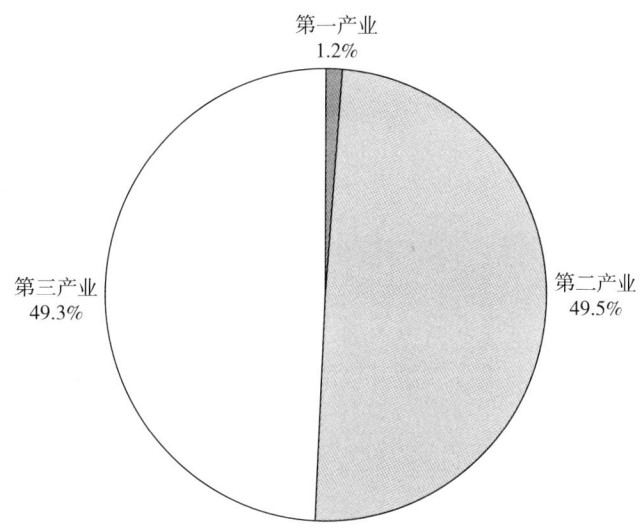

图 2　2014 年前三季度天津市三次产业结构

资料来源：天津市统计局官方网站。

元，同比增长 4.2%；实际直接利用外资达到 188.7 亿美元，同比增长 12.1%；实际利用内资达到 3600.32 亿元，同比增长 15.36%；境外投资 31.4 亿美元，增长 20.21%。城镇和农村常住居民人均可支配收入分别增长

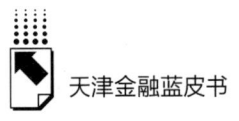

9%和12%。城市居民消费价格上涨2.1%。经济运行始终保持在合理运行区间。

2. 改革开放积极有为，发展活力动力增强

第一，各项改革全面深化。在全国省级层面率先建立了市场大部门监管体制，市场主体信用信息公示系统正式运行。2014年，国企改革进展顺利，75家国有企业放开搞活，其中90%改制为混合所有制企业；92户劣势企业退出市场。进行工商登记制度改革，2014年，在天津市注册的企业达到56945户，其中民营企业为54580户，同比增长79.9%。2014年，在天津市的融资租赁机构达到267家，业务总量居全国前列。

第二，国际化程度提高。天津自贸区的成立为在金融等领域进行制度创新提供了新的发展机遇。2014年，在天津市的外商投资企业达到674家，合同外资总额为228.20亿美元，同比增长10.1%；实际直接利用外资为188.67亿美元，同比增长12.1%。全市实际利用内资为3600.32亿元，同比增长15.4%。

第三，京津冀协同发展。推进交通、环保、产业等重点领域率先取得突破，未来科技城、京津产业新城等12个承接平台加快建设。天津机场T2航站楼建成运行，组建了航空物流园区投资开发主体，与河北共同设立了渤海津冀港口投资公司，京津冀海关实现一体化通关。

3. 二三产业均衡发展，转型升级取得成效

第一，工业生产比较平稳。2014年，规模以上工业总产值为28078.82亿元，增长7.3%。优势支柱产业"4升3回落"，航空航天、石油化工、生物医药、新能源材料产值增长39.7%、1.9%、17.3%、8.8%，分别提高17.1、0.5、0.6、2.2个百分点；装备制造、电子信息、轻纺工业增长8%、2%、13.4%，分别下降1、3.7、0.6个百分点。这七大产业的产值合计为24998.04亿元，占到规模以上工业总产值的89.0%，拥有绝对优势；其中，装备制造业比较突出，产值占到规模以上工业总产值的35.2%。高耗能行业增长速度下降，六大高耗能行业产值合计增长仅为4.7%。推动科技小巨人发展，推动万企转型升级取得新进展。截至2014年末，全市科技型中小企业累计达到5.93万家、小巨人企业2873家，已有4306家企业完成4816个转型升级项目。

第二，服务业发展较快。2014年，全市服务业增加值7755.03亿元，增长10.2%。六大行业"2升1平3回落"，交通运输、批发零售业增速小幅上升，公路和沿海货物周转量增长11.3%和17%，分别加快0.1和0.01个百分点；批发零售业商品销售总额增长15.7%，加快0.4个百分点。新兴服务业发展较快，1~11月，规模以上营利性服务业的营业总收入为850.61亿元，同比增长24.0%；其中，科技服务业增长速度较快，达到23.4%。楼宇经济势头良好，全市税收超亿元楼宇达到150座。

4. 投资结构继续优化，民营经济快速发展

第一，投资结构逐步完善。2014年，全市社会固定资产投资总额为11654.09亿元，同比增长15.1%。其中，城镇投资总额为10986.50亿元，同比增长15.3%；农村投资总额为667.59亿元，同比增长12.6%。再根据产业分布对城镇投资进行具体划分，第一产业为75.50亿元，同比增长18.8%；第二产业为4845.20亿元，同比增长15.1%；第三产业为6065.80亿元，同比增长15.4%，其中科技服务业和信息服务业增长速度较快，分别达到57.8%和58.1%。实体投资逐渐增加。2014年，天津市实体投资为7759.33亿元，增长18.9%，占全社会投资总额的66.6%。房地产投资增长速度放缓。2014年，全市房地产开发投资为1699.65亿元，同比增长14.8%；与此同时，全市商品房销售面积仅有1612.98万平方米，销售总额仅为1486.94亿元，分别下降了12.7%与8.0%。

第二，民营经济发展迅速。改革了工商登记注册制度，推出了一批向民间资本开放的示范项目，民营经济发展环境良好。2014年，天津市工业生产总值10845.75亿元，增长21.7%。民间投资达到6743.68亿元，增长32.1%，比重为57.9%。民营企业出口达到114.69亿美元，增长22.9%。民营经济税收为1202.92亿元，增长15.9%。

5. 滨海新区创新引领

滨海新区功能区建设全面展开,高端产业加快聚集,自主创新能力逐步提升,辐射功能显著增强。

编制完成滨海新区综合配套改革试验第三个三年实施计划,部分改革事项已经启动。588项高端产业和基础设施项目快速推进,国际航运中心建设初具规模;中新生态城基础设施及配套建设进度加快,全市离岸金融业务、跨境人民币结算业务成倍增长;中心商务区33栋楼宇主体封顶,新增入驻企业598家,增长2倍;海洋经济示范区建设全面启动,进展顺利。2014年,天津市港口货物吞吐量突破5.4亿吨,集装箱吞吐量超1400万标准箱。

(二)2014天津金融运行状况

1. 金融业发展规模质量效益进一步提升

2009~2014年,天津金融业增加值保持着较快且平稳的上涨。2014年,全市金融业增加值达到1389.53亿元,同比增长13.1%。截至2014年底,全市金融机构(含外资)本外币各项存款余额共计24777.75亿元,比上年同期(下称"同比")增长6.39%,增幅较上月末回落了1.66个百分点;各项贷款余额23223.42亿元,按可比口径计算同比增长11.34%,增幅较上月末回落了0.09个百分点。

各项存款小幅回落,个人存款增加较多。2014年全年,天津市金融机构本外币各项存款增加1462.02亿元,同比少增1519.62亿元。其中,单位存款增加了635.14亿元,同比少增加1288.00亿元;个人存款增加了270.76亿元,同比少增加643.59亿元。各项贷款增势平稳,票据融资有所减少。2014年全年,天津市金融机构本外币各项贷款增加2338.04亿元,同比少增加89.23亿元。票据融资增加225.41亿元,同比多增加292.51亿元。

2014年,天津市银行业金融机构的利润总额达到542.2亿元,增长0.4%;不良贷款双控压力比较大,不良贷款余额达到245亿元,不良贷款

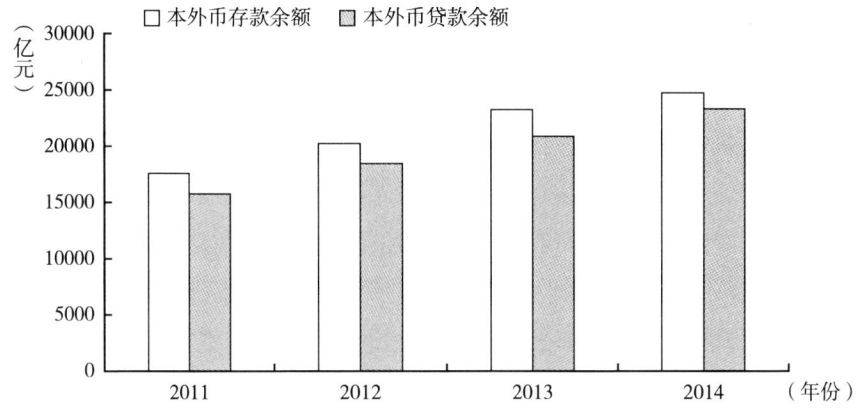

图3 2011~2014年天津市本外币各项存贷款余额

资料来源：中国人民银行天津分行。

率为0.94%。2014年，银行业金融机构转变业务结构与贷款投向，科技、文化及中小企业信贷业务发展较快，特别是高新技术产业人民币贷款余额同比增速达76.4%。

2014年，天津市证券期货市场发展比较迅速，证券营业部开立资金账户209.1万户，同比上升4.3%，客户交易结算资金余额171.3亿元，同比上升104.9%。

2014年，天津市保险业经营主体不断扩张，资产规模增加较快。英大泰和财产保险公司、民生人寿保险公司在津设立分公司，渤海人寿保险公司在津成立。基本形成了布局合理、种类齐全的保险市场体系。截至2014年末，天津市保险公司总资产达到1370.1亿元，比年初增长36.9%。

2. 金融机构体系建设取得突破性进展

2014年，本市金融机构体系进一步健全，天津长城滨银汽车金融有限公司获准开业，实现了天津市汽车金融行业零的突破，天津市成为拥有全牌照金融业务资质的城市。金融改革创新基地效应充分显现，天津市获批成为国内首批民营银行试点地区之一，东疆保税港区正式获得期货保税交割业务试点资格。融资租赁、商业保理、小额贷款公司、融资担保等新型金融业态集聚发展，融资租赁机构数量和业务规模继续保持全国领先地位。互联网金融发展迅猛,"余额宝"互联网货币基金成为国内管理资产规模最大的证券基金,天弘基金管理公司成为全国注册资本金第二大公司。初步建立了以银行、保险、证券、期货为主体,以信托公司、财务公司、金融租赁公司、消费金融公司、货币经纪公司、外币兑换公司、第三方支付结算公司、农业贷款公司、信用评级公司、证券基金公司、保险资产管理公司等为补充的较为完备的金融机构体系。

3. 金融服务经济社会发展的作用充分显现

全市金融机构紧紧围绕大项目好项目、实体经济和中小企业、"三农"等重点领域和融资薄弱环节,不断加大资金支持力度,积极创新产品和服务方式,初步建立了面向科技、农村、航运、消费、商贸、矿业和小微企业等领域的产业金融服务体系。

4. 金融业发展环境不断改善提升

制定滨海新区金融改革创新第二个专项方案、于家堡金融创新支持现代产业发展试点方案、东疆保税港区深化租赁业改革创新试点方案等专项方案报送国务院。相继制定出台金融支持实体经济、小微企业、文化产业发展、动产权属登记、地方金融监管、交易所监督管理、社会信用体系建设、金融人才引进等规范性文件,为进一步提升金融运行效率和服务实体经济能力提供了制度规范。

(三)天津金融业存在的问题

"十二五"以来,天津金融业发展取得了明显成绩,实现了全面健康快速持续发展,但仍存在一定差距,主要表现为,金融业总体规模仍然偏小,金融资金支持能力与经济社会发展的资金需求不相匹配,对经济增长的支撑作用不强;金融机构门类齐全的优势和综合集成效应没有得到有效发挥,没有形成金融服务和产品的组合叠加效应;金融业发展基础设施和政策环境仍需进一步优化,支持促进金融业发展的体制机制不够完善,金融风险运行监测和防范金融风险的联动机制仍需强化。

(四)天津金融业面临的机遇和挑战

一是滨海新区开发开放和深化改革。将进一步加快推进综合配套改革试验和金融改革创新,市场在资源配置中的决定性作用和政府作用将更好地发挥。

二是实施京津冀协同发展重大国家战略。按照国家的统一部署,天津将进一步搞好顶层设计和整体规划,努力建设北方经济中心、现代制造中心、国际航运中心、金融创新运营中心,力争在交通设施互联互通、生态环境联防联控、创新驱动产业对接等方面率先取得突破。

三是天津自由贸易试验区设立。实施准入前国民待遇加负面清单等制度,推动投资贸易便利化,提高市场化和国际化水平,在体制机制创新方面取得突破。

二 天津金融产业集聚状况分析

金融产业集聚是当代经济发展的重要表现之一。目前,北京金融街和上海陆家嘴是国内较为成熟的金融产业聚集区。2009年,天津市启动滨海新区于家堡金融区建设项目。于家堡金融区位于天津滨海新区中央商务区的核心,规划面积为3.86平方公里,建成后将成为全球最大的金融产业区。

(一)优势分析

1. 区位优势。天津是中国北方最大沿海开放城市,位于环渤海经济圈的中心位置。除此之外,天津是连接北京与东北、华东地区的铁路枢纽,也是北京的海上门户。良好的区位优势有效带动了金融资源流向天津,而且独有的港口优势可以促进天津对外金融的发展,也有利于天津建设离岸金融中心。

2. 政策支持优势。2006年5月26日,《国务院关于推进天津滨海新区开发开放有关问题的意见》出台,明确指出要"鼓励天津滨海新区进行金融改革和创新"。2009年10月,国家发改委批复了《天津滨海新区综合配套改革试验金融创新专项方案》,指明了金融改革创新的重点内容和方向。2014年12月28日,中国(天津)自由贸易试验区正式获得国务院的批准。国家政策的大力扶持,为天津的金融产业集聚创造了有利的发展环境。

3. 金融创新优势。天津是北方重要的工业城市,滨海新区更是云集了国内外大批的先进制造企业,在现代制造业方面拥有良好的基础。在国家政策的大力扶持下,天津在发展与实体经济紧密相关的金融创新产业领域,取得了良好的成绩。

第一,私募股权投资基金。中国第一只契约性产业投资基金——渤海产业投资基金在天津成立,总规模达到200亿元,这为天津的科技型中小企业提供了一条新的融资渠道。2014年,我国直接融资比例约为20%,天津市直接融资比例已经达到了40%,居全国前列。天津作为私募基金的聚集地,本地企业率先成为私募股权投资的受益者。

第二,融资租赁。作为我国金融改革创新的实验基地,滨海新区的融资租赁发展迅猛。截至2014年底,天津融资租赁机构达到267家,业务总量占全国四分之一,天津融资租赁资产已达4000多亿元。

第三,创新型要素市场。近年来,天津积极推进创新型要素市场建设,发挥市场优化资源配置的功能,建立了多种交易市场。截至2014年末,已建成天津股权交易所、滨海国际知识产权交易所、排放权交易所、文化产权交易所、渤海商品交易所等多家创新型交易平台,涉及产权交易、"两高两非"(国家级高新技术产业园区内的高新技术企业和非上市非公众股份有限公司)股权交易、主要污染物排放权交易、大宗商品交易等主要交易类型。这些创新型要素市场的建立有利于促进各类资源、信息在天津的汇集,为完善金融创新体系提供了支持。

随着中国经济的迅猛发展,中国在国际金融体系中的话语权不断增强。于家堡作为中国经济增长"第三极"的核心金融区,将会吸引更多跨国金融机构的目光,面临更多的发展机遇。尤其在人民币国际化的进程中,天津成为第二个获准建设离岸金融市场的城市,将会促进于家堡对外金融的发展,进一步带动金融产业的集聚。

(二)劣势分析

1. 经济发展滞后、基础设施不完善

金融产业的发展需要经济发展与完善的基础设施的支撑,而天津在各项数据上都显著落后于北京和上海两个金融中心(见表1、表2)。因此,无论是银行、证券、基金还是保险,天津的发展都显著落后于北京和上海(见表3)。

表1 2014年北京、上海、天津经济发展比较

项目	北京	上海	天津
GDP(亿元)	21330.8	23560.94	15722.47
城镇居民人均可支配收入(元)	43910	47710	31506
固定资产投资(亿元)	7562.3	6016.43	11654.09
进出口总额(亿美元)	4156.5	8634.55	8227
实际直接利用外资(亿美元)	90.4	181.66	188.7
地方财政收入(亿元)	4027.2	4584.55	2390.02

资料来源:2014年北京、上海、天津国民经济和社会发展统计公报。

表2 2014年北京、上海、天津基础设施比较

项目	北京	上海	天津
客运总量(万人次)	71745	17560.06	19599.41
货运总量(万吨)	29513.4	90340.88	50947.75
互联网普及率(%)	75.3	71.1	61.4
邮电业务总量(亿元)	750.8	310.53	243.64
R&D支出占GDP比例(%)	6.03	3.60	3.0
技术交易额(亿元)	3136	667.99	418.11
专利授权量(件)	74661	50488	63400
城市污水处理率(%)	85	89	89
城市绿化覆盖率(%)	58.4	38.4	36

资料来源:2014年北京、上海、天津国民经济和社会发展统计公报。

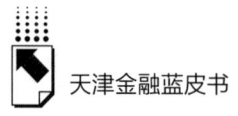

表3 2014年北京、上海、天津金融产业发展比较

项目(亿元)	北京	上海	天津
金融业增加值	3310.8	3268.43	1389.53
存款余额	100095.5	73882.45	24777.75
贷款余额	53650.6	47915.81	23223.42
证券交易额	232318.6	128.15	25400.20
保险收入	1207.2	986.75	317.75

资料来源：2014年北京、上海、天津国民经济和社会发展统计公报。

2. 总部级机构较少

目前，总部设立在天津的金融机构较少，远低于北京和上海。总部经济的不足将导致天津的资金流动速度不足，阻碍天津金融产业的发展。另外，在天津，多数企业仍以直接融资为主，对银行的依赖性较高，容易导致银行业资产质量下降，盈利能力偏弱。

3. 金融创新政策有待进一步具体落实

国家对天津金融创新的政策力度很大，但在实践中仍存在一些问题：某些政策更多地被用于招商引资，而不是将创新工作落到实处；在具体操作过程中，不同监管机构之间的沟通不畅，金融创新发展机制低效；在研究方面，科研单位的研究成果没有与实际结合，很多研究成果未能转化为有效生产力。这些都阻碍了天津金融创新的进一步发展。

4. 高端金融人才匮乏

尽管天津拥有南开大学、天津大学等高校，但与北京、上海相比，高校数量明显不足，教师待遇偏低，高端金融人才和经济管理人才流失严重。

（三）于家堡金融区的定位与发展模式

天津于家堡金融区的目标与功能定位体现在：利用先行先试的政策优势，促进金融创新，提高金融产业集聚水平，把金融业发展成为带动实体经济和虚拟经济协调发展的支柱产业。

从目前中国的经济发展现状来看，区域性金融产业聚集区难以完全通过市场机制形成，市场机制与政策扶持缺一不可。目前天津金融产业集聚程度不高，政策扶持非常重要。因此，在建设天津于家堡金融区的过程中，需要充分利用既有的政策优势，重点推动多层次的资本市场体系建设，拓宽融资渠道，吸引更多的金融机构落户天津；利用市场机制，巩固目前天津在金融创新方面已经取得的成果；进一步完善天津的金融生态建设，实现金融产业良性发展。

（四）政策建议

1. 加快转变经济发展方式，夯实金融体系稳健运行基础

一是要进一步调整经济结构，在大力发展先进制造业和高技术产业的同时，把发展服务业放在扩大内需更加突出的位置，加快发展生产性和生活性服务业。同时，要以提升综合效益为核心，采取有效措施，加速形成以创新技术品牌、绿色低碳、质量服务为核心的出口竞争新优势，提升市场份额和地位。二是要加强技术改造，着力提高企业效益。要注重企业技术创新能力的增强和创新成果的产业化，注重信息技术的集成应用，推进信息化与工业化深度融合，大力提升企业的核心竞争力。三是要加大金融体系对实体经济的支持力度，实现金融业与实体经济的良性互动。把握信贷投入的总量、重点和节奏，关注信贷资金的期限机构，加大金融对实体经济的支持力度；加强对现代服务业、科技创新、战略性新兴产业等重要领域的金融支持。要大力加快发展天津多层次金融市场，拓宽实体经济通过金融领域获得资金的渠道，要不断推进金融产品和服务方式的创新，提高金融服务的效率。

2. 推动金融机构切实转换发展模式和经营机制，走可持续发展之路

大型商业银行要紧密结合宏观调控政策，主动调整贷款结构和投向，要加大对重点领域信用风险的管理力度，强化对投向交通运输、仓储和邮政业等行业贷款的风险管理。中小银行应充分利用自身优势，逐步摆脱过去主要依靠大客户的同质化经营模式，有针对性地开发中小企业客户群、零售客户，实现从成立初期规模扩张的粗放式管理模式向精细化管理模式的转变。证券期货公司应依据自身资源、客户结构明确发展重心，实现特色化经营，

做专、做精，以业务量的大幅增长，促进服务能力水平的提升。保险公司要准确把握天津市保险市场发展形势，从产品自主创新、服务创新出发，科学发展保险业务，扎实搭建运营平台，着力加强成本管理，切实推行精细管理。

3. 发展OTC市场，完善资本市场建设

一方面，OTC市场可以成为主板市场和创业板市场的补充；另一方面，OTC市场可以成为私募股权基金的退出渠道。目前天津OTC市场已具雏形，但是由于资金渠道狭窄、交易主体不足、同质化竞争等问题而发展缓慢。针对这一问题，可以完善做市商制度；拓宽"两高两非"公司股权和私募基金股权份额交易的上柜公司范围，兼顾成长性良好的中小企业；建立灵活的"升级转板"机制和退市机制，在OTC市场成长起来的中小企业，在满足一定的要求之后，可以转至主板市场交易，对经营不善的企业，要严格执行退市机制；加强与其他地区产权交易机构的交流，实现各类交易机构之间的联动。

4. 加快金融改革创新，提升金融业发展的效益和质量

一是要积极推动天津优质企业上市规模，鼓励上市公司通过增发、配股和公司债券等方式拓宽再融资渠道，提高上市公司质量，增加股市供给，满足投资者需求。发展和完善资金拆借市场、票据市场、外汇市场，建设多层次的金融市场体系。二是要以产业金融、商贸金融、航运金融、科技金融、农业金融、消费金融及矿业金融等为重点，建立以产业金融为特色的金融服务体系。三是要完善私募股权基金产业体系，整合投资机构、银行和企业信息与资源，积极推动委托贷款与股权投资相结合的模式，推动股权投资基金与拟融资企业对接，在金融创新方面发挥产业与金融相结合促进实体经济发展的作用。

5. 加强金融生态建设

良好的金融生态环境可以提高对外部金融资源的吸引力，带动经济的发展。具体来说：一是完善征信体系建设，以中国人民银行天津分行的征信体系为基础，整合银行、保险、工商、税务、海关等部门所掌握的相关信息，

建立信用数据库,解决信息不对称的问题,化解逆向选择和道德风险。同时还应完善信用信息的采集、使用机制,防止个人信息、商业机密为不法分子获取。二是要加强法制建设,加快相关金融法律法规的完善,加强执法人员的职业素养。三是微观审慎监管与宏观审慎监管协调推进,构建完善的金融监管体系,有效控制金融风险。

三 天津金融改革创新

天津按照国务院批准的滨海新区金融创新专项方案,充分利用政策先行先试的条件,紧密结合当前经济社会发展的现状,积极深化金融市场、金融企业、金融业务等方面的改革创新,取得了多项成果。首先,多元化金融机构体系已基本建立;其次,股权投资基金、创业风险投资基金、物权投资基金以及对冲基金等私募基金服务体系也已初具规模;同时,在航运金融、科技金融、农村金融、消费金融和商贸金融等产业金融领域都有重大突破;最后,外汇改革创新体系也逐渐步入正轨,特别是,随着中国(天津)自贸区的获批,天津又迎来了一个新的重要的发展机遇期。

(一)2014年天津金融改革创新成果

1. 多业态现代金融服务体系建设取得重大进展

第一,金融机构体系日渐健全。截至2014年底,天津市已拥有金融"全牌照",基本建成以银行、证券、保险、期货为主体,以财务公司、信托公司、金融租赁公司、消费金融公司、货币经纪公司、外币兑换公司、第三方支付结算公司、农业贷款公司、信用评级公司、证券基金公司、保险资产管理公司等为补充的较为完备的金融机构体系。

第二,新型金融业态加快聚集,多层次的金融服务体系基本形成。2014年,在天津市的融资租赁法人机构共计288家,注册资本金达到1083亿元;融资性担保机构100家,在保余额达到200亿元;小额贷款公司173家,累计为三农及中小微企业提供贷款逾1000亿元。全力争取中新生态城开展跨

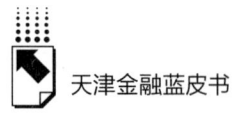

境人民币创新业务试点获批。意愿结汇、境外投资基金、期货保税交割、动产权属登记等创新业务扎实推进。另外，2014年，全国首家创投债券获准发行，全国首家民营金融租赁公司获准筹建，金城银行纳入国家首批民营银行试点，股权基金境外投资人民币方便兑换试点首单业务完成，村镇银行率先实现涉农区县全覆盖，长城滨银汽车金融公司开业，中征动产融资登记服务公司投入运行。2014年，融资租赁、商业保理、创新型交易市场、股权投资基金、小额贷款公司等现代金融业态初步形成集聚发展态势，多元化多层次金融服务体系初显。

2. 产业金融不断推进

以贸易金融、科技金融、航运金融、能源金融、农村金融以及消费金融等为代表的产业金融服务体系始终是天津服务体系创新发展中的重要组成部分。产业金融的多元化、立体化发展从各方面提高了天津金融业的整体水平。

2014年，天津市在科技金融、能源金融、航运金融以及消费金融等领域都取得了不错的成果。例如，在科技金融方面，成立了天津科技金融服务中心，汇集银行、保险、投资、担保等中介机构，提供一站式金融服务。组建市科技控股集团，提供股权投资、债权融资和中介服务。设立了专门为中小企业提供投资银行业务服务的综合服务平台——天津创投之家，举办多种形式的科技中小企业融资对接，助推科技企业发展。2014年，天津市新增科技型中小企业1.4万家，企业总数累计达到6万家；其中，科技型小巨人企业增加630家，累计逾3000家，占全市企业的比重达到20%以上。

另外，在消费金融方面，捷信消费金融（中国）有限公司开展了小额消费信贷业务，渤海易生商务服务有限公司成为国内首批获得第三方支付牌照的公司，中德住房储蓄银行个人保障性住房贷款投放额占到全市的50%。长城滨银汽车金融公司开业，为天津汽车产业探索专业化的融资模式提供了重要借鉴，推动了汽车消费金融产业的进一步发展。

在航运金融方面，自2007年开港以来，东疆保税港区不断改善自身服务和功能，国际化程度日益提高，在航运税收和金融等领域取得较快发展。截至2014年底，区内注册企业已达到3000家，注册资本金总额达到1673.8亿元，其中2014年新增注册企业为1408家，注册资本金498.54亿元。目前，东疆保税港区在船舶登记、航运金融、航运税收以及大型设备租赁等关键领域均先行先试，积累了宝贵经验。与此同时，港区还在离岸租赁、保税租赁、出口租赁以及跨境人民币支付租赁等方面进行业务创新。以天津东疆保税港区为核心的北方航运中心初步建成。

3. 创新型交易市场健康发展

（1）天津股权交易所。2008年9月，天津股权交易所在天津滨海新区挂牌成立，是天津市政府批准设立、唯一准许从事"两高两非"公司股权和私募股权基金份额交易的机构。天津股权交易所组织开展了非上市公司股权融资以及挂牌交易，以期为中小企业和科技成长型企业提供直接融资渠道，同时为其完善公司治理结构及提升竞争力提供帮助；建立并完善市场化孵化及筛选机制，为各板及境外资本市场输送优质上市后备资源；积极打造投资价值高、稳定统一的非上市公司股权市场，为中国各板市场提供必要的补充。

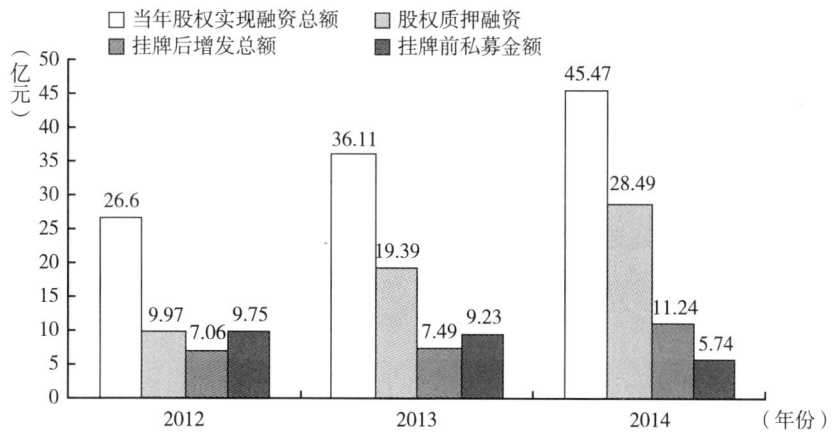

图4　2012~2014年天津股票交易主要融资数据

资料来源：天津股票交易所。

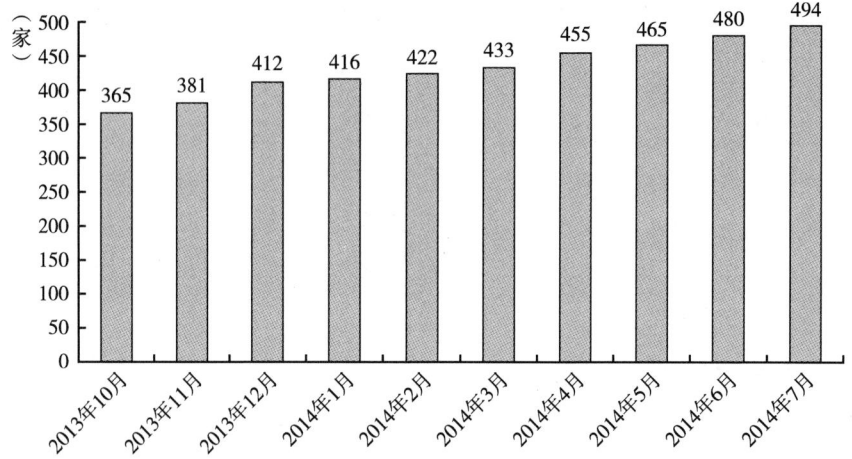

图 5　2013 年 10 月～2014 年 7 月天津股票交易所累计挂牌企业数量

资料来源：天津股票交易所。

截至 2014 年 12 月 31 日，天交所累计为挂牌企业提供各类融资总额 262.63 亿元，其中直接融资 80.28 亿元、直接融资带动间接融资 182.25 亿元。天交所 2014 年融资总额同比增长 20.18%，其中直接融资额同比增长 26.15%。

（2）天津金融资产交易所。天津金融资产交易所（以下简称天金所）于 2010 年 5 月注册成立，注册资本金 1568 万元，是全国首家成立的金融资产交易所，为金融资产特别是不良金融资产的交易构建了更具公信力的平台。天金所致力于建设成为具有国际化、专业化、规范化、权威性的金融资产交易平台；逐步建成立足天津、覆盖全国、服务世界的中国最大的金融资产交易市场，通过交易所的专业化运作，促进中国资本市场的发育和现代化金融工具创新。

（3）天津排放权交易所。2008 年 9 月 25 日，按照《国务院关于滨海新区综合配套改革试验总体方案的批复》要求，天津排放权交易所在滨海新区成立，它是全国第一家综合性排放权交易单位，旨在利用市场化手段及通过金融创新促进节能减排。在主要污染物排放方面，天津排放权交易所于

2008年底进行了全国第一笔基于互联网的二氧化硫交易；在能效市场方面，2009年初天津排放权交易所研究形成了中国首个自主开发的基于强制能效目标的排放权交易体系——天津市能效交易市场；在自愿减排方面，天津排放权交易所在2009年9月组织开展了企业自愿减排联合行动，探索以市场化手段促进企业碳减排的模式。同时开展了中国首笔基于规范足迹碳盘查的企业自愿碳中和交易、中国首笔基于PAS2060碳中和标准的企业自愿碳中和交易。在融资平台创新方面，天津排放权交易所与多家金融机构共同推出了"保证保险、节能项目保理、收益买断、抵押融资、金融租赁、信托计划"六大类型的合同能源管理融资模式，并分别启动了试点项目。天津排放权交易所的成立可以为天津本地能源企业提供节能诊断、融资、改造等一体化服务，使能源企业可以有效利用合同能源管理手段在获取节能降耗收益的同时获得低成本融资服务。2014年5月10日，天津排放权交易所和中国电子学会签署战略合作协议，标志着国内高端碳金融平台和一流先进技术平台相互融合、构建创新型发展模式的正式启动。同年，观澜湖世界高尔夫明星赛通过天津排放权交易所购买CCER减排量用于中和自身的赛事碳排放。这是中国核证自愿减排量首次被用于非控排企业的碳抵消活动。

（4）天津滨海国际知识产权交易所。天津滨海国际知识产权交易所（以下简称知交所）是国内首家专业化、市场化、国际化的公司制知识产权交易服务机构，注册资本金1000万元。截至2014年末，已成立生物医药、新能源新材料、现代制造、信息工程、现代农业、文化创意、移动互联网及城市创新"7+1"专业服务平台，形成逾2500项项目资源库，其中天津市项目约65%，国内其他省市项目约35%，在建专利池3个，涉及各领域、各行业。

（二）天津金融改革创新的主要任务与发展重点

1. 促进投资与服务贸易便利化金融改革创新

以金融支持实体经济发展建设为原则，以人民币经常项目下可兑换便利化和资本项目下可兑换试点为重点，推进金融国际化。扎实做好投资与服

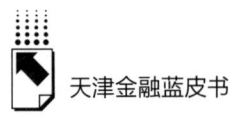

贸易便利化金融改革创新专题研究和政策制度设计,集成天津海港、空港、物流园区、自主创新示范区等优势,突破体制障碍,体现天津特色。在完善金融法律制度政策体系、探索金融业对内对外开放模式、加快资本项目可兑换、推进跨境人民币业务、探索建立监管指标体系等方面进行前瞻性研究,争取国家有关部门支持开展先行先试。

2. 以机构准入为重点,建设现代金融组织体系

支持设立村镇银行、保险公司、金融租赁公司、财务公司以及汽车金融公司等金融法人机构。支持台资和外资金融企业设立银行、保险、租赁、保理、小额贷款公司等金融和非金融机构。支持证券机构开展服务实体经济、便利投融资需求的创新业务。天津应致力于设立与引进资信评级、资产评估与管理、投资咨询、保险经纪、货币经纪以及信息服务等中介机构,促进资源优化配置,完善服务体系,提高综合服务能力。天津市推动企业集团公司设立结算中心或财务中心、融资租赁公司或财务公司,大力支持企业集团开展应收账款抵押融资试点,鼓励有关企业设立金融租赁公司以及发起设立金融资产管理公司,集中处置金融企业不良资产,支持各类产业金融机构发展,不断完善金融服务体系。

3. 发展产业金融,支持经济发展方式转变

发展以发挥财政职能为重点的金融服务体系,运用财政拨款、贴息、贴费、担保等功能,支持企业和金融业发展。发展以服务滨海新区开发开放为重点的金融服务体系,加快发展财务公司、担保公司、评级公司等市场主体。发展以天津泰达国际控股(集团)有限公司为重点的金融控股集团,进一步整合地方国有金融资源,通过增资等方式支持地方国有金融企业做大做强,增强金融在转变经济发展方式中的积极作用。

4. 发展科技金融,实现科技与金融融合发展

贯彻落实《关于大力推进体制机制创新,抓实做好科技金融服务的意见》(银发〔2014〕9号),研究制定具体措施,提升科技型中小企业专营机构服务功能,鼓励全市银行设立更多科技型中小企业金融服务团队或部门,鼓励银行、保险、证券、信托、创业投资等各类金融业态加强合作,丰富金融产品体系，促进科技成果转化为融资手段。支持银行扩大担保物的范围，增加担保品种，扩大知识产权、商标权、专利权、股权质押等融资规模。支持天津创投之家有限责任公司等创新服务平台发展，促进科技型中小企业与创业投资机构、股权投资基金的股权投融资对接。

5. 发展农村金融，服务农业和农村经济发展

鼓励金融机构到农村设立分支机构和网点，支持村镇银行、兴农贷款公司和农村金融服务站加快发展，提高为三农和小微企业服务水平。在继续推进农业固定资产、农用生产设备和商标专用权、专利权、水域滩涂养殖权抵押贷款的基础上，进一步扩大农村可抵押权属范围，创新农村各类权属抵押融资模式。探索建立以政策性农业保险为主、商业性农业保险为辅的农业生产风险保障体系。

6. 发展航运金融，建设航运金融服务体系

贯彻落实北方国际航运中心核心功能区建设方案，搞好船舶产业投资基金试点，继续发展飞机租赁基金和航空产业投资基金。搞好航运税收政策和融资租赁货物出口产品出口退税政策试点。支持租赁公司设立海外专项公司和单一项目公司，完善公司法人治理结构，适应租赁业务国际化发展需要。支持天津海事仲裁中心和天津海损理算中心发展，积极营造符合国际航运规则的海事海商服务环境。

7. 发展消费金融，建设消费金融服务体系

鼓励商业银行积极开发个人信贷额度、个人资金周转贷款、汽车贷款等消费信贷业务，在消费信贷证券化方面进行积极探索，增加流动性的同时分散风险。支持捷信消费金融有限公司实现跨区域经营。支持中德住房储蓄银行增加资本金，扩大政策性住房信贷服务，拓展商业性住房信贷业务，增加全国分行机构布局。继续做好房地产信托投资基金试点工作，为天津市发展保障性住房提供直接融资渠道。

8. 发展商贸金融，建设商贸物流资金结算中心

支持金融租赁公司和融资租赁公司集中集聚，全面优化以飞机为代表的进口租赁和保税租赁、以船舶为代表的出口租赁和离岸租赁发展环境，创立

租赁客户资产轻量化和城乡基础设施融资租赁业务模式,建设融资租赁中心。搞好滨海新区商业保理试点工作,规范商业保理公司发展。商业银行在天津市设立非法人的保理业务部。支持金融服务外包公司集中集聚,发展票据分配、档案管理、信息处理、现钞物流管理等第三方金融外包服务和第三方支付融资模式,建成金融服务外包中心。支持现代服务业和物流业集中集聚,发展物资流、信息流和资金流,建立生产资料交易体系和生活资料销售体系,把直接交易与客户配送紧密结合起来,节约交易成本,降低物流成本,建成资金结算中心。

9. 发展直接融资,建设股权投资基金中心

改进完善私募基金发展环境,培育合格的基金投资人和基金管理人,开拓基金退出通道;加强资金募集、工商登记、账户托管、备案管理、投资运作和合规监管等管理工作,健全合伙制企业法人治理模式;发展以股权投资基金、对冲基金以及物权投资基金为主体的综合性和专业化基金,进一步提高基金质量。扩大托管资金的规模,提高基金的综合管理水平,逐步建成全国股权基金发行、管理、交易、信息和人才培训中心。继续办好中国企业国际融资洽谈会和有关其他地区分会。支持天津市企业在境内外资本市场上市融资,通过在全国中小企业股份转让系统、天津股权交易所、滨海柜台交易市场等场外交易市场挂牌拓宽直接融资渠道,促进资本市场规范、健康、快速发展。支持企业灵活运用股权、债权等融资工具,支持上市公司通过增发、配股、公司债券等方式实现再融资,引入优质中介机构,提高企业直接融资和并购重组的质量和效率。

10. 继续搞好外汇改革试点

进一步深化经常项目外汇管理制度改革。继续推进货物贸易外汇管理改革,完善服务贸易外汇管理政策,做好个人外汇非现场监管,加大对银行个人外汇业务的指导力度。做好保险、证券公司外汇业务管理。继续推进资本项目外汇改革试点。继续推进外资股权投资基金外汇改革试点,全面落实直接投资外汇管理改革政策。积极研究探索加快北方航运中心、发展离岸金融业务的外汇管理政策,推动外汇新业务在滨海新区先行先试。发展个人本外币兑换特许业务，为特许机构建立内部管理制度提供指导，鼓励其开发新业务品种。加快特许机构全国化、国际化布局。推动特许业务机构运用行商模式开展个人本外币兑换特许业务，推动特许机构跨境调运外币现钞。

（三）天津金融改革创新的对策建议

1. 健全金融服务体系，深化地方金融机构改革

地方金融机构在促进地方经济发展中发挥着重要作用。天津要深化对地方金融机构支持地方经济发展与结构调整的认识，在政策、信息以及资金渠道等方面推动地方金融发展。完善地方金融组织体系，加快发起设立已批筹的金融机构，推动村镇银行、汽车金融公司以及金融租赁公司等新型金融机构发展，积极引进民间资本投入地方金融机构建设。进一步完善内控机制与风险管理体制，转换经营方式。引导地方金融机构服务实体经济，支持地方经济发展。

2. 建立多部门分工协作机制，完善金融创新体系

第一，明确主体分工。政府发挥统揽全局的作用，促进资源优化配置、完善宏观调控；监管部门要健全监管体系，提高监管技术与手段，防范金融风险；高等院校与科研院所要开展理论研究，注重知识创新，促进科研成果向生产力的转化。第二，建立健全金融改革创新协作机制。就金融业发展规划等问题定期进行沟通协商以及进行相关政策研究。第三，促进金融机构和科研院所的合作，使产、学、研有效结合。第四，为金融改革创新创造良好的软硬件环境。具体包括政策环境、信息技术应用服务以及基础设施等。

3. 推进保险改革试验区建设，加快保险产品和服务模式创新

一方面，要促进天津保险法人机构发展，积极推进渤海财产保险公司、恒安标准人寿保险公司和光大永明人寿保险公司等法人机构完善公司治理。另一方面，加强产险公司和租赁公司及银行之间的合作，创造新的保险市场空间。进一步扩大政策性农业保险与医疗责任保险覆盖范围，研究推行新险种。健全意外伤害保险制度和大病救助制度等，改善保险服务。

4. 建立金融创新区域协作机制，提升天津金融创新能力和水平

充分利用政策先行先试优势，强化区域理念，有效发挥市场、人才、技术等资源的作用，积极建立区域金融改革创新基地。首先，促进区域内不同省份金融创新主体之间的横向交流与合作，使产、学、研有效结合。其次，建立健全金融改革创新联席会议制度和区域信息、技术、人才共享平台，促进资源在区域内的有效流动。

5. 建立健全多层次资本市场体系

支持企业股份制改造，提升公司治理水平，增强竞争力。为符合条件的公司上市提供支持，并且鼓励上市公司通过增发、配股等方式进行多样化融资，引导中小微企业发行私募债。为符合条件的企业在全国中小企业股份转让系统和天津股权交易所挂牌提供支持，打造多层次场外交易市场。

6. 进一步加强金融监管合作，维护区域金融稳定

加强金融监管，建立健全中央银行、金融监管部门以及金融机构之间的信息共享、协调机制，提高监管技术与手段，建立健全金融监管体系。完善信息披露制度，提高金融机构的透明度。完善对金融机构的定期审计制度，优化评级体系，减少信息不对称，增强市场约束。

B.9
2014年的天津金融发展环境

摘　要： 近年来，在全球社会经济快速变革的大背景下，金融业发展环境也发生了巨大的变化。特别是随着我国经济逐渐步入"新常态"，面对经济下行压力，原有的发展模式的弊端也日益显现，亟待进行金融改革。本报告围绕存款保险制度、互联网金融、金融改革三个方面，深入分析新形势下存款保险制度的构建、互联网金融的发展与监管以及适应新常态的金融改革，为天津建立健全现代金融服务体系提供经验借鉴。

关键词： 新常态　存款保险制度　互联网金融　金融改革

一　后危机时代存款保险制度的构建

2014年11月30日，国务院法制办发布存款保险条例《征求意见稿》，旨在建立和规范存款保险制度，对存款人的合法权益给予必要保护，预防及消除金融风险，维护金融稳定。

征求意见稿规定，我国存款保险制度实行限额偿付，偿付限额最高为人民币50万元。50万元以外的部分，存款银行用自身清算财产进行补偿。根据人民银行对2013年底全国存款的测算，把50万元设为最高偿付限额，能够对99.63%的存款人全部存款实现覆盖。

（一）存款保险制度的含义及特点

1. 存款保险制度的含义

存款保险制度，是指符合条件的金融机构自愿或强制地将规定比例的存款交给存款保险机构作为保险费，一旦遭遇流动性或支付危机，投保机构进行部分或全部偿付的一种制度。达到稳定存款人信心，防止发生挤兑，引发系统性金融危机的作用，实质是一种金融体系的安全保障机制。长期实践证明，存款保险制度在保障存款人合法权益、预防及消除金融风险、维护金融体系稳定中发挥重要作用，为大多数国家普遍接受。

存款保险制度旨在通过强制性的制度安排，为参加存款保险体系的银行的债权人提供安全保障，降低某一家银行倒闭引发的一系列连锁反应，实现金融稳定。

可以将存款保险制度具体划分为隐性保险制度与显性保险制度。隐性存款保险是指政府做出了银行倒闭救助的制度性安排，实际对存款人提供了某种形式的保护。例如我国当前实行的其实就是隐性保险制度，特别是针对国有大型商业银行实际上形成了一种大而不倒的局面。但隐性存款保险实质上是一种心理预期，没有明确的制度安排，容易造成政府处理问题的随意性。

显性存款保险是指国家对存款保险的要素、机构设置及退出制度等进行明文规定。与隐性存款保险制度不同，它拥有专门的存款保险机构，其优点是：赔付额度明确，机构专业化，各方责任明确，更有利于维护存款人的信心和金融体系的稳定。相对地，这也在一定程度上增加了成本。而通常所说的存款保险是指显性存款保险制度。

2. 存款保险制度的特点

首先，存款保险是一种政策性保险。旨在减少银行挤兑风险和系统性金融危机，维护金融稳定，结合金融机构的互助精神与政府信用来保障存款人的合法权益和金融体系的稳定。

其次，存款保险对风险进行预防。由于存款保险旨在防止存款人在信息不对称的情况下对银行进行挤兑进而引发银行支付或流动性危机，保持银行体系的总体稳定和保障存款人的合法权益。因此，为了维护金融秩序的稳定，不同于一般商业保险消极等待事故发生之后再进行理赔，存款保险积极采取各种防范措施，使投保机构稳健经营，控制金融风险。

最后，存款保险具有公共产品属性。商业银行吸收存款，发放贷款，创造信用流通工具，进而影响着整个国民经济的发展。一家银行的倒闭可能会导致许多关联银行和企业遭受不同程度上的冲击；而如果存款保险给予问题银行一定程度上的救助，则会避免问题银行发生倒闭，一方面保护了存款人的利益，另一方面不致引发银行的连锁倒闭，进而整个国民经济社会都会从金融系统的稳定中受益。

（二）建立存款保险制度的影响

1. 保护存款人合法权益

第一，为存款人利益提供法律保障。设立专门的存款保险基金，当某一个金融机构出现危机，对存款人损失及时偿付，保护其合法权益。

第二，完善金融监管及强化市场约束。在金融风险防控方面，做到事前防范。以金融机构资产与风险状况为依据，确定差别费率，促使金融机构加强内控管理，稳健经营。与此同时，存款保险基金管理机构有必要强化风险识别及预控，一旦出现突发情况立即采取必要措施，维护金融体系稳定。

第三，完善金融安全网。一般情况下，中央银行最后贷款人职能、监管部门审慎监管以及存款保险制度共同组成了金融安全网。存款保险制度通过明文规定，对存款人利益提供必要保障，增强存款人信心，有利于金融体系稳定，这是对我国金融安全网的进一步完善。

2. 有利于中小银行的改革和发展

第一，存款保险制度有利于中小银行致力于自身信用与竞争力的提升，进而与大银行公平竞争，实现银行业金融机构均衡发展。第二，存款保险制度有利于中小银行稳健经营。

根据长期实践经验，存款保险制度为中小银行及民营银行发展创造了重要条件。美国存款保险制度在很大程度上促进了美国社区银行的发展，使中小银行与民营银行可以与大银行公平竞争，为中小企业、农民以及中低收入者提供多样化的金融服务。

存款保险制度的建立提供了市场化的退出机制，为中小银行及民营银行发展创造了良好的制度环境。存款保险通常根据金融机构的资产质量与风险实行差别费率，有利于公平竞争和可持续发展，促进金融体系结构布局合理化。

3. 促进利率市场化的实现

我国从 1996 年开始进行利率市场化改革，20 年间已取得显著的成绩。利率上限的放开和市场竞争性定价方式的实行都是利率市场化过程中的一部分。利率市场化既可以促进银行间公平竞争，又能够发挥市场自由定价机制，减少市场扭曲。与此同时，在利率市场化的进程中有必要构建存款保险制度以减少金融机构的风险，稳定社会公众的预期。

4. 促进资金的优化配置

目前，我国实际实行的是隐性保险制度，由于银行得到不会倒闭的隐性保障，致使社会公众认为银行存款不具有风险，导致储蓄率较高。存款无风险心理导致大量资金流入银行，如果银行为利润最大化进行高风险投资，一旦出现风险，群众的存款将无法得到保障，这种情况下政府为避免发生系统性危机只能为银行的损失买单，导致储户对银行的信任进一步稳固，形成了一个恶性循环。通过建立存款保险制度，完善银行的退出机制，允许银行倒闭，社会公众在存款前将对银行的风险、收益以及信誉度进行权衡。另外，部分资金也会合理流向股票、债券等资本市场，有利于资源的优化配置。

（三）构建存款保险制度对我国的重要性

中国银行业的高利润一直广受诟病，为此中国一方面进行利率市场化改革；另一方面则降低民营银行的准入门槛以引入市场竞争。但这有可能导致银行从事高风险、高收益的投资活动，银行一旦破产将直接造成公众存款遭受损失，引发公众对银行的挤兑，甚至导致系统性金融危机。

中国实际实行的是隐性存款保险制度。这种兜底机制减少了银行进行风险管理的激励，另外，在民营银行成立之后，国家财政资金对民营资本的隐性保障是不合理的。因此，需要推出存款保险制度。在保障社会公众合法权益的基础之上以期更加适应市场化改革的需要。

另外，将超过偿付限额的部分存款由无风险资产转变为风险资产，完善银行的市场化退出机制是中国金融体系改革的重要一步。如果没有银行的退出机制，其他非银行金融机构也无法得到充分的发展。

中国与西方发达国家金融市场的最大区别在于，面对风险，中国市场的大部分资金将首先流向银行以期得到保护；相反，西方发达国家金融市场上的资金将更有可能流向国债市场，因为在银行的存款并不会得到安全保障。在风险面前，美国的银行随时可能倒闭，银行倒闭之后储户的存款无法得到全额偿付。根据美国存款保险制度规定，只有单个账户10万美元（2008年危机之后提高到25万美元）以下才可以完全偿付。因此，在美国，存款是一项有本金风险的"风险资产"。这种本质上的区别，决定了面临危机时银行出现存款流出；相反，在中国则出现存款流入。一般来说，大规模的资金为规避风险，不会把资金存入银行，而是投入债券市场。这对西方发达国家直接融资市场的发展有着巨大的促进作用。

中国金融体系已发展到这一阶段，即通过建立存款保险制度，完善银行市场化退出机制，打破中国社会公众的"本金无风险"传统理念，为发展直接融资市场创造条件。

银行一直在中国金融体系中发挥主导作用。由于银行资产扩张的乘数效应较强，实际造成中国的货币发行机制不可持续。即使现在的存款准备金率高达20%，货币乘数依然在4以上。这种银行占据主导地位的间接融资体系一方面使中国广义货币供应量推高到90万亿元，另一方面也把M2/GDP提高到180%，极大地增加了通胀压力。

解决这一问题的根本途径就是建立存款保险制度，为银行提供市场化的退出机制，使超过偿付限额的部分存款变成"风险资产"，系统地降低银行的资产创造能力，同时促进我国债券市场和直接融资市场的发展。

（四）构建我国存款保险制度的现实条件

1. 面临的困境及制约因素

第一，银行体系不健全，金融体系不完善。中国的金融体系并不完善，国有银行和股份制银行在专业化经营及治理结构方面都存在诸多问题。银行不良资产的减少仍主要由政府出资解决。中央银行仍旧不断提供再贷款或再贴现以挽救问题银行。由于我国银行业风险水平较高、信用体系不完善以及缺乏有效的市场退出机制，存款保险制度的建立将破除过去国家对银行存款的隐性担保，一定程度上会对金融系统的稳定造成影响；与此同时，存款保险基金的规模需要适中，由于各银行上缴保费额度有限，仍需要国家运用资金来确保债务的偿付和保障金融系统的稳定，不利于存款保险制度作用的正常发挥。

第二，信用风险评价体系不健全。在信用风险评价体系和信息披露制度不健全的情况下贸然实行差别费率反而有可能增加银行风险。根据公平与效率原则，实施基于风险程度判别的差别费率可能会面临两个问题：第一，对风险的判别可能存在失真导致难以有效确定费率级差；第二，如果公开银行的风险级别，势必会引起公众心理的不安，使存款保险制度失去作用，反而增加银行的风险。

第三，金融监管体系不健全。我国缺乏健全的金融监管体系，监管与风控技术落后，且监管部门缺乏独立性，部门之间缺乏协调性，监管力度不够。因此，随着金融业的快速发展和金融创新的不断深入，监管体系难以适应导致风险的积累。

2. 具备的条件及可行性

目前，我国股份制商业银行大多遵从市场经济规律，内部控制体系不断完善，风险控制与市场约束机制也不断健全，社会公众的市场参与和监督意识正在不断增强，政府等监管部门的监管技术也在不断提高。目前，已经公布并实施了《银行业监督管理法》与体现市场化退出机制的《企业破产法》。

（五）我国存款保险制度的模式设计

1. 与银监会并行的保险机构设置

根据西方发达国家的经验，已建立存款保险制度的国家均设立了专门机构来保证制度的顺利运行。不同国家根据自身的情况设置了保险机构，法国保险机构隶属于中央银行，日本保险机构则归属于财政部，而墨西哥保险机构同时隶属于中央银行和财政部，英、美的保险机构则是中央银行之外的独立法人。我国也需要结合自身实际情况选择一套适合中国国情的机构设置体系，因此，我国的存款保险机构需要隶属于中央。由于目前我国的存款保险制度建设刚刚开始，中央银行有必要对其进行管理。因此，我国的存款保险机构可同时隶属于财政部、银监会以及中央银行，由这三个部门共同接管并处理破产银行。

2. 选择强制保险作为投保方式

现阶段中国民众的"银行存款无风险"的传统观念根深蒂固，政府取消对公众存款的隐性可能会使储户一时难以适应，所以需要采取强制保险制度以稳定社会公众对银行的信心。如果实行自愿投保制度，社会公众很可能会选择一些规模大、安全性比较高的金融机构或选择其他投资方式，这样便压缩了中小商业银行的生存空间。因此，有必要实行强制投保，使中小银行可以同大型商业银行公平竞争。

3. 实行差别费率制

存款保险机构需要根据参保银行的利率风险、信用风险以及流动性风险等指标来进行风险评估以制定不同级别的保险费率；而且每一级别的保险费率需要根据参保机构资产、风险等情况的动态变化不断调整，这样有利于存款保险制度更好地发挥作用，保证市场的公平、有效，防止"搭便车"行为的发生，同时增加他们进行高风险投资的成本，促使其加强对风险的控制和管理。

目前，我国还没有完善的风险评级机制，还不具备实行差别费率制的条件。我国可参考日本的做法，实行层次费率制，根据规模、背景等因素，对银行进行信用、风险等级划分，不同的层次实行不同的费率。

4. 以人均GDP比例确定赔付的最高限额

过去的隐性保险制度下实际实行的是政府对存款的全额赔付机制，一方面加重了财政负担，另一方面也削弱了银行和社会公众的风险防范意识。因此，存款保险制度应实行最高偿付限额机制。此外，保险机制的承保范围有一定的界限，排除那些风险极大的投资活动，而这一部分金融秩序的维护则通过市场来进行。实行最高偿付限额并不等同于超过限额的部分存款没有保障。现阶段，我国银行业整体稳健经营，而监管技术有了很大提高，风险防控能力增强。存款保险制度能够进一步发挥金融安全网的作用，保障存款人的合法权益以及保障银行体系的稳定。在通常情况下，如果某个银行面临破产危机，运用存款保险基金完成健康银行对问题银行的收购，与此同时，实现问题存款的转移，以保障存款人的合法权益。综合比较分析，存款保险的赔付比例和限额与国家金融体系的发达程度和国民经济的发展水平有关。从国际上看，一般情况下，最高偿付限额是人均GDP的2~5倍。由于我国居民储蓄率比较高，储蓄在一定程度上具有社会保障功能，《存款保险条例（征求意见稿）》设定50万元的最高偿付限额，是2013年我国人均GDP的12倍，已高于国际一般水平。

二 互联网金融的发展与监管

我国金融业已快速步入互联网金融时代。互联网金融的发展支持实体经济发展，很多问题也逐渐暴露出来。人们伴随着互联网金融的飞速发展也在逐渐接受一些诸如第三方支付、众筹、电子商务以及P2P等新兴事物，极大地影响了公众的日常生活。伴随现代信息科学技术的发展，中国金融业应抓住难得的发展机遇将金融与互联网融合，促进互联网金融的发展。互联网金融将成为未来金融业的核心竞争力，传统金融业务将由线下转移到线上，公众的观念与习惯也将发生改变，其多样化的需求也将得到满足。

目前我国互联网金融发展时间比较短，仍然处于为传统金融机构提供渠道拓展服务阶段，与传统金融机构仍缺乏有效的合作，而且新兴事物的出现也在不断突破现有的监管框架，给我国仍不健全的监管体系带来诸多难题。与此同时，在防控风险、保障信息安全等方面需加强关注。对于互联网金融发展存在的问题怎样看待，进而在分析问题的基础上提出可行性建议，打造完善的互联网金融服务平台亟待解决。

伴随互联网金融的快速发展，我国金融业的发展面临机遇与挑战。伴随中国市场逐步放开，外资金融机构逐步进入我国市场，加剧了我国金融机构的竞争压力。我国金融业要在日益激烈的市场竞争中谋求发展，就需要加快推进金融电子化与信息化，提供更加多样化及便捷的服务。互联网金融的发展冲击了我国传统金融体系，但也带来了新的发展动力，促进互联网金融和传统金融机构良性竞争。

（一）互联网金融的特点

1. 即时性与移动化

平板电脑、智能手机等移动端设备不断推陈出新，其便捷、操作简单的特点更有助于客户接受互联网提供的金融服务。通过互联网，用户可以通过客户轻松便捷地实现转账、支付、购买理财产品等操作。

2. 覆盖广与发展快

在我国，互联网信息技术为互联网金融提供支撑。另外，依靠电商平台的快速覆盖，互联网金融打破了地域限制，突破了时间约束。

3. 互动强与透明化

互联网的发展目前正逐渐从 PC 端向移动端渗透，移动应用拥有较强的互动性，可以进行交流沟通与获取资讯，进而使信息也更加公开、透明。

4. 低成本与效率高

互联网金融具有低成本、高效率的优势。互联网金融业务操作流程比较标准和规范，均能够在智能手机或计算机上完成，客户不需要去银行网点办理，极大地节约了时间，另外，在业务处理上计算机的效率也更高，可以改善客户体验，满足客户的多样化的需求。

5. 管理弱与风险大

尽管互联网金融平台能够利用大数据对客户进行信用调查，但未与中央银行征信系统实现对接和建立信息共享机制。相较于传统商业银行，风险控制技术和水平仍然较低。此外，互联网金融正处于发展初期，行业规范及法律监管缺失，存在政策风险与法律风险。

（二）互联网金融对经济发展的影响

1. 互联网金融对货币政策有效性的影响

互联网金融发展对人们的交易及支付方式影响巨大，使资金融通效率得到大幅度提高，且发挥了货币价值尺度与流通手段职能，使货币形态与货币供给结构发生改变，各层次货币间界线变得模糊，使货币当局宏观调控难度大大提高。由于互联网货币发行由互联网运营商自行决定，无须对外公开，造成央行不易准确掌握互联网货币的发行、流通规模等情况；而互联网货币对现金及存款具有替代性，扩大货币乘数，增强了货币供给的内生性以及货币乘数变动的随机性，削弱了中央银行对基础货币的控制能力，货币政策有效性下降。

2. 互联网金融对利率市场化的影响

随着资本市场与互联网金融的发展，我国的利率市场化改革也面临着很大的挑战。互联网金融较传统金融机构更方便、更快捷，可以满足用户多样化的需求，造成了对传统金融市场的冲击。互联网金融凭借自身优势满足了传统金融业务无法满足的需求，特别是在中小企业融资等方面，对传统金融业的缺位进行了弥补，完善了我国的金融体系。

余额宝的预期收益高于银行，深受消费者的推崇。购买余额宝这一理财产品，一方面可以进行网购，另一方面可以获得收益。另外，商业银行为了在争夺资金来源的竞争中占据有利地位，也推出了同类理财产品，对理财产品重新定价。可以看出，互联网金融充分利用自身特点，推动金融产品创新，促使传统商业银行转型，改善经营管理以及提升产品研发能力。

我国的利率市场化改革面临诸多阻力，形势依然严峻。互联网金融将倒逼我国金融体系改革，促进利率市场化发展，助推金融改革。

3. 互联网金融对实体经济的影响

需要合理引导资金流向，更好地使金融服务于实体经济。互联网金融企业也要学习商业银行涉足中小微企业，2007年之后，我国互联网企业开始了线上"小微贷"的探索，支持中小企业的发展以期为实体经济提供服务。阿里巴巴集团推出融资服务平台，将服务对象主要定位在中小企业，极大地推动了我国金融业的发展。

互联网金融的发展服务于实体经济发展，利用自身特点，推出具有针对性的金融产品。互联网金融主要面向小微企业，将有限的资源分配更加合理，是传统金融机构服务盲区的有效补充，成为我国经济发展的助推器。

4. 互联网金融对金融监管的影响

第一，互联网金融与金融机构和非金融机构之间以及金融机构自身间的界线变得模糊，金融业务的综合化程度越来越高，金融产品也日趋多样化，风险更加容易跨市场、跨机构、跨时空关联以及交叉性感染，且速度不断加快，在目前分业监管的体制下，缺乏协调性的监管增加了监管的难度。第二，互联网金融交易的虚拟性使金融业务摆脱地域、时间限制，交易对象的不确定性也降低了交易过程的透明度，无纸化交易导致监管机构稽核审查难度显著提高。第三，目前的金融监管体系和法律体系仍不完善，落后于互联网金融创新步伐，造成监管存在真空地带；个别公司极力寻找监管漏洞，违规经营，甚至非法集资，使金融风险大为提高。第四，互联网金融违法犯罪呈现增加趋势。互联网金融违法犯罪利用网络虚拟性与无国界的特点进行跨国犯罪，导致国际金融监管协调成本及难度大幅度增加。

5. 互联网金融对金融消费者权益保护的影响

互联网金融交易存在复杂性、多样性和专业性，一般民众对信息技术缺乏了解，导致互联网金融产品和服务并不能被金融消费者完全了解。而现阶段我国社会信用体系仍需健全，金融消费者网络交易安全性知识缺乏，导致金融消费者风险防范意识以及自我保护能力偏弱。因此，金融消费者权益保护工作任重道远。

6. 互联网金融对普惠金融的影响

金融压抑属于各国普遍出现的现象。金融压抑通常是指金融管制，如信贷配额、利率限制以及金融产品缺乏多样性等，一般在发展中国家比较常见。产生金融压抑的主要原因在于金融产品比较单一，缺乏金融创新，金融市场不发达等。金融压抑导致低收入人群无法适应现有金融体系，进而生活情况趋于恶化，资金缺乏，从而陷入低收入导致低投入，低投入导致低收益的恶性循环。普惠金融的发展对低收入人群获得金融服务以及改善生活具有促进作用。

普惠金融体系包括三个层次的内涵：第一，普惠金融就是使所有人都享有金融服务，实现与经济发展同步；第二，通过对传统金融体系的创新，包括产品创新和制度创新，以期使所有人都可以获得金融服务；第三，发展普惠金融主要是为低收入人群提供金融服务。

低收入人群往往被排除在传统金融体系之外，而普惠金融填补了这一空白，为低收入人群提供必要的金融服务。普惠金融能够与互联网金融协调发展，低收入人群是普惠金融与互联网金融共同的服务对象，促进二者协调发展有利于实现低收入人群与金融机构的双赢。

小微企业的融资需求无法从传统金融机构得到有效满足，阻碍了其扩大规模与生产扩张。此外，一般客户的小额闲置资金达不到金融机构的理财门槛，无法得到有效利用。其原因在于，传统金融架构没有与互联网充分结合，从而发挥出各自的优势。促进传统金融与互联网技术的融合，有利于为大众提供金融服务，这正是我国推行普惠金融的重要原因。

（三）我国互联网金融发展中存在的问题

1. 外部监管及法律规范缺失，缺乏行业自律

目前，我国还不存在专门的监管制度和法律对互联网金融进行规范。截至2014年底，我国P2P信贷平台达到1500家。但伴随P2P平台的快速发展，监管缺失带来的信用风险也不断增加。很多P2P平台采用"秒标"的营销手段，虚构一笔借款，吸引投资者资金，等到标满之后立即对投资人进行一定投资收益的补偿。收益高、回款快的特点使这种营销手段具有很大的吸引力。虽然"秒标"在短期内可以为投资者带来高收益，但其风险巨大。

诸如此类的营销手段使 P2P 平台的套利空间很大，短期内能够聚集大量资金，再最终聚集到运营商；如果监管存在不到位的情况，运营商很有可能会挪用资金。一般情况下，商业银行不会为 P2P 平台资金提供托管服务以及进行监督，如果投资人遭受损失，其合法权益将无法得到保护。

2. 互联网金融的风险控制能力不足

风险控制能力不足阻碍了互联网企业向金融业的渗透，同时也为传统金融机构带来了挑战。作为互联网与金融业相结合的新兴行业，互联网金融本身所具有的高风险特征相对于单个行业来说更加突出。

互联网企业的风控能力仍略显不足。伴随我国互联网金融的飞速发展，互联网金融参与者的风险控制体系尚不健全，也由此容易产生诸多问题。互联网金融作为新兴行业，其风险控制体系建设仍然任重道远。

现阶段，相对于传统金融机构的风险控制措施，在制度设计、经验积累以及人才储备等方面互联网金融都不具备优势。目前，许多平台的表现实质上只是营销手段的创新，这种创新在规模上很容易扩大，但不利于风险控制。

对于传统金融机构，线下业务向线上的转移是未来行业竞争的核心；因此，对线上业务风险控制也显得格外重要。随着余额宝等新型互联网金融产品的不断出现，商业银行面临的竞争压力逐渐增大。随着互联网金融的快速发展，商业银行开始建设自有的电商平台。同时，对商业银行风险控制技术的要求也比较高。

金融业本身风险较大，如果互联网金融无法提高风控能力，很容易造成个别风险引发系统性风险，甚至造成金融危机。因此，风控问题是互联网金融发展必须解决的重大问题。

3. 信息安全问题日益突出

我国互联网金融信息安全问题日益突出。互联网金融多建立在大数据的基础之上，分析海量数据，从而探求客户的消费习惯和信用情况等信息，有利于对目标客户群体进行准确定位，从而更好地满足客户多样化的金融需求。大数据本身需要庞大数据库的有力支撑，但与此同时数据库有被非法窃取以及泄露的风险，威胁到客户的隐私、财产甚至人身安全。此外，云计算的出现也积累了大量用户，隐藏了巨大的信息安全隐患。

大数据、云计算以及智能设备的快速推广和应用威胁着我国个人、企业以及国家信息安全。信息安全支持着互联网金融发展，同时也是网络服务的核心。

4. 信用体系尚不完善，信用信息交换困难

伴随互联网金融的发展，互联网金融企业的征信系统与中央银行的征信系统存在连接障碍，企业之间也没有实现信息共享。这将导致 P2P 平台、众筹网络等平台过度利用企业自身的审核技术，对借款人信用的独立采集与分析导致企业审核的难度和成本显著提高。此外，信用信息交换困难可能导致互联网金融企业获取用户信息的成本提高，额外增加获取信息的时滞。这样为借款在多个网络平台上借款违约提供了可能。而借款人的违约成本极低，没有严格的惩戒机制，导致违约情况变得越来越严重。这种情况如果没有行之有效的方法予以解决，那么，互联网金融行业将无法形成有序的市场竞争环境。

（四）对规范我国互联网金融发展与监管的建议

1. 加强互联网金融研究立法和制度建设，建立健全互联网金融法律法规框架

一是继续深入研究互联网金融，分析国外互联网金融发展，吸取成功经验，紧密结合其发展的内在规律及特点，分析其造成的各方面影响，推动互联网金融为实体经济服务。二是加快建设互联网金融法律体系，加紧金融监管、消费者权益保护、网络征信管理等方面的立法，严厉打击借助互联网平台进行的各类金融违法犯罪活动；加强国际金融监管协调合作，为我国互联网金融的良性、有序发展提供制度保障和基础环境。

2. 完善互联网金融监管，进一步推进互联网金融发展的阳光化与规范化

第一，既要鼓励互联网金融创新，又要避免监管缺失，完善风险防范，促进互联网金融健康发展。第二，确认并落实监管机构职责，保证监管的针对性及有效性。第三，加强市场准入、市场竞争和系统安全等方面的监管，对互联网金融的系统安全进行实时动态监测，要求互联网金融业务机构保障网上交易安全，确保交易主体身份的真实性、信息私密性和完整性，提高自身的风险预警与管控能力。第四，加强各部门在互联网金融监管方面的协调，避免出现监管重叠和监管的真空地带。

3. 加强互联网金融行业自律及对金融消费者的保护，为金融创新及金融支持实体经济发展创造良好环境

第一，发挥行业协会作用，完善互联网金融行业中的自律规范。2013年8月，我国第一家互联网金融行业组织——中关村互联网金融行业协会成立，会员单位共同签署了《中国互联网金融行业自律公约》，承诺自觉进行风险防控，同时接受社会监督。第二，提高互联网金融消费者的风险防范意识和自我保护能力，使投诉受理渠道更加畅通。

三 新常态下的金融改革

金融改革应遵循中国经济发展转型的大逻辑，适应经济新常态的要求。在国内外经济大背景及相关政策推动的影响下，中国经济正逐步过渡到新常态，而金融改革对其意义重大。一方面，金融向新常态过渡是其中的重要一环；另一方面，金融体系转型也将推动整个经济体系适应新常态而逐步转型。中央经济工作会议对经济与金融新常态关系的表述表明中国全面深化改革已进入关键时期，而金融改革也要遵循中国经济发展转型的要求与改革的大逻辑。

（一）经济新常态与金融体系的新常态

长期来看，经济高速增长的日子将一去不复返，随之而来的将是经济的中高速增长，目前正处于过渡时期；与此同时，经济发展将不再片面追求速度，而转为追求质量。以商业银行为主体的金融体系应逐步摆脱依靠信贷扩张的业务驱动模式，促进经济体系转型。与此同时，金融体系应适应经济增

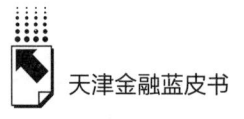

速的回落,使局部性金融风险平稳释放,防止系统性金融风险的发生。

短期来看,需求在不断变化,个性化、多样化消费日益重要,经济结构不断优化。增长动力和需求转变需要金融体系转型;同时,应合理减少金融管制,鼓励新型金融机构的建立,创新金融服务模式。

从宏观调控看,通过改革化解风险,推动转型十分重要。目前已进入全面深化改革的关键时期,将在行政审批、价格及投资等方面推进改革,推动产业升级,减少产能过剩。

从政策基调看,2015年的工作总基调是稳中求进,将保持连续、稳定的宏观经济政策,继续实施积极的财政政策与稳健的货币政策。同时,金融体系也需要这样的宏观经济政策环境和稳定的金融环境,为金融体系转型创造有利条件。除此之外,需逐步减少对利率、贷款规模等指标的直接控制,逐步过渡到对利率、汇率进行调控来调节经济的目的。

(二)新常态下金融改革的新趋势

第一,商业银行需要转型。中国经济正从高速增长逐步过渡到中高速增长,经济下行压力凸显,商业银行面临的风险也有所增加。原来信贷扩张使中国部分企业部门的杠杆率比较高,产能过剩问题严重;《国务院关于加强地方政府性债务管理的意见》要求清理各类融资平台债务,导致贷款风险上升,进而可能导致商业银行不良贷款率上升。

利率市场化改革挑战了传统商业银行的经营模式,民营银行的进入也进一步加剧了银行业的竞争,《存款保险条例》公开征求意见提供了市场化的退出机制。商业银行应寻求转型,对自身业务发展结构以及经营管理模式进行调整,提高成本控制与风险控制能力,以适应现阶段内外部环境的变化。

第二,资本市场在新常态下迎来新的机遇期。改革手段包括兼并与收购、资产剥离以及股权转让等方式,国企改革为资本市场发展创造了新的机遇。

2014年,中国的财税体制改革取得了重大进展。《地方政府存量债务纳入预算管理清理甄别办法》、《关于深化预算管理制度改革的规定》以及《关于加强地方政府性债务管理的意见》(简称43号文)等一系列文件为地方政府举债融资和进行债务管理提供了新模式。根据43号文,社会资本可以通过"特许经营"等方式参与城市基础设施或"有一定收益的公益性事业"项目的投资运营,政府利用特许经营权、财政补贴等收益约定规则,使PPP项目可以获得长期稳定收益。PPP项目收取回报的时间一般比较长,无法完全满足社会资本的风险偏好。但是PPP项目拥有稳定现金流与一定的政府补贴,特许经营权的转让比较明确,能够将其做成资产证券化产品。另外,资产证券化在一定程度上可以隔离风险。因此,PPP模式为资产证券化发展提供了有利条件。

第三,新常态下对新型行业的金融支持提出了新要求,探寻和培育新的经济增长点应发挥投资对经济发展的推动作用,更加关注新技术、新业态以及新商业模式等;新兴产业和服务业在产业升级过程中将发挥更大作用。在风险评估模式方面,新常态下经济转型趋向于"轻资产",而传统商业银行趋向于"重资产",二者不相匹配,新常态下的投融资需求呈现出多样化的特征,金融市场需要对金融资源重新进行合理分配。金融机构有必要利用新型金融工具,一方面满足多样化的融资需求,另一方面充分考虑到不同的风险特征。

第四,新常态下对人民币国际化提出了新的要求。目前,中国对外投资格局发生了较大的变化。在"一带一路"国家战略下,中国企业致力于寻找质量较高的对外投资项目。不仅通过经常账户顺差实现人民币输出,还要实现资本项目人民币的输出。人民币在大宗商品与资源交易中使用范围的扩大,将有利于提升人民币在全球供应量中的定价权;与此同时,企业走出去与对外输出人民币都需要配套金融支持,比如境外人民币支付清算等业务。

(三)经济新常态下金融改革的思路

金融资源配置效率对社会资源配置效率有重要影响。当下,中国资金多、资金贵以及融资难等问题突出。虽然国务院在2014年出台了有关政策以解决中小企业融资难问题,但金融改革不到位、体制机制落后仍是主要问题。有必要改善金融监管机制,进行负面清单管理,鼓励创新以提高金融配置资源的效率。

第一，减少管制、降低融资成本。明确金融产品法律性质和风险责任，打破刚性兑付，降低无风险收益率曲线。现阶段，中国的无风险收益率曲线仍然比较高，很多金融产品通常遭受风险之后还有可能利用各种方式兑付掉，导致整个社会资金成本比较高。我国的金融产品的法律关系以及风险责任分担的界定比较模糊。

第二，使财富管理市场更加规范化，缩小监管套利空间，使企业融资成本降低。现阶段，企业的法律关系模糊不清，融资成本较高。尽管产品的法律关系相同，却不能参照相同的规则进行监管，金融机构产品种类繁多；由于资金、市场存在分割，资金需多次绕行，增加了资金成本。

第三，明确证券定义，释放资产流动性。实物资产由于无法证券化致使无法自由流动，造成中国虽拥有大量实物资产却无法有效利用。应对证券法进行修订，使实物财产能够证券化，提高流动性。因此，还需要对政府监管边界进行界定，以公开市场和非公开市场进行划分，区别监管的力度及方式。监管旨在保护中小投资者利益，开放更有针对性的金融产品，促进多层次资本市场的发展。

第四，推动互联网金融健康发展，扩大金融服务范围。

B.10
2015年天津金融发展对策

摘　要：目前，天津迎来京津冀协同发展、自贸区审批通过以及能源转型等重要战略机遇期，为天津的进一步发展和崛起创造了珍贵的政策条件。面对中国经济由高速增长转向中高速增长的新常态，贯彻党的十八届三中、四中全会精神，天津需要在各领域深化改革，遵循市场规律，促进资源优化配置，大力推动金融市场与服务体系的完善。本报告建议立足自由贸易区建设，推动金融业态发展；立足京津冀协同发展，加强区域金融合作；立足能源转型战略，发展能源金融。

关键词：金融业态发展　区域金融合作　能源金融

一　立足自贸区建设，推动金融业态发展

2014年12月12日，李克强总理主持召开国务院常务会议，会议决定推广上海自贸区试点经验，依托现有园区，在天津、福建和广东的特定区域再设立三个自贸区，将上海自贸区试点内容作为主体，结合地方实际情况对新的试点内容进行补充。随后，第十二届全国人民代表大会常务委员会第十二次会议通过《关于授权国务院在中国（广东）自由贸易试验区、中国（天津）自由贸易试验区、中国（福建）自由贸易试验区以及中国（上海）自由贸易试验区扩展区域暂时调整关于外资企业有关法律规定的行政审批的决定》（试行三年）。由此，期待已久的天津自贸区正式批准设立，于2015年4月21日挂牌运行。

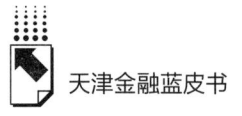

（一）天津申报自贸区的历史背景

中国（天津）自由贸易试验区设立的历史悠久，政策基础深厚。根据《国务院关于推进天津滨海新区开发开放有关问题的意见》和《国务院关于设立天津东疆保税港区的批复》的精神与要求，东疆保税港区于2006年8月31日成立，并于2007年12月实现第一港岛封关运作。文件要求，为了与天津建设北方国际航运中心与国际物流中心相适应，可以借鉴国际经验，大力发展国际中转、配送、采购、转口贸易以及出口加工等业务，积极进行海关特殊监管区域管理制度方面的创新，以点带面，促进区域整合。天津东疆保税港区的设立为天津自贸区的建设奠定了必要的物质与制度基础。

2008年3月，国务院正式批准天津滨海新区成为全国综合配套改革试验区，在《国务院关于天津滨海新区综合配套改革试验总体方案的批复》中明确指出，把东疆保税港区的建设作为龙头，积极推进保税区、出口加工区与保税物流园区等海关特殊监管区域及场所功能整合、政策叠加，完善保税物流体系。随后，2011年5月，国务院下发的《国务院关于天津北方国际航运中心核心功能区建设方案的批复》指出，将东疆保税港区作为载体，开始进行国际航运税收政策、国际船舶登记制度、金融租赁业务以及航运金融等方面的试点工作。

2013年12月，国务院总理李克强在天津滨海新区考察时指出，期望天津"在新一轮改革开放中争当领军者和排头兵，积极促进投资和服务贸易便利化综合改革试验"。这是对天津版自贸区功能与特点定位的提法，是上海自贸区的升级版。之后，天津市委在第十届四次会议中将自贸区的改革目标设定为：建设贸易自由、投资便利、金融服务健全、高端产业聚集、法制规范、监管高效透明、辐射效应显著的"投资与服务贸易便利化综合改革和创新区"。会议强调改革要体现天津特色，积极推动投资、贸易、金融和监管等领域的制度创新，营造法制化和国际化的经营环境，统一市场准入制度，大力促进融资租赁业的发展，带动制造业发展，以期形成大物流产业。

2014年12月12日，国务院常务会议决定增设天津、福建、广东三个自贸区，并迅速履行了全国人大修订相关法律的程序。天津自贸区终于尘埃落定。目前天津自贸区的总体方案正在进行最后修订。随后中央各相关部委、天津市人民政府及天津自贸区的各功能区也将制定和发布若干具体实施措施，天津自贸区作为国家全面深化改革新阶段制度创新综合实验田的作用也将逐步显现。

（二）天津自贸区贯彻实施国家五大发展战略

1. 京津冀协同发展战略

京津冀协同发展与京津双城联动发展是中央在新的历史条件与国民经济形势下做出的重要决策，是一项重大的区域发展战略。新战略下将结合各地区的核心竞争优势进行产业转移与资源优化配置，形成地区特色明显、优势互补、利益共享的区域职能分工体系，避免出现各自为政、地区保护、产业同构及重复建设等现象。天津自贸区的设立势必将为京津冀协同发展提供一个高水平的对外开放平台，以及为外向型经济的发展奠定良好的制度创新基础。天津自贸区将促进京津冀地区货物贸易、服务及投资的便利化，比如目前已经实施的三地海关通关一体化。另外，天津自贸区将重点突出天津在港口、技术以及土地等方面的优势，把天津滨海新区建成高新技术产业的研发转化基地、供应链配套基地以及重大国家项目实施基地和优质外资项目示范基地。最后，京津冀协同发展可以为天津自贸区提供广阔的发展腹地，辐射环渤海地区，进而带动华北、东北与西北地区的经济发展。

2. 自由贸易试验区战略

建立自贸试验区对于中国进行体制机制创新、构建国际化及法治化的开放型经济新体系、打造中国经济升级版都意义重大。自贸区既触及了现阶段全面深化改革中最核心也是最艰难的问题，如行政管理体制改革与外商投资管理体制改革、利率市场化及人民币资本项目可兑换改革等，又涉及了许多国际前沿，如发展离岸金融业务、全球性资金管理中心以及发展总部经济和运营中心等。天津自贸区的设立将有助于改善中国北方的市场营商环境，促进经济体制改革，实现以开放倒逼改革的目标。

3. 滨海新区综合配套改革战略

天津滨海新区是继上海浦东新区之后第二个国家综合配套改革试验区，自从2008年建立以来，天津滨海新区已实施三轮综改三年计划。第一轮改革侧重经济领域，包括金融改革、企业改革和土地制度改革等。2011年第二轮改革启动，侧重社会领域，包括医疗卫生、教育以及社会管理等。2013年开启的第三轮改革贯彻十八届四中全会精神，深化市场改革，充分发挥市场决定性作用，更加侧重行政管理领域，具体包括大部门体制改革、事中和事后监管模式改革等；同时关注金融创新改革，如发展离岸金融和跨境人民币业务等。天津自贸区将进一步助力和提升综改，同时为综合配套改革的工作指明方向，具体包括服务贸易与投资便利化、监管改革、知识产权保护以及混合所有制经济等。

4."一带一路"建设战略

建设"21世纪海上丝绸之路"与"丝绸之路经济带"是中央在新形势下为实现"全方位开放新格局"而做出的重大战略部署，对突破美日对中国的战略合围、促进经贸联系、保障能源安全、化解国内产能过剩等都意义重大。天津作为北方经济中心与国际航运中心，是新欧亚大陆桥十分重要的东端起点，并拓展连接东北亚经济圈，对"丝绸之路经济带"的国内核心区域和相关国家具有较强的经济辐射与联动作用。天津自贸区可以充分发挥港口区位优势，建立"丝绸之路保税区"，促进通关便利化，提升对欧亚大陆桥沿线国家及地区的转口服务功能，发展"大物流"产业，发展与健全覆盖"丝绸之路经济带"的商贸与服务经济体系与物流网络体系，提供多样化的融资方式，全面支持"丝绸之路经济带"基础设施与互联互通建设。

5. 高质量自由贸易协定战略

在WTO多哈回合谈判举步维艰及自由贸易协定（FTAs）第三次浪潮方兴未艾的大背景之下，中国在近年来加快了FTAs建设步伐，尤其重视与周边国家和地区的谈判，并逐步形成"面向全球的高标准自由贸易区网络"。对天津自贸区产生最直接有利影响的就是中韩FTA。2014年11月APEC峰会期间，两国元首共同宣布中韩FTA的实质性谈判结束，在履行各自国内法律程序之后将正式生效。同时，两国承诺将继续开展服务贸易及投资领域的谈判。在天津投资的韩国企业众多，包括三星、LG和SK等知名跨国企业在内的3000多家韩国企业已在天津投资建厂。天津自贸区的建设将对接高水平的中韩FTA，有力促进天津与韩国的贸易物流增长、产业整合与投资合作。

（三）立足产融结合，发挥金融创新对实体经济的服务功能

天津自贸区须依托天津市产业与金融发展的现状与区内三大功能区的特点，使发展高端先进制造业与发展特色金融紧密结合，促进产融结合、高效与创新结合，包括促进金融资本和新兴产业结合、产业资本和新兴金融结合、金融资本和产业资本结合，开创有天津自贸区特色的产融结合发展模式。因此，应加强产业与金融在理念融合、价值链融合、市场融合、资本融合、管理机制融合与人才融合等方面的深层次发展。

天津自贸区产融结合发展应遵循政府引导与市场驱动，关注金融创新，以产业提升为载体，以中介推动为助力，以体制改革为保障，建立一种以信用型产融结合为基础，以股权型产融结合为重点，发挥咨询服务型产融结合功能，形成多层次、多手段相协调的产融结合体系，致力于提高产业与金融部门的综合竞争力，促进天津自贸区的可持续发展。为此，应特别关注以下特色内容。

1. 金融部门应给予产业价值链的不同环节以融资便利，形成完整的"资金供给—生产经营—金融服务"链条。先进高端制造业价值链的上游阶段应投入大量资金用于需求分析、立项、研发、设计、改型、品牌等。特点在于新产品研发周期长、成本费用高、市场不确定风险较高等。先进高端制造业的中游阶段体现出高资本密集度、高技术水平、深度加工、高附加值等特点，是技术转为实际产能的关键阶段，具体包括原材料的采购与库存、生产、加工、装配、制造、质检等活动。在这个阶段，企业须在购买土地、建设厂房、办公用房和职工宿舍等基础设施、购买设备等方面投入大量资金；与此同时，企业也应致力于发展稳定与高质的供应商体系。先进高端制造业的下游阶段包括产品配送、销售、广告、维修、售后服务、产品回收等。由

于先进高端制造产品的价格较高,化解购买客户资金短缺、提供融资便利的问题较为突出。天津自贸区的金融创新可立足于先进高新制造业价值链不同阶段的特点,开放针对性强和多样化的金融工具及产品以解决企业面临的融资问题。

2. 大力推动金融机构、产品、组织与业态创新。可通过政策差别性的信贷资本支持自贸区内支柱产业与战略新兴产业的发展;通过开发性金融产品聚集资源,促进特定产业的发展;通过财务重组等融资安排实现产业内部与产业之间的并购、整合;通过设立股权投资基金支持重大项目建设;通过建立新型业态的金融机构,集聚国内外金融资源;完善金融监管体系,坚持规范与创新并举的监管原则,为金融创新创造宽松的外部环境;政府须提供财政、税收等方面的政策优惠,促进金融服务与产品创新。

3. 重点发展自贸区内科技金融与绿色金融。随着京津冀一体化与滨海新区的发展,出现了京津产业新城、京津中关村科技新城、京津新城现代服务业聚集区等功能平台,以承接北京部分高端制造业与现代服务业的转移。应有效利用北京的资金、人才与科技资源,与天津自贸区高新技术产业及现代服务业相结合,拓宽自贸区内企业的融资渠道,提高其综合竞争力,推动自贸区内的"天津制造"向"高精尖智绿"转化。

4. 充分利用自贸区功能叠加与国际化开放平台。天津自贸区的功能齐全,尤其是中心商务区的加入可以为产融结合发展提供良好的基础。各种新金融业态、组织形式、业务与产品将和产业、商贸、物流、港口、人力资源与技术等相结合,通过合作取得更多的成果。与此同时,天津自贸区作为中国北方的离岸金融中心,具有更加有利的金融开放、资本流动、人民币国际化的制度条件,可以有效利用国际资本与先进技术,通过合资、引进战略投资者及组建战略联盟等方式寻求在产融结合的管理、组织、运行模式及能力上的提升。

(四)依托自贸区建设,大力发展融资租赁等优势产业

天津是最早开展内、外资融资租赁公司试点的城市之一。2011年,国

务院批准东疆保税港区进行租赁业务创新试点,在区内建设了国家级金融与租赁产业园区。截至2014年底,在天津的融资租赁法人机构达到267家,注册资本金1080亿元,累计共完成684架飞机租赁业务,资产规模1794亿元,累计共完成587艘船舶租赁业务,资产规模684亿元。天津五家租赁公司的贷款余额达到3052亿元,融资租赁资产达到3049亿元,约占全国金融租赁公司总资产的30%。天津融资租赁业在业务创新及服务上也处于领先地位。以飞机租赁为例,东疆保税港区在五年内创造出20余种新型融资与租赁结构模式,完成了我国第一单保税飞机租赁交易、SPV借用外债大飞机租赁交易、飞机转关租赁交易、飞机租赁资产证券化等创新交易方式。

国家相关部门对天津融资租赁业的发展提供了重要支持。中国银监会批准工银租赁、民生租赁、兴业租赁等一批金融租赁公司在天津保税地区设立项目公司,批准金融租赁公司在天津东疆保税港区设立特殊项目公司,有力地促进了中国租赁业公平参与国际竞争。财政部、海关总署、国家税务总局先后批准在天津市开展融资租赁船舶出口退税、在天津东疆保税港区实行融资租赁出口货物与海洋工程结构物退税等政策。与此同时,天津市政府也颁布了许多支持融资租赁业发展的政策,具体包括物权保护、市场培育、多渠道融资、财税优惠及业务创新等方面,为天津融资租赁业发展创造了良好的制度环境。

为提升融资租赁业的发展水平,突出金融创新,推动高新技术制造业发展,天津自贸区将融资租赁作为发展的重点。一方面,天津自贸区将力争复制上海自贸区方案中融资租赁业获得的优惠政策,具体包括:下放外资融资租赁公司审批权限、自贸区内的融资租赁公司可以开立跨境人民币专户、取得境外跨境人民币贷款、跨境人民币借款额度采取余额制管理、外商融资租赁企业的外汇资本金实行意愿结汇、允许融资租赁公司兼营与主营业务相关的商业保理业务等。另一方面,天津自贸区的融资租赁业务有别于上海自贸区的融资租赁业务:前者以跨境、大型设备融资租赁为主,而后者的客户主要是贸易企业,为其提供增值服务。所以,天津自贸区致力于建立一个跨境

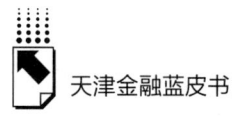

租赁的"自由港",大力发展离岸金融、外汇兑换、交易支付等业务。现阶段,东疆保税港区管委会已经与国内4家具有离岸业务资质的商业银行进行合作,并完成了离岸金融试点方案制定,通过天津市政府向国务院上报了降低行业准入门槛、简化离岸账户审批、实施资本项目意愿结汇、增加短期外债指标等继续推进融资租赁业发展的方案。

另外,天津还将以自贸区的融资租赁业为试点在更大范围内探索建立融资租赁企业资金供给机制,处置不良资产,打造融资租赁资产交易平台,通过租赁资产的证券化及流转,完善租赁资产退出与转让机制;与此同时,完善创业、税收、通关、外汇等政策,提高融资租赁业支持实体经济发展的能力与水平。

二 立足京津冀协同发展,加强区域金融合作

(一)京津冀金融发展与合作现状

截至2014年底,北京已形成以商业银行、证券公司、保险公司以及基金公司等金融机构为主体,以担保公司、评级公司以及互联网金融新型业态等中介机构为补充的金融服务体系。2014年,北京市金融业增加值达到3310.8亿元,已成为支柱产业。

天津是北方经济中心,拥有全牌照金融业务资质。天津积极推进金融改革创新,在政策上拥有先行先试优势。2014年,天津市金融业增加值达到1389.53亿元。天津融资租赁更是占到全国的四分之一。

河北省工业基础深厚,市场容量比较大,但金融比较落后,金融产品创新能力比较弱。河北省相对于京津来说金融资源比较缺乏,金融基础设施落后,有必要向京津两地争取金融资源的支持。京津冀三地在近年来积极进行区域金融合作,取得了一定进展。2013年5月,津冀、京冀先后签署《天津市河北省深化经济与社会发展合作框架协议》与《北京市河北省2013~2015年合作框架协议》,在政府层面上就区域金融合作提出了具体措施。

（二）京津冀区域经济协同发展的主要问题

1. 京津冀三地经济落差较大

一方面，北京核心地区经济功能比较密集，有必要将第二产业向外迁移；另一方面，城市间的级差比较大，周边部分地区需要逐步接受京津地区的辐射效应，区域经济一体化发展比较慢。

2. 京津竞争态势难以形成合力效应

以前京津冀区域合作多指京冀、津冀的合作，京津经济合作在一定程度上的缺位导致京津冀区域协同发展缓慢。

3. 区域间要素流动阻力较大

缺乏中间层次城市，小城镇发展滞后较多，区域城镇结构不合理，导致地区间经济协调成本比较高。与此同时，高科技人才缺乏流动性。

4. 缺乏区域经济一体化的协调组织机构

京津冀三地通常从本地自身利益出发，实行贸易保护以及市场分割等封闭政策，缺乏区域协调的组织机构，导致区域内生产建设重复以及工业结构趋同。

（三）京津冀区域金融协同发展主要问题

1. 城市间在区域金融中的功能定位模糊

由于区域经济分割，导致金融分割，行政管理分散，金融竞争多于金融合作，存在多中心倾向，特别是京津两市都致力于建设区域金融中心，已严重制约整个地区经济的协调发展。例如北京作为全国政治中心、文化中心及国际交往中心，但同时一直在加强金融中心与金融市场的建设。天津作为北方经济中心与国际港口城市，在积极构建与之相适应的现代金融服务体系及进行金融改革创新过程中，却往往受到来自北京的竞争与制约。

2. 结算渠道不畅和金融创新滞后

结算手段和渠道作为金融服务的重要方面是实现金融一体化的重要因素。目前，跨地区结算不便捷，畅通程度仍然不够。例如天津居民在北京购

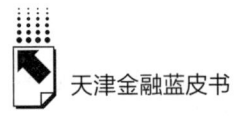

置房产,却无法使用天津本地的银行卡办理按揭;京津冀居民持信用卡到异地存取款,需要付出较高的手续费。

3. 区域金融发展严重不平衡

京津冀地区资金分布不平衡,区域资金回报率与成本差异十分明显。津冀地区企业求"资"若渴时,北京的银行存贷差却高达数千亿元,甚至更多。这种地区分治的银行业管理模式对金融资本的流动造成了严重阻碍,进而阻碍了金融资金对区域经济协同发展的支持。

4. 京津冀区域金融合作需要打破金融资源在地区间流动的壁垒,实现资金、技术、人才等生产要素在区域内的顺利流动

我国实行行政分权管理,地方政府既对地区进行行政管理,又承担经济管理职能。地方政府通常为了能够在晋升中取得好成绩,就会争取更多金融资源发展本地经济,设置行政壁垒,导致金融市场分割,资本跨区流动及有效配置受到阻碍。受到行政壁垒影响,京津冀区域内政府间的博弈势必导致控制本地金融市场,将金融资源集中在本地等情况的发生,使金融效率难以得到提高,金融资源无法在区域内进行最优配置,不利于京津冀深化区域金融合作。

(四)京津冀区域金融协同发展的城市定位

北京需继续完善金融生态环境,提升市场开放程度、综合竞争力、辐射力及引领力,在促进京津冀三地金融业协调稳定运行方面发挥主导作用,实现金融基础设施建设互联互通。

天津应在京津冀三地金融业协调发展中发挥"承京启冀"的作用。既要改善金融生态环境以吸引更多的总部级机构,又要鼓励本地金融机构拓展业务范围。天津应充分发挥政策优势和周边地区的市场、技术等优势,打造金融创新试验示范基地,提高对外金融合作水平。

河北应承接京津地区产业转移和首都非核心功能,建设金融机构总部后台服务中心。提高金融服务水平,改善金融服务模式,促进金融产品创新以满足产业转移需要,通过项目融资与并购贷款服务等方式以满足京津冀协同发展金融服务所需。

(五) 推进京津冀经济金融一体化的建议

1. 注重发挥政府与市场的作用

京津冀作为一个复合型经济圈，其发展是一个循序渐进的过程，需要政府与市场相互配合并发挥作用。其经济金融一体化前期应由政府主导，而后期应由市场推动，最后向市场主导过渡。就政府主导而言，政府首先应根据三地经济发展的实际情况，科学制定京津冀产业发展的长远规划；然后遵循协同有序原则对产业进行合理布局；此外，政府还应采取合理措施以解决市场失灵问题。当京津冀经济金融一体化发展较为成熟时，政府应减少行政干预，破除对经济、金融方面的行政限制，使市场对资源进行优化配置，打破地区封锁、各自为政的局面，形成一个结构合理、布局优化的区域经济金融综合体。

2. 缩小区域经济发展差距

河北省应积极参与京津冀经济金融一体化进程，加强与京津产业有效对接。河北省应发挥在土地、人口和资源等方面的优势，积极接受京津企业的产业转移与技术辐射，改善本地金融生态环境，大力发展优势产业，进一步缩小与京津地区的差距。

3. 创新金融服务，构建区域金融服务链

京津冀三省应在金融市场方面加强合作，不断创新金融产品以满足产业转移和经济一体化的需要。在金融服务方面，三地应尝试推进京津冀征信系统一体化、支付结算服务系统一体化和产权、票据市场一体化，促进金融服务链发展。另外，探索跨区域资金调度新方式，对符合产业政策、技术含量高、经济效益好的产业予以信贷支持。

4. 建立京津冀区域金融合作机制

第一，注重区际协调，建立区域金融合作的协调机制。为实现区域内的金融合作，首先要打破金融条块分割的格局，打造市场化的金融运行平台。政府与央行等金融监管部门应加强区际协调，建立联合协调机制，努力解决金融合作中的矛盾及问题，增强金融合作的系统性与操作性，促进金融资源

合理高效利用，充分发挥各地区优势，解决发展"瓶颈"问题。地方政府应积极促进金融信息资源共享和推动建立金融联席会议制度，进行政策对话，增加人员往来，拓宽经济金融信息的交流渠道。与此同时，必须打破市场分割，促进金融资源以效益为导向在京津冀的快速流动，促进金融资源的优化配置。

第二，完善金融协调监管，推进金融创新。积极进行金融创新的同时应加强对金融风险的控制，这是区域经济实体与金融监管者都需要面对的现实问题。一是健全金融机构内部风险控制体系。二是建立区域金融风险监测机制。参照国际先进金融稳定评价指标体系并依据区域金融特性，在区域内逐步建立完善的金融风险监测体系。三是建立金融机构经营协调机制。各金融机构应建立客户信息通报制度，防止一些客户进行多头开户套取资金，并对不良客户黑名单进行定期通报。四是加强行业内部联系，完善行业自律体制。加强区域内各金融机构行业协会之间的联系，利用行会内部的监控制度与行为约束条例，逐步建立监管当局宏观监管、同业行会互相约束、金融机构自我约束与社会监督相结合的四位一体监督系统。

第三，积极创造良好的区域金融合作生态环境。在信贷登记咨询系统的基础之上，建立跨区域信贷登记咨询系统查询机制，建立跨区域企业资信统一评级标准与跨区域信用担保认定体系；提供公开透明的企业信息发布渠道和投资信息渠道，建立国际化的会计审计财务制度；加强区域资金流动的监测、预警，减少金融资本流动可能带来的消极影响，保障区域金融安全。

第四，完善信用信息平台。金融一体化协同发展作为一个系统工程，需要一个超行政区划的完善的信息沟通机制进行协调。需要打破垄断，建立具有统一数据标准与发布机制的信息共享平台，进而开发统一的客户预警与风险分析平台。

第五，促进金融市场一体化发展。全面的金融市场一体化是京津冀区域金融合作的最终目标，但这一目标的实现需要循序渐进。首先在容易突破的细分市场实现一体化，包括同城支付结算系统一体化、产权交易市场一体化以及票据市场一体化，辅之以征信系统一体化。其次在大范围一体化有难度的情况下,在京津与河北的环首都经济圈进行试点,再逐步推进到河北沿海与冀中南经济区,最后实现整个京津冀区域金融合作一体化。

三 立足能源转型战略,发展能源金融

改革开放以来,依托对煤炭、石油等传统能源的开发利用,支撑了我国工业的快速发展。这也导致我国能源效率较低,对生态环境带来了巨大的负面效应。近年来,我国加强了核能、风电等绿色能源的发展,但仍然存在体制和市场机制不完善等问题,致使许多高效清洁的能源技术得不到有效推广。因此,我国要立足能源转型战略,优化能源结构,使我国的能源产业朝着更加多元和均衡的方向发展。

随着全球金融业的快速发展,金融已经全面渗透到经济生活的各个领域,成为经济社会发展不可或缺的组成部分。在金融创新的推动下,能源产业与金融产业正在相互融合。能源产业不仅需要金融产业的资金支持,金融产业也需要能源产业提供的创新空间和赢利平台。事实上,金融市场具有为能源产品提供发现价格、风险转移等功能,尤其是各国能源金融市场也都在争相取得能源定价的话语权。我国在这些方面相对还比较落后,需要进一步顺应国际金融发展趋势,促进能源金融一体化,为我国能源战略的稳定实施保驾护航。

(一)能源金融的内涵与外延

1. 能源金融的概念

随着实践的发展,能源金融的概念不断得到扩大,目前学术界针对能源金融并没有一个统一的定义。表面上我们可以将能源金融理解为能源系统与金融系统相互渗透、融合而形成的系统。能源金融可以根据研究对象的形态分为能源实体金融和能源虚拟金融。能源实体金融是指能源产业主体与资本市场等金融要素市场紧密联系,利用要素市场提供的价格发现、投融资服务来发展能源产业。能源虚拟金融是指交易主体在能源现货交易市场、衍生品

市场、货币市场以及有关资本市场进行与能源商品有关的现货、期货等金融产品交易。综上，能源金融就是通过金融要素市场将能源资源与金融资源进行整合，实现能源产业与金融产业的优化聚合，从而实现两者互利共赢、共同发展的金融活动。

2. 能源产业与金融产业互利共生

立足于天津生态城市定位的能源金融创新是基于能源产业与金融产业属于一个完整的互利共生系统的前提。一方面，金融产业可以为能源产业提供资金支持的同时获得一定的投资收益；另一方面，能源产业也可以为金融产业提供支持的同时促进自身的革新升级并创造新的价值。但是，能源金融的互动与其他一般产业金融的互动存在很大的区别：第一，能源是国民经济发展的原动力，如果能源供给存在缺口，将直接影响整个经济社会的发展，进而也会导致金融产业的发展滞后；相反，能源产业的快速健康发展，不仅可以直接为金融产业注入资金，也可以连带促进相关产业的发展进而为金融产业奠定基础。与此同时，金融产业的发展也会直接或间接地促进能源产业的发展。第二，在能源金融化的大背景下，能源市场价格的波动对金融市场会造成一定的冲击，制约或促进金融业的发展；而金融市场的发展也将直接影响能源金融市场的发展，强而有效的市场将削弱能源价格的投机性波动。因此，加快能源金融创新，探索能源产业与金融产业的良性互动模式，对产业发展、减少经济系统风险、国民经济发展都是有益的。

3. 有效利用金融促进能源产业发展

宏观上，金融资本对实体产业的投资，可以深化实体产业的资本水平，促进实体产业的升级和扩张，进而可以提高金融资本的投资收益率。另外，金融的资本导向效应可以提升产业水平，金融资本的逐利性和资金的优化配置功能，可以自动对产业发展中的投资收益率、资本回收期以及风险等因素进行客观的识别，从而引导各产业部门去适应市场需求，增强自身的技术水平和综合竞争能力。具体表现为以下几个方面：

第一，金融通过资金集聚功能提高能源产业的规模。能源产业具有投资周期长、资金需求量大的特点，单靠自身的资金积累很难满足其发展的需要。而金融的资金集聚功能，可以引导社会闲散资金向能源产业聚集，从而促进能源产业规模的扩大。

第二，金融通过投资向导效应优化能源产业结构。金融资本具有逐利性，资金往往倾向于流向具有较高投资收益的部门或项目，因此，资金可以遵循市场原则在可再生能源产业部门与非可再生能源产业部门之间高效流动，带动金融要素以外的其他生产要素的转移，从而优化能源产业部门的结构。与此同时，政府可以利用经济政策引导资金流向。例如，政府可以利用选择性的货币政策工具，对可再生能源产业与非可再生能源产业部门的发展采取有区别的信贷支持政策和利率政策，根据产业政策进行行政指导或信贷额度的发放，从而对资金的流向进行引导，进而对能源产业的结构布局进行调整。

第三，金融通过技术催化效应提升能源产业效率。能源技术创新前期投入具有固定性且产出为零，因此具有很高的风险。而金融市场是风险聚集和重新分配的场所，可以将高新技术研发的高风险分散到不同的投资者身上，从而减少能源技术创新主体担负的风险。

微观上，企业是产业结构的微观主体，在能源产业结构优化和能源金融创新的过程中发挥着重要作用。金融可以通过支持微观层面企业的发展从而促进整个能源产业的发展。具体表现在以下几个方面：

第一，能源与金融的良性互动有助于企业增强竞争力。能源产业可以利用自己控制的金融平台，与金融资本结合，提高资本回报率。一方面，使各金融业务之间以及金融业务与主营业务之间形成互补，实现业务扩展和内部资源的整合；另一方面，能源产业通过参与金融业，可以降低经营风险，还可以通过金融机构进行企业的并购、重组与风险转移以提升自身的综合实力。

第二，能源与金融的良性互动有助于能源企业降低交易费用。能源企业在发展中经常会涉及大量的外部金融交易活动，这时便会产生支付给金融企业的高额的费用，对于一个大型能源企业来说这是一笔不小的支出。因此，能源企业可以通过金融市场运作将产业资本与金融资本置于一个公司控制主体之下，实现资金外部循环内部化，降低交易成本，从而构成一种包含金融机构的内部金融资本市场。与此同时，金融资本还可以为能源产业资本提供大量的金融信息支持和融资便利，促使相关费用的降低。

第三，能源与金融的良性互动有助于创造协同价值。一方面，能源企业可以利用自身的市场声誉、品牌和资源等优势，将其运用到金融产业，拓展优势资源的使用范围，创造协同价值。另一方面，在能源产业与金融产业相互融合的过程中，可以充分利用能源企业庞大的资金流，从生产经营和资本经营两个渠道提高资金的使用效率，从而实现资金与资本的双向增值，形成产业与金融的协同效应，增强自身的竞争优势，创造协同价值。

（二）天津能源金融发展中存在的问题

1. 能源金融市场化程度低，能源金融产品单一

天津市的金融机构在能源金融服务方面比较薄弱，尚不能为能源行业提供多元化的金融服务，不能满足能源产业发展的需要。具体来看，金融机构针对能源企业的金融服务主要是中长期信贷业务，其在能源金融产品创新方面仍然较为落后，缺少能源期货以及与能源产品相关的资金结算等业务。同时，与能源产品有关的风险规避服务也略显不足，能源金融衍生品较为单一，大都缺乏相关的能源金融产品运作经验，不利于能源企业规避市场风险。

2. 能源产业融资渠道少，国有投资占比较大

虽然天津市能源产业的投资逐年递增，但是资金主要来源于国内银行信贷和政府的财政投资，发行债券融资的比例不高，而通过发行股票来融资的能源企业更是凤毛麟角。此外，天津市能源产业利用外资及民间资本能力较低，大型能源项目建设几乎全部为国有投资，由于单一项目投资量大，大大延缓了大型能源企业的发展速度。天津能源行业的投融资渠道近年虽有多元化发展态势，但总体来讲依然过于单一，开放度较差，融资渠道单一已成为制约天津市能源金融发展的主要原因之一。

3. 能源企业风险交易能力低，监控机制不完善

长期以来，在计划经济模式的制约下，我国能源企业的业务活动主要集中在国内市场，很少利用国际金融市场开展风险管理活动，缺乏相关的交易经验，在内部风险控制和规避风险方面的能力较为不足。

为此，天津市能源企业应逐步强化能源企业内部控制，不断健全完善能源企业的内部管理制度。一是要从控制风险的角度出发，构建可以实现事后、事中和事前控制的内部控制机制；二是注重流程管理，避免内部控制机制的形式化；三是构建动态管理机制，及时更新补充机制内容。

4. 法律监管体系不健全

以监管的目的和制约手段为标准可以将能源监管划分为经济性监管、社会性监管和反垄断监管。能源经济性监管的方式包括市场准入监管、价格监管以及激励性监管等；社会性监管方式包括行政手段中的行政许可、技术标准制定。此外，对于整个能源行业来说，由于存在自然垄断产业和可竞争性产业之分，也应当实行反垄断法律监管。

天津金融衍生工具监管法规缺失，法律体系不健全；实行分业监管，导致监管标准不一、监管效率较低以及重复监管等问题。

（三）能源金融的风险

1. 环境风险。由于能源产品受市场供求周期变化的影响，能源产业的发展通常与经济周期紧密相关。经济环境良好时，金融资本的逐利性会助推金融资本对能源产业的投资，但当能源市场饱和时，金融风险将有可能随时爆发。此时，如果宏观经济周期发生转变，比如出现周期性经济衰退，市场供求关系发生变化，能源企业的盈利能力就会减弱，金融机构投入能源企业的资金的安全性就难以保障。

2. 技术风险。一方面，能源产品面临货币风险，也就是能源产品由哪种货币计价带来的风险。20世纪70年代，美元成为石油贸易的主要结算货币，从此石油市场与美元的走势密切相关。2007年次贷危机后，美元指数与原油价格呈现负相关的态势，原油的供需双方都要关注美元的走势，及时

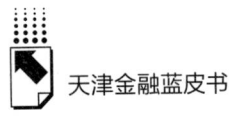

规避风险。另一方面,能源金融创新产品的使用会使能源企业面临市场风险。

3. 行为风险。能源企业在市场中通常具有垄断的特质,这使得其盈利能力更加稳定和突出。金融机构在短期收益效应的诱导下,将信贷资金投放到大型能源建设项目当中。但是,如果信贷资源过度倾斜给能源产业,进而形成金融产业和能源产业的依赖关系,那么,一旦资金链出现断裂,两大产业都将受到威胁。同时,如果能源企业通过充裕的资金开展粗放式的能源开发,将不利于能源产业的可持续发展和国家产业结构的调整。

4. 介入风险。介入风险主要指金融支持新能源开发与能源产业创新层面,带有"金融投资"性质。技术创新和新能源的开发利用是能源产业可持续发展的重要保障。但中国能源产业的自主创新能力仍然较弱,体现在:研究经费利用效率不高;自主创新的制度体制建设有待提高;"投入-创新-增值-再投入"的循环提升模式有待完善。

(四)建立健全天津能源金融市场体系

1. 优化信贷市场对能源产业的支持

目前,银行信贷仍然是能源发展中最为主要的资金来源,这一点不可否认,为此必须提高对能源企业生产经营的关注程度,寻求优质客户,在能源行业内进行金融资源的整合,从而提高资金安全的保障程度。同时,商业银行应准确把握各类能源行业的发展状况,并选择优势相对突出的能源企业,稳步增加对能源领域的信贷支持。

第一,加大对新能源行业的资金投放。天津能源战略以发展新能源为核心,今后会重点发展绿色电池、风力发电、光伏发电、核电、生物质能五大领域,将来可能会成为最具竞争力的行业,商业银行应选择发展前景良好、竞争力较强的企业,从信贷额度、审批环节等方面给予支持。

第二,加强金融产品和服务方式创新。有条件的商业银行可以增设能源金融产品研发中心。此外,还可针对能源设备制造商等上下游企业推出应收账款管理、现金管理等服务。

第三，组建能源支持银团（辛迪加）贷款。对产业链中的大型能源企业，商业银行可采取银团贷款模式加大信贷支持，不仅能增大贷款额度，而且可以共担风险。

第四，完善能源企业贷款担保机制。建立完善的贷款担保机制可以帮助解决能源企业贷款担保难的问题，有助于促进信贷资金的及时发放，保证资金的融通。

2. 推进能源产业在资本市场的发展

天津的能源产业优势对资本的吸引力正在加大，能源企业应当更多地借助资本市场进行兼并重组，开展直接融资。

第一，充分利用主板市场融资。政府应推动符合条件的企业加快上市步伐，给予政策等方面的帮助；对于能源集团中只有部分上市的企业，可以通过吸收合并、定向增发等整合手段实现集团整体上市；鼓励和支持在能源发展方面优势突出的企业通过收购兼并做大做强，从而实现社会资源更加合理的应用，促进能源产业发展。

第二，要大力发展债券市场。天津市政府应积极引导和支持符合条件的能源企业发行企业债券、短期融资券和中期票据等，并制定相应的能源倾斜政策，优先核准符合能源产业发展方针的企业发行债券，扩大能源企业债券的融资规模。

3. 建立风险监控机制

第一，监控宏观经济环境。能源产业和金融产业的发展与宏观经济环境紧密相关。尤其是当宏观经济步入低谷时，行业风险很可能就会爆发。因此，金融机构和能源企业要密切关注宏观经济环境，彼此间的借贷合作也要适应宏观经济的波动，使能源产业发展周期与银行信贷期限结构更好地匹配。

第二，监控能源工业景气水平。能源价格与其他商品价格一样，都具有时高时低的特征，而且价格波动得更为复杂。当市场供不应求时，能源价格就会迅速上涨，能源价格的尖峰风险就会出现。因此，需要对能源工业的景气水平进行跟踪和检测，有效防范能源价格风险。

第三,监控政策的协调与实施。我们面临选择什么样的政策来诱导资金流向具有高附加值、环境污染小等特点的能源项目的问题。这就需要我们加强能源产业政策、信贷政策、财税政策等的对接,并实施有效的监督,比如采取金融调控措施遏制信贷资金投向资源浪费型和环境污染型的低水平开发项目。

第四,监控能源项目风险。金融机构的资金投入能否收回,主要看能源企业的经营状况,而这就需要深入把握能源项目风险,防患于未然。因此,金融机构应积极与政府主管部门合作,了解能源项目的行业政策,把握项目政策风险。同时,通过行业专家和项目评审机制全面掌握能源项目的技术风险,从而尽可能规避由此引发的资金风险。

4. 尝试发展能源金融衍生品市场

中国虽然已经成为全球第二大能源消费国,但能源定价权却不在自己手中,而是由发达国家通过能源金融衍生品市场加以控制,比如石油、天然气、煤炭、电力市场都有其金融衍生品市场,中国因此长期受制于人,不利于经济社会的平稳发展。目前,中国也在摸索建立大宗商品期货市场,但影响力仍然很小,尚不能有效地预测价格信号和规范交易行为。天津在滨海新区金融创新先行先试的政策指引下,能源金融衍生品市场发展走在全国前列,目前已建立了渤海商品交易所和排放权交易所,不仅尝试开发了煤炭现货交易产品,还将碳排放权作为交易对象,发展碳金融。

第一,发展电力期货和期权市场。天津近年来在新能源电力领域发展迅速,因此可以着重发展电力期货和期权市场,为市场参与者提供规避价格波动风险的平台。

第二,探索建立煤炭等能源期货市场。天津港是煤炭、矿石、石油等大宗货物的集散地,天津可以通过能源金融区域合作,借鉴发达国家的资本市场运行经验,探索建立煤炭等能源期货交易所,进而增加社会资金对能源产业的支持力度,同时规避市场价格波动风险。此外,天津应加强支持和鼓励有条件的能源企业积极参与国际能源期货市场,规避价格风险,确保能源企业经营安全。

5. 加强货币市场与资本市场的联动发展

天津应借助滨海新区在金融改革及创新方面先行先试的有利契机，加强市场联动发展研究，增大跨市场交易工具创新，建立并加快完善跨市场风险监管和风险处置的联合协调机制。加强建设多层次、多元化的市场体系，促进能源金融基础产品市场和衍生产品市场、货币产品市场和资本产品市场、外币产品市场和本币产品市场联动发展，提高市场的资源配置和投融资效率。

此外，天津还要加强各大金融机构对能源企业的服务力度，金融机构利用同业拆借市场、回购协议市场、商业票据市场、银行承兑市场、短期政府债券市场、大面额可转让存单市场，全方位为能源企业提供融资服务，满足能源企业融资需求。同时大力发展能源企业货币市场的直接融资业务，利用短期融资券等融资方式在货币市场进行低成本融资，并努力降低能源企业的财务成本。金融机构要结合能源企业的发展及自身需求提供全方位综合服务，利用中长期信贷市场、债券市场、股票市场、保险市场、融资租赁市场、产权交易市场为能源企业提供直接融资服务。同时建立健全各市场间的互通机制，指导能源企业利用各市场间的纽带关系，实现跨市场互通发展。

专 题 篇

Special Research Reports

·天津金融发展研究·

B.11
依托一带一路 天津寻求新的发展机遇

摘 要: 建设丝绸之路经济带和21世纪海上丝绸之路是党中央、国务院统揽政治、经济、外交、社会发展全局做出的重大决策,是我国推动新一轮对外开放的重要战略举措。建设"一带一路",顺应了时代发展的要求和沿线各国家、地区加快发展的愿望,提供了包容、开放的发展平台,能够把快速发展的中国经济与沿线国家、地区的利益融合在一起。这一倡议一经提出,就引起了国内外的广泛共鸣和积极响应。一年来,我国与相关国家和地区组织以创新的合作模式,就共建"一带一路"做出巨大努力,以点带面,从线到片,全方位推进沿途国家双边和区域合作,取得可喜进展。2015年,"一带一路"作为我国区域发展的首要战略,正在由构想逐步变为现实。本报告介绍了一带一路为天津带来的机遇和挑战,并提出了可行性建议,以促进天津经济的发展。

关键词: 一带一路 机遇 挑战 建议

一 "一带一路"国家战略概述

2013年9月,习近平总书记访问中亚四国时首次提出建设丝绸之路经济带的构想,10月访问印尼时提出要构建21世纪海上丝绸之路。党的十八届三中全会审议通过的《中共中央关于全面深化改革若干重大问题的决定》中明确指出,要"推进丝绸之路经济带、海上丝绸之路建设,形成全方位开放新格局"。由此,推动丝绸之路沿线发展上升到了国家战略层面。这一跨越时空的宏伟构想,承接古今,连接中外,赋予古老丝绸之路崭新的时代内涵,被誉为是一个高瞻远瞩的战略构想、一条和平发展的共赢之路、一项脚踏实地的伟大事业,在国际社会引起了广泛反响。2015年3月28日,国家发改委、外交部、商务部联合发布了《推动共建丝绸之路经济带和21世纪海上丝绸之路的愿景与行动》,圈定了"一带一路"重点涉及的18个省、自治区、直辖市,明确了各地定位及对外合作的重点方向。

(一)"一带一路"国家战略的提出

1. 丝绸之路经济带

丝绸之路经济带,是中国与西亚各国之间形成的经济合作区域,从当前的构想看,大致在古丝绸之路范围之上。这一地区资源丰富,但交通不够便利。建设丝绸之路经济带,将对这一区域的经济发展及全世界经济产生重要影响。2013年9月7日,习近平总书记在哈萨克斯坦纳扎尔巴耶夫大学发表了题为《弘扬人民友谊 共创美好未来》的重要演讲,首次提出共同建设丝绸之路经济带的倡议。习总书记指出,"为使欧亚各国经济联系更加紧密、相互合作更加深入、发展空间更加广阔,可用创新的合作模式,共同建设丝绸之路经济带",倡议中国与中亚国家"将政治关系的优势、地缘毗邻的优势、经济互补的优势转化为务实合作的优势、持续增长的优势",以点带面,从线到片,逐步形成区域大合作。丝绸之路经济带的建设,不但可以促进上海合作组织成员国的经济发展,而且可以扩展经济合作范围,惠及南亚、西亚区域,最终使全球经济受益。按照我国的设想,发展丝绸之路经济带可以从以下几个方面着手,重点是加强"五通":一是加强政策沟通。沿线各国可以共同协商和制定经济发展战略、区域合作规划,在政策和法律上打通区域经济融合的障碍。二是加强道路联通。尤其是要打通太平洋到波罗的海的运输大通道,逐渐打造连接东亚、西亚、南亚的交通运输网,为各国间货物运输与人员往来提供便利。三是加强贸易畅通。丝绸之路经济带的市场规模和经济潜力庞大,参与的国家和地区应深入探讨推动贸易和投资便利化的途径和渠道,共同消除贸易壁垒,降低贸易和投资成本,提高区域内经济循环的速度与质量,实现区域内互利共赢。四是加强货币流通。推动实现本币兑换与结算,提高抵御金融风险的能力,增强区域经济的国际竞争力。五是加强民心相通。加强区域内人民的友好往来,为开展区域合作奠定坚实的民意基础和社会基础。

古丝绸之路是西汉时期张骞出使西域时开辟的陆上商业贸易通道,以长安(现为西安市)为起点,经甘肃、新疆到达中亚、西亚,最后联结地中海各国,也被称为"西北丝绸之路"。丝绸之路是东西方文化交流的重要通道之一,在推进以丝绸、香料交易为主的远距离贸易活动的同时,对人类历史文化的传承和发展产生了不可估量的影响。

新丝绸之路经济带(也被称为"新丝路"或"新欧亚大陆桥",即 New Silk Road or New Eurasian Land Bridge)是在古丝绸之路的基础上形成的新时期的经济合作区域。新丝绸之路经济带不是对古丝绸之路的简单复制,而是全球化视角下新的战略构想。它以古丝绸之路为基本走向,横贯欧亚大陆,东起西太平洋沿岸,西至波罗的海,横跨欧亚大陆;东连亚太经济圈,西接欧洲经济圈,主要涵盖中亚各国,预计未来将逐步扩展至西亚和东欧国家,甚至辐射北非与其他欧洲地区，能够惠及 30 多个国家共 30 亿人口，是世界上最长和最具发展潜力的经济大走廊。新丝绸之路经济带以欧亚经济共同体和上海合作组织为主要平台，以综合交通运输网络为纽带，以沿线中心城市为支点，以跨国贸易投资自由化和生产要素优化配置为主要目标，是实现丝绸之路沿线国家经济互利共赢和一体化发展的带状新兴经济合作区。在当代经贸合作条件下，发展新丝绸之路经济带，不仅可以加速沿线国家和地区的经济发展，还可保持亚欧地区地缘政治格局稳定。

在国内，诸多省区市都明确提出要抓住新丝绸之路建设的机遇，加快自身的经济发展。2013 年底，国家发改委和外交部召开了推进丝绸之路经济带和海上丝绸之路建设座谈会，会议首次提出要将陕西、甘肃、青海、宁夏、新疆、重庆、四川、云南、广西西部 9 个省、自治区、直辖市纳入丝绸之路经济带规划。2015 年 3 月发布的《推动共建丝绸之路经济带和 21 世纪海上丝绸之路的愿景与行动》正式明确了"一带一路"重点涉及的 18 个省区市，包括新疆、陕西、甘肃、宁夏、青海、内蒙古西北 6 省区，黑龙江、吉林、辽宁东北 3 省，广西、云南、西藏西南 3 省区，上海、福建、广东、浙江、海南 5 省市和内陆的重庆等地。同时，《愿景与行动》还规划了各省区市在"一带一路"中的定位，如，新疆定位为丝绸之路经济带核心区，主要是深化与中亚、南亚、西亚等国家交流合作；云南建设成为面向南亚、东南亚的辐射中心；东北 3 省是向北开放的重要窗口等。

2. 21 世纪海上丝绸之路

21 世纪海上丝绸之路是习近平总书记在 2013 年 10 月访问东盟国家时提出来的战略构想，是目前全球政治和贸易格局不断变化时，我国主动与世界连接的新贸易之路。依据这一构想，海上丝绸之路的战略合作伙伴将不限于东盟，而是要串联起西亚、南亚、北非、欧洲等各大经济板块，将战略合作经济带延伸至南海、太平洋和印度洋。海上丝绸之路将作为重要推动力和载体，从规模和内涵上进一步提升东盟国家与中国的政治、商业合作关系。2013 年 9 月 3 日，李克强总理在第十届中国 - 东盟博览会暨中国 - 东盟商务与投资峰会上提出"要续写海上丝绸之路的历史辉煌"。他强调，稳步推

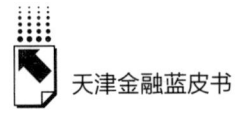

进海上合作，共同建设21世纪海上丝绸之路，重点要落实海洋经济、海上互联互通、环保、科研、搜救和渔业合作。2013年10月3日，习近平总书记在印度尼西亚国会发表题为《携手建设中国－东盟命运共同体》的重要演讲。他指出，东南亚地区自古以来就是海上丝绸之路的重要枢纽，中国愿同东盟国家加强海上合作，使用好中国政府设立的中国－东盟海上合作基金，发展好海洋合作伙伴关系，共同建设21世纪海上丝绸之路。2014年3月5日，李克强总理在《政府工作报告》中又提出，要抓紧规划建设丝绸之路经济带和21世纪海上丝绸之路。同年11月4日，习近平总书记在中央财经领导小组第八次会议上，研究丝绸之路经济带和21世纪海上丝绸之路规划，提出建立亚洲基础设施投资银行和设立丝路基金。

古代的海上丝绸之路形成于秦汉时期，是古代我国与外国进行贸易和文化交往的海上通道。古代海上丝绸之路大体可分为南、东两线：南线自广州、粤西－北部湾沿海港口启航，穿过南中国海、马六甲海峡，向西进入印度洋、波斯湾、红海沿岸国家和地区，延伸至欧洲，是最早、最主要的航线；东线自广州、澳门、粤东、闽南港口启航，直航至菲律宾马尼拉，横渡太平洋，到达北美洲墨西哥的阿卡普尔科港，然后通往南美洲的秘鲁、智利、阿根廷及中美洲加勒比海地区诸国，是16世纪以后亚太地区与美洲新大陆海洋交通的主要航线。21世纪海上丝绸之路战略构想是在古代海上丝绸之路基础上形成和延伸的区域，可以将我国与东盟、印度、巴基斯坦、孟加拉、斯里兰卡、沙特、伊朗、埃及等国家和地区联系起来。海上丝绸之路主要覆盖东盟、南亚和中东地区，途径苏伊士运河到达地中海，最终与希腊、意大利、西班牙、法国等欧洲国家联系贯通。

海洋是各国经贸、文化交流的天然纽带，共建21世纪海上丝绸之路的核心内容是开发其通道价值以实现战略安全。在全球政治经济格局合纵连横的背景下，中国作为世界第二大经济体，开辟21世纪海上丝绸之路可以大大增强中国的战略安全。习近平总书记针对丝绸之路经济带提出的"五通"举措，同样也适用于打造21世纪海上丝绸之路。共同建设21世纪海上丝绸之路，主要体现在认同新理念和达成新共识方面，重点在于打造中国－东盟自贸区升级版，进而打造命运共同体。2015年3月28日出台的《推动共建丝绸之路经济带和21世纪海上丝绸之路的愿景与行动》也强调，建设"一带一路"的重点在于沿海的节点城市，要加强天津等15个沿海城市港口建设。天津是欧亚大陆桥头堡，依托天津港的巨大优势，在21世纪海上丝绸之路战略中将迎来难得的发展机遇。

（二）"一带一路"战略的重大意义

"一带一路"战略是党中央适应国际经济新格局的新变化，统筹国内、国际两个大局做出的重大战略决策，是新时期我国加快西部开发开放、东部转型发展的现实需要，也是我国沿海沿边持续开放的规划基点。"一带一路"战略构想明确了我国对外开放的新路径，将成为我国新的经济增长点。"一带一路"沿线国家人均收入与中国相近，但增速略低，有共同合作空间，特别是陆上丝绸之路国家的合作空间更大。据测算，一带一路沿线国家的GDP占世界总额的55%左右，人口数量占世界总人口的70%左右，拥有能源占世界已探明能源资源的75%左右。庞大的经济体量，加之全球独一无二的经济发展速度，使"一带一路"有望成为全球化时代的经济大动脉，并形成具有全球影响力的新的共同市场。建设"一带一路"，通过区域合作实现资源最优配置、各国优势互补、地区互利共赢，对于促进技术进步与制度创新、推动产业结构优化升级、加强人文交流、增进理解互信、拉紧友谊纽带、保障沿线国家和平发展、维护区域和谐稳定具有重要意义。

1. "一带一路"建设有利于我国更好地面对日益复杂的国际形势

历史上，丝绸之路曾一度成为横贯欧亚大陆政治、经济和文化中心带的主干道，是中西方友好往来的重要象征，其发展兴盛的过程也是中华古代文明繁荣昌盛的过程。当前，国际政治与安全环境形势日益复杂，美国实施"重返亚洲"和"亚洲再平衡"战略，积极拓展其在中亚、南亚的影响力，配合先前的"太平洋岛链"，形成对中国的战略合围之势；暴力恐怖主义、民族分裂主义与宗教极端主义等"三股势力"对我国的威胁愈发显著，暴恐事件呈现扩散趋势，给我国的政治安定与人民生命财产安全造成严重破坏；能源安全等经济安全问题日益凸显，亟需开辟一条新的能源运输主干道，以分担马六甲海峡运输路线的风险。因此，发展"丝绸之路经济带"既是对辉煌历史的追忆，饱含中华民族伟大复兴的寓意，更是在当前复杂的国际环境下审时度势，由韬光养晦转向有所作为，以化解我国面临的不利形势的战略部署。

2. "一带一路"建设有利于保持欧亚地区地缘政治格局稳定

"一带一路"使我国与沿线国家区域经济合作更为深入，推动共同发展和共同繁荣。资本、劳动力等生产要素在区域间分布的不平衡决定了生产要素在国家和地区的流动。生产要素跨区域自由流动，在一定程度上可以改变一个国家或地区的要素禀赋状况，大大增强区域间的贸易联系和经济合作关系。各个国家或地区为了能够获得最低的成本、最有利的贸易条件和最佳的效益，在与不同区域的经济合作中，会遵循比较优势原则，选择自身最具优势或最适合自身发展的产业或项目来重点培育。"一带一路"区域经济合作会根据各区域、国家、地区的特点，寻找适合的经济发展形式，将各区域在分散条件下不能获得的经济效益借由区域合作，形成经济综合优势。并且，经济合作能促进各国人民之间相互了解，扩展合作机制，不断扩大合作领域，有利于逐步确立共同的利益预期和规范，使合作主体发展成为"安全共同体"，最终实现国家间的和平共处。

3. "一带一路"建设有利于我国与沿线国家的交流合作更为紧密和深入

丝绸之路经济带在我国境内的东桥头堡是连云港，北有青岛、天津、大连，南有上海、宁波、广州等，西是阿拉山口、二连浩特、满洲里等口岸组成的陆桥通道。新欧亚大陆桥是丝绸之路经济带的重要组成部分，是世界各国连接欧亚大陆的便捷通道，加强了亚太地区与欧洲的沟通交流，密切了亚欧间的经贸往来，国际运输业务量也因此迅速增长。新欧亚大陆桥连接了40多个亚、欧国家和地区，目前已有日、韩、俄、德等14个国家和地区加入了新欧亚大陆桥国际运输，初步实现了由单向西行到东西双向运行的目标。日、韩、东南亚、北美等国家和地区大力发展铁路过境集装箱运输业务，与中亚国家形成了更稳固的贸易运输纽带。我国西部地区也通过参与国际经济贸易，打通了对外连接渠道。

（三）国内外对"一带一路"战略的反响

"一带一路"战略构想，既传承了和平合作、平等包容、互利共赢的古丝绸之路精神，又顺应团结、发展、合作、共赢的新的时代潮流。同时，在国际和大国间的竞争和矛盾日趋复杂激烈的大背景下，明确了我国对外开放的新路径。因此，"一带一路"倡议在提出后，引起了国际社会的高度关注和国内各省区市的强烈反响，普遍给予积极评价，纷纷着手加紧布局，研究并实施参与经济带建设的规划。

1. 国际社会高度评价"一带一路"战略

一些国家认为，"一带一路"战略构想符合沿线国家的需求，将会有力推动区域经济合作。塔吉克斯坦总统拉赫蒙表示，塔吉克斯坦欢迎和支持"一带一路"倡议，这一倡议契合塔吉克斯坦的需要。中国在上合组织框架内向塔吉克斯坦、吉尔吉斯斯坦、乌兹别克斯坦等国投资了很多项目，建设丝绸之路经济带将为这些国家提供宝贵的发展机会。斯里兰卡外交部长佩里斯表示，斯里兰卡坚定支持海上丝绸之路建设，"一带一路"战略全面实施有助于相关国家相互融合，优势互补，推动国际贸易发展。哈萨克斯坦前总理捷列先科认为，丝绸之路经济带倡议不仅对中国意义重大，对哈萨克斯坦等国家来说也是难得的发展机遇。中国作为世界第二大经济体，拥有资金、科技和劳动力优势，而哈萨克斯坦等中亚国家资源丰富、发展潜力巨大，这两者的结合会产生明显的经济发展效益。

一些国家认为，"一带一路"沿线国家可借助"一带一路"机遇加强国内基础设施建设。巴基斯坦总理谢里夫表示，巴基斯坦将借助"一带一路"建设的机遇，建立并完善公路、铁路、航空等交通运输网络，并重点开展能源和基础设施方面的项目。东帝汶总理古斯芒认为，"一带一路"沿线的一些国家和地区缺少铁路、公路等交通基础设施，建设"一带一路"的倡议将会有力推动这些国家和地区的基础设施建设。匈牙利总理维克托表示，中东欧国家盼望中国借"一带一路"建设之机，投资该区域的基础设施，促进区域经济联通。哈萨克斯坦总统纳扎尔巴耶夫在亚洲开发银行最近召开的年会上表示，哈萨克斯坦希望能发挥地理优势，力争成为丝绸之路经济带的重要过境中心，促进哈萨克斯坦对外贸易、现代运输与物流业的发展。

还有一些国家认为，实施"一带一路"战略有利于促进人文交流，增强互信。第六十七届联合国大会主席、塞尔维亚共和国前外交部长耶雷米奇认为，中国的古丝绸之路促进了不同国家和地区文明的对话与交融，新时期的"一带一路"构想具有更加丰富的内涵，是中国全球战略的创新举措。吉尔吉斯斯坦前文化部长苏尔丹拉耶夫表示，丝绸之路经济带的建设有利于推进两国人民交往，增加相互了解与信任。泰国开泰研究中心中国室主任黄斌认为，"一带一路"战略构想的基础是与邻为善、以邻为伴，该构想睦邻、安邻、富邻，指明了与周边邻国共同发展繁荣的途径。

2. 国内各省区市积极响应

我国共有18个省、自治区、直辖市被确定为"一带一路"战略重点涉及区域。相关省区市结合自身优势，正在加紧战略布局，积极开展"一带一路"建设的相应规划研究和制订工作。

在丝绸之路经济带建设上，陕西是古丝绸之路的起点和新欧亚大陆桥的主要枢纽。近期，陕西提出以将西安建设为国际化大都市为核心，以构建欧亚立体大通道为基础，以建立交流平台和健全合作机制为保障，以文化旅游合作为先导，打造丝绸之路经济带新起点。甘肃地处欧亚大陆桥的重要区段，是我国向西开放的重要门户，提出要充分发挥通道衔接作用、产业支撑作用、生态屏障作用、文化融合作用，着力打造丝绸之路经济带黄金段。宁夏借助"中国—阿拉伯经贸论坛"的重要平台，提出要以阿拉伯国家和穆斯林地区为重点，加快建设中阿空中丝绸之路、中阿互联网经济试验区、中阿金融合作试验区和中阿博览会战略平台，构建中阿合作的桥头堡，打造丝绸之路经济带的战略支点。青海提出要充分运用区位优势、战略通道、特色资源和南丝绸之路历史渊源等先天优势，努力打造丝绸之路经济带的战略基地和重要支点。新疆提出将积极推进和拓展与丝绸之路经济带沿线国家、地区的全方位务实合作,努力建设丝绸之路经济带上的核心区。重庆提出依托"渝新欧"大通道,进一步扩大向西开放,成为丝绸之路经济带的战略支点,并申请成为丝绸之路经济带起点和海上丝绸之路中心城市。云南提出以孟中印缅经济走廊、大湄公河次区域合作为重要抓手,以重筑南方丝绸之路推进互联互通为重点内容,以多边、双边合作项目为基本载体,建设连接印度洋的战略通道、沟通丝绸之路经济带和海上丝绸之路的枢纽、丝绸之路经济带西南方向的重要支点和经济增长极。四川提出以四通八达的交通为基础,将丝绸之路经济带与深入推进新一轮西部大开发、扩大内需等战略紧密结合,依托泸州、宜宾港口,着力建设长江航运物流中心,成为丝绸之路现代物流经济带的重要枢纽。

在海上丝绸之路建设上,福建提出,要抢抓机遇,努力将历史优势、人文优势、经贸优势转化为"一带一路"建设的先行优势,成为海上丝绸之路新起点。海南提出,要准确评估海南在重振海上丝绸之路上的战略地位,把海南打造成海上丝绸之路战略枢纽和桥头堡,在对接与服务中进一步提高海南经济的开放程度。浙江宁波提出,统筹好陆海通道建设、开放政策体制和对外合作平台,建设21世纪海上丝绸之路重要始发港。广西、广东等省区市也提出要积极谋划、参与21世纪海上丝绸之路建设。

此外,未纳入国家规划的一些省区市也将"一带一路"视为加速自身经济社会发展的重大机遇。湖北、山西等省将相关内容写入政府工作报告,一方面积极争取纳入国家规划;另一方面启动铁路规划等实质性工作,希望能与其他省区市道路相通,共享"一带一路"战略红利。

二 "一带一路"战略给天津带来新的发展机遇

天津正处于经济转型升级的攻坚期和新一轮对外开放的机遇期。"一带一路"战略的实施,有利于提升天津经济整体竞争力和可持续发展能力,在日趋激烈的国内外竞争中占据有利地位;有利于进一步推动天津与国内其他省区市、沿线国家全方位、宽领域、多层次的交流合作,拓展对内、对外开放新空间，加快构建更高水平的开放型经济体系；有利于在更大范围内配置资源要素，加强外部要素与内部资源的对接融合，加快经济转型升级步伐，提高经济发展质量和效益。融入"一带一路"建设，将成为天津开辟经济腹地、扩展生存空间、提高国家经济发展战略地位的重大机遇。

（一）提升天津经济竞争力

天津区位优势明显，地处环渤海湾中心地带，是环渤海地区、京津冀都市圈的核心组成部分，东临渤海，可以连接21世纪海上丝绸之路；可以辐射华北、东北、西北地区，有三条线路可通欧亚大陆桥；东牵亚太经济圈，西系欧洲经济圈，可以对接丝绸之路经济带。天津处在"一带一路"战略的关键位置，如凭借自身优势，充分发挥枢纽作用，积极主动参与和推进"一带一路"建设，可以发展成为陆海统筹互联互通的21世纪海上丝绸之路的重要战略节点城市，争取成为丝绸之路经济带的中枢支点城市。在"一带一路"战略实施中，"引进来"与"走出去"并重，天津可顺势而为，鼓励本地企业对外投资和跨国经营，带动产品、服务和技术出口，增强与国内外其他地区人才、信息等生产要素交流，促进对外开放与深化改革良性互动。

天津是拥有我国北方最大港口和北方重要公路、铁路交通枢纽的城市，充分发挥区位优势，以综合交通运输体系为先导，通过统筹互联互通的战略通道布局，推进重点项目建设，搭建多层次交通运输的国际合作机制，将会进一步加快国际运输便利化进程，加速打造国际航运中心、北方国际物流中心。

天津拥有充分发挥全国综合配套改革试验示范区和自由贸易试验园区先行先试的政策优势，能够提供优惠的港口通关政策，在服务丝绸之路经济带等沿线地区的过程中，可以不断完善自身金融创新和投融资环境。近些年，天津的经济发展速度位居全国前列，保持经济快速增长的压力与日俱增。随着丝绸之路经济带建设的推进，将会有更多的来自丝绸之路经济带沿线国家和地区的原料、资源、商品和服务需要在国内和国外找到市场，也会有更多的原料、资源、商品和服务经过天津进入我国，流向内陆丝绸之路经济带。所有这些，都将巩固天津作为北方国际航运中心、北方交通中心和北方经济中心的地位，是有效提升经济竞争力的难得机遇。

（二）实现区域合作与互利共赢

"一带一路"战略中，国内省份和沿线国家要素禀赋各异，比较优势差异明显，互补潜力巨大。建设"一带一路"，有利于天津主动参与世界经济的发展，充分发挥比较优势，促进生产要素有序自由流动，实现资源高效配置，促使要素与市场深度融合；有利于充分利用自身优势条件提高互补合作关联度，在区域合作经济体中掌握主动权并提高参与度；有利于挖掘区域贸易新增长点，密切与其他地区的交流与联系，扩大双向投资合作，推进区域基础设施互联互通，提高区域经济协同水平。通过优势互补，拓展国内市场、扩大对外贸易、拉动经济增长、优化战略空间布局，将使天津最大限度地实现区域合作互利共赢。

新时期建设丝绸之路经济带，既应延伸至经济发展水平明显占优的东部地区，更要充分利用中西部能源资源，加强东西部地区合作，实现中西部地区跨越式发展。在这一思路下，天津可以充分发挥自身优势，带动西部地区发展，在促进西部地区加快对外开放步伐的同时，提升自身对外开放水平。天津作为北方第一大港口城市，融入丝绸之路经济带建设不仅能扩展自身生存空间，也丰富了丝绸之路经济带的内涵，拓展了其外延。

21世纪海上丝绸之路是新时期海洋经济战略背景下我国深化沿海开放的战略举措，不仅能够巩固和发展我国与东南亚地区的经贸合作关系，还可以逐步辐射南亚、非洲，有利于新欧亚商贸通道和经济发展带的形成，为天津加强与东南亚地区经贸合作提供新支点、新路径。从贸易往来看，天津率先对外开放30余年，已经形成东部地区典型的贸易驱动外向型增长模式，面对经济结构转型和海外投资加速的新局面，迫切需要加快同东南亚地区互联互通，以加速企业产品结构升级。天津凭借独特的区位优势，在"一带一路"建设中能够打造由港口组成的对外开放新网络，增强与东亚、东南亚、西亚乃至非洲的联系，释放合作潜力，拓展临港产业和港口城市新的发展空间。

（三）推动产业结构优化升级

"一带一路"战略有利于天津引进技术水平高、产出效益好的优质项目，发展有前景、有优势、有竞争力的战略性新兴产业，提高现代服务业发展水平，为产业转型升级提供新空间；有利于进一步加强原有产业优势，不断调整自身结构，提升工业化水平，带动上下游产业的发展，促进产业、城市、港口联动发展；有利于充分利用国外优势资源，大力发展高新技术产业，实施创新驱动战略，强化产学研深度合作和产业链的资源整合，实现产业发展的跨越式升级。天津可以结合国家"一带一路"战略，把产业布局调整与结构优化结合起来，实现更大范围、更高层次、更宽领域的开发开放。

参与丝绸之路经济带建设，有利于提升天津产业结构。21世纪海上丝绸之路建设形成的产业倒逼机制，将为电子信息、海洋旅游、海洋运输等战略性新兴产业带来新的发展机遇，这将成为天津产业结构高级化的重要推动力。天津通过与海上丝绸之路沿线国家间的产业转移和承接，可以在实现区域合作多赢的前提下，提升产业规模和层级，延伸和完善海洋产业链，推动链条长、关联度高、辐射能力强、带动效应大的现代海洋产业等战略性新兴产业，尤其是海洋装备制造业的发展，巩固和提高天津产业在区域经济中的地位。

三 天津融入"一带一路"战略的优势与挑战

天津地处陆上丝绸之路与海上丝绸之路的交汇节点，是我国北部最大的沿海开放城市，是新欧亚大陆桥重要的东端起点，有明显的区位、港口、产业等综合优势，对丝绸之路经济带中我国核心区域有较强的经济辐射与联动作用。加之滨海新区开发开放、京津冀协同发展国家战略、自由贸易试验区等政策优势,天津能够在"一带一路"建设中做出重要贡献。但同时也要认识到,天津在融入"一带一路"国家战略过程中也面临一些问题。

(一)融入"一带一路"战略,天津具有独到优势

1. 天津与丝绸之路经济带沿线地区和国家有良好的合作传统与基础

"一带一路"战略规划实施后,国家从对外开放、基础设施建设、财政、吸引人才、就业等多方面对沿线省区市给予大力扶持,我国东西部地区也采取多种措施,密切相互联系,例如产业由东部向西部转移、西部设立内陆港、东部设立海关特殊监管区等。西部省区市特别是新疆、陕西、宁夏、青海、甘肃等地,是天津的重要腹地。"一带一路"战略实施密切了双方在经贸、投资、产业、科技、教育等各方面的往来合作。

天津与丝绸之路经济带沿线地区,尤其是我国西部地区有合作共赢的传统。以新疆为例,天津与新疆的商业合作起源于晚清时期。清末,天津商人"赶大营",徒步8000里到新疆谋生创业,生息繁衍,将东部地区的物质和文化理念带到了新疆,重新开辟了从渤海之滨到新疆的商路,为促进新疆与其他地区的交流,促进新疆的经济、文化和社会发展,促进民族团结做出了重要贡献。之后,这条商路又沿着古丝绸之路,一直通向中亚及欧洲,成为近代中国第一条欧亚大陆桥。2010年开始,天津与新疆开展对口支援合作,在经济、干部、人才、教育等方面建立了长效机制,以支援带动合作,以合作带动发展。天津援疆工作开展5年来,在经济、文化等方面取得了积极成效,极大地增进了两地人民的友谊,天津水泥设计院、天津钢管公司、天津农科院、天津环渤海控股集团、天津金桥焊材集团等单位与新疆在水泥、建材、农业科技领域开展了密切合作,新疆美克家俬、特变电工、中基集团等知名企业也纷纷来津投资办厂。除新疆外,陕西、甘肃、青海等省区也是天津开展对口支援或进行贸易合作的重点地区,是天津25个无水港和5个区域营销中心的主要分布区域。天津作为我国北方最大的沿海港口城市,有丰富的改革和对外开放经验,并且在工业尤其是现代制造业方面具有显著优势。共同建设丝绸之路经济带将为天津和西部地区带来新的合作机遇,两地

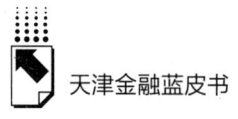

交流合作前景将更加广阔。

天津与"一带一路"沿线国家也有良好的合作基础,欧盟、东盟、日本、韩国等国家和地区都是天津重要的贸易伙伴。多年来,天津除了与我国内陆腹地省区进行对口支援合作外,还积极实施"走出去"战略,形成了以俄罗斯、乌克兰为主的东欧市场和以乌兹别克斯坦、哈萨克斯坦为主的中亚市场。21世纪初,天津滨海新区率先在乌兹别克斯坦建立了乌兹别克斯坦塘沽工业园,目前来看,其位置正处于丝绸之路经济带。天津诸多企业也在乌兹别克斯坦开办工厂,绩效良好。例如,天津开发区福林发展有限公司充分利用两地资源在乌兹别克斯坦开办淀粉厂,又在乌兹别克斯坦塘沽工业园内开办玉米糖生产厂。天津可以充分发扬这一对外合作的传统,继续坚持"走出去"的开放战略,扩大对外投资规模,打破国界限制。

2. 天津港作为新欧亚大陆桥桥头堡有巨大的区位优势

丝绸之路经济带连接着世界上两个最具影响力的经济圈,东边是极具潜力的亚太经济圈,西边是发达的欧洲经济圈。但丝绸之路沿线的大部分国家处于两个经济引擎之间的"塌陷地带",区域经济存在"两边高、中间低"的问题,迫切需要加强与两个经济圈的合作,充分利用两者资源。天津位于渤海湾最西部,处在海洋丝绸之路和欧亚大陆桥新丝绸之路经济带的交汇点,连接三条欧亚大陆桥,腹地面积近500万平方公里,辐射14个省区市,是距离华北和中西部地区最近的出海口,是北方地区走向世界的重要交通枢纽,有能力也有优势为丝绸之路经济带中部资源丰富的国家提供服务。海上丝绸之路串联了我国和东南亚国家的临海港口城市,服务我国与东盟,辐射南亚和中东。同时,天津处于丝绸之路经济带与21世纪海上丝绸之路这两个国家重大经济发展战略的中间区域,向西面对我国广袤的内陆腹地,向东毗连东北亚经济体,是丝绸之路经济带走向亚太经济体的必经之路。区位优势使天津有能力成为丝绸之路经济带和21世纪海上丝绸之路的海陆交通连接枢纽。

从陆桥运输来看,天津拥有三条连接东亚、中亚、中东、东欧、中欧、南欧、西欧的欧亚大陆桥过境通道,分别是天津新港-二连浩特班列、天津新港－满洲里－莫斯科班列、天津新港－阿拉山口班列，是连接阿拉山口（霍尔果斯）、二连浩特和满洲里口岸最便利的节点。其中，第一条通道沿天津、北京、张家口、大同，经二连浩特出境，进入蒙古国、俄罗斯。第二条通道沿天津、北京、张家口、大同、包头、银川、乌鲁木齐，经阿拉山口出境，向北进入哈萨克斯坦、俄罗斯、波兰、德国、荷兰、比利时；向南进入吉尔吉斯斯坦、乌兹别克斯坦、土库曼斯坦、伊朗、土耳其、希腊、保加利亚、罗马尼亚、匈牙利、斯洛伐克、捷克、德国。第三条通道沿天津、山海关、沈阳、哈尔滨、海拉尔，经满洲里出境，进入俄罗斯。天津港至满洲里过境集装箱班列开通后，天津港更成为中国大陆唯一拥有三条通道连接境外的陆桥港口。三条欧亚大陆桥覆盖区域广阔，是通达亚欧的重要国际贸易通道，也是推动区域贸易合作的重要桥梁。2014年运量9.1万标准箱，2015年预计突破10万标准箱。天津是连接陆桥沿线地区交流合作的纽带，也是推进陆桥沿线区域经济发展的桥梁。未来，天津应依托区位、产业、港口、政策和功能等综合优势，发展成为能够保障中国能源供应和经济运输安全的战略运输通道。

从海上运输来看，天津港是除大连港和营口港外路程优势最明显的港口，经天津港运输可以大幅缩短货物的运送时间。2014年，天津港货物吞吐量超过5.4亿吨，集装箱吞吐量逾1400万标准箱，开通了至日本、韩国等国家港口的28条海上货运航线，实现了高质量、高效益、可持续发展。2014年，天津港与世界上180多个国家或地区的500多个港口有贸易往来，集装箱航线总数达到120条，每月航班接近500班。天津港不仅可以吸引环渤海湾地区的货源，还可借助内陆深入的无水港，吸引西部、中部地区货源，提升港口吞吐量。在物流网络建设方面，2014年，天津港积极强化与国际知名航运企业集团的合作，对6条内外贸航线进行了船型升级和舱位扩容。

从海铁联运来看，海运与铁路的合作优势明显，500公里以内的货运以灵活性较强的公路运输为主，500公里以上的中长途货运则多以铁路运输为主。天津依托国家"一带一路"战略和港口优势，加速发展海铁联运。

2014年,天津港进一步加强与口岸和铁路部门合作,大力发展海铁联运和过境班列运输,推动无纸化通关和检疫电子放行,新开发全程物流项目18个,新增衡水、唐山、胜芳3个无水港,内陆无水港总数增至25个。天津港还与天津铁路部门积极对接并挖掘潜在市场需求,截至2014年底,天津已开通了至西安、包头、乌鲁木齐等地的15条海铁联运通道。现在,海铁联运的货物经过天津后,向北可以经二连浩特进入蒙古国,或经满洲里到达俄罗斯,向西可以经阿拉山口运至中亚地区,天津已成为哈萨克斯坦、蒙古国等多个内陆邻国借道出海的重要通道。尤其是近几年中蒙战略伙伴关系升温,中国、蒙古国间贸易量不断增加,未来,蒙古国向日韩等第三邻国出口矿产资源时将更多借道中国的铁路和港口。天津作为蒙古国在中国的第一出海口和中蒙俄经济走廊的主要节点城市,将在中蒙贸易中发挥更大的作用。2014年,天津港还开通了专门运输汽车的国际铁路班列。过去,日本车出口中亚,大多先经海运到欧洲芬兰,再运往中亚地区。现在,从日本到中亚的运输时间可由原来的70余天缩短到10余天,成本下降近10%。

3. 自由贸易试验区的建设增强了天津与"一带一路"战略的互动

2014年12月28日,天津自由贸易试验区经国务院正式批准设立,总面积119.9平方公里,主要涵盖3个功能区,即天津港片区、天津机场片区、滨海新区中心商务片区。天津自贸区涵盖了多种新金融业态、组织形式、业务和产品,将与其他国家和地区在产业、商贸、港口、物流、技术、人力资源等方面碰撞出更多合作成果。自贸区的获批,使天津处于五大战略叠加的重要历史机遇期,即建设综合配套改革试验区、纳入京津冀协同发展战略、建设天津自由贸易试验区、建设国家自主创新示范区、融入"一带一路"战略。

天津自贸区预期可以拥有关税减免、大部分货物免抽查等利好条件,将继续提升天津港的货物吞吐量。近年来,天津港的开放水域、码头岸线、码头泊位数量成倍增长,自由贸易港等政策逐步落地,天津口岸有望成为前景广阔的北方国际航运中心。2014年,我国港口吞吐量位居世界前列,但多以腹地型港口为主,国际中转量低。并且,国内港口的利润大多来自码头装卸，业务附加值低，难以形成港口的核心竞争力。天津自贸区的贸易便利化优势有助于天津港吸引附近国际港口的国际中转货物资源、延伸港口产业链、进行港口结构调整和产业转型升级、扩大市场规模、集聚高端要素和先进航运服务，提升天津港在全球的辐射力和影响力，改变我国港口货物吞吐量全球领先、综合排名不占优势的现状。

天津自贸区建设与丝绸之路的国家发展战略有机结合，将放大自贸区辐射与联动内陆的作用。天津将合理规划天津自贸区内的港区、贸易园区、物流园区和高新技术产业园区，着力发展先进制造业和大物流产业，编织更大规模、更宽领域、更高层次的产业与贸易网络，为健全和完善"丝绸之路经济带"的商贸与服务经济体系、进一步提升我国北方整体经济开放水平做出贡献。

（二）天津在"一带一路"战略中面临的挑战

1. 天津在"一带一路"战略中存在被边缘化的风险

近年来，我国区域发展战略和增长模式面临转型，区域经济发展国家战略集中出台，中西部地区加速发展，东北地区开始再振兴。"一带一路"战略是转型期的产物，着眼于推动中西部地区发展和区域国际化，解决国家资源产业和能源战略难题。随着国家发展战略重心逐渐转向欠发达地区，天津如何保持在国家开放战略中的地位，如何应对国家战略分散化带来的影响和冲击，并在新体制机制中寻求创新和新的经济增长点，成为目前面临的重大课题。

截至2015年2月初，我国已召开地方两会的28个省、自治区、直辖市中，超过2/3的省、区、市都对"一带一路"进行了本地的规划或推进。其中，云南、宁夏、河北等省份的规划已经进入具体项目和细节推敲阶段，河南、山东等省份也已有框架规划，并已启动项目建设。但是截至2015年6月，国内对丝绸之路经济带范围的研究，大多以西安为起点，向西延伸至地中海沿岸。这些主张或思路没有超出传统的陆权思维，排除了西安以东占我国一半国土的东部地区融入丝绸之路经济建设的可能性。2015年3月发

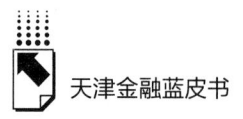

布的《推动共建丝绸之路经济带和21世纪海上丝绸之路的愿景与行动》共圈定了18个省、自治区、直辖市为"一带一路"国家战略重点涉及范围,其中也未包含天津。对此,天津应该认识到,丝绸之路经济带的涉及范围可以超出以传统陆权思想为基础的狭义的经济带范畴,关注包括陆权和海权的横贯欧亚大陆的经济大陆桥。丝绸之路经济带建设不仅需要在经济带上发挥支点作用的众多中心城市,还需要两大洋沿岸城市作为商品、服务、文化的登陆点。

"一带一路"是加速天津经济社会发展的重大机遇,已被天津纳入施政目标之中。天津需要积极研究国家战略和天津战略的有效融合点,率先提出合理发展建议,力求被国家发展战略采纳,并科学定位在"一带一路"中的地位和作用,防止在国家战略中被边缘化。在"一带一路"顶层设计规划中,天津被定位为"沿海节点城市",从太平洋沿岸登陆点来讲,天津港有深入内地的区位优势和业务基础,可以成为最优越的登陆点。天津若能够成为"一带一路"重要节点甚至战略支点,对城市的产业发展会带来深远影响。

2015年,天津市《政府工作报告》将天津定位为欧亚大陆桥东部起点、中蒙俄经济走廊主要节点和海上合作战略支点,提出天津将发挥桥头堡作用,融入"一带一路"战略中。在未来的发展中,天津应将本地的产业基础、优势条件与国家发展战略融合,在"一带一路"战略中抢占先机,避免地方发展重点和国家战略重点不对称造成的资源投向偏差。尤其要明确天津在欧亚大陆桥中的功能和作用,将城市定位与国家新战略结合起来,在国家交通路网和港口整体布局中发挥天津的产业和基础优势,更好地利用中亚和东南亚等外部资源,发挥辐射带动作用。探索东部地区在结构优化和产业升级方面与中西部地区的联动发展方式,运用市场手段,建立与山西、内蒙古、陕西、新疆等省区联动发展的长效机制。

2. 天津与沿边口岸的合作存在诸多阻碍

沿边口岸指边境地区通过公路、铁路、河运及航空线路连接邻国的通道体系,是内陆国家对外开放、开展国际贸易和边境贸易的门户。沿海与沿边地区可以互为贸易通道,在产业发展上有较强的互补性。近年来,我国沿边口岸加快开发开放步伐,东部省市在沿边口岸的投资与日俱增,带动西部沿边地区经济结构优化升级。天津是我国最大的沿海港口城市之一,与沿边地区的区域经济合作起步较早。天津通过与沿边地区的互动,有效扩大了对内陆经济的辐射区域,拉动了丝绸之路经济带沿线省市在物流、产业等方面的经济发展,参与构建了沿边地区区域经济发展新格局,但天津与沿边口岸的合作也存在一些阻碍。

首先,天津与沿边地区之间经济发展不平衡。天津与沿边地区的经济发展差异是实现沿海沿边互动发展的有利条件,同时也是制约因素。近年来,沿边口岸经济发展迅速,正处于要素集聚阶段,但工业基础薄弱,仍处在工业化初期。天津2014年工业总产值已超过3万亿元,与沿边地区巨大的工业发展差距增加了区域合作的成本。并且,丝绸之路经济带沿线地区的基础设施建设滞后,也阻碍了双方的合作。天津是欧亚大陆桥东部重要的国际港口城市,已经与新疆形成了大物流通道,但新疆铁路交通的便捷程度不足,通道建设仍需完善。

其次,天津和沿边地区的企业合作规模弱小。天津与沿边口岸互动发展的本质是以企业为主体,加强两地企业间沟通合作,实现生产要素的自由流动和优化配置。但截至2015年6月,天津企业在西部省市的投资与合作规模较小,天津企业参与度、积极性与其他东部省市相比差距较大,有实力、肯投资的民营企业数目较少,制约了产业跨区域实现规模经济的速度。

最后,天津与沿线国家之间存在政策壁垒。一些与我国西部接壤的国家政局不稳,与我国体制差异较大,政策变化较快,企业投资存在回报率低下的风险。并且,天津对相关国家的法律法规、投资环境的研究不够,准备不充分,也不利于实现天津与沿边口岸经济互动发展。

四 借助"一带一路"战略机遇,加快天津经济发展的建议

建设丝绸之路经济带和21世纪海上丝绸之路,是我国推进区域一体化

和互联互通的重要途径,对我国构筑陆海统筹、东西互济的全方位开放新格局具有重要的战略意义。天津应积极参与"一带一路"建设,推动丝绸之路经济带起始点东移、海上丝绸之路起始点北移,促使东北亚地区成为"一带一路"战略的重要交叉点。天津应凭借活跃的内外开放局面、先行先试的政策、夯实的海洋经济基础、良好的科技支撑条件和深厚的文化底蕴优势,在"一带一路"建设中发挥独特作用。

(一)构建综合交通体系,打造现代化物流网络

天津应进一步提升内引外联、串联东西的交通枢纽功能,强化口岸服务能力,构建现代化物流网络合作平台。要发挥天津港海向、陆向两个辐射扇面的作用,借由大量的物流及其带来的商流、资金流、信息流辐射,带动"一带一路"经济带发展。

1. 充分发挥天津港优势,完善综合运输体系

新欧亚大陆桥在我国境内贯穿10个省区,横贯10条南北交通大动脉,辐射面积占全国总面积的38%,覆盖人口占全国总人口的30%。该区域地域辽阔、资源丰富、市场通达、沿线经济互补性强,有强劲的发展潜力。天津港地处渤海湾腹地,位于环渤海经济带的中心,是新欧亚大陆桥最短路线的东端起点,作为新欧亚大陆桥桥头堡的区位优势突出。同时,天津港作为中国最大的人工港,是货类齐全与基础设施优良的综合性大港,已成为中国北方第一大港和全球货物吞吐的第四大港,也是全国唯一一个拥有三条欧亚大陆桥线路(包括经西北地区至中亚国家、经东北地区至俄罗斯和朝鲜、经华北地区至蒙古国与俄罗斯)的港口,交通优势地位突出,为发展物流货运产业提供了良好的条件。在国内丝绸之路沿海城市重要港口中,天津港的吞吐量及综合优势最大,是天津融入"一带一路"发展战略的重要路径。天津在融入"一带一路"国家战略过程中,要大力发展港口经济与临港经济,通过新欧亚大陆桥这个重要的联系与传导机制,促进滨海新区开发开放和先行先试的国家战略与丝绸之路经济带西部大开发的国家战略之间的有机结合,实现我国区域经济协调快速发展。

天津有完善的交通体系和综合服务功能，具备发展海陆空兼备的综合运输体系和物流体系的基础，是天津港强有力的依托载体。天津可以利用天津港有三条线路可通欧亚大陆桥的优势，完善综合运输体系，为发展以港口为依托的大物流产业打下基础。

具体来说，一是要构建综合交通网络。在陆向上，天津面向东北亚、连接东西亚，可以发挥区位优势，大力发展陆桥运输，重点发展中转运输和过境运输；在海向上，加快构建和完善国际航线网络、沿海班轮网络、环渤海内支线网络，促进海陆双向衔接，巩固天津港作为北方重要集装箱枢纽港的地位。二是要进一步打通港口直通西部的铁路网。可以加强铁路规划，将天津港至西部和腹地的铁路需求纳入铁道部门的长远规划并推动实施。一方面，积极完善天津铁路枢纽，加快实施蓟港铁路扩能改造、蓟港复线建设和黄万复线建设工程，并加快实施汊周线和杨双线工程，与西南环线、南港铁路形成丰沙大线、京沪线至南港的直接通道。另一方面，推进天津港直通腹地通道建设，重点建设天津至承德铁路通道、天津至张家口铁路通道、霸州西至保定、南港至石家庄、北京至张家口再至集宁货运通道，以新增铁路运输通道加大通往西部的运力，打通天津港直通西部、北部地区的大能力运输通道，打造衔接海陆丝绸之路的综合交通枢纽。三是要发掘航空市场潜力。开拓和完善通往西部"一带一路"重点省区市、中亚、欧盟、日韩等国家和地区的航线，加快设计和扩大异地候机楼，扩展天津机场的服务范围，提高服务的辐射能力，打造空中丝绸之路。四是要发展多式联运。实现海陆、海铁、空陆、空铁等联运一体化，增强对"一带一路"沿线国家和地区转口贸易服务能力，吸引各类资源和要素来津聚集。尤其是海铁联运，可以将天津港作为中心节点，更加便捷地打通我国北部、西部地区与南部地区的运输瓶颈，为客户提供更加低廉的运价、广阔的市场，同时也可为港口开发大量的潜在客户。

2. 构建以大物流产业为主的现代服务业体系

天津发展现代服务业，在转变经济增长方式、实现产业向价值链高端转移、提高科技创新能力等方面具有重要的战略意义。天津工业基础雄厚，已经形成了航空航天、装备制造等重点工业体系，为生产性服务业的发展提供了良好的基础。保税区和港口的良好区位，也使天津在金融创新、现代物流等现代服务业领域具有显著竞争优势。近年来，天津科技产业研发投入不断增加，初步形成了以滨海高新区为核心的高科技研发转化基地，促进了科技与信息等技术密集型服务业的快速发展。物流业是融合了运输、仓储、信息等多种产业的复合型现代服务业，在现代服务体系中具有基础性、战略性作用。天津要强化在"一带一路"中的中枢支点与战略节点作用，需依托天津港与天津自贸区的区位优势、交通优势和产业优势，深入发展大物流产业，在相关法律法规的规范下，重点发展保税仓储、国际采购、国际配送、国际中转、国际转口贸易等现代物流业务。借助有利条件，以点带面，在"一带一路"区域经济合作和快速发展的过程中，实现新欧亚大陆桥、丝绸之路经济带与国内区域经济的联动发展。

首先，构建现代物流体系。一是可以以港航物流服务体系为核心，以大宗商品交易为平台，以金融支持、信息服务为保障，构建"三位一体"国际型港航物流体系。二是要加快海港、空港、公路、铁路和大陆桥建设，完善现代物流口岸集疏运体系。三是重点推进并完善冷链、危险品、邮政、逆向、应急五大重点物流领域，打造国际化、高端化和多样化的现代物流服务。四是依托钢铁、石化、生物医药、装备制造等优势产业，建立专业化的物流园区，尤其是鼓励建立针对丝绸之路经济带的专业化、专门性物流园区，推进物流服务定向专业化与社会化。五是构建丝绸之路物流信息互通网络，实现物流信息资源的实时共享，增进港区物流精准化和智能化。还有，可以在设立针对丝绸之路经济带专门物流园区和信息互通网络的基础上，尝试由中央政府部门牵头，以天津为试点，组建丝绸之路大型物流集团，专门从事相关区域、相关货物的物流产业化经营与服务，实行统一集中管理，实现资源的合理优化配置，进而从点线面全方位组建并完善覆盖丝绸之路经济带的物流网络体系。

其次，打造双向开放通道，建设国际物流大通道。一是完善海港、空港、陆路港、铁路、公路等物流基础设施，构建智能物流配送核心网络，提升服务能力。二是借助丝绸之路经济带建设的契机，通过增设内陆地区无水港，挖掘腹地铁路集装箱货源，为腹地外贸进出口企业提供"一站式通关"的物流服务，增强"一带一路"沿线集散货物的能力，打通我国北方"国内企业走出去、外资企业引进来"的战略通道。借助丝绸之路经济带向东部沿海的延伸，深化与乌鲁木齐、霍尔果斯等西部口岸合作，研究搭建天津与欧亚大陆的跨国货运铁路直达通道。三是巩固已有的海上交通格局，加强海运通道的维护和通畅，并利用海空优势逐步实现海陆双向衔接。在国家统一规划、设计和协调的基础上，加强与周边国家的沟通协商，推进陆水联运协定的商签及通道建设，争取以天津为桥头堡，打通中日韩陆水联运通道，在已有的日韩空中通道基础上，加快与有条件的东亚城市和地区实现通航，打造更加便利的日韩贸易交往快速通道。成立渤海航运开发国家间的协调机构，推动形成背靠欧亚大陆、直通东南亚的国际物流大通道。

（二）以自由贸易试验区建设为契机，构建投资与贸易便利化合作平台

建立自由贸易试验区意味着拥有更优惠的政策、更广泛的开放领域、更深入的开放程度。天津的独特优势，为承接自贸区功能夯实了基础，为发挥自贸区辐射带动作用提供了便利，为支撑并推动"一带一路"战略创造了机会。天津建设自贸区是天津融入"一带一路"战略的重要条件和基础，有利于培育天津在全球化竞争中的新优势，构建与"一带一路"相关国家合作发展的新平台，拓展经济增长的新空间。

1. 提高对外开放的水平和层次，推进投资与贸易便利化

首先，天津要抓住自贸区建设的契机，推广可复制的经验。天津自贸区的建设立足于服务和辐射北方地区，重点是体制机制创新，从投资、贸易、通关、航运、金融等方面探索更加便利化的运营模式，营造更加国际化、市场化、法制化的营商环境，将对丝绸之路沿线国家、地区的企业产生巨大吸引力。在天津自贸区的建设中，天津应强化北方经济中心的作用，加强区域合作，提供政策优惠，改善投资环境，以此来增强辐射能力。具体来说，需

进一步强化国际贸易、航运融资、航运交易、航运租赁、离岸金融服务等功能，支持沿线及我国腹地区域产业结构升级与外向型经济发展，打造北方国际航运中心和国际物流中心。改善口岸通关设施条件，降低关税与非关税壁垒，增加技术性贸易措施透明度，加强区域通关一体化合作。

其次，强化天津作为"一带一路"中枢支点的作用。天津自贸区建设的制度红利将不断产生溢出效应，惠及"一带一路"沿线区域，特别是中西部丝绸之路经济带与海上丝绸之路东线区域。自贸区建设应不断加快制度创新步伐，实施宽松的税收和外汇政策，促进跨国公司内部调拨，吸引更多大型金融机构落户；培育和集中海上保险等现代航运服务业务，加大航运中心建设中的金融支持力度；吸引更多的高端加工、制造和仓储物流企业在天津聚集，叠加天津产业升级力度。

再次，天津应借助自贸区贸易枢纽建设，挖掘贸易投资合作潜力。"一带一路"战略规划实施后，天津与东盟、中亚、南亚、欧盟等国家和地区的合作潜力将增大，应抓住机遇，主动在更大范围、更广领域、更高水平上加快开放，提升投资与服务贸易便利化程度。以"一带一路"建设中的贸易条件改善和升级为引擎，积极争取与东南亚国家构建更广泛和高效的交易平台，大力发展跨境电商，聚集和整合电子商务、信息服务和人才服务，实现开放平台之间的跨国跨地区金融合作，将天津打造成为国家级区域性财富管理中心城市。巩固和发展国际货物贸易、国际转口贸易、国际服务贸易，加快建设北方国际贸易中心城市。充分发挥天津投资贸易洽谈会、滨海新区国际贸易洽谈会、津博会、津交会等贸易展会在对外开放中的平台作用，打造天津贸易合作的区域升级版，力争在更高层面、更大范围内发挥合作优势和潜力。

最后，优化对外贸易结构，积极开展贸易投资促进活动。天津要主动、积极与"一带一路"沿线国家和地区开展经济、贸易、人文等方面的交流合作，在合作中提升货物贸易档次，发展服务贸易，转变对外贸易增长方式，推动天津外贸出口由粗放增长型转变为质量效益型，由劳动密集型转变为资本、技术、知识密集型。筹划和开拓丝绸之路沿线国家的市场活动，特别要为中小型外贸企业搭建贸易平台,鼓励电子商务、商贸物流、供应链等外贸企业把业务范围拓展至"一带一路"沿线国家和地区。在哈萨克斯坦、阿联酋、土耳其、俄罗斯等国家选择与天津出口商品结构相契合的国际知名展会进行重点开拓。鼓励企业积极参加在沿线国家举办的各类国际或区域性展会,重点做好中国-亚欧博览会和中国-俄罗斯博览会等展会的组织工作。

2. 设立丝绸之路保税区,实现通关便利化

天津应在确保安全、高效监管的前提下,从税费和通关两方面实现对丝绸之路经济带沿线国家与地区的相关货物的贸易流动便利化,把好联通国际国内的第一道关卡,为促进丝绸之路经济带的经贸全面发展做出贡献。

天津可以在天津港或自贸区内设立丝绸之路保税区,对生产地或目的地为丝绸之路经济带沿线国家与地区的相关国际货物,给予全面的通关便利化服务。在天津港或天津自贸区内设立丝绸之路保税区的功能分区,按照国家法律法规的规定,对生产地或目的地为丝绸之路经济带沿线国家、地区的货物,给予进出口关税减免。对进口货物产生的增值税给予折扣优惠,对出口货物产生的增值税给予出口退税或免税。同时,争取更多的关税试点,对部分丝绸之路经济带沿线国家和地区的专属货物给予更多的税率优惠,降低这些国家与地区的生产和消费成本。具体来说,可以在天津自贸区开设丝绸之路绿色通道,实现单一窗口查验放行便利化;探索"无纸化"检验检疫模式,实行单证报验的便利化;完善货物流通的"预报即放"模式,实施"虚拟口岸,直通放行"模式,实现异地报检便利化。除此之外,应加快提升天津"无水港"运营水平,在外贸商品的报关、退税、中转等环节实现信息联动,建立"属地报关、口岸验放"和"属地报检、口岸验放"等快速通关模式,提升天津口岸服务功能。

(三)丰富区域合作形式,加强与国内外地区的交流合作

天津应充分利用现有与腹地、沿海沿边国家尤其是东北亚的合作基础,紧抓开发开放的战略机遇,进一步增进与丝绸之路经济带沿线地区、21世纪海上丝绸之路沿线国家的联系,在港口、产业、资源、人才、技术等领域

扩大合作规模,实现相互促进与合作共赢。

1. 加强与腹地省区市的产业合作

首先,推动天津与腹地的产业链互补和逐步转移,重点加强与对口支援地区的产业合作。依托滨海新区开发开放的国家发展战略和国家多年来实施的西部大开发战略,将天津启动自贸区建设、接近国际市场的优势和西部沿边地区的区位优势相结合。西部地区生产的产品以工业原材料为主,少有高附加值的最终产品,新疆、内蒙古的工业增加值率均低于全国水平。而天津在产品制造和深加工方面占有明显的优势,双方具有较强互补性。比如,天津的石油化工产业已经形成了较成熟的原油开采、储油、炼油、乙烯和乙烯下游产品链,其中有许多先进的开发经验和模式可以应用于新疆、内蒙古等大力发展石化工业的省区;又如食品加工业,西部省区的农业资源丰富且独特,天津的食品加工业起步较早,具有很大的合作潜力。因此,可以组织天津企业到西部的沿边地区联办出口加工企业,利用西部口岸直接出口欧亚市场,或吸引西部企业到天津联办贸易企业和出口基地,共同扩大对外开放,实现多赢和区域经济协调快速发展,促进西部地区经济发展转型。加快研究编制天津与腹地地区合作产业目录,加大推介力度,主动向西部地区延伸优势产业链,助推西部地区投资增长,提高生产要素配置效率,推动西部地区产业结构优化升级。与西部地区构建分工合理、深度融合、良性互动的产业价值链并优化产业结构,有利于天津全面开展与中亚国家的贸易、投资双轮驱动的合作,提高对外开放程度。2014年,已经有天津企业看中新疆采摘、加工、销售农产品的地域优势,在新疆霍尔果斯投资了伊犁阿旺都食品公司,以来自新疆伊犁河谷的优质农产品为原料,生产方便面、通心粉、粉丝等商品,直接销往中亚、俄罗斯市场。

其次,推动天津与腹地产业有序转移。一是走出去,在沿线地区建立产业园区。支持天津传统优势产业在西部地区建立天津产业转移园区,引导西部有实力的企业与天津支柱产业融合发展,通过与西部地区的合作,提升技术创新能力。天津可以在西部地区建立研发生产基地,培育其成为高新技术产业的研发转化基地、供应链配套基地、重大国家项目实施基地和优质外资项目示范基地，并围绕农畜、民族手工、医药、旅游、文化等领域展开技术交流和对接，加大财政对生产技术和产品展销的支持力度，促进西部地区资源优势向经济优势转化。继续依托"津洽会"、中国亚欧博览会、"兰洽会"、"青洽会"等经贸展会以及人才交流培训等平台，进一步挖掘天津与受援地区合作潜力，引导两地区企业相互投资、有序转移。二是引进来，在天津打造总部经济聚集区。天津要创造条件，吸引我国华北、西北等丝绸之路经济带沿线地区的大型企业集团来津建立企业总部机构。同时，通过发展"总部－制造地"的经济功能，辐射和带动天津非支柱产业的企业去西部建立制造基地，加速自身发展。目前，天津已经初步具备了发展总部经济的优良条件：拥有高素质的人才资源和科研教育资源；区位优势显著，交通物流网络发达；电子信息产业发达，智慧城市建设稳步推进，具有便捷的信息获取以及良好的同异地沟通的信息通道；具备良好、高效的法律制度环境，具备包容、多元化的文化氛围；已形成围绕总部经济的专业化服务支撑体系。天津要利用本地特有的资源优势吸引企业将总部在区域内集群布局，实现不同区域分工协作、资源优化配置的经济形态。

最后，深化与腹地口岸的合作。积极推动天津向内陆腹地发挥港口功能、口岸功能、保税功能，增强天津港对腹地的服务和辐射能力，更好地带动内陆腹地参与国际竞争。并且，探索无水港向物流园区和产业园区转型升级的模式，为全国其他地区积累可复制、可推广的发展经验。探索与腹地的通关协作方式，推进口岸服务工作机制创新，争取实现天津与腹地管理部门信息互换、监管互认、执法互助，共同提高过境运输服务国际竞争能力。推动滨海新区有关功能区与沿边试验区结成友好园区，开展合作共建，共享资源和政策优势。推动天津口岸与乌鲁木齐国际机场口岸、新疆霍尔果斯口岸、内蒙古二连浩特口岸等主要沿边口岸结成友好口岸。推动两地商业协会之间的交流，研究制定相关扶持政策，鼓励各区域组织、商会联盟在推动区域合作上发挥更大的作用。

2. 与沿海沿边国家建立长效合作机制

天津要进一步深化与21世纪海上丝绸之路沿线国家和地区的贸易合作，

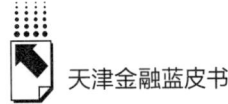

拓展对外开放深度和广度，培育参与国际合作竞争的新优势。具体来说，一是提高与沿海沿边国家的合作层次。建立天津与 21 世纪海上丝绸之路经济带沿线国家或地区使领馆的长效联络机制，共享信息，定期互访，促进产业协同发展。共同探索建立区域产业合作机制和产业转移的利益分享机制，加快共建跨区域产业园区。二是提升双向投资水平。充分发挥天津产业比较优势，加快产业"走出去"，加强与沿海沿边国家相关产业的深度对接。积极推进冶金、轻工、建材、纺织等技术较成熟、国际市场需求大的行业生产功能向沿线国家转移，在当地投资建厂，降低天津相关产业的生产成本。同时，帮助沿线国家和地区增加就业和税收，提高工业化水平。三是积极参与东盟国家港口建设项目。发挥天津港在建造、技术、运营等方面的经验优势，吸引北京、华北等腹地实力较强的金融、工程咨询单位与天津港口建设开发企业联合，将多地区建筑施工、设计咨询、外贸企业组成竞争力更强的联合体，参与沿线国家基础设施、房屋建造、轨道交通等领域的合作，带动我国相关设备材料的出口。加强与沿线国家或地区的能源资源和农业合作开发，推动天津资源开发类企业赴沿线国家开展铁矿、铜矿等金属采矿及初加工合作项目，建设境外资源开发回运基地，促进资源类大宗商品的进口。推动印尼棕榈种植合作项目申报国家级产业园区，推广带动天津农业企业参与东盟国家在水稻、棉花、甘蔗种植等方面的农业资源开发项目。高水平建设中国埃及苏伊士经贸合作区、泰国煤焦炼化产业园区和柬埔寨科技旅游产业园区等经贸合作园区，形成并推广天津在境外的产业园区发展模式，培育更多国际化示范性载体。

3. 开展重点面向东北亚地区的海上交流合作

近年来，世界经济版图发生深刻调整，世界经济重心东移，东北亚地区成为全球经济最具活力的地区之一。日韩是东北亚地区经济发展的重点地区，天津是国内最早与日韩开展合作的地区之一，也是国内日韩投资企业最为密集的地区之一。"一带一路"国家战略为东北亚区域合作提供了更大机遇，特别是在海洋经济领域合作前景广阔。

天津海洋资源丰富，海岸线全长 153 公里，海域面积 2146 平方公里，海洋产业种类齐全，海洋化工、海水淡化、海洋装备、海洋盐业等产业一直保持全国领先水平。2014年，天津市海洋生产总值预计约5000亿元，提前一年实现"十二五"目标，单位岸线产出规模也居全国沿海省区市前列。天津应充分发挥与日韩地域相近的地理优势，重点加强与日韩在海洋经济领域的交流合作。在当前中日关系出现滑坡的大背景下，可以优先发展中韩海洋经济合作。一是构建海洋产业合作高地。2014年，天津批准区域示范项目47项，总投资达56.79亿元，在未来几年内将带动海洋装备制造、海水淡化和综合利用产业快速发展；4个国家级海洋公益性项目获得7710万元经费支持，为历年最高额。① 天津应借助建设国家海洋经济科学发展示范区的重大机遇，从产业、科技、生态方面着手，继续加快建设海洋强市。大力发展临海先进制造业、海洋石油、海洋化工、海洋旅游等产业，形成具有鲜明区域特色的海洋产业集群。在国际远洋渔业、海洋资源开发、海洋科技、海洋环境生态保护、防灾救灾、旅游等领域加大重点面向东北亚的引资引技引智力度。二是积极推进海上合作和共同开发。以农业渔业、新能源、可再生能源、海水淡化、海洋高端装备制造、海上生物制药等为重点，尝试与东北亚地区合作建立一批海洋科技合作园、海洋经济示范区和海洋人才培训基地。整合海洋经济政策，探索建立立足东北亚、辐射亚太的国际海洋事务沟通协商机制，集聚海洋经济要素，贯通国内外海洋产业市场。

（四）全面深化改革，强化天津金融创新优势

党的十八届三中全会提出了"全面深化改革"的全新主张。2014年是我国全面深化改革元年，2015年则是我国全面深化改革的关键之年。当前，天津正在加紧拟订自由贸易试验区方案，积极深化投资和服务贸易便利化综合改革，努力营造市场化、国际化、法治化的营商环境。天津应将融入"一带一路"战略与推动全面深化改革相结合，以开放推动改革发展，加快面向"一带一路"沿线国家和地区在行政管理、投资、贸易、金融、监管

---

① 数据来源：《天津海洋经济产值5000亿元》，天津政务网。

等领域的制度创新，建立双向投资贸易合作发展新机制，提高聚集国际资源要素的能力。

1. 扎实推进自由贸易试验区改革创新

首先，充分发挥支柱产业优势。在引进来方面，吸引沿线国家企业来天津投资兴业，以大项目、好项目带动功能区发展，着重培育和壮大航空航天、石油化工、装备制造、电子信息、生物医药、新能源新材料、轻工纺织和国防科技八大优势支柱产业。天津这些支柱产业具有不同的特色或优势：天津航空航天产业有强大的龙头项目带动，石油化工产业发展具有雄厚基础，先进装备制造业的配套体系齐备且技术创新能力不断增强，电子信息产业有很强的聚集效应，生物医药产业具备产品和科研优势，新能源新材料产业种类齐全并有完备的产业链，轻纺工业优势企业有明显的品牌效应。因此，天津产业在"一带一路"战略中能够寻求更大更多的发展机遇。天津还应积极发挥现代制造业和研发转化基地优势，与相关国家共同建立技术研发中心、先进技术示范与推广基地，争取"一带一路"沿线国家政府机构和重点企业在津设立办事机构，打造更多合作平台。

其次，以改革创新为契机，增强区域辐射带动作用。天津自贸区要提高行政管理的能力、效率和效用，建设与国际标准接轨的投资贸易便利化服务体系，抢占对外开放的制高点，提高天津在东北亚地区的国际地位。同时，与相关国家和地区紧密合作，共同构建区域市场，实现法律法规和政策的顺畅对接。天津还要充分利用自贸区的政策优势，加强优惠政策的研究和制定，推动总部基地、国际金融中心、自由港等政策的落地和实施。以自由港政策为例，天津可以采取更为灵活的政策，包括自由通航、自由贸易，允许境外货物、资金自由进出、对大部分货物免征关税等。天津还应出台系统的航运优惠政策，包括核准国际船务企业计划、核准船务物流企业计划、海事金融优惠政策计划和船舶注册登记制度等，以方便货物流通，节省贸易成本，带动集装箱国际联运业务的发展。通过这些政策，天津可以吸引和汇聚更多的国际航运要素，探索形成具有国际竞争力的航运发展模式，加强自身国际资源配置枢纽的地位。天津可以通过加快建设国际航运和物流中心，推动科技创新和高端人才聚集，促进区域经济合作，推进京津冀协同发展，带动内陆腹地共同发展，增强区域辐射带动作用。

2. 加快金融创新步伐，争取国际性金融组织投资

首先，巩固现有优势，加强与"一带一路"沿线地区互动。天津是我国北方重要的金融创新城市，在产业投资基金、股权投资基金、融资租赁、商业保理等非传统金融领域的创新和发展中优势明显。继续推进天津金融开放创新，可以在更高层面上盘活资本，拓宽丝绸之路经济带和21世纪海上丝绸之路经济带的融资平台，更好地为沿线国家和我国中西部地区的基础设施、制造业、中小企业提供融资服务，推动区域经济协调联动发展。天津可以充分发挥滨海新区金融改革和创新、自由贸易试验区正在筹备的政策优势，支持天津运营较为成熟的交易所扩展市场范围，如天津产权交易中心、天津排放权交易所、渤海商品交易所等，发挥天津在私募股权、现货交易、融资租赁方面的辐射作用。天津市金融机构应积极与国家开发银行、进出口银行及其他大型商业银行合作，为"丝绸之路经济带"沿线国家与我国西北地区的基础设施建设和产业发展融集资金；与沿线相关国家开展金融互动，鼓励融资租赁等具有天津金融特色的企业走出去，提升天津对外经济与金融的开放水平。

其次，加大金融开放创新力度。天津应完善金融体系，巩固在融资租赁、私募基金等行业的优势，培育和发展多层次资本市场，加强金融跨境合作，促进跨境投资服务贸易便利化；拓展传统金融的新业态、新机构与新产品，促进产融结合，加大对实体经济的支持力度；进一步深化金融创新，大力发展融资租赁、商业保理、移动互联金融等非传统金融业态；增强金融产品的国际竞争力，深化金融产品改变企业跨国经营融资困难的能力，完善对外投资的风险应对机制，增强对"一带一路"的金融服务和保障能力；不断拓展与中亚、东北亚等"一带一路"重点区域金融市场合作的广度与深度，扩大双边本币互换的规模，降低汇率风险和结算成本。

最后，扩大区域影响力，争取国际性金融组织落户或投资。在特色金融创新的基础上，天津应立足国家战略，积极开发建设具有国际影响力的于家

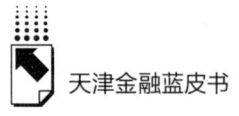

堡金融中心，增强城市金融活力。积极建设离岸金融中心，推动"一带一路"沿线国家和地区的人民币国际化，推动人民币结算和人民币境外投资，支持企业在境外发行人民币债券，支持商业银行对具有真实贸易背景的融资筹资需求提供人民币融资服务，拓展对外投资渠道，为"走出去"的企业提供离岸银行业务。设立跨境人民币结算中心，对与丝绸之路经济带有关的特定项目与企业提供人民币资本项目可兑换服务。利用北方金融中心的综合优势，依托渤海产业投资基金等金融机构运作的经验，积极争取亚洲基础设施投资银行等具有国际区域性影响力的金融机构在天津设立分支机构或为天津提供投资，全面支持丝绸之路经济带的基础设施建设工作，在更高平台上为"一带一路"的发展提供金融支持与服务。

B.12
国家自主创新示范区体制下科技金融服务体系建立与政策支持研究

刘习习 孟洁

摘 要： 近年来，科技金融取得了长足的发展，这有力地推动了科技成果转化为现实生产力，同时搭建起科技企业与金融企业同步发展的桥梁。作为国家示范区，科技金融对天津高新区的发展有着举足轻重的意义。本文以天津国家自主创新示范区（以下简称天津示范区）作为研究实体，全面调查示范区科技金融发展现状，同时与北京中关村、武汉东湖、上海张江三大国家自主创新区科技金融现状进行比较，揭示了天津示范区科技金融发展中存在的问题，并进行了实证分析，进一步提出深化天津示范区科技金融改革的对策，总结了可以借鉴的科技金融创新途径，从而为完善天津示范区科技金融体系、促进科技金融更好地支持高新技术开发区的发展指明了具有时代意义的发展方向。

关键词： 天津国家自主创新示范区 科技金融 金融创新

科技是第一生产力，而金融与科技的结合成为近年来提高科技产出能力的重要方法。党的十八大报告强调："科技创新是提高社会生产力和综合国力的战略支撑，必须摆在国家发展全局的核心位置。"科技金融创新是推动创新发展的加速器，其重要性已获得各方面的认可，作为经济的核心，科技金融建设有助于促进技术进步，从而推动社会进步，实现现实经济生产力飞跃式发展。

历史上，学术界已经在各个层面对科技金融的重要意义做出了自己的分析，并取得了丰硕成果。在2002年《技术革命与金融资本》的研究文献中，作者Carlota详述了金融资本与技术革命两种资源间的互动影响。在早期，资本家通过投资风险资本于重大科技创新成果，从而获取高额利润，实现了金融与科技最初的融合。Levine提出科技发展带来的风险可以通过金融资产组合得到有效消除。Calderon和Liu Lin通过实证研究论证了金融与科技第一生产力的有机结合可以有力地实现科技成果的转化，提升社会生产力。

2009年建设国家自主创新示范区被列为我国重大发展战略。国家自主创新示范区是经国务院批准的自主创新战略先行先试区域，对推进高技术产业发展、构建创新型区域创新体系有着重大意义，是我国抢占世界高科技产业制高点的前沿阵地，对我国经济发展有着至关重要的作用。其发展重点在于：通过示范区特有政策体系制定完善信用体系平台搭建，创新服务产品和服务链，引导金融资本对科技创新的投入，更好更快地深化科技金融改革创新实践。

2009~2010年，北京中关村、上海张江、武汉东湖等地区先后通过国务院审批，建设国家自主创新示范区，并强调科技金融在示范区建设中至关重要的地位。内容包括着力研发和扩散国际领先科技成果，培养和聚集优秀创新人才，进行政策机制创新，努力营造良好的金融科技环境，创造与国际接轨的平台品牌。在创业投资、科技贷款与担保等方面，批复文件也做出了重要指示。

2013年12月3日，国务院就《科技部天津市人民政府关于支持天津滨海高新技术产业开发区建设国家自主创新示范区的请示》给予批复，同意天津滨海高新技术产业开发区（以下简称"天津高新区"）建设国家自主创新示范区，并由科技部牵头成立专项小组，以协调天津示范区相关部门发展，确认天津示范区享有国家自主创新示范区优惠政策并进行监管。这既是对天津以往发展成就的认可，也给示范区追求更高目标带来了前所未有的挑战。加强科技与金融的结合，不仅有利于发挥科技对经济社会发展的支撑作用，而且有利于金融的持续发展。

国家各部委的高度认可，可以说在战略层面上明确了"什么是示范区的战略发展重点"和"为什么要选择在天津示范"两个重大问题。接下来，应着力深化"打造具有国际竞争力的产业创新中心"的目标内涵，探索完善"一区多园"发展模式，深入推进改革创新和先行先试、贯彻落实国务院批复精神成为头等大事，也是天津市践行创新驱动发展战略的重大部署。

一 科技金融相关理论基础

（一）科技金融的提出与界定

在我国，"科技金融"这一词语的产生历史并不长。1985年，中国人民银行与国务院联合发布了《关于积极开展科技信贷的联合通知》，第一次提出科技支持金融这一概念。伴随着中国科技与金融体制改革进程的推进，1990年，中国人民银行正式设立了科技开发贷款项目，将科技金融更多地运用于扶持高新技术产业发展，越来越多的优惠政策倾斜至科技金融创新项目。

1993年，深圳市科技局发表《科技金融携手合作扶持高新技术企业》，文中首次提出了"科技金融"概念。该文提出，商业银行对企业创新科技活动的信贷支持，是全方位、多功能的，需要多部门之间的合作配合，形成"科技界－经济界－金融界"三位一体的崭新局面。同年7月，《中华人民共和国科学技术进步法》成为我国第一部科学技术法规，在政策上给予了科技发展法律保障，大大促进了科技金融的快速发展。1993年，中国科技金融促进会成立，其宗旨为"促进科技与金融的结合"，自此，"科技金融"一词在报纸、通知以及官方报告中开始频繁出现。

科技金融概念与传统金融实践有着巨大的区别。1994年中国科技金融促进会首届理事会上，明确提出科技金融的概念，即"我国科技金融事业是根据科技进步与经济建设的需要,适应社会经济的发展,在科技和金融体制改革的形势推动下成长发展起来的"。随后,国务院颁布《国家中长期科学和技术发展规划纲要(2006~2020年)》及其配套政策,我国技术进步的事业逐步打开了全新的局面。

尽管科技金融在实践层面取得了一定进展,但我国学术界对此在理论层面的研究进展十分缓慢。杨刚(2006)提出科技金融主要分为两个层次:一方面,金融引导并支持科技发展,这主要是通过金融机构如银行来提供融资,支持科技企业不断创新进步,并利用金融体系本身的功能,如流动性提供功能、价格发现功能、风险转移分散功能来提高科技企业内部公司治理能力。另一方面,科技促进金融的发展,其内涵是互联网科技发展将在很多方面改变金融交易方式,提高交易效率,促进国际金融交流;同时信息流动效率增加,实现了全球金融交易市场间的合作与竞争,更有利于金融系统完善价格发现功能,不断开展金融衍生工具创新活动。

2009年,赵昌文教授在《科技金融》中系统论述了较为科学的科技金融概念,即"科技金融是促进科技开发、成果转化和高新技术产业发展的一系列金融工具、金融服务、金融政策与金融制度的系统性创新性安排,是由向科技与技术创新活动提供金融资源的政府、企业、社会中介机构共同组成的一个体系,是国家科技创新融资过程中的行业活动共同组成的一个体系,是国家科技创新体系和金融体系的重要组成部分"。赵昌文教授提出了科技金融概念的完善体系应包括科技开发、成果转化和产业化所产生的各种金融问题,如金融风险的防范重大科技金融项目的实践等。

2011年7月,科技部发布《国家"十二五"科学和技术发展规划》,明确指出在"十二五"期间,要建立和完善科技与金融融合机制,搭建可持续发展融资平台。同时解释了科技金融定义,即科技金融是指通过创新财政科技投入方式,引导和促进银行业、证券业、保险业等金融机构及创业投资等各类资本,积极探索支持创新的融资方式,转变服务模式,搭建服务平台,融通科技与金融板块的对接与积极影响,并推出一系列优惠政策服务于创新行业的发展建设。

综上所述,本文定义"科技金融"概念如下:科技金融是由政府、银行、非银行金融机构、企业、资本市场等多个主体共同参与组成的金融市场体系,是科技与金融的有机结合,通过搭建融资平台满足科技创新活动对金融的资金需求,促进技术研发,实现科技成果的实质性转化。

(二)科技金融的功能

科技金融融合了两方面内涵,因此有着如下特定的功能。

1. 金融支持的功能

科技金融搭建的融资平台,主要支持科技型中小企业融资需求,有一定的针对性,需要得到政府机构的引导和监管,具有特定的金融支持功能。通过金融创新,从而优化资源配置,推动科技企业的不断壮大发展。

2. 风险分担的功能

众所周知,科技型企业,特别是处于成长初期的技术创新企业有着极高的风险,在企业初创或者成熟过渡期,借助金融系统的产品创新和金融资源流动所产生的风险分散功能将大大化解科技企业面临的创业风险,促进科技的进步与发展。

3. 有效配置资源的功能

科技企业在成长初期都面临融资难的问题,在政策上加大扶持培育力度,建立健康的科技金融平台,可以减少信息不对称,提高资源配置效率。

(三)科技金融体系

1. 科技金融体系的组成部分

根据科技金融的基本内涵和主要功能,科技金融体系至少应该包括科技财力资源、创业风险投资、科技资本市场、科技贷款、科技保险和科技金融环境六个重要的组成部分,如图1所示。

(1)科技财力资源:科技财力资源是国家直接或者间接用于科技研发

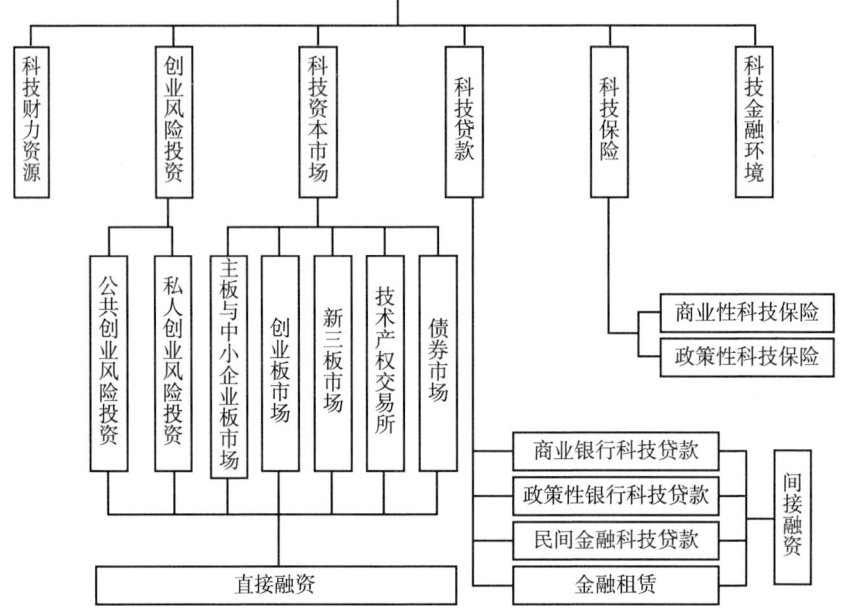

图1　科技金融体系图

资料来源：作者整理。

创新的资源，其主要来源是税收与财政预算，它是科技金融的重要组成部分，是支持科技发展的最重要途径。

（2）创业风险投资：创业风险投资属于直接外部融资。企业发展的生命周期角度分为种子期、成长期、成熟期、衰落期，创业风险投资是高新技术企业成长种子期阶段最重要的外部融资，主要分为公共创业风险投资和私人创业风险投资。其中，公共创业风险投资的重要形式是母基金和引导基金。

（3）科技资本市场：科技资本市场是另一种直接融资资本市场，按其风险性、流动性不同，可以划分成各类市场，如主板市场、创业板市场、中小企业板市场和包括技术产权交易在内的OTC市场。科技资本市场补充完善直接融资市场，可以给予不同规模、不同生命周期的高新技术企业不同层次的融资支持。

(4)科技贷款：科技贷款是间接融资形式，着眼于技术创新发展、科技成果转化。主要有商业银行科技贷款、政策性银行科技贷款和民间金融科技贷款三种。

(5)科技保险：科技保险主要应用于分散不同融资风险，包括科技活动风险、企业运营风险和科技金融工具风险。其主要功能是风险转移、分散，也具有一定的融资功能。

(6)科技金融环境：科技金融环境主要包括信用体系、担保体系、契约意识以及法律体系和政府政策环境，大环境的建立将持续影响科技金融各方面的发展，所以应该给予重点维护，明确平台建立目的，保证科技金融可持续发展。

2. 科技金融服务主体

科技金融服务是一个系统的运行，涉及的不仅仅是企业和金融机构，同时还需要政府机构的协调支持、第三方中介的服务、行业协会的配合等。从科技金融服务的融资模式来看，其参与主体包括政府、高新技术企业、金融机构、中介机构以及作为环境支持的基础保障，他们之间的关系如图2所示。

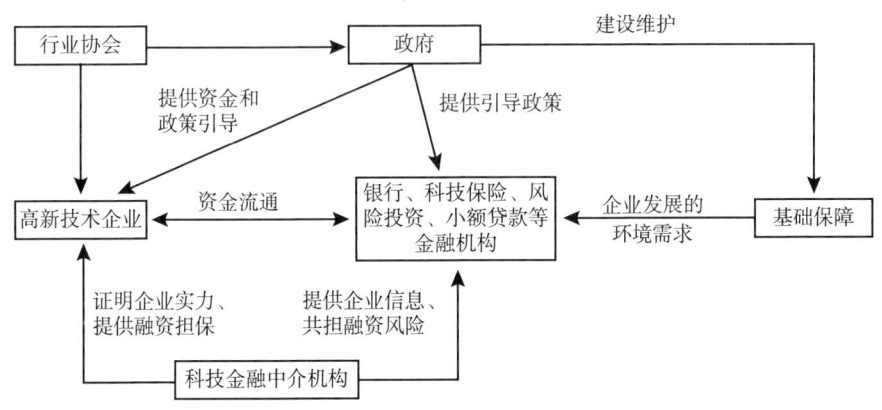

图2 科技金融服务主体关联示意图

资料来源：作者整理。

（1）政府：政府的作用在于引导监督各参与方、关联其他主体。其主要职能包括出台优惠政策，建立信用体系，完善监管机制，为高新技术企业提供相应的融资服务。

（2）高新技术企业：高新技术企业主要致力于开发国家重点科技创新产品，是整个体系的主要服务对象，不同阶段有不同的融资需求。

（3）金融市场上的银行与非银行金融机构：是系统中主要融资的供给方，需要在风险控制的前提下为高新技术企业提供资金甚至管理服务，以实现投资后期价值增值，获取利润。不同供给主体依据自身不同风险承担能力和金融功能，选择不同时期介入融资活动，如天使投资一般选择在企业初创期进入投资，而银行一般会选择在企业成熟期放贷等。

（4）科技金融中介机构：中介机构的作用就好比沟通整体的桥梁，实现了信息资源的流动，分散了风险，提供了整体运行效率。科技金融中介机构一般包括担保机构和律师事务所等。金融中介机构作为沟通桥梁，其任务还包括搭建信用征信平台、引导政策的颁布实施等。

二　天津国家自主创新示范区科技金融发展现状

（一）天津经济社会发展现状

近年来，天津社会经济发展势头迅猛，人民生活水平得到显著提升，这是天津结合自身特点走出的独特经济发展道路，主要包括四方面的比较优势。一是雄厚的制造业基础。天津是我国近代工业发展的先驱，工业基础雄厚，在我国新时期的高端产业布局中，形成了航空航天、石油化工、装备制造、电子信息等八大支柱产业。二是优越的区位交通条件。天津面向大海，背靠腹地，拥有天津港这一核心战略资源，拥有沟通国内外、水陆衔接、贯通南北腹地的重要地理优势，随着京津冀协同发展重大国家战略的深入实施，区位优势将更加凸显。三是优越的政策环境。滨海新区综合配套改革试验区同时被批准设立自由贸易试验区、自主创新示范区,和投资、服务贸易便利化综合创新试验区,优惠政策叠加更能促进示范区综合改革,突出发展成果。四是突出的开放前沿。天津是最早开放的沿海城市之一,近年来一直致力于吸引海内外投资,不断创新突破,是连接周边区域、连接国际化市场的重要桥梁。

天津与北京、河北及周边地区的区域比较优势拥有极大的互补性,北京是全国政治文化中心,河北是京津冀协同发展国家重大战略展开的腹地,发展空间广阔,资源要素成本优势突出。天津建设国家自主创新示范区,探索新时期有中国特色的产业自主创新发展道路,有利于发挥京津冀三地比较优势,是推动落实京津冀协同发展国家重大战略的重要支撑。

(二)天津高新区创建国家自主创新示范区的经济基础

1988年,天津高新区正式成立,成为我国首批国家级高新技术产业开发区,2009年经国务院批复更名为"天津滨海高新技术产业开发区",是首批国家创新型科技园区。截至2013年底,天津高新区拥有国家级高新技术企业523家,占全市的37%,建成国家级重点实验室、国家级企业技术中心共134家,占全市的40%以上。经过20多年的发展,示范区形成了自身的高新金融科技集聚区域,在全市乃至全国的战略性新兴产业发展中发挥了重要的引领作用。

1. 天津高新区的经济总量

建区20多年来,天津高新区十分重视金融与科技的相互带动作用。截至2013年,"一区五园"聚集企业超万家,实现总收入9039亿元,生产总值1533亿元,占全市的10.7%;工业总产值3269亿元(见图3),占全市的12.4%;有效专利数12020件,占全市比重达30%,其中发明专利占40%以上。专利申请和授权数量、国家高新技术企业数量、高新技术产业产值、研发机构数量、技术市场交易额等指标始终居全市第一位。经过20多年的发展,天津高新区依托区域科技发展经济,主要经济指标保持快速增长，实现了历史性跨越，已成为天津创新改革的先行高地，具备建设国家自主创新示范区的良好基础。

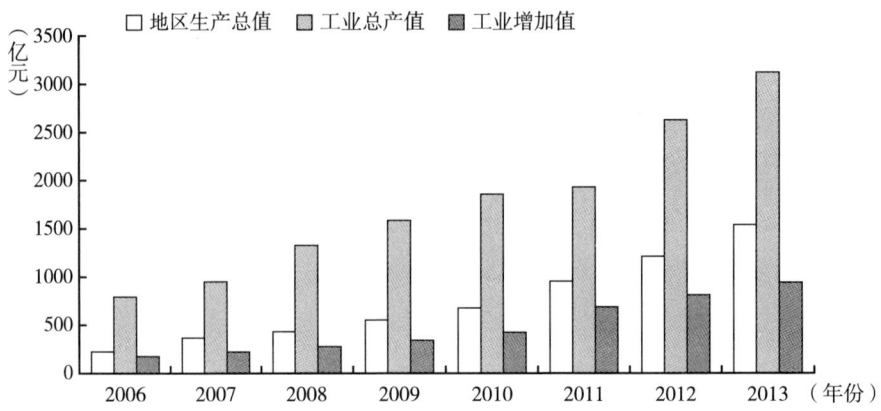

图3　2006～2013年天津高新区（核心区）地区生产总值、工业总产值和工业增加值

数据来源：《天津高新区统计年鉴》。

2. 企业发展情况

高新区的发展主要依赖于平台内大企业的技术进步与金融机构的融资支持，依次互相带动。同样，鼓励中小企业发展也将给予示范区发展活力，有利于示范区经济质的突破发展。

（1）企业规模

目前，园区以中小企业为主，高新区完善的金融体系和源源不断的政策优惠支持，营造了良好的投资环境，吸引了大规模投资资源，让高新区成为培育大企业的理想摇篮。截至2013年底，高新区拥有科技型中小企业6000多家，稳居全市第一，其中销售收入亿元以上的科技企业超过300家，积聚了优势发展资源，形成了全方位立体化的发展趋势。

（2）企业创业孵化体系进一步完善

企业创业孵化器是为创业型企业提供成长环境的集聚体，即在一定时间空间内，为企业创新发展提供资金便利、环境优势、保险服务等一系列优势条件。截至 2013 年底，示范区内集聚孵化器 14 家，其中国家级科技企业孵化器 6 家，面积超过 140 万平方米，成为全国规模最大的孵化器群之一。建成智慧山文化创意产业孵化器、九州通生物医药加速器等一批新型孵化载体，形成了创新资源循环链条，培育了一批本土明星创收企业。

（3）"一区五园"辐射带动作用

天津高新区"一区五园"各具特色，对区域经济发展形成强大的辐射影响。一区五园主要包括华苑核心区、北辰科技园、南开科技园、武清科技园、塘沽科技园。每个园区有自己不同的发展优势，如华苑核心区形成了以新能源、生物医药为代表的创新型特色产业集群；北辰科技园注重以高端装备制造、生物医药、新能源新材料等为主导，走出了一条老工业基地创新发展的路子；武清科技园已成为科技和文化企业的聚集地；而南开科技园则注重人才方面的培养；塘沽科技园是全国唯一的国家级海洋高新技术开发区，引领天津科技兴海建设。五个园区协同发展，为今后整体示范区科技金融的发展进步打下了良好的基础。

（三）天津国家自主创新示范区科技金融发展现状

天津高新区抓住滨海新区金融综合配套改革的机遇，集中优势资源，有策略、有重点地开展金融创新，成功聚集了各类金融及相关非银行金融机构 300 余家，拥有全国第一家商业保理公司、全国第一家对冲基金公司、全国唯一的应收账款交易中心，形成了门类齐全、体系完整的金融发展特色区域。

1. 天津高新区科技金融发展主要举措

天津高新区在学习借鉴其他示范区经验的基础上，按照"高端产业 + 高端人才 + 投融资平台"发展模式，以"一个中心、三个平台、四个结合"为总体框架，积极打造科技金融改革创新基地。"一个中心"指天津高新区科技金融服务中心；"三个平台"分别指债权融资服务平台、股权融资服务平台和股改上市服务平台；"四个结合"，即企业投融资服务与促进企业技术创新和产业发展相结合、企业改制上市与企业家培育相结合、服务区内企业与引进优秀企业相结合、引进金融服务机构与激活高新区金融市场相结合。

（1）融资体系初步形成，金融机构丰富多样

在科技金融体系中主要涉及四个参与主体：政府、金融机构、金融中介机构、高新技术企业。经过几年的发展，高新区科技金融体系形成了四个特点，一是建立了具有高新区特色的为科技企业服务的投融资服务体系，二是建立了企业与金融机构的沟通渠道，三是引进了为企业服务的金融服务机构，四是搭建了企业金融服务平台。

截至目前，高新区已汇集了金融、投资及相关服务类企业300多家。包括银行、保险、证券、信托、租赁等各类金融机构，形成多层次、全方位的科技金融机构体系。

（2）建立为企业提供资金需要服务的债权融资服务平台

①天津高新区先后与国家开发银行、天津农村合作银行、浦东发展银行、天津银行等15家银行建立了战略合作伙伴关系，积极组织银团贷款，搭建银企对接平台，区内企业年贷款总额超过200亿元。为破解科技型中小企业融资难问题，成立了政策性担保机构天津海泰投资担保公司，多年来共为近200家企业提供近70亿元的担保贷款。

②天津高新区与国家开发银行天津分行合作，创建"两台一组"工作模式，为科技型中小企业提供以项目贷款为主的资金支持，累计贷款达7500万元。

③与天津市科委联手，发起成立天津市科技小额贷款公司，专注于为区内科技型中小企业提供小额贷款融资服务。

④积极推进金融产品创新，开展知识产权质押融资试点，区内企业康库得和炜杰科技利用知识产权质押分别获得1700万元和2000万元的银行贷款，成为天津市首批成功利用知识产权质押获得融资的企业；通过新的融资渠道发行中小企业集合债1.5亿元，发行文化产业集合信托"滨海高新文创一号"1.5亿元；引入银行金融机构为企业融资服务，积

极推动民生银行、上海银行、渤海银行等银行机构在区内开展信用贷款、联保贷款、现金流贷款以及融资租赁等新型业务方式；引入中国建信信托为高新区小巨人成长计划企业签约发行"科技小巨人集合信托计划"。与国泰君安证券、平安证券签约国家证监会新推出的中小企业私募债，推动高新区更多科技型中小企业利用新型融资手段解决融资难题，谋求快速发展。

⑤深化"中小企业信用体系试验区"建设，依托高新区已有的信用服务体系，与中国银行、浦发银行等8家商业银行签署合作协议，在高新区内共同推动企业信用贷款工作，截至目前8家合作银行已经与高新区156家企业进行了接触，并为30多家企业发放以信用为主的混合贷款或授信，累计近14.1亿元。

（3）建立了推动企业快速发展的股权融资服务平台

①吸引软银中国、深创投、戈壁基金等知名创业投资机构落户，吸引联想投资、中科招商、DCM、天创等近20家投资机构在区内发展业务，积极搭建创业投资机构与科技型企业对接平台，近年来，高新区内获得创投机构投资的上市和拟上市企业近30多家，占天津市比重超过60%。

②充分发挥高新区国有投资平台——海泰科技投资管理公司（以下简称海泰投资）的作用，为区内企业和产业化项目提供股权融资支持，截至目前海泰投资累计投资企业24家，成功吸引中科蓝鲸、中科遥感等国家级重大科技成果入区产业化。

③积极建立股权交易市场，引入数字版权交易中心、滨海股权交易中心、天津OTC市场进入高新区为企业服务。

（4）建立了推动企业进入资本市场的股改上市服务平台

利用国家创业板推出的契机，制定鼓励投融资发展政策，积极组织中介机构开展股改上市专题培训，成功推动凯发电气、锐新电子、三英焊业、世纪博天等企业进行股份制改造。截至目前高新区上市企业累计达到16家、占全市比重达48%。2012年又有亿俐科能源、亚安科技和天大求实等5家高新区企业向证监会递交了上市申请材料。

2012年8月，国务院正式批准天津高新区作为"新三板"扩容试点园区，高新区紧紧抓住这个难得的机遇，在大力推动区内企业申请挂牌的同时，积极利用扩容效应，招商引资，培育小巨人企业。截至目前高新区共有22家企业成功挂牌。

（5）积极开展股权激励试点，深化科技金融改革创新

引入期权、技术入股、股权奖励等形式的股权和分红权激励，充分发挥管理团队和技术负责人积极性。2010年，筛选了9家具有代表性的企业，作为高新区股权激励第一批试点企业。

（6）成立高新区"天津高新区科技金融服务中心"

在不断完善高新区股权融资服务平台、债权融资服务平台、股改上市服务平台的基础上，围绕提升高新区企业融资服务水平的需要，加快科技金融服务体系建设，2012年6月成立了"天津高新区科技金融服务中心"，服务内容包括企业管理咨询、融资咨询等，服务中心的建立将为企业融资需要提供整体解决方案服务，改变过去由企业进行单一的贷款或者股权融资的方式，提升对企业的服务水平。

3. 天津高新区科技金融方面出台的相关政策

为促进科技型中小企业的快速成长，2008年，高新区开始实施"小巨人企业成长计划"，每年安排2亿元专项资金助推企业发展，包括鼓励企业申请科技立项、银行贷款、以知识产权质押融资等，在加大政策资金支持企业发展的同时，积极引导金融机构拓展多层次、多形式的科技金融合作模式，提高企业自主创新能力和融资能力。2009年出台《天津滨海高新技术产业开发区鼓励投融资发展暂行办法》（见表1），支持企业改制上市，鼓励金融服务机构拓展业务；2011年出台《天津滨海高新技术产业开发区开展中小企业信用体系试验区试点工作鼓励办法》，进一步明确了对参与高新区信用体系建设的金融机构、中介机构的支持，对优秀信用企业给予支持与鼓励。通过政策资金引导，吸引社会资金共同构筑债权融资、股权融资和股改上市服务平台，形成了较为完善的科技金融服务体系。

表1　天津高新区享有及出台的科技金融相关政策

天津市	津财金〔2006〕6号	《天津市促进企业总部和金融业发展优惠政策》
	津政发〔2009〕45号	《天津市促进股权投资基金业发展办法》
	津财建一〔2013〕4号	《天津市支持企业上市专项资金管理办法》
滨海新区	国发〔2006〕20号	《国务院关于推进天津滨海新区开发开放有关问题的意见》
	汇复〔2006〕242号	《国家外汇管理局关于天津滨海新区外汇管理政策的批复》
	汇复〔2007〕276号	《国家外汇管理局关于开展境内个人直接投资境外证券市场试点的批复》
	保监发〔2007〕110号	《关于加快天津滨海新区保险改革试验区创新发展的意见》
	财税〔2010〕24号	《财政部、海关总署、国家税务总局关于在天津市开展融资租赁船舶出口退税试点的通知》
	津滨政发〔2010〕126号	《滨海新区鼓励科技型中小企业利用股权投资基金融资若干政策的措施》
	津滨财金〔2010〕27号	《滨海新区支持科技型中小企业上市融资加快发展办法实施细则》
高新区	津园区管发〔2009〕11号	《天津滨海高新技术产业开发区支持产业技术创新鼓励办法》
	津园区管发〔2009〕13号	《天津滨海高新技术产业开发区鼓励投融资发展暂行办法》
	津高新区管发〔2013〕39号	《天津滨海高新技术产业开发区加快发展百、十亿企业的政策措施》

资料来源：天津滨海新区网站 http：//www.bh.gov.cn/html/BHXQZWW/TZZC22033/List/list_0.htm；天津高新区网站 http：//www.thip.gov.cn/tzzs/。

三　天津国家自主创新示范区科技金融发展的问题分析

（一）四个国家自主创新示范区科技金融发展主要配套措施比较

根据示范区的发展状况来看，科技金融的快速推进得益于各示范区独特的管理机制和完善的管理体系。比较分析北京中关村、上海张江、武汉东湖三大国家自主创新示范区，我们可以找出天津示范区存在的差距，并从中学习示范区先进的管理经验,借鉴优秀的管理经验,从而结合天津自身经济地理优势特点,来发展天津滨海高新科技示范区。

1. 科技金融管理机制

2010年中关村科技创新和产业化促进中心(中关村创新平台)正式成立,平台成员单位包括财政部、国家发改委、银监会、证监会、科技部、央行、外汇管理局等政府部门,形成了中央、北京市、区县协同推进的中关村科技金融工作体系。天津示范区尽管有着一区五园的政策优惠,但还未能形成自上而下、自下而上相互牵制、协同配合发展的部门管理机制。整合部门优势体系资源方面还应继续努力。

2. 科技金融政策体系

科技金融的发展需要相关政策的支持,目前各示范区出台了一系列相关政策,用于优先发展科技金融。具体主要包括以下三方面。

(1) 鼓励科技金融机构集聚政策

目前,中关村、张江、东湖、天津示范区均对科技金融机构在购房、租房、税费补贴、风险补偿等方面给予财政扶持,具体见表2。

表2　中关村、张江、东湖和天津示范区科技金融机构扶持政策

	科技支行	创业投资机构	融资租赁机构	担保机构
中关村	购房补贴:每平方米1000元,3年租金补贴为50%、30%、10%,风险拨备补贴为50%~75%	按创投机构投资于企业投资额的10%,不超过100万元,给予创业投资风险补贴	购租房补贴同科技支行;对园区内企业的实际融资租赁额的1%给予补贴,不超过500万元,对企业融资租赁费用提供20%补贴,不超过50万元	无
张江	无	企业所得税、营业税、房租补贴	无	担保项目代偿的实际损失额的60%

续表

	科技支行	创业投资机构	融资租赁机构	担保机构
东湖	按新引进金融机构标准，自开业年度起实施营业税、企业所得税地方财政留成部分"三免三减半"；奖励注册资本的1%；给予每平方米1000元的购房补贴，3年每年30%的房租补贴	每平方米1000元购房补贴，三年内每年20%租房补贴；符合条件的创投机构企业所得税和营业税"三免三减半"；股权投资风险补贴为实际投资额的10%	金融租赁比照科技支行标准	符合条件的担保机构其融资性担保额的1%给予补贴；按担保业务给予实际损失20%~30%的补贴
天津	按年融资额给予0.5%~1%的补贴，且当年累计支持高新区内企业不少于4家	按对区内企业投资额和投资家数给予20万~100万奖励；注册资本5000万以上的，自盈利年度起三年内奖励其所得税高新区留成的50%	按年融资额给予0.5%~1%的补贴，且当年累计支持高新区内企业不少于4家	按年担保日均月给予0.3%~0.8%的补贴；对区内企业提供担保，补贴其代偿损失的15%~30%；对重点计划企业的担保给予补贴其担保额的0.5%

资料来源：作者根据各示范区政策文件整理。

（2）科技金融产品创新政策

目前，中关村在科技金融产品创新方面率先探索推进，逐步推出了信用贷款、信用保险和贸易融资，以财政方式满足机构融资需求，降低融资风险。此外，张江、东湖、天津高新区在科技金融产品创新方面也开始探索，但在效果、覆盖面等方面还存在很多需要改进的地方，具体见表3。

（3）直接融资奖励扶持政策

在直接融资过程中，各示范区对过程中发生的费用都给予一定的补贴，这大大降低了企业融资成本，鼓励企业科技创新进步，从而推动整个示范区的系统性协调发展，具体政策见表4。

表3 中关村、张江、东湖和天津示范区科技金融产品创新政策

	信用贷款	贷款贴息	科技保险
中关村	设立信用贷款风险补贴资金,补贴试点企业50%的信用评级费用;年信用贷款累计发放在0.1亿元以内,风险补贴2%,1亿元以上补贴3%	瞪羚企业贴息20%~40%,留学生创业企业、软件和集成电路企业贴息50%和1%担保费	补贴参保企业的资信调查费50%;对企业保费给予50%补贴;提供最高为保费率5‰的补贴
张江	无	一年期流动贷款金额的2%,不超过40万元	推出科技型中小企业履约保险贷款,补贴保费50%
东湖	补贴50%的信用评级费用;对贷款利息给予25%的补贴,不超过60万元;承担最终信贷本金损失的30%,单个银行不超过500万元	利息金额的50%,一般不超过100万元,重点企业不超过200万元	按投保费用的40%给予补贴,不超过50万元
天津	无	流动资金贷款利息的30%,不超过200万元	无

资料来源:作者根据各示范区政策文件整理。

表4 中关村、张江、东湖和天津直接融资奖励扶持政策

	上市融资	债券融资	信托融资
中关村	改制资助20万元;新三板挂牌资助50万元;上市申请获得受理资助200万元;境外上市资助200万元;保荐券商和主办券商各资助20万元	给企业社会筹资利息、信托或债券管理费和担保费等综合成本20%的费息补贴	
张江	企业改制、上市备案、上市各资助100万元;新三板改制费用不超过50万元,挂牌费用不超过30万元	企业进入各类科技企业融资试点平台发生的费用,最高给予80万元的补贴	
武汉	上市奖励450万元;新三板上市融资120万元	比照上市融资办法	
天津	为上市改制设立股份有限公司给予20万~50万元奖励;按融资额给予50万或100万元奖励	无	

资料来源:作者根据各示范区政策文件整理。

3. 科技金融推进主体

科技金融推进主体是国家自主创新示范区具体推进科技金融工作的国有控股公司。中关村发展集团、武汉高科国有控股集团、张江集团、天津海泰

控股集团分别是中关村、东湖、张江和天津高新区的开发建设主体，在示范区发展中有着核心地位。从目前来看，2010年组建的中关村发展集团，其核心业务为科技金融，并统筹原有的科技金融资源，成立系统科技金融发展平台。相比之下，天津海泰控股集团并未组建推进科技金融工作的统一平台，长期来看不利于科技金融可持续发展。

表5 中关村、张江、东湖和天津示范区科技金融推进主体

公司	核心业务	金融投资部门	相关子公司	科技金融产品
中关村发展集团	产业投资、园区发展、科技金融	投资部、资本运作部	中关村科技创业金融服务集团有限公司、中关村创投租赁有限公司	投贷保、政企投
张江集团	高科技园区的开发运营商、创新服务集成商和高科技项目投资商	资产管理中心（投资管理部、资产经营管理部）	张江高科、张江科技创业投资、张江投资创业服务有限公司、张江小额贷款股份公司	"未来星""启明星""投贷宝"等
武汉高科国有控股集团	产业投资、资本运营、地产建设	产业发展部、证券工作部	武汉光谷投资担保有限公司	无
天津海泰控股集团	房地产与基础设施建设、金融与投资、高新技术产业、服务业	无	天津海泰科技投资管理有限公司、海泰担保公司、海泰发展	无

资料来源：作者根据各示范区政策文件整理。

（二）三大国家自主创新示范区科技金融发展的经验启示

1.科技金融政策是科技金融发展的基石

科技金融需要创新型、系统性发展，所以搭建规范的政策平台将有利保障科技金融的发展环境，为整体示范区战略发展保驾护航。北京市和中关村示范区出台了近30项科技金融创新政策，包括对高新技术企业、融资机构和融资中介的扶持政策，涉及创业投资、担保贷款、信用评级等，构建了中关村科技金融的政策体系。上海市和张江示范区、武汉东湖示范区也分别制

定了10项和14项配套政策用以保障示范区内企业落实发展战略,包括企业信用体系建设、融资担保等。

2. 科技金融服务体系是科技金融发展的必要支持

科技金融服务体系包括各类中介机构、信用体系、担保体系等,中介机构是沟通桥梁,大大提高了示范区企业融资效率。中关村示范区积极架构中介机构体系。2001年,实施《中关村科技园区企业信用制度试点暂行办法》。2003年,成立企业信用促进会,建立网上征信管理。张江示范区大力培育各类中介市场,统一管理示范区担保机构的建设。东湖示范区成立了信用体系建设领导小组,逐渐推进企业信用信息征集和企业信用评级工作;同时构建中介机构体系和担保体系,稳步推进科技金融服务体系。

3. 科技金融发展从实际出发,确定战略发展方向和重点

中关村高新区形成了以软件、互联网产品、新能源开发、现代服务业为主导产业的科技园区,有重点地引领重点科技产业突破性发展;张江高新区形成的生物医药、通信设备制造、创意产业等特色产业,战略上力争成为"中国药谷";东湖示范区建设了大学科技园、光谷软件园、武钢等10多个产业园,形成以光电子信息、新能源、消费电子为主导的科技园区。

(三)天津示范区科技金融发展存在的问题及其差距

1. 科技金融发展机制不完善

《天津市人民政府办公厅关于推动金融促进科技型中小企业发展工作的实施意见》明确指出,建立专项工作机制,成立以市金融办牵头,市科委、市财政局、市中小企业局、市知识产权局、市国税局、市国资委、市发展改革委、市商务委、市高级法院、人民银行天津分行、天津银监局、天津证监局和天津保监局为成员的金融促进科技型中小企业发展专项工作推动小组,但在天津高新区尚未建立相应的科技金融领导机构和运作机构。

2. 科技金融政策体系不系统

(1) 企业信用体系不完善

中关村科技金融的发展离不开中关村企业征信系统,该系统数字化管理保存中小企业信用档案系统，根据企业信用等级实施差别化政策，以求融资功能效益最大化。天津高新区正在尝试建立企业信用体系，但发展节奏仍旧缓慢。

（2）风险补偿机制不完整

中关村科技金融政策鼓励科技信贷相关机构，在融资的过程中引入风险补偿机制，即通过信用贷款风险补贴给予财政扶持。而天津示范区在该方面发展相对滞后，亟须相关政策支持保障。

（3）科技金融政策缺乏完整性

与其他三个示范区相比，天津高新区的债券融资和信托融资方面缺乏完整和系统的政策支持，致使融资渠道单一，债券融资、信托融资产品的创新力度不足。

四 天津国家自主创新示范区科技金融发展的政策建议

（一）完善科技金融管理机制

（1）天津示范区组建科技金融专项工作小组，配合金融促进科技型中小企业发展。

（2）借鉴中关村的经验，在天津示范区组建科技金融处，全面负责示范区各项专项工作的开展。

（3）建立天津高新区金融服务中心，承担信息沟通、咨询、服务和展示等中介功能，成功搭建信息交换平台，优化资源配置。

（二）拓宽科技金融融资渠道

现有的融资渠道过于单一，应鼓励银行在金融产品、服务模式、管理理念、管理方式等方面不断创新。具体方式如下。

1. 建立各类银行机构，扩大信贷资金来源渠道

（1）建立企业征信体系制度，根据不同企业征信情况给予不同优惠支

持政策。成立企业信用协会，监督管理示范区企业，搭建良好的环境平台，同时建立信用激励机制，大力推广评级制度推广。在政策层面，出台相应的政策为企业信用体系建设工作的开展提供政策保障。

（2）支持建立小额贷款公司，丰富金融融资机构，提升金融业竞争，以丰富金融产品，提高金融服务质量。

（3）本土银行机构具有更多资源优势，示范区应制定相关的优惠和鼓励政策，促进银企对接，发挥渤海银行、天津银行、天津农商行等本土银行机构支持高新区科技创新活动的作用。

2. 积极促进创业投资的发展

政府在科技金融发展方面的作用是核心的，起基本的引导和监督作用。主要任务是制定完善的法律法规，搭建优质的融资平台，同时控制环境风险，加强与国际金融科技界的学习与接轨。

（1）完善创业投资方面的各类政策

示范区相关政策应学习国内外经验，如美国 SBIC 计划，或者国内北京中关村等示范区经验，并根据天津自身特点，发挥天津自身优势，制定融资环节担保政策。对于创投企业的投资环节，可以补充设立其他担保扶持政策。

（2）设立创业投资基金，优化资源配置

一方面，在政府的引导下，按照市场化运作的基本原则，建立创业投资基金以及与其相配套的风险分散机制。另一方面，优化天津示范区投资环境，引进境内外合格机构投资者，引导民间资本、国际风险资本进入风险投资领域，拓宽股权资金来源渠道。

（三）完善多层次的资本市场，形成全方位科技金融市场体系

1. 优化企业改制上市和股权转让改革制度，建立多层次资本市场

科技金融改革需要完善的资本市场体系为支撑，因此，搭建一个多层次的资本市场平台，包括主板市场、创业板市场、产权交易所等至关重要，不同资本市场满足不同融资需求，为各个层级、不同资本需求和运作目的的主

体提供金融融资平台。

首先,在示范区主板市场加强与国外资本市场的对接,与香港资本市场建立稳定的联系机制。支持高新区企业在主板市场上市,吸引境外合格投资基金,提升平台的运转效率,同时培育新兴企业,拓宽科技企业融资渠道和资本运用多元化方式。其次,创业板市场推出特定政策支持,引导扶持重点科技企业的科技金融发展。最后,在全示范区积极推动融资融券业务,鼓励科技企业在银行间市场发行短期融资券等,建立多层次的债券交易市场,丰富融资渠道,提升融资效率,切实提升科技金融发展力度。

2. 完善资本市场融资的平台搭建

首先,完善企业上市的各类政策,包括各类补贴优惠制度。其次,构建企业上市的配套中介服务体系,如证券公司、会计师事务所、律师事务所务、资产评估等机构,提高服务便利性,真正形成包括企业上市的改制、申报、发行及上市等全过程的服务体系,及时跟踪服务,提高中介服务的专业化和竞争力。最后,通过对园区企业的评估,建立上市企业资源库,整合示范区信息资源,定期举办企业上市推介会,为企业上市提供交流平台与借鉴学习经验的机会。

(四)优化示范区信用环境,完善科技金融服务体系

1. 推动天津示范区信用体系建设

从一定程度上看,市场经济发展的重要条件就是信用环境。从这个意义上看,建立完善的信用体系对于科技金融发展显得十分重要。天津示范区信用管理体系建设,要以推动信用评级工作为基础,构建完善的信用等级评估体系。同时建立企业信息资源库,建立统一的个人及企业信用档案,通过统一的企业信用咨询系统,实现信用信息资源的共享。

2. 完善天津示范区中介机构服务体系

首先,设立科技中介专项资金,推出科技金融服务平台,建立有利于中介机构发展的组织制度、运行机制和政策环境,设立统一的天津示范区企业融资服务申请通道。其次,要建立律师事务所、评估机构、信息与咨询公

司、金融仓储、技术交易中心等领域的科技中介服务机构，同时与政务服务中心、科技成果孵化中心、创新创业服务中心相结合，搭建公共信息、技术平台，建立社会化、网络化、多元化的中介服务体系。最后，要积极发挥创业投资协会、科技中介机构行业协会、研究会等社会团体的作用，提高科技金融运行效率。

3. 构建天津示范区融资担保体系

以政府为主体，成立企业信用担保基金，为信用担保业的发展提供资金支持和保障，担保机构可以引入合适的民间资本间接为企业提供融资服务。同时，借鉴网络"风险池"的成功经验，鼓励银行等传统金融机构开展网络担保业务试点。

（五）构建科技金融政策体系，营造良好的融资环境

健全的科技金融政策体系是示范区健康发展的重要支持。应大力完善科技金融相关政策体系，从财政性科技金融、政策性科技金融、商业性科技金融三个方面，进一步优化示范区的政策生态环境，搭建良性循环的科技金融平台。

首先，制定政策性科技金融政策，应在明确政策性目标的前提下，拓宽服务领域。目前，天津的政策银行主要有国家开发银行天津分行、中国进出口银行天津分行、中国农业发展银行天津分行。要促进政策性银行加强交流合作，参与国际竞争，就要重视探索新的合作模式，拓宽新的融资渠道。

其次，落实财政性科技金融政策，发挥财政资金的引导作用。设立重科技成果转化基金，支持示范区的金融科技创新活动，同时更科学更系统地规划财政资金运用方式、比重，进一步扩大对信息技术、新能源、高端装备制造、生物医药等重点产业的财政投入比例。

最后，完善信用担保和信用保险政策。落实并完善《天津滨海高新技术产业开发区鼓励投融资发展暂行办法》，建立天津示范区高新技术企业信用担保基金，加大对信用担保业的财政支持力度。同时，不断完善配套设

施,在示范区企业实际需求上,建立政策的动态优化机制,提高政策效果,优化资源配置。

(六)做强科技金融推进主体

海泰集团是借鉴国内其他示范区建立的核心主体企业,应明确海泰集团科技金融的核心定位,统筹示范区科技金融资源,统一监控示范区风险等级。为此,应做好如下工作。首先,学习中关村集团运作方式,整合海泰集团下属公司金融科技投资业务,统一规划,系统运营,多层次,全方位地推进示范区科技金融工作。其次,海泰科技金融发展集团在遵循市场运作的前提下,参与国际竞争,开发金融科技创新产品,做到金融融资支持技术突破,通过科技发展实现金融增值目的。最后,组建海泰创投融资租赁公司,开展融资租赁业务,强化金融杠杆化作用,贯通资金链,活跃金融市场氛围,提升金融服务质量,并以此获取企业的认股权或股权,形成风险收益匹配经营,做强做大天津示范区品牌。

(七)加强科技金融人才培育,搭建天津示范区科技金融人才高地

科技金融改革离不开优秀人才,因此,进行科技金融创新,人才培养至关重要。只有确立人才优先发展的战略布局,构建完善的人才支撑体系,培育科技金融人才队伍,才能提高示范区创新速度,实现天津经济质的飞跃。

1. 创造条件吸引人才

出台吸引科技金融人才的优惠政策,设立人才专项资金,对高层次的科技金融人才的引进与培养予以政策支持。同时开展人才交流活动,采取项目合作、人才租赁、科技咨询等方式引进海内外科技金融方面的专家与人才,建立多层次的人才引进机制,使示范区成为科技金融人才的栖息地。同时为鼓励高新人才扎根示范区,应给予工作者补贴,解决住房等民生问题,为人才搭建稳固适宜的发展平台。

2. 健全科技金融人才培养体系

天津示范区有丰富的科教资源,有各类高等学院 44 所,博士后站 163

个,是重要的人才集聚培养中心,应加大财政补贴力度,大力发展教育基地,将示范区建成教育基地,为高新区科技金融改革的深化提供人才保障和智力支持,为示范区输出人才奠定坚实的基础。

3. 建立科学规范的人才激励机制

在人才培养、引进、管理机制方面要积极开展创新与探索。在人才培养中,要重点培养人才的自主创新能力,激发人才创新的积极性和主动性;为科技金融人才开辟绿色通道,为引进的高层次人才在子女入学、住房、医疗及社会保障等方面制定专项优惠政策,为示范区输入人才奠定坚实的基础。

结束语

天津高新区经过二十多年的深入发展,逐步确立了统筹规划、创新发展的战略目标,充分发挥了区域经济发展特色,起到了带动天津市经济发展的至关重要的作用。天津高新区不断深化科技金融改革创新工作,优化示范区科技金融发展生态环境,营造了良好的创新氛围,为我国高新技术园区发展提供了重要的经验借鉴。

2013年12月,天津高新区被国务院批准为全国第七家国家自主创新示范区。科技进步与创新是推动高新区发展的重要推动力,科技金融改革更是重中之重。要协调好金融与科技相辅相成的作用,应着力进行科技金融改革创新,拓展融资渠道,丰富金融产品开发,提升金融服务质量,完善政策指引监督机制,形成多层次的资本市场。所有的这些深化改革,目标是使示范区完成突破性的发展,最终落实天津经济区域发展战略,成为"推动两型社会建设,依靠创新驱动发展的典范"。

B.13
天津建设金融创新运营示范区研究

中国滨海金融协同创新中心课题组*

摘　要： 京津冀协同发展是新时期促进我国经济发展的重要国家战略。作为现代经济的核心，如何发挥好金融的功能和作用对推进京津冀协同发展具有重大意义。根据审议通过的《京津冀协同发展规划纲要》，金融创新运营示范区是天津在京津冀协同发展中的重要功能定位。本报告围绕金融创新运营示范区，重点解读了金融创新运营示范区的内涵和功能，分析了当前存在的优势条件和制约因素，进一步明确了天津建设金融创新运营示范区的总体思路和目标定位，最后提出了具体的建设路径和对策建议。

关键词： 京津冀协同发展　金融创新运营示范区　区域金融一体化

2014年2月26日，习近平主席听取京津冀协同发展工作汇报，强调实现京津冀协同发展的战略意义。[①] 2015年4月30日，中共中央政治局审议通过《京津冀协同发展规划纲要》。《纲要》明确指出北京、天津、河北三省市的功能定位。[②]

---

* 课题组组长：王爱俭，成员：李向前、林文浩、王璟怡、刘炀、邓黎桥、林章悦、杜强。
[①] 李清：《习近平在京主持召开座谈会专题听取京津冀协同发展工作汇报》，新华网，2014年2月27日。
[②] 北京定位于全国政治、文化、国际交往和科技创新中心；天津定位于全国先进制造研发基地、北方国际航运核心区、金融创新运营示范区和改革先行示范区；河北定位于全国现代商贸物流重要基地、产业转型升级试验区、新型城镇化与城乡统筹示范区、京津冀生态环境支撑区。

作为现代经济的核心，发挥好金融的功能和作用在京津冀协同发展进程中具有重要的意义。天津金融业在滨海新区开发开放、国家综合配套改革试验区等多重政策举措推动下，在金融改革创新、服务实体经济和现代金融服务体系建设等方面都取得了显著的成效。在《规划纲要》中，金融创新运营示范区的提出明确了天津金融业在京津冀协同发展中的战略定位。加快金融创新、提升金融运营效率、发挥示范引领作用是京津冀协同发展战略框架下天津金融业发展的主要目标和方向，同时也是天津金融业服务京津冀协同发展战略的重要途径。

一　金融创新运营示范区的具体内涵和功能解析

当前，天津按照中央统一部署，积极参与顶层设计，完善自身功能定位，前瞻性地提出"构建与北方经济中心和滨海新区开发开放相适应的现代金融服务体系和金融创新运营示范区"的崭新思路，为天津金融改革创新指明方向。金融创新运营示范区是区域一体化过程中金融中心发展的特殊形式。天津毗邻首都北京的区位优势和作为北方门户的开放条件，完全具备构建金融创新运营示范区，并与京冀共建大北方金融中心的基础和潜力。

（一）建设金融创新运营示范区的必要性

1. 加快京津冀金融协同发展内在要求

近一段时期，党中央将京津冀协同发展纳入国家战略，力图扭转京津冀一体化程度低于长三角、珠三角的状况。在金融协同发展上，京津冀经济圈的金融业需要从"独立发展"转向"联动发展"，共建拥有多个核心的复合式金融中心。发挥北京金融决策、管理和信息中心的先天优势，带动天津以现代制造和航运物流为依托的金融创新和运营功能，建成金融创新运营示范区。同时，凭借（处于第一层次的）北京的金融决策信息中心和（处于第二层次的）天津的金融创新运营示范区，向河北省（乃至更广阔的地区）

扩展其他金融功能，最终形成多核心、多层次、多功能的北方金融中心。使其成为整合京津冀区域资源，加快一体化发展，促进新型城市群格局形成的金融枢纽。

2. 落实全国区域发展战略的客观要求

纵然是伦敦、纽约这样的国际金融中心在其辐射范围上也有所侧重，例如伦敦更多服务于欧洲大陆，纽约更多服务于北美地区。商业惯例、信息腹地、路径依赖从不同视角解释了金融中心辐射范围的有限性。目前，我国南方的金融中心城市在质量和数量上优于北方，根据全球金融中心指数最新排名，香港全球排名第3位，深圳第18位，上海第20位，北京第59位。受制于金融开放程度低、大型金融市场匮乏和区域金融合作不够，北京的金融实力并未得到全球金融业界的认同，这意味着北方企业、个人享受优质金融服务的能力偏低，这给我国南北协调和东中西互动带来麻烦。建设金融创新运营示范区，将促进落实国家区域发展战略，加快扭转金融南北方不平衡的格局。

3. 增强区域经济竞争能力的必然要求

长三角、珠三角和京津冀是世界瞩目的经济带，21世纪超大都市群的所在。从2013年三个经济圈的主要指标看，长三角、珠三角和京津冀地区生产总值占全国比重为20.8%、9.3%和10.9%。地区生产总值增速分别为8.8%、9.4%和9.0%，产业结构分别为（长三角：4.7∶47∶48.3；珠三角：2.0∶45.3∶52.7；京津冀：6.2∶42.4∶51.4）。今天，城市群是国内外经济竞合的重要单元。天津依托国家综合配套改革和自贸区的优势，建设金融创新运营示范区，不仅可以利用政策叠加综合效应吸引金融机构地区总部、运营总部聚集，而且将通过金融创新运营示范区的辐射作用，推动中国（天津）自贸区与京津冀接轨，带动整个地区主动执行更高标准，更加开放，赢得国际国内竞争合作的主动权。

（二）金融创新运营示范区的内涵界定

金融创新运营示范区是指一个区域内在金融创新和运营服务上呈现交融

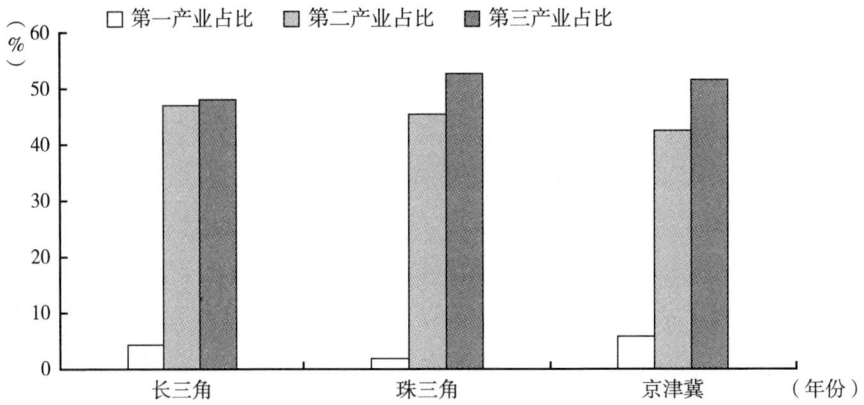

图 1 京津冀、长三角、珠三角地区三次产业结构占比

资料来源：中国国家统计局官网。

开放特征，处于示范引领地位的城市。金融创新运营示范区的内涵中蕴涵着4个主要概念：金融创新、运营服务、交融开放、示范引领。

1. 金融创新的内涵

《帕尔格雷夫经济学大辞典》将"金融创新"定义为："当一个新的产品或服务被人们广泛接受用来替代或补充已有的金融工具、机构或业务流程时，就可以称之为创新性的，而不只是新的或新颖的，这和任何其他创新性产品或服务一样。"

立足天津，伴随天津滨海新区金融先行先试不断向纵深推进，天津金融改革创新在开展金融工具、市场、机构或业务流程创新，尤其是促进创新在市场中的扩散方面在全国处于前列。"金融创新"无疑是天津金融业的一项重要功能。

2. 运营服务的内涵

西方学者过去将提供服务的活动称为"运营（Operation）"，而将与工厂联系在一起的有形产品生产称为"生产（Production）"或"制造（Manufacture）"。近年来，伴随着新工业革命的爆发，现代制造业和生产性服务业在分工中实现各自发展并深刻地融合在一起，生产与服务的边界愈发模糊，因此现代西方学者将生产和服务均称为"运营",或"运营服务"。

立足天津,随着天津滨海新区开发开放和京津冀协同发展,作为中国经济第三增长极天津实体经济快速崛起,为金融运营服务提供了广阔的市场潜力,同时,天津发挥政策与服务优势,培育国际化、便利化的营商环境、交通环境和教育环境,为金融企业的投资、运营和创新活动提供"保姆式"服务,使以租赁、基金、结算、交易为代表的一大批金融运营中心拔地而起。"运营服务"成为天津金融业的又一项重要功能。

3. 交融开放的内涵

立足国内外新形势、新任务,天津金融创新和运营服务功能建设将呈现出"交融开放"的新特征、新优势。其中,交融是指金融创新运营示范区的内外部因素相互作用,共同促进中心发展。从内部看,金融创新提升运营能力和服务水平,运营服务确保金融创新的价值实现;从外部看,金融创新运营示范区与京津冀协同发展、自贸区试验、服务经济体系建设相互促进。开放是指金融创新运营示范区以开放、竞争激发金融创新活力,以更高标准的开放促进京津冀与自贸区接轨。积极推进外资准入前国民待遇和负面清单管理模式,扩大金融服务等领域对外开放;扩大金融业对内开放,支持民营资本进入金融业。"交融开放"彰显金融创新运营示范区建设的开创性和独特性。

4. 示范引领的内涵

根据《帕尔格雷夫经济学大辞典》关于"金融创新"的界定,"金融创新重要的不是一种产品或过程(这通常是不明显)的创新,而是创新在市场中扩散。"因此,对于处于示范引领地位的金融创新区域而言,要在顶层设计的指导下,大胆发挥比较优势和政策优势,开展金融先行先试,为区域市场乃至全国范围形成可复制、可推广、可升级的金融改革创新积累经验。

立足天津,新形势下天津将继续加快金融创新步伐,力争在一个较大区域内成为金融创新示范引领的枢纽城市。其中,示范引领是指凭借金融总部、业务和人才的枢纽地位,向周边市场扩散金融业务、组织、

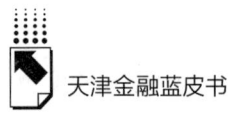

知识、标准和人才，推动京津冀乃至中国北方的金融协同发展。"示范引领"既是衡量天津金融改革创新能力的标准，也是新阶段天津金融发展的目标。

5. 金融创新运营示范区的内涵

综上所述，本文认为金融创新运营示范区的内涵是在国家战略指导下，集聚于天津、服务京津冀、辐射中国北方、面向海内外，呈现交融开放特征、处于示范引领地位的金融创新枢纽。金融创新运营示范区是新形势下深化金融改革和开放的"试验场"和"对外展示窗口"，必然为新一轮区域金融创新，为京津冀协同发展和实现天津功能定位注入新的动能与活力。

（三）金融创新运营示范区的功能解析

金融创新运营示范区的功能定位可以归纳为 8 个字，即交互、开放、法治、升级。

1. 交互

交互是指金融创新运营示范区的内外部因素相互作用，共同促进金融创新运营示范区发展。一方面是金融创新与金融运营服务的相互作用。金融运营服务从金融创新中获得新的工具、市场、机构和流程，提升运营能力和服务水平；金融创新在金融运营服务过程中得到价值实现。金融创新离不开政策因素和服务优势的支持①，同时，金融创新应该服务实体企业，而非一味吹大资产"泡沫"；另一方面是金融创新运营示范区与京津冀协同发展、自贸区试验、服务经济体系建设的相互影响。后者为金融创新运营示范区发展提供机遇和条件，金融创新运营示范区为后者目标的实现赋予充实有力的金融内涵。

---

① "金融创新过程是由许多实际因素共同促成的，其中比较重要的有：利率波动性增加、税收和管理法规频发变动。此外，美、英等国放松对金融服务业的管制以及全世界投资银行竞争加剧，这些趋势也使得金融机构更加重视提供新证券"，引自《帕尔格雷夫经济学大辞典》。

2. 开放

开放是指金融创新运营示范区的建设需要以开放、竞争激发区域金融创新活力，以更高标准的开放促进京津冀与自贸区接轨。一方面，吸收借鉴国际知名自由贸易区和中国（上海）自由贸易试验区经验，实施外资准入前国民待遇与负面清单的新型管理模式，实施境外投资项目备案制管理。加快金融制度改革创新，争取设立自由贸易账户体系，加快推进利率市场化、跨境人民币使用、外汇管理制度改革；另一方面，扩大金融业对内开放，支持民营资本进入金融业。

3. 法治

法治是指金融创新运营示范区的发展需要坚持立法先行，以法治保障加快政府职能转变。一方面，探索建立与国际高标准投资和金融规则体系相适应的行政管理体系；另一方面，实施一口受理、综合审批、高效运营的全新管理服务模式，建设信息网络平台，形成协同管理的机制优势。为金融创新运营示范区建设提供完善的体制机制环境。

4. 升级

升级是指金融创新运营示范区对金融改革创新基地的继承和发展。一方面，从突出金融创新功能到突出金融创新和示范引领的复合功能，确保了金融创新的规范化、持续化和示范化发展；另一方面，从突出金融创新基地到突出金融创新运营示范区（从基地到示范区），确保金融企业投资、创新、运营所享受的服务水平以及金融企业业务创新和运营活动所服务的市场范围能够不断提升。具体来看，金融创新运营示范区将在参与推进金融改革的同时，加快金融创新和示范引领能力提升，使之成为打造中国金融升级版的先行先试区。

（四）金融创新运营示范区定位的开创性

近十年来，天津金融业定位内涵经历由"金融改革和创新、重大改革先行先试、多方面改革试验"（2006）→"建设现代金融服务体系和全国金融改革创新基地"（2008）→"建设现代金融服务体系、金融改革创新基地和金融服务区"（2012）→ "建设现代金融服务体系和金融创新运营中心"（2014）的深化过程。除了金融业定位内涵的持续发展外，还是"争取重点领域突破、构建现代金融体系"（2011）、"加快（京、津）金融一体化进程"（2013）等金融改革创新内涵不断丰富的过程。①

构建与京津冀协同发展战略相适应的金融创新运营示范区是对建设现代金融服务体系和全国金融改革创新基地目标的继承、深化和发展。金融创新运营示范区的正式提出，对于当前天津在机遇叠加、政策叠加背景下，进一步推动金融业率先示范发展具有重要意义。

从现实背景看，十八大以来，党中央将推进京津冀协同发展上升为国家战略，力图扭转京津冀一体化程度低于长三角、珠三角的局面。在金融协同发展上，京津冀经济圈的金融业需要从"独立发展"转向"联动发展"，共建北方金融中心。

天津在实现金融业定位的过程中，决不能忽略北京这个大型金融机构、跨国公司总部、金融监管机构总部、高科技企业（中关村）云集，进而作为全国金融管理中心、结算中心和科技金融中心的重要作用。同样，北京也不能忽视天津作为金融创新运营示范区、全国先进制造研发基地、北方国际航运核心区、改革开放先行区的巨大潜力，独自建设金融中心。这不仅与中央的顶层设计相悖，而且无法充分享受天津未来自贸区试验的改革红利以及天津毗邻首都、交通便利、载体充裕的区位优势，最终不利于京津冀金融一体化发展，加剧南北方金融中心分布上的不平衡。建设北方金融中心，应立足京津冀乃至北方经济发展和对外开放的需要，强调区域间经济资源的优势互补。发挥北京以信息、人才、资金为依托的金融决策管理中心的先天优势，带动天津以现代制造和航运物流为依托的金融创新和运营功能，逐步将金融创新运营示范区发展起来。同时，不断向河北

---

① 中国滨海金融协同创新中心课题组：《建设天津金融创新运营中心，以运营服务塑造金融新优势》，《华北金融》2014年第8期。

省（乃至整个北方）扩展金融功能，最终形成多核心、多层次的北方金融中心。

在功能定位上，北京处于北方金融中心的第一层次，是区域内金融管理中心，资金调控、清算中心和信息交流中心。天津处于北方金融中心的第二层次，作为现代制造中心、国际航运中心和全国金融改革创新基地，天津的金融功能应偏重于金融制度改革试点、金融营运或操作层次，强调金融创新和金融资源的优化配置。考虑目前天津金融业仍然面临金融机构总部较少、层级较低、产品创新能力弱等制约因素，金融创新运营中心将作为天津金融业更为长期的奋斗目标，并力争利用 15~20 年时间逐渐实现这一全新定位。现阶段的着力点在于加快金融创新运营示范区建设，利用叠加机遇，探索京津冀金融合作、自贸区金融制度创新，继续深化综合配套改革试验项下的金融先行先试，促进京津冀，尤其是京津双城金融基础设施、信息、人才等对接、交流和引进，促进金融创新经验的可复制、可推广和可升级，以此促进北方产业经济和国际贸易发展，提升京津冀大市场的一体化水平，为天津实现北方经济中心的城市定位打下坚实基础。

二 金融创新运营示范区的优势条件和制约因素

回望近代历史，天津之所以能成为中国北方的金融中心，主要源于区位优势和开放格局。立足当下，昔日促使天津金融业成功发展的基本因素仍然存在，且进一步丰富、发展。2006 年，滨海新区开发开放以来，天津金融改革创新成效显著，在我国区域金融发展和金融制度创新等领域发挥了引领示范作用。党的十八大以来，京津冀协同发展、全面深化改革、自贸区试验等重大战略的实施，为天津建设金融创新运营示范区创造了重大机遇。必须看到，面对新形势、新要求，天津在金融创新运营示范区建设过程中还可能存在一些不适应、不协调的问题，需要加以重视和应对。

（一）金融创新运营示范区建设的机遇叠加

1. 中央政府战略部署

（1）京津冀协同发展的重大机遇

近几年来，京津冀跨区域合作频繁，围绕协同发展形成多个合作协议。我国"十二五"规划提出，"推进京津冀区域经济一体化发展，打造首都经济圈"。但是，与我国的长三角、珠三角等区域相比，京津冀区域合作仍有较大的潜力可以挖掘。党中央从国家战略高度出发，提出京津冀协同发展的重大战略。2014年2月，习近平总书记在北京专题听取京津冀协同发展工作汇报时，强调要着力加大对京津冀协同发展的推动①。

从现实条件看，京津冀三省市不仅拥有密切、深厚的历史联系，而且在社会经济发展领域具有共生性、层次性和互补性的特点，这就为合理配置要素，纠正市场失灵，实现区域协同发展创造了条件。从共生性看，京津冀地区之间存在着相互依赖的特性。当前，水资源紧缺、空气污染严重等问题为京津冀三地所共同面对，亟待加强区域合作，推进区域协同发展。从梯次性看，依据世界银行（World Bank）对国家收入分组的标准，北京市、天津市的人均收入已达到富裕国家水平，但河北省尚处于中等收入水平，三地经济发展水平存在差距，需要推动产业有序转移，为实现互利共赢创造条件。从互补性看，京津冀要素禀赋优势不同，北京市拥有丰富的科技、文化和教育资源，天津市拥有航运、物流和制造业优势，河北省劳动力、土地等成本优势显著。加强京津冀合作可以形成优势互补，突破资源环境瓶颈，实现区域共同发展。

（2）自由贸易区试验的崭新机遇

2007年12月，天津东疆保税港区一期封关后，天津就将建设自由贸易港区作为未来发展方向，并提上重要的议事日程。2008年3月，国务院批

---

① 习近平总书记在这次会议中提出，自觉打破自家"一亩三分地"的思维定势，抱成团朝着顶层设计的目标一起做，充分发挥环渤海地区经济合作发展协调机制的作用。

复的《天津滨海新区综合配套改革试验总体方案》明确表示，东疆保税港区在"条件成熟时，进行建立自由贸易港区的改革探索"，为天津建设自由贸易区开辟道路。2011年，国务院批复的《天津北方国际航运中心核心功能区建设方案》，再次重申在天津东疆保税港区进行自由贸易区改革探索的目标。2012年天津市委十届二次会议，以及2013年初天津市推进滨海新区新一轮开发开放的十大任务，均将建设自贸区列为2013年市委市政府的重点工作。①

《中共中央关于全面深化改革若干重大问题的决定》提出"在推进现有试点基础上，选择若干具备条件的地方发展自由贸易园（港）区"，建立中国（天津）自由贸易试验区是落实改革的重大举措。2014年下半年，天津自贸区方案获得国务院有关部委原则通过，待国务院审批。

建设自贸区需要具备三个条件：一是要有海陆空交通枢纽，有保税区试验经验，有较强的物流聚集和配送能力，以及超前的金融服务能力；二是具有较大的辐射效益，天津所在的环渤海经济圈辐射的经济总量可以达到6万亿元；三是地方政府有远见和魄力，有相应的人才和技术，制定了详尽的发展规划。从目前情况看，天津具备了上述条件。

（3）综合改革创新区的重大机遇

2006年5月，国务院发布《关于推进天津滨海新区开发开放有关问题的意见》，《意见》指出："要鼓励天津滨海新区进行金融改革和创新。"按照意见精神，天津制定了一系列金融业及其配套产业的改革创新战略，促进天津金融业的跨越发展。2009年国务院批复《天津滨海新区综合配套改革试验金融创新专项方案》，明确加快天津滨海新区金融先行先试步伐。2013年12月，李克强总理在天津视察时，提出将在天津建立我国第一个政策优于上海自贸区并富有天津特色的综合改革创新区。2013年中共天津市委十届四次全会提出，要大力推进投资与服务贸易便利化，加快投资、贸易、金

---

① 中国滨海金融协同创新中心课题组：《建设天津金融创新运营中心，以运营服务塑造金融新优势》，《华北金融》2014年第8期。

融、监管等领域制度创新，建立综合改革创新区。立足天津的金融创新和运营中心功能，2014年5月，天津加快现代服务业发展工作会议前瞻性地提出了"构建与北方经济中心和滨海新区开发开放相适应的现代金融服务体系和金融创新运营示范区"的思路。2014年7月，中共天津市委十届五次全会提出，按照中央统一部署，积极参与顶层设计，完善天津功能定位，突出北方经济中心等功能。

2. 天津市委市政府部署

（1）加快现代服务业发展

加快建设与现代化大都市地位相适应的服务经济体系，是实现中央对天津城市定位的迫切需要，是落实京津冀协同发展重大国家战略的迫切需要，是坚持以人为本、促进消费、改善民生的迫切需要。2013年5月，习近平总书记在天津视察时指出，要加快发展服务业，形成与现代化大都市地位相适应的服务经济体系。

为推动本市现代服务业实现跨越式发展，天津市委市政府制定《关于加快现代服务业发展的若干意见》，提出主要奋斗目标：到2016年，天津市服务业增加值占GDP比重超过50%，综合服务辐射功能显著增强。

（2）完善天津市功能定位

2014年7月，中共天津市第十届委员会第五次全体会议提出，要按照中央统一部署，积极参与顶层设计，完善天津功能定位。2015年，《京津冀协同发展规划纲要》出台，明确天津崭新定位，即全国先进制造研发基地、北方国际航运核心区、金融创新运营示范区、改革开放先行区。

（二）金融创新运营示范区建设的政策叠加

自天津滨海新区纳入国家战略以来，中央政府及各部委出台一系列改革措施和优惠政策，支持天津金融改革创新。近一段时期，京津冀协同发展、综合改革创新区建设、自由贸易试验区等重大利好形成政策叠加、机遇叠加的综合效应，为新阶段天津金融创新运营示范区建设释放巨大的改革、政策红利。

1. 中央政府政策①

表1　中央政府出台的政策

2006年5月	《国务院关于推进天津滨海新区开发开放有关问题的意见(国函[2006]20号)》批准天津滨海新区为全国综合配套改革试验区。鼓励天津滨海新区进行金融改革和创新。在金融企业、金融业务、金融市场和金融开放等方面的重大改革,原则上可安排在天津滨海新区先行先试。
2006年7月	《国务院关于天津市城市总体规划的批复(国函[2006]62号)》同意将天津市逐步建设成为经济繁荣、社会文明、科教发达、设施完善、环境优美的国际港口城市,北方经济中心和生态城市。中央赋予天津作为北方经济中心的定位是实现金融创新运营示范区功能的坚实基础。
2008年3月	《国务院关于天津滨海新区综合配套改革试验总体方案的批复(国函[2008]26号)》原则同意《天津滨海新区综合配套改革试验总体方案》,将"深化金融体制改革,建设现代金融服务体系和全国金融改革创新基地"作为综合配套改革试验的主要任务之一。
2009年9月	经国务院同意,国家发改委批复《天津滨海新区综合配套改革试验金融创新专项方案》,要求加快推进金融体制改革和金融创新,努力建设与北方经济中心相适应的现代金融体系和全国金融改革创新基地。
2011年5月	《国务院关于天津北方国际航运中心核心功能区建设方案的批复》和《国家发展改革委关于印发天津北方国际航运中心核心功能区建设方案的通知》,批准在天津东疆保税港区推进船舶登记制度、国际航运税收、离岸金融业务和租赁业务试点,积极开展建设中国特色自由贸易港区的改革探索,加快建设北方国际航运中心和国际物流中心。
2013年5月	习近平总书记在天津市考察时指出,要积极推进京津冀区域合作,谱写新世纪社会主义现代化的"双城记"。
2013年9月	经国务院批准,国家发展改革委于2013年9月2日印发《天津海洋经济科学发展示范区规划》(发改地区[2013]1715号),批复同意《天津海洋经济发展试点工作方案》(发改地区[2013]1766号),要求加快天津海洋金融、航运金融发展。
2013年12月	李克强总理在天津视察时,提出将在天津建立我国第一个政策优于上海自贸区并富有天津特色的综合改革创新区,而且面积扩至整个滨海新区。
2014年12月	中国(天津)自由贸易试验区获批。自贸区将加快金融制度改革。

---

① 课题组根据中央政府网站资料整理获得。

2. 各部委政策①

表2　各部委出台的政策

时间	内容
2006年9月	国家外汇管理局发布《关于天津滨海新区外汇管理政策的批复》,其中包括外汇管理体制改革的七条内容,支持滨海新区外汇管理体制改革试点。
2007年11月	中国保监会与天津市政府联合发布《关于加快天津滨海新区保险改革试验区创新发展的意见》,支持天津滨海新区保险改革发展创新。
2008年5月	国家发改委发布《关于在天津滨海新区先行先试股权投资基金有关政策问题的复函》,支持股权投资基金和创业投资基金在滨海新区探索创新。
2009年7月	中国银监会发布《消费金融公司试点管理办法》,支持在天津等四省市开展消费金融公司试点。
2009年11月	国家发改委发布《关于船舶产业投资基金组建方案的批复》,支持天津设立船舶产业投资基金。
2009年12月	国家外汇管理局发布《关于天津市中新天津生态城外商投资企业外汇资本金结汇管理改革试点的批复》,批准中新天津生态城进行外商投资企业外汇资本金结汇管理由现行的"支付结汇"改为"意愿结汇"。
2010年1月	中国银监会发布《关于金融租赁公司在境内保税地区设立项目公司开展融资租赁业务有关问题的通知》,支持金融租赁公司在境内保税区设立单船公司、单机公司开展融资租赁业务。
2010年2月	国家外汇管理局发布《关于在天津市开展个人本外币兑换特许业务的批复》,批准在天津开展个人本外币兑换特许业务试点,并同意天津渤海通汇商务咨询有限公司经营个人本外币兑换特许业务。
2010年3月	财政部、海关总署、国家税务总局发布《关于在天津市开展融资租赁船舶出口退税试点的通知》,支持对融资租赁企业经营的所有权转移给境外企业的融资租赁船舶出口,在天津实行为期1年的出口退税试点。
2010年4月	国家外汇管理局发布《关于实施进口付汇核销制度改革试点有关问题的通知》,自2010年5月起在天津、江苏等七省市开展进口付汇核销制度改革试点。
2011年8月	财政部、国家税务总局发布《关于天津北方国际航运中心核心功能区营业税政策的通知》指出"对注册在天津的保险企业从事国际航运保险业务取得的收入,免征营业税。"
2012年12月	财政部、国家税务总局发布《关于交通运输业和部分现代服务业营业税改征增值税试点应税服务范围等若干税收政策的补充通知》,对注册在天津市东疆保税港区内的试点纳税人提供的国内货物运输、仓储和装卸搬运服务,实行增值税即征即退政策。

---

① 课题组根据国务院及各部委官方网站资料整理获得。

（三）金融创新运营示范区建设差距与瓶颈

面对京津冀协同发展、自贸区金融试验和多领域深化改革等新形势新要求，在推动天津金融改革创新、建设金融创新运营示范区过程中还有若干不适应、不协调的问题。

1. 总体差距瓶颈

第一，金融发展的思想观念需要不断解放。在推动金融创新运营示范区建设过程中，视野还不够开阔，习惯于旧的方法、现有经验，追逐金融业发展前沿的意识不够。第二，金融业总体规模仍然偏小，金融资金支持能力与经济社会发展的内生性金融需求不相匹配，对经济增长特别是经济结构升级的支撑作用不强。第三，金融机构门类齐全优势和综合集成效应没有得到有效发挥，没有形成金融服务和产品的组合叠加效应。第四，受制于金融机构总部相对不足，金融创新尤其是原始创新能力不足。第五，金融业发展基础设施和政策环境仍需进一步优化，支持促进金融业发展的体制机制不够完善，金融风险运行监测和防范金融风险的联动机制仍需强化。从某种意义上说，差距就是潜力，不足预示方向。在金融创新运营示范区建设过程中，需要在协同联动中把短板补齐，在主动服务中求得金融创新和金融运营核心功能的快速提升，实现天津金融业的科学、示范和持续发展。

2. 当前主要问题

从当前整个行业的运营状况看，天津金融业面临着经济增速下调，隐性风险显性化的短期挑战和在金融体系形态更高级、结构更复杂、分工更细化的情况下平衡效率与监管等难题。

第一，部分金融机构赢利能力下降

2013年，天津市多数机构赢利能力出现了不同程度的下降。分类型看，外资机构整体资产利润率下降了0.43个百分点；在30家主要中资商业银行中，有17家机构资产利润率出现下降，其中7家机构资产利润率下降幅度超过0.3个百分点。据调查，部分机构存贷款利差出现明显收窄，是造成赢利能力下降的主要原因，此外，少数机构成本收入比率上升、中间业务收入比率下降加剧了这种趋势。期货公司赢利能力问题也有待关注。2013年，天津市6家期货公司的代理交易量和代理交易额均有较大幅度的增长，增长幅度在50%左右，而手续费收入增长缓慢，还不足3%。6家期货公司中1家赢利状况良好，1家公司刚刚扭亏为盈，其余4家公司依然处于亏损状态，提高天津市期货公司的总体竞争力是当务之急。

第二，同业业务快速发展蕴藏风险

截至2013年末，天津市银行业金融机构同业资产共计5996.99亿元，比2011年末增长57.1%；同业负债共计8536.14亿元，比2011年末增长97.2%。同业业务的快速发展及其横跨信贷、货币和资本等多个市场的特质，一方面，使金融机构间的风险互联性增强，跨市场、跨机构风险发生的可能性增大；另一方面，以"过桥"方式开展的同业业务大幅提高了实体经济融资成本，还在一定程度上创造并增加了银行体系整体流动性，削弱了宏观调控的效果。

第三，"余额宝"快速增长存在风险

2013年6月，天弘基金与支付宝合作打造"余额宝"，至年末其累计申购金额较6月末相比增长了64倍。虽然余额宝方便客户支付的同时为客户提供了较高的收益，但在经营过程中也存在风险揭示不足，受网购促销活动或货币市场波动等因素的影响，申购和赎回的波动性较大，流动性管理要求较高等问题。

第四，汽车限购影响财产险公司保费收入

2013年，天津市机动车辆保险业务保费收入78.70亿元，同比增加12.42亿元，占财产险公司全部保费收入的75.2%，车险保费收入的较快增长来源于承保车辆数的增加。然而，自2014年1月起全市将实施小客车增量配额指标管理，短期内可能会对保费收入的持续稳定增长形成不利的影响。

第五，退保金攀升影响人身险公司经营

2013年，天津市人身险公司退保金共计41.30亿元，同比增长28.6%，增速较上年提高25.4个百分点。鉴于退保金的大幅增加将对人身险公司运营的现金流形成一定压力，因此应持续关注人身险公司的退保问题，力保公司的稳健运营。

第六，长期缺乏辐射全国的大型金融市场

目前，中国的大型金融市场主要位于上海、深圳和北京，大连和郑州则拥有两个大型期货交易所。因此，每年由伦敦金融城发布的全球金融中心指数（GFCI）中只有上海、深圳和北京三个中国内地城市进入其全球竞争力排名。根据2014年第15期GFCI排名，深圳居第18位，上海第20位，北京第59位。其中，深圳依托前海国家金融开放平台，树立香港国际金融中心近邻和最好合作伙伴的形象，获得国际金融界高度认可。上海依托中国内地首个中国自由贸易试验区的建立，加强其在金融市场国际化和集聚化方面的优势。北京是内地大型金融机构、跨国公司总部、金融监管部门、高科技企业的聚集地，扮演着金融管理中心、信息发布中心、人民币结算中心、科技金融中心的角色，拥有"新三板"这一大型金融市场。

第七，上市公司整体规模相对较小

截至2013年末，天津的上市公司总数为38家，其中A股公司33家，AB股公司1家，AH股公司3家，AS股公司1家。其中，上交所上市19家，深交所主板上市8家，中小板上市6家，创业板上市5家。新三板挂牌公司22家。2013年12月，天津股票市场上市公司总股本434.46亿股，总市值达到3589.87亿元，比2012年的411.47亿股，2802.71亿元分别增加了5.59%和28.09%。其中，流通市值3264.28亿元。全年天津市上市公司新增融资49.10亿元，同比下降14.4%。尽管近年来天津上市公司数量有所增加，但与广东、北京、上海、江苏等地相比，天津上市公司的整体规模相对较小。

第八，金融从业人数有待提升

从金融从业人员数量看，2012年天津拥有金融业从业人员13.45万人，低于同期北京、上海和深圳的39.5万人、29.29万人和14.3万人。从金融从业人员占全社会从业人员比重看，2012年天津金融从业人员占比为1.67%，低于同期北京、上海和深圳的4.15%、3.10%和1.85%。与北京、上海、深圳等金融业比较发达的城市相比，天津在金融从业人数和金融从业人员占比方面有一定的差距，未来需要加快天津金融人才聚集，形成金融人才集聚效应。

表3　2012年天津、北京、上海、深圳金融从业人员及其占比

单位：万人，%

地区	天津	北京	上海	深圳
金融业从业人员数	13.45	39.5	29.29	14.3
社会从业人员数	803.14	951.4	944.47	771.2
金融从业人员占比	1.67	4.15	3.10	1.85

资料来源：天津、北京、上海、深圳2013年统计年鉴。

三　天津金融创新运营示范区建设的总体思路和目标定位

"十三五"时期是加快实现天津定位的冲刺期，是贯彻国家多重战略大有作为的机遇期，是区域经济发展步入新常态的演化期。如何在经济增速换挡、发展方式转变、经济结构调整、增长动力革新的新条件下，推动符合、适应、引领新常态要求的金融改革创新，是规划天津金融业发展的逻辑起点。2015年是制定"十三五"规划的关键之年，当前既要预见经济发展新趋势下内生金融需求和改革、技术红利下创新金融供给的出现，又要洞悉经济增速下调，隐性风险显性化的短期挑战和金融体系形态更高级、结构更复杂、分工更细化下平衡效率与监管的持续难题，以期规划好"十三五"时期天津金融发展，服务好经济新常态，实现好国家战略和天津定位。

（一）总体思路

"十三五"时期，天津将以党的十八大、十八届二中、三中、四中全会和习近平总书记系列讲话精神为指导，全面推进天津金融改革创新，加快建设与京津冀协同发展相适应的金融创新运营示范区。坚持市场决定、创新驱动、开放引领、服务导向原则，以京津冀协同发展等国家重大战略需要为出发点，以市场化配置金融资源为改革主线，更加注重系统性、前瞻性的金融体制机制创新，更加注重以中国（天津）自由贸易试验区为平台的金融开放合作，更加注重金融业与实体经济的良性互动发展，推动若干重点领域和关键环节取得新突破。进一步拓展金融市场的广度和深度，不断增强金融服务实体经济的能力，持续提高金融业竞争力，加快构筑更具市场化、国际化、科技化特色的天津金融新格局。全面提升金融业资源配置效率、行业发展质量和服务社会经济的能力，加快实现中央对天津的全新定位要求。

（二）目标定位

1. 目标定位

"十三五"时期，金融创新运营示范区将立足天津、依托京津冀、服务国内、面向全球，以金融制度改革创新为核心，积极构建与国际金融投资和业务规则体系相适应的行政管理体系，大力发展金融总部和新型金融业态，加快探索资本项目可兑换和金融服务业持续开放，创新金融监管服务模式，努力形成促进金融投资和金融创新的政策支持体系，促进跨区域金融、金融与科技等维度的重构交融，加强区域金融功能集成，积极承接首都金融管理功能（三监会、大中型金融机构总部及其职能部门、新设部门）转移，探索构建京津冀金融合作新体制，培育法治化国际化的金融营商环境，力争在2020年建成具有国际水准的金融投资服务便利、货币兑换自由、金融监管高效、金融合作领先、管理功能突出、金融科技融合、金融法制规范的金融创新运营示范区，为我国深化金融改革开放寻找新思路、探索新途径，更好地服务国家战略。为在京津冀地区建成具有金融业营商环境国际化、金融运行机制高度市场化、区域金融活动深度同城化、金融机构和金融要素市场集群化、金融运营与监管大数据化特征的现代化北方金融中心深挖新潜力、构筑新桥头，更好地支持区域崛起。

从金融创新运营示范区的建设路径来看：2015年，天津将以金融创新运营示范区建设为核心、协同推进现代金融集聚区、北方金融中心核心区、金融支持产业升级引领区建设。2017年，基于现代金融服务体系和金融先行先试的比较优势和特色优势，提升区域金融创新、开放合作、示范引领的功能地位，建成市场化水平高、开放创新能力强、示范引领效果好、与区域协同发展相适应的金融创新运营示范区，成为辐射亚太的人民币投融资集聚地。在2020年将天津建成金融业营商环境国际化、金融运行机制高度市场化、京津冀金融活动深度同城化、金融机构和金融要素市场集群化、金融运营与监管大数据化的现代化金融创新运营示范区。

2. 目标定位内涵解析

"十三五"时期天津金融业目标定位中蕴涵着四个主题词。

（1）开放交融

"十三五"时期，天津将立足国际视野，构筑遵循市场规则、市场价格和市场竞争的现代金融服务体系。以开放激发活力，借鉴全球知名自贸区经验，实行外资准入前国民待遇与负面清单的新型管理模式，持续扩大金融服务业对外开放。加快金融包容性发展，扩大金融业对内开放，支持民营资本进入金融业，形成内外资交融联动发展的新局面。最终以更高标准的金融开放促进京津冀地区与自贸区接轨，使整个区域共享改革红利。

（2）金融创新

"十三五"时期，天津将向纵深推进金融工具、市场、机构、业务流程、理念创新，努力在金融原创和创新扩散中保持全国前列。依托天津制造业发达、研发能力强和毗邻首都科技创新中心的条件，促进金融与新兴产业融合，拓展金融产业链，创新金融产品和运营模式。依托自贸区试验优势，加快建设由境内境外投资者共同参与，交易、定价、信息、服务功能完善的跨境金融先行区。

（3）运营服务

"十三五"时期，天津将依托区域实体经济崛起和体制机制创新，为金融运营服务提供广阔的市场机遇和优越的营商环境。构建与国际高标准投资和金融规则体系相适应的管理和服务模式，为金融业投资、运营、创新提供更具竞争力的服务。在壮大租赁、基金、交易、结算等运营中心优势的同时，形成更具"含金量"的金融运营中心，为金融创新运营示范区夯实基础。

（4）示范引领

"十三五"时期，天津将加快金融业从金融改革创新向金融创新示范升级，从单纯要素保障向综合服务功能转变，力争成为北方金融创新示范枢纽城市。加快大型金融机构、跨国公司、创新型机构总部、金融市场业务和金融业高端人才的集聚，提升金融创新能级，丰富现代金融业态。通过开展可复制、可推广、可升级的金融创新活动，不断扩大金融服务的市场范围，向周边乃至国际市场扩散金融创新、业务、标准、知识和人才，增强天津金融的影响力和话语权，在国家协同发展战略和互联互通中挖掘机遇、做出贡献。

3. 空间布局

"十三五"时期天津金融创新运营示范区发展，在空间布局上要努力形成天津金融改革创新"两区一带"三核心的新格局，（两区分别指滨海新区于家堡金融区和未来位于武清、宝坻的京津冀金融合作示范区；一带是指河西区友谊路金融聚集带）以"两区一带"的率先发展、错位发展、协同发展和示范发展，主动服务"十三五"时期天津金融创新运营示范区建设。

（1）于家堡金融区

于家堡金融区是滨海新区中心商务区乃至滨海新区空间位置的中心

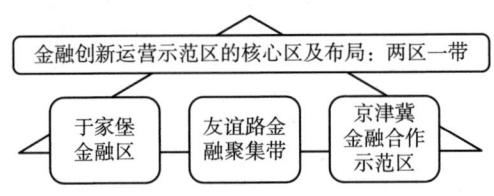

图2 金融创新运营示范区的空间布局

区,位于滨海新区"一轴""一带"交汇点,交通便捷,区位优势突出。于家堡是中心商务区经济功能的核心区,作为以创新型金融服务为主导的现代综合金融区,于家堡将以其金融主业地位实现中国天津自贸区各片区的差异化、特色化发展。于家堡金融区定位为全国领先、国际一流、功能完善、服务健全的金融改革创新基地,国家级产业金融中心,亚太经合组织(APEC)低碳示范城镇,滨海新区中心商务区的核心区。2014年末,包括于家堡金融区等重点区域在内的中国(天津)自贸区获批。未来,于家堡金融区将重点探索推进金融制度改革创新,加快建立自由贸易账户体系,推进利率市场化、跨境人民币使用、外汇管理制度等一系列重大金融先行先试。

(2)友谊路金融聚集带

中央对于中国(天津)自贸区的要求是"可复制、可推广、可升级"。要复制、要推广意味着必须要实行更高要求的开放(涉及准入前国民待遇和负面清单);要有更高水平的开放(涉及公平竞争政策、知识产权保护、劳工标准、贸易与环境关系);要有更加严格的开放(涉及投资保护)。实现京津冀与天津自贸区金融制度创新的接轨,应从大处着眼,小处着手,从天津市内优势地区开始。河西区友谊路金融聚集带是天津市区首要的金融区之一,拥有金融基础牢、结构优、潜力足的优势禀赋,未来这一地区与自贸区的接轨并不需要执着于"自贸区"这个头衔,而要在改革凸显、谈判突破、政策突围过程中,主动实施更高标准的开放,形成更具竞争力的营商环境。特别是应发挥河西区(经天津大道)联通滨海新区、毗邻空港自贸区的优势,率先布局对外商投资实行准入前国民待遇加负面清单管理,对境外投资项目实行备案管理,以切实行动,为京津冀与自贸区接轨做出示范和表率。

(3) 京津冀金融合作示范区

京津冀金融合作示范区,承载着加快推进京津冀金融深度合作,服务首都非核心功能疏解,积极承接国家金融管理功能,力争建成国家金融管理中心和区域金融深度合作示范窗口的重要任务,在"十三五"金融创新运营示范区建设发展蓝图中具有重要的地位。一方面,天津将深入研究国际上国家行政副中心演变发展的成功经验,提前部署武清、宝坻作为承接北京疏解金融管理功能重点区域的专项规划,以独特的区位、优质的服务、完善的配套和扎实的前期准备,参与疏解北京的非首都核心功能,承接全国金融管理功能转移,逐步将天津建成国家金融管理中心(金融管理机构包括银监会、证监会、保监会、大中型金融机构总部及其下属的职能部门和新设部门)。另一方面,天津将依托天津金融制度创新优势和首都金融资源、科技创新优势,把金融创新运营示范区建成中国北方最重要的金融创新基地、金融开放门户和京津冀金融创新共同体的核心区和试验田。其一,在金融创新运营示范区开展与京津冀投资以及金融、商贸、物流、信息等现代服务活动同城化、便利化相适应的金融创新。其二,参与全国中小企业股份转让系统("新三板")建设扩容,力争承接"新三板"更多功能。加强京津冀地区创新型市场领域的交流合作,推动同类型市场并购、联合,形成国际化、集群化金融要素市场。其三,探索京津冀共建离岸金融市场,支持金融企业在该市场中建立定位于国际金融业务的分支机构,以专业能力和定制服务支持北方企业发展。

4. 实施关键

(1) 明确主方向。主动顺应经济新常态的趋势,全面推进市场化改革、依法治国等中央部署,围绕京津冀协同发展等国家战略,以实现两个便利、打造两个升级版为目标,以创建金融创新运营示范区为导向,以深化金融体制机制改革为重点,以金融服务实体经济发展为核心,充分发挥市场在金融资源配置中的决定性作用,加快转变金融发展方式,增强金融业的运营效率和核心竞争力。

（2）把握着力点。密切结合京津冀协同发展、自由贸易区建设、现代服务体系发展等重点工作，以建设金融创新运营示范区为着力点，加快建立传统金融、现代金融和新金融相结合的金融创新体系，功能健全、服务完善、效率突出的金融运营体系，符合市场化、法制化、国际化要求的金融服务体系，加快金融资源、金融信息和金融人才的集聚。

（3）明确落脚点。以健全金融创新和金融示范引导为落脚点，全面推进金融机构、金融市场体系建设，努力形成多元化、便利化、国际化、综合化的现代金融服务体系。以做强本地金融法人机构为重点，加快金融产品和服务模式创新，切实提升金融业的资源集聚、综合集成和市场竞争能力，使天津逐步发展成为辐射北方的金融创新和示范引领枢纽。

（4）挖掘成长点。深化国有企业改革，大力推进企业资金集中管理，调整资金结构、盘活存量，提升资金使用效率。加快推进租赁业发展，充分发挥其在促进高端装备制造业发展等方面的作用。支持企业进行直接融资，降低企业融资成本，解决社会融资结构问题。

（5）构建保障点。健全和完善与金融创新及运营服务相配套的金融风险防范体系。制定相关政策，加强对产能过剩行业、房地产、政府融资平台等重点领域的风险防控，充分发挥区域金融监管体系和监管协调联动机制作用，构建立体化、网格化的风险防控体系，维护区域金融稳定。

（三）金融创新运营示范区的重点领域

"十三五"时期，金融创新运营示范区须紧密围绕面向世界、示范全国、促进协同发展的战略要求和完善天津功能定位的战略任务，按照先行先试、风险可控、分步推进、逐步完善的方式，将扩大开放和深化改革相结合、将营造环境和培育功能相结合、将示范引领和复制升级相结合，形成与国际金融运营、监管规则相衔接的金融制度框架，形成与金融创新示范要求相契合的、比现行政策更加特殊的先行先试政策体系，形成与服务实体经济转型升级要求相适应的金融创新运营功能。

1. 加快金融制度创新

围绕金融为实体经济服务、促进贸易与投资便利化的目标，在风险可控的前提下，创造条件加快金融制度创新。在借鉴国际金融中心、离岸金融中心经验，复制升级现有自由贸易试验区、综合配套改革试验区制度创新成果的基础上，结合本地特点，在扩大人民币跨境使用、推进人民币利率市场化、探索人民币资本项目可兑换、深化外汇管理体制改革等方面进一步探索新的试点内容。

2. 促进金融对外开放

围绕金融服务业全面开放的目标，推动金融创新运营示范区的金融机构、金融要素市场等各类金融业态在更高平台上、更开放的环境中、更市场化的规则下参与全球金融资源配置竞争。立足金融创新运营示范区的示范引领定位，借鉴吸收国内外自贸区以及 CEPA 和 ECFA 框架下外资（含港澳台）金融机构投资管理的创新成果，争取金融管理部门批准，允许不同层级、功能、种类的金融机构进入天津自贸区，支持在自贸区内建立面向国际的交易平台，开展多层次金融服务。

3. 创建金融管理中心

按照京津冀协同发展、谱写新时期社会主义现代化京津"双城记"的战略安排，深入研究国际上国家行政副中心形成演变的成功经验，参与疏解北京的非首都核心功能，承接全国金融管理功能转移，逐步将天津建成国家金融管理中心。其中，金融管理机构包括银监会、证监会、保监会、大中型金融机构总部及其下属的职能部门和新设部门。提前部署武清、宝坻作为承接北京疏解金融管理功能重点区域的专项规划，以扎实的准备、独特的区位、优质的服务和完善的配套，吸引银证保三监会、大中型金融机构总部等由非市场因素决定的金融管理机构向毗邻首都的京津冀金融合作示范区疏解，形成国家金融管理中心。

4. 引领金融协同发展

围绕京津冀协同发展的目标，加快京津冀金融合作和京津金融同城化发展，着力将金融创新运营示范区建成京津冀乃至全国金融业"走出去、引

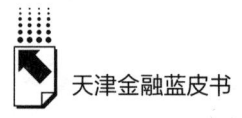

进来、转方式、促升级"的重要窗口。建成区域金融综合服务平台和北方首要的金融创新基地，以更加新颖、高效的金融服务支持国内外企业和个人参与京津冀协同发展、"一路一带"建设和基础设施互联互通；以更高标准的金融开放和更加便捷的金融服务促进京津冀地区与自贸园区接轨，使整个区域共享改革红利，实现协同发展。着力于毗邻首都区域规划、建设京津冀金融合作示范区，开展京津冀金融创新共同体、金融深度同城化、金融大数据管理等领域的前瞻性试验。

5. 强化租赁特色优势

围绕建成全国领先、世界知名的租赁业集聚区的重任，加快金融创新运营示范区金融租赁、融资租赁率先示范发展。依托天津机遇、政策叠加和租赁产业优势，争取在金融创新运营示范区实行比国内其他自贸园区、综改新区更加特殊的租赁业先行先试政策。完善租赁全产业链，建设全国租赁创新运营中心。依托金融开放优势，以跨境融资和交易为核心，构建境内外一体化的租赁产业平台，逐步形成规模达万亿的世界级租赁业集聚区。

（四）金融创新运营示范区建设的评价标准

截至2014年末，天津市金融机构数量超过1400家，初步建立以银行、保险、证券、信托为主体，以金融租赁、消费金融、货币经纪、商业保理等为补充的全牌照金融机构体系。

基于天津金融业主要指标状况，本研究综合考虑未来数年天津金融业的发展阶段、总体规模和发展速度，分别对金融业增加值等9个金融指标，在2013~2015年（十二五后期）、2016~2020年（十三五时期）、2020~2030年（十四五、十五五时期）等三个阶段的平均增速进行赋值，测算了2015年、2020年和2030年9个金融指标的目标值，并立足2020年目标值，提出了"十三五"时期9个金融指标的标准值。通过将不同时点上金融指标的数值与标准值进行比较，可以反映出不同时点金融指标的实现程度。具体测算值见表4。

表4 未来天津金融业发展关键指标测算表

指标类别	序号	具体指标	标准值	2013年 现状值	2013年 实现程度（%）	2015年 目标值	2015年 增速（2013~2015年）（%）	2015年 实现程度（%）	2020年 目标值	2020年 增速（2016~2020年）（%）	2020年 实现程度（%）	2030年 目标值	2030年 增速（2021~2030年）（%）	2030年 实现程度（%）
金融市场	1	金融业增加值（亿元）	3300	1202	36.4	1730.88	20	52.5	3050.402	12.0	92.4	5462.805	6	165.5
金融市场	2	金融业增加值占本市GDP比重（%）	11	8.4	76.4	9.2	[0.8]	83.6	10.7	[1.5]	97.3	12.7	[2]	115.5
金融市场	3	社会融资规模	6600	4910	74.4	5413.28	5	82.0	6586.077	4	99.8	8430.735	2.50	127.7
金融机构	4	金融机构总资产（万亿元）	7.4	4.13	55.8	5.00	10.0	67.5	7.342673	8	99.2	10.86895	4	146.9
金融机构	5	银行业金融机构各项存款余额（亿元）	42000	23316.6	55.5	28213.09	10	67.2	41454.28	8	98.7	61362.46	4	146.1
金融机构	6	银行业金融机构各项贷款余额（亿元）	38000	20857.8	54.9	25467.90	10.5	67.0	37420.69	8	98.5	55391.77	4	145.8
金融机构	7	保险业金融机构保费收入（亿元）	440	276.8	62.9	322.86	8	73.4	432.0589	6	98.2	580.651	3	132.0
金融创新	8	租赁合同余额（亿元）	21000	5750	27.4	10479.38	35	49.9	21077.77	15	100.4	34333.46	5	163.5
金融人才	9	金融从业人员数（万人）	27	15.6	58	18.88	10	69.9	27.09894	7.5	100.4	44.14132	5	163.5

注：[ ]内为累计提高幅度。金融业增加值为2013年价格。

四 天津金融创新运营示范区建设的路径选择和对策建议

按照中央统一部署，天津将进一步搞好顶层设计和整体规划，努力建设北方经济中心、现代制造中心、国际航运中心、金融创新运营示范区，力争在基础设施互联互通、生态环境联防联控、金融与实体经济并轨发展等方面率先取得突破。进一步加快推进综合配套改革试验和金融先行先试，更好地发挥市场在资源配置中的决定性作用和政府作用。在自贸区内，率先实施准入前国民待遇和负面清单等制度，推动投资和服务贸易便利化，并力争以体制机制创新推动自贸区与京津冀地区接轨，使区域共享改革红利。

（一）天津金融创新运营示范区建设路径

立足全球化视野，实践国家重大战略，不断拓展丰富金融创新运营示范区的内涵与功能，加快完善金融市场、金融机构、金融平台等三大金融体系，推动金融资源配置依据市场规则、市场竞争、市场价格的核心要求实现效率最优化和效益最大化，成为中国金融改革开放和现代金融体系建设进程中制度创新和市场化改革的排头兵。在中央部署下，自觉地参与顶层设计，发挥综合改革创新区拥有立法权的改革优势，力争在中国（天津）自贸区、综合改革创新区和京津冀金融试验区等重点改革区域，实行比现行政策更加特殊的先行先试政策。

2015年，天津将以金融创新运营示范区建设为核心、协同推进现代金融集聚区、北方金融中心核心区、金融支持产业升级引领区建设。

2017年，基于现代金融服务体系和金融先行先试的比较优势和特色优势，提升区域金融创新、开放合作、示范引领的功能地位，建成市场化水平高、开放创新能力强、前瞻引领效果好、与区域协同发展相适应的金融创新运营示范区，成为辐射亚太的人民币投融资集聚地。

2020年，将天津建成金融业营商环境国际化、金融运行机制高度市场化、京津冀金融活动深度同城化、金融机构和金融要素市场集群化、金融运营与监管大数据化的现代化金融创新运营示范区。

2030年，天津将建成具有国际领先水平的现代金融市场体系，积极参与中国乃至区域金融行业相关制度的制定与创新，打造具备全球影响力的国际金融中心和离岸金融中心，实现金融体系对区域经济的深度辐射与聚集作用。

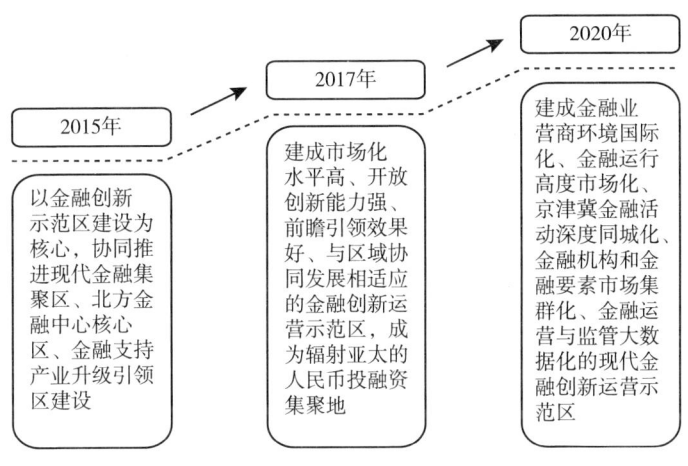

图3　金融创新运营示范区的建设路径

（二）天津金融创新运营示范区建设重点

1. 推进金融创新运营示范区建设

全面实施京津冀协同发展、中国（天津）自贸区建设、多领域深化改革开放等国家战略，围绕京津冀区域定位和天津功能定位，制定实施天津金融创新运营示范区建设方案，全面深化金融业改革开放，推动金融产品创新、流程创新和业务辐射，推动天津建成金融创新和运营服务的中枢城市，充分发挥天津金融业的辐射引领作用。

2. 加快各类金融业态集聚发展

壮大银行、保险、证券等传统金融机构，加快聚集金融租赁、融资租赁、商业保理、财务公司、资金交易、离岸金融、互联网金融、物联网金融等创新型金融业态，促进现代金融业向产业化、高端化、国际化方向发展，实现金融创新与运营服务共生发展。

3. 推动自贸区金融改革创新

牢牢把握国家构筑开放型经济新优势和中国（天津）自贸区建设的机遇，打通境内外、在岸离岸市场的对接合作路径，创新、丰富跨境金融产品，加快构建境内境外投资者共同参与，交易、定价、信息、服务功能完善的国际金融示范区。

4. 促进金融服务业包容性发展

依托全国首批、天津首个民营银行——金城银行建设发展的契机，不断拓宽民营资本进入金融业的通道，推动完善市场化准入机制，激发金融与科技不断融合的创新活力，鼓励支持民营企业、民间资本通过多种方式建立金融机构及新型金融业态，建成全国领先的民营金融示范区。

5. 推动产业金融率先特色发展

立足天津先进制造业发达，研发能力强和毗邻首都科技创新中心的优势，密切联系优势产业（航空航天、生命健康、海洋经济等）的布局规划，围绕重点行业和关键领域增强金融租赁等金融服务功能，逐步健全适应实体经济转型升级需求的特色产业金融体系，加快金融业向综合金融服务功能转变，形成产业金融示范区。

6. 促进新兴金融业态有序发展

依托天津战略性新兴产业快速发展和毗邻首都科技创新中心的优势，促进金融与信息技术、新兴产业的融合，不断拓展金融服务产业链条，创新金融工具和运营模式，大力发展科技金融和互联网金融，培育新兴金融业态和新型要素交易平台，加快构建金融创新示范区。

7. 加快普惠金融体系建设发展

发挥金融业在社会管理、公共服务、民生保障等方面的服务功能，完善社区金融服务体系，鼓励创新与居民日常生活密切相关的金融产品，满足广大群众对便捷化、高效化、个性化金融服务的需求，加快建设普惠金融示范区。

8. 加强金融顶层设计和环境建设

制定总体规划，明确重点任务，全面推进金融创新重点区域与其他区县、功能区金融产业联动协同发展，努力形成布局合理、特色突出、相互借势、错位发展的良好局面。完善地方金融法治环境，完善地方金融监管体系，加强金融基础设施建设，确保区域金融稳定。

（三）天津金融创新运营示范区建设政策建议和联动举措

天津需要加快金融先行先试步伐，以金融创新示范发展，推动金融定位目标和其他城市核心功能定位的实现，加快天津由产业型城市向功能型城市升级发展。

1. 推动金融业市场化改革，提升金融资源配置效率

（1）建立市场化金融机构准入制度

在中国（天津）自由贸易试验区实行外商投资准入前国民待遇加负面清单的管理模式。支持符合条件的外资银行在自贸区设立子行、分行、专营机构和中外合资银行，支持设立在自贸区的外资银行支行升格为分行。适当缩短自贸区外资银行代表处升格为分行和外资银行分行从事人民币业务的年限要求。支持外资和港澳台金融企业设立租赁、保险、保理、小贷公司等金融机构和中介服务机构。支持保险公司、保险资产管理公司及再保险公司、自保公司、相互制保险公司等加快布局，促进更多海内外金融机构在金融创新运营示范区集聚。

（2）支持民营资本进入金融服务业

遵从"机会、权利、规则平等"原则，支持民营资本进入金融服务业，培育一大批领军型民营金融企业。支持符合条件的民营企业发起设立民营银行、金融租赁公司、证券类金融机构、专业性保险机构、汽车金融公司、消费金融公司、互联网金融企业等有利于强化金融市场功能的金融业态。支持小额贷款公司、融资性担保公司通过上市规范发展，支持设立小额再贷款公司、行业互助性融资担保机构。支持民营资本参与金融机构改革，控股或参股商业银行等传统金融机构。

（3）先行先试利率汇率市场化改革

鼓励银行业机构参与贷款基础利率集中报价，探索大额定期存单发行与交易新机制，逐步放开人民币存款与小额外币存款的利率上限，扩大金融机构负债产品市场化定价范围。持续推动汇率市场化改革，完善人民币汇率市场化形成机制，拓展外汇市场的广度和深度。创新保险资金运用方式，积极探索保险资金进入商业贷款领域试点，推动商业车险定价机制和寿险预定利率市场化等改革。

2. 依托京津冀协同发展，承接首都金融管理功能和金融资源

（1）争创国家金融管理中心

按照京津冀协同发展、谱写新时期社会主义现代化京津"双城记"的战略安排，深入研究国际上国家行政副中心建设的成功经验，积极疏解北京的非首都核心功能，承接全国金融管理功能转移，逐步将天津建成国家金融管理中心。其中，金融管理机构包括银监会、证监会、保监会、大中型金融机构总部，及上述组织的下属的职能部门和新设部门。研究推动将天津武清、宝坻作为承接北京疏解金融管理功能的重点区域，以独特的区位、优质的服务和完善的配套，吸引银证保三监会、大中型金融机构总部等由非市场因素决定的金融管理机构（及其职能部门，尤其是新设部门）向天津毗邻首都的区域疏解，形成国家金融管理中心。

（2）促进京津冀金融协同发展

建立京津金融创新共同体，促进京津冀地区与自贸区高水平的金融开放标准接轨。第一，发挥天津服务优势、载体优势和区位优势，主动承接非首都核心功能疏解。吸引在京金融机构、跨国公司总部或业务部门移至天津。第二，参与全国中小企业股份转让系统（"新三板"）建设扩容，力争承接"新三板"更多功能。加强京津冀地区创新型市场领域的交流合作，推动同类型市场并购、联合，提升创新型市场的规模效应和竞争优势。第三，发挥自贸区开放优势和北京金融资源优势，在于家堡金融区设立离岸金融市场，支持金融企业在该市场中建立定位于国际金融业务的分支机构，以专业能力和定制服务支持北方企业发展。

3. 提升金融市场开放水平，完善跨境资本流动机制

以金融支持实体经济发展建设为原则，以人民币经常项目下可兑换便利化和资本项目下可兑换试点为重点，推进金融国际化。扎实做好投资与服务贸易便利化金融改革创新专题研究和政策制度设计，充分发挥天津海港、空港、物流园区、自主创新示范区等优势，突破体制障碍，体现天津特色。在完善金融法律制度政策体系、探索金融业对内对外开放模式、加快资本项目可兑换、推进跨境人民币业务、探索建立监管指标体系等方面进行前瞻性研究，争取国家有关部门支持开展先行先试。

（1）推动跨境人民币业务创新

加快推进跨国公司人民币资金池、第三方支付机构跨境电子商务、人民币信贷资产跨境转让等涉外金融业务创新，支持符合条件的企业集团开展双向人民币资金池业务试点。拓宽参与跨境人民币贷款业务的企业类型、贷款用途和境外主体范围，继续推动境外项目人民币贷款业务创新，探索跨境电子商务出口企业人民币货款回流。建立境内外金融机构落户的投资发展平台，支持天津自贸区建设我国领先的金融特色示范区。

（2）推进外汇管理改革创新

进一步深化经常项目外汇管理制度改革。继续推进货物贸易外汇管理改革，完善服务贸易外汇管理政策，做好个人外汇非现场监管，加大对银行个人外汇业务的指导力度。做好保险、证券公司外汇业务管理。继续推进资本项目外汇改革试点。继续推进外资股权投资基金外汇改革、外商投资小额贷款公司资本金结汇改革试点，全面落实直接投资外汇管理改革政策。积极研究探索加快北方航运中心、发展离岸金融业务的外汇管理政策，推动外汇新业务在滨海新区先行先试。加快特许机构全国化、国际化布局。推动特许业务机构运用行商模式开展个人本外币兑换特许业务，推动特许机构跨境调运外币现钞。探索基金产品、信托产品、租赁产品等资产的跨境交易，提升资本项目可兑换程度。

（3）加快离岸金融市场创新

在自贸区建立本币和外币的在岸离岸账户，并实行分账核算管理，离岸

账户与在岸账户之间的资金流视为跨境业务管理，离岸账户与境外账户、境内非居民账户和其他离岸账户之间的资金可以自由划转。鼓励银行业金融机构开展离岸业务，鼓励有离岸业务经营资质的银行在自贸区设立离岸金融分部，办理非居民人民币业务。

4. 推动金融要素市场创新，构筑集群化国际化平台

（1）支持直接融资创新发展

改进完善私募基金发展环境，培育合格的基金投资人和基金管理人，开拓基金退出通道；加强资金募集、工商登记、账户托管、备案管理、投资运作和合规监管等管理工作，健全合伙制企业法人治理模式；提高基金质量，大力发展以股权投资基金、物权投资基金和对冲基金为主体的综合性和专业化基金。扩大托管资金的规模，提高基金的综合管理水平，逐步建成全国股权基金发行、管理、交易、信息和人才培训中心。继续办好中国企业国际融资洽谈会和有关其他地区分会。支持天津企业在境内外资本市场上市融资，通过在全国中小企业股份转让系统、天津股权交易所、滨海柜台交易市场等场外交易市场挂牌拓宽直接融资渠道，利用资本市场规范、健康、快速发展。支持企业灵活运用股权、债权等融资工具，支持上市公司通过增发、配股、公司债券等方式实现再融资，引入优质中介机构，提高企业直接融资和并购重组的质量和效率。鼓励符合条件的企业借助优先股等金融工具实现战略规划。

（2）促进场外交易市场发展

探索形成区域股权交易市场与主板、新三板之间的双向转板机制，补充和完善中国的多层次资本市场体系。以规范、小额、多次、快捷、低成本的股权私募融资为主要模式，建立规范的场外交易市场，成为国家多层次资本市场的重要组成部分。在制度设计、板块划分、入场标准和中介服务等方面深化研究，建立与新三板对接机制。引导金融资产等金融要素交易平台通过引进战略投资者、创新业务产品等方式进一步做大做强，建立各类新型要素平台。推动天津贵金属场外交易市场建设，支持黄金、白银等贵金属和商品期货交割仓库设立运行。探索组建跨境资产托管结算平台。

(3) 加快现货交易市场发展

建设现货交易市场，与期货交易市场对接发起设立天津商品交易服务管理集团有限公司。全面发展贸易融资和资金结算，建立第三方支付体系和全能物流信息网络。支持企业在天津设立营销中心、物流配送中心和资金结算中心，形成物资流、信息流和资金流，将金融创新运营示范区建成全国性的现货市场交易平台、国际物流中转枢纽和大宗商品交易基地。

5. 拓宽金融支持产业路径，实现实业金融共生发展

(1) 加快科技金融服务体系建设

加快科技金融发展，创建专业化的科技银行、中小企业促进银行，鼓励商业银行科技支行建设。推动金融和科技共生发展，支持金融机构与创业投资基金、产业投资基金的投贷联动。支持金融机构发行面向社会投资人的高新技术企业定向资产管理、集合理财计划、信托等产品。探索开展高新技术企业风险信贷，引导金融机构开展知识产权质押贷款、股权质押贷款等业务，积极争取开展信贷债权转股权试点。创新知识产权交易模式，加快建设知识产权交易市场。加快科技保险发展，优化高科技企业风险分担机制。

(2) 推进金融支持经济升级

支持产业并购基金发展，支持产业并购，实现转型升级。加快供应链金融、贸易融资等创新业务发展。加快市级保障房投融资平台的建设。鼓励保险机构参与社会养老产业发展，积极争取个人延税型养老保险试点。引导金融机构加大对教育、养老、慈善、医疗等领域的金融支持力度。支持低碳环保企业上市，鼓励发展绿色信贷，健全环境污染责任险、碳排放交易等制度。

(3) 加强服务小微经济和促进消费的力度

建设中小企业信用信息平台，鼓励互联网金融、民营金融企业走进园区、商圈和社区，借助"O2O"拓宽服务内容。支持符合条件的企业通过发行企业债、集合债、短期融资券、中期票据、集合票据等方式融资。设立创新引导资金，优先安排支持商业模式独特、核心团队优秀、风控能力突出的创新创业型企业。鼓励互联网金融、民营金融机构开发符合年轻群体消费习惯的新型金融工具。

6. 推动金融产品模式创新，不断丰富金融服务功能

（1）积极拓展创新性金融产品

加快房地产信托投资基金（REITs）、老年人住房反向抵押养老保险、住房抵押贷款支持证券、慈善公益信托、汽车消费贷款支持证券等创新试点。试点私募融资工具、项目收益债券等新型债券品种和信用债、小额贷款债等固定收益品种。加快推出以汇率、利率、股票、债券等为基础的金融衍生产品。率先建立巨灾保险制度，完善保险经济补偿机制。探索发展医疗责任险、电梯安全责任险、食品安全责任险等责任保险。

（2）加快金融服务外包业务发展

鼓励金融机构开发适合金融服务外包产业特点的创新金融产品，加大对金融服务外包企业的金融支持。加快建设有助于金融服务外包产业发展的投资环境、基础设施和信息服务平台。出台商业保理公司关于外部融资、风险分担的新政策，鼓励开展调查、催收、管理等综合业务，完善商业保理服务体系。

（3）加快推进资产证券化创新试点

争取资产证券化专项试点额度，开展公开发行、集中交易等制度创新，将资产证券化产品纳入常规固定收益类产品管理范畴。探索信托产品受益权、公共基础设施收益权、公益项目资产、小额贷款资产等特定种类金融资产的证券化。积极探索巨灾保险产品、碳排放权产品证券化，研究推出巨灾债券、碳债券等创新型债权类产品。探索土地信托业务，促进集体经营性建设用地等生产要素的市场化流转。

7. 加快互联网金融集聚，完善互联网金融生态

（1）加快建设互联网金融集聚区

鼓励金融技术企业发展，争取互联网银行、互联网证券公司和互联网保险公司落户示范区。鼓励利用云计算、大数据等资源和平台，改变传统金融业主要依靠物理网点的运营模式。支持互联网企业和传统金融机构的融合与嫁接，加快金融产品创新。坚持负面清单原则和底线思维，对于具有首创特征，而现有法律法规尚无明确限制规定的新设机构，可依程序给予一定观察期。允许主要从事互联网金融业务的企业在通过预审后，在名称中使用

"互联网金融"或"网络金融"字样,并在工商登记等环节提供便利。互联网金融企业获得金融监管机构颁发的金融经营许可证后,且相关许可业务落户产业园的,可给予开办资助及奖励。

(2)加快互联网金融产业园载体建设

探索互联网金融孵化基地与产业园建设,推进产业园的空间拓展和功能提升,优化试验产业园区(楼宇)基础设施保障、商务配套和交通环境,不断改善互联网金融企业从业人员的生活环境。产业园(楼宇)招商需要服从于互联网金融等产业定位。优先支持互联网金融等创新型金融机构在产业园区自建或租用办公楼宇,并在电力供给、网络带宽、机房安全等方面,提供全国领先的配套环境。

(3)延展互联网金融产业链条

加强金融机构与互联网企业合作,探索建立互联网金融产业链联盟,加快形成传统金融与金融技术互补发展的良性格局。鼓励民营持牌金融机构设立主要从事互联网金融相关业务的法人机构或功能性总部,经审核认定后给予上述机构一定的奖励。鼓励民营持牌金融机构向互联网金融领域开拓新业务空间。支持设立云计算共享等专业服务机构。

8. 强化产业金融体系优势,支持优势产业快速发展

(1)加快产业金融发展

发展以发挥财政职能为重点的金融服务体系,运用财政拨款、贴息、贴费、担保等功能,支持企业和金融业发展。发展以服务滨海新区开发开放为重点的金融服务体系,加快发展财务公司、担保公司、评级公司等市场主体。发展以天津泰达国际控股(集团)有限公司为重点的金融控股集团,进一步整合地方国有金融资源,通过增资等方式支持地方国有金融企业做大做强,增强金融在转变经济发展方式中的积极作用。

(2)建设航运金融服务体系

加快北方国际航运核心区建设,搞好船舶产业投资基金试点,继续发展飞机租赁基金和航空产业投资基金。搞好航运税收政策和融资租赁货物出口产品出口退税政策试点。制定船舶特案登记制度试点方案,探索建立与国际

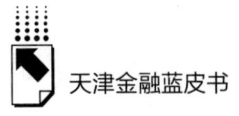

接轨的船舶特案登记制度。支持租赁公司设立海外专项公司和单一项目公司，完善公司法人治理结构，适应租赁业务国际化发展需要。支持天津海事仲裁中心和天津海损理算中心发展，积极营造符合国际航运规则的海事海商服务环境。

（3）建设商贸物流资金结算中心

支持金融租赁公司和融资租赁公司集中集聚，全面优化以飞机为代表的进口租赁和保税租赁、以船舶为代表的出口租赁和离岸租赁发展环境，创立租赁客户资产轻量化和城乡基础设施融资租赁业务模式。加快滨海新区商业保理试点工作，规范商业保理公司发展。鼓励商业银行在天津设立非法人的保理业务部。支持金融服务外包公司集中集聚，发展票据分配、档案管理、信息处理、现钞物流管理等第三方金融外包服务和第三方支付融资模式，建成金融服务外包中心。支持现代服务业和物流业集中集聚，发展物资流、信息流和资金流，建立生产资料交易体系和生活资料销售体系，把直接交易与客户配送紧密结合起来，节约交易成本，降低物流成本，建成资金结算中心。

（4）加快农村金融服务体系发展

鼓励金融机构到农村设立分支机构和网点，支持村镇银行、兴农贷款公司和农村金融服务站加快发展，提高为三农和小微企业的服务水平。在继续推进农业固定资产、农用生产设备和商标专用权、专利权、水域滩涂养殖权抵押贷款的基础上，进一步扩大农村可抵押权属范围，创新农村各类权属抵押融资模式。探索建立以政策性农业保险为主、商业性农业保险为辅的农业生产风险保障体系。

9. 加快融资租赁集聚发展，建设租赁业创新示范区

争取国家支持，确立天津为融资租赁管理模式创新试点。制定出台《天津市融资租赁业发展条例》，从行业准入、行业监管、融资渠道和配套政策等领域出发，根据租赁业的综合性业态和国际化竞争特点，在天津试行新的政策措施，营造与国际先进地区具有同等竞争力的政策环境，推动租赁业先行先试。

（1）鼓励租赁运营创新

鼓励设立融资租赁公司和金融租赁公司，争取国家支持，在天津开展租赁业准入政策创新，由天津市自主审批监管落户天津的各类融资租赁公司。支持金融租赁公司、融资租赁公司在自贸区设立单机、单船、大型设备等项目子公司和功能创新平台公司，开展大型设备、船舶、航空器的租赁业务。试点标的物权属登记服务。发展融资租赁资产交易市场，鼓励开发覆盖债权与股权、场内与场外、标准与非标准融资租赁产品。

（2）支持融资租赁产业拓宽融资渠道

深化租赁公司利用外债指标试点，取消对天津融资租赁业的外债指标限制，由企业根据需要自主决定外债规模和期限。支持租赁公司与其境外单机、单船公司实行外汇资金集中管理。准予租赁公司开设离岸账户归集海外运营资金，筹借海外资金，开展人民币业务。积极鼓励天津租赁企业利用国家外汇储备，通过发行债券、开展资产证券化等手段筹措资金，鼓励股权投资基金、创业投资资金和保险资金等各类资金支持融资租赁企业。

（3）不断完善租赁配套政策

开展飞机等标的物引进管理模式创新，允许租赁企业直接订购飞机、船舶等租赁物，有关部门依照规定对企业订购和进口国外租赁物进行独立审查并办理相关手续。承认航运企业租赁标的运力。完善租赁标的物出入境、国际等级和适航管理，进一步完善中国（天津）自贸区的政策支持。

10. 加快民生金融体系发展，促进区域普惠包容发展

（1）建设消费金融服务体系

支持捷信消费金融有限公司实现跨区域经营。支持中德住房储蓄银行增加资本金，扩大政策性住房信贷服务，拓展商业性住房信贷业务，增加全国分行机构布局。继续做好房地产信托投资基金试点工作，为天津发展保障性住房提供直接融资渠道。推动天津城市一卡通有限公司、渤海易生商务服务有限公司、荣程网络科技有限公司的持续快速发展。

（2）打造国际财富管理中心

探索外资股权投资企业在资本金结汇、投资、基金管理等方面的新模式。利用综合改革创新区立法权，探索在金融创新运营示范区建立保护投资者利益的国际通行保密制度。鼓励发展高端理财业务，构建包括银行理财产品、投资基金、信托计划、债权投资计划、专项资产管理计划、第三方财富管理等多元化产品的"大资产管理"局面。探索家族信托和慈善公益信托运行模式，支持财富传承和公益事业发展。

（3）完善社区金融服务体系

鼓励在特定社区内设立独立运营且主要为社区小微企业、居民、商户提供个性化金融服务的社区银行，重点支持创业带动就业项目。鼓励商业银行开展适合小微企业融资特点的租金收入质押贷款、应收账款质押贷款、小额循环贷款等业务。支持小额贷款公司通过同业拆借、资产证券化等方式拓宽融资渠道，创新服务模式。推动实施中小企业贷款联保增信计划，建立中小企业贷款联保增信平台。支持金融机构发行小微企业专项金融债，积极发展小微企业贷款保证保险和信用保险。

11. 加快金融基础设置建设，营造国际水准运营环境

（1）加强社会信用体系建设

推动实施《天津市社会信用体系建设工作方案》《天津市社会信用信息服务市场管理若干规定》《天津市企业信用征信数据库管理暂行办法》。制定出台《天津市社会法人失信惩戒办法（试行）》《天津市自然人失信惩戒办法（试行）》。加快推动个人信用征信工作。支持联合信用管理公司申报取得个人征信业务资质，制定出台《天津市个人信用征信数据库管理暂行办法》，推动建设个人征信数据库。推动区县加快推进基层信用环境建设。逐步建设、完善区县信用信息管理系统，归集区县信用信息，强化区县信用信息应用、服务和管理。在具备条件的国家级开发区推广中小企业信用体系试验区试点工作。着手研究建立全市统一的信用信息交换平台，推动信用信息资源共享和应用。研究开展综合信用承诺登记备案制度试点工作。规范发展信用评级市场，建立和扶持一批企业信用评级机构。

（2）完善动产金融登记制度

完善天津市动产权属统一登记公示制度，拓宽动产权属登记公示平台服务范围，推动相关法定登记机构充分利用平台功能进行动产权属登记、公示，提高动产融资交易效率，更好地为小微企业融资和实体经济发展服务，努力将天津市打造成全国动产融资创新发展中心。依托人民银行征信中心的应收账款质押登记公示系统、融资租赁登记公示系统和应收账款融资服务平台，积极做好动产融资创新服务，更好地满足资金供需双方需求。

（3）金融创新运营示范区"两区一带"核心区建设

第一，进一步加快于家堡金融区建设，推进洛克菲勒中国中心、铁狮门金融中心等项目建设，完善金融生态环境和市场秩序，建设机构集中、人才集聚、要素集约、功能健全的金融改革创新基地，面向世界的金融开放窗口。第二，进一步推进河西区友谊路金融聚集带建设，推进民营金融、互联网金融创新发展，（率先）复制自贸区金融开放经验，积极参与京津冀金融合作。第三，加快毗邻北京的京津冀金融合作示范区建设，使之逐步建设成为国家金融管理中心和京津冀区域金融深度合作、跨区域金融创新共同体建设的示范窗口。最终，在"十三五"时期将"两区一带"建设成为金融创新运营示范区的核心功能区。

12. 健全监管创新协同机制，保障实现金融发展目标

（1）加强组织领导

进一步加强同国家各有关部委的沟通联系，逐步建立健全国家各有关部委参加的沟通联络协调机制，整体研究、规划和指导天津金融改革创新工作。定期或不定期召开由天津市人民政府与国家有关部门参加的天津金融改革创新协调推进会议，对金融改革创新实践进行综合协调和指导，推动重点改革事项加快落实。

（2）完善政策保障

按照中央对滨海新区开发开放综合配套改革试验总体方案的要求和天津城市定位和滨海新区功能定位，推动金融改革与其他方面改革相结合，坚持重点突破与整体创新相结合，坚持金融创新与风险防范相结合，坚持金融创新与服务实体经济发展相结合，先行先试若干重大金融改革创新措施。进一步完善现有金融产业发展激励机制，研究制定相应的财政、税收、人才等支持政策和配套措施。加大投入,加强硬件设施建设,为推进金融综合改革打好基础。

（3）打造金融知识高端平台

加强以高校院所、协同创新中心为核心的学术研究体系建设,搭建民营金融研究中心、互联网金融研究中心、自贸区金融研究中心、京津冀金融研究中心等实体化、常态化运作平台,定期出版金融学术报告,确保研究中心在区域金融、民营金融、互联网金融等研究领域的前瞻和领先地位。搞好于家堡论坛等不同类型的同业交流平台。运用互联网、微信、微博等新媒体,加强天津金融创新运营示范区的推介力度和成果报道,不断提升天津金融业的品牌价值和社会影响力。

B.14 后 记

《天津金融发展报告2015》是在中国滨海金融协同创新中心领导专家的指导下完成的。本报告在撰写过程中得到了天津财经大学、南开大学、中央财经大学、中国人民银行金融研究所、中国社会科学院金融研究所、中国银行国际金融研究所、天津市金融服务办公室、天津市滨海新区人民政府和环渤海区域合作市长联席会等协同单位的鼎力帮助。本书的出版过程得到社会科学文献出版社恽薇主任的大力支持，在此表示真诚感谢。本书由王爱俭、孔德昌担任主编，负责本书的组织编写和审定；林文浩、李向前、庞镭、刘通午、安志勇、王文刚担任副主编，负责撰写和统编。各部分执笔人分别为：总报告（王爱俭、吴敬、林文浩），分报告1（孔德昌、李向前），分报告2（李友倩、林章悦），分报告3（梁洁茜、王镇），分报告4（王璟怡、阎晨迪），分报告5（李友倩、杨帆），分报告6（郭强、梁洁茜），分报告7（张蒙、周千惠），分报告8（孟昊、张蒙），分报告9（安志勇、钱帅成），专题报告1（刘通午、岳圣元、刘炀、邓黎桥），专题报告2（王文刚、刘习习、孟洁），专题报告3（王爱俭、李向前、林文浩）。作为一个前景广阔、令人兴奋的研究领域，天津金融发展系列年度报告倾注了参加编写同志的热情与心血，我们期望持续坚持这项研究，以此促使学术界更为重视区域金融创新和天津金融发展。我们和社会各界一起展望中国区域金融的未来！

社会科学文献出版社　　皮书系列

❖ 皮书起源 ❖

"皮书"起源于十七、十八世纪的英国，主要指官方或社会组织正式发表的重要文件或报告，多以"白皮书"命名。在中国，"皮书"这一概念被社会广泛接受，并被成功运作、发展成为一种全新的出版型态，则源于中国社会科学院社会科学文献出版社。

❖ 皮书定义 ❖

皮书是对中国与世界发展状况和热点问题进行年度监测，以专业的角度、专家的视野和实证研究方法，针对某一领域或区域现状与发展态势展开分析和预测，具备权威性、前沿性、原创性、实证性、时效性等特点的连续性公开出版物，由一系列权威研究报告组成。皮书系列是社会科学文献出版社编辑出版的蓝皮书、绿皮书、黄皮书等的统称。

❖ 皮书作者 ❖

皮书系列的作者以中国社会科学院、著名高校、地方社会科学院的研究人员为主，多为国内一流研究机构的权威专家学者，他们的看法和观点代表了学界对中国与世界的现实和未来最高水平的解读与分析。

❖ 皮书荣誉 ❖

皮书系列已成为社会科学文献出版社的著名图书品牌和中国社会科学院的知名学术品牌。2011年，皮书系列正式列入"十二五"国家重点图书出版规划项目；2012~2014年，重点皮书列入中国社会科学院承担的国家哲学社会科学创新工程项目；2015年，41种院外皮书使用"中国社会科学院创新工程学术出版项目"标识。

中国皮书网

www.pishu.cn

发布皮书研创资讯，传播皮书精彩内容
引领皮书出版潮流，打造皮书服务平台

栏目设置：

- □ 资讯：皮书动态、皮书观点、皮书数据、皮书报道、皮书发布、电子期刊
- □ 标准：皮书评价、皮书研究、皮书规范
- □ 服务：最新皮书、皮书书目、重点推荐、在线购书
- □ 链接：皮书数据库、皮书博客、皮书微博、在线书城
- □ 搜索：资讯、图书、研究动态、皮书专家、研创团队

中国皮书网依托皮书系列"权威、前沿、原创"的优质内容资源，通过文字、图片、音频、视频等多种元素，在皮书研创者、使用者之间搭建了一个成果展示、资源共享的互动平台。

自2005年12月正式上线以来，中国皮书网的IP访问量、PV浏览量与日俱增，受到海内外研究者、公务人员、商务人士以及专业读者的广泛关注。

2008年、2011年中国皮书网均在全国新闻出版业网站荣誉评选中获得"最具商业价值网站"称号；2012年，获得"出版业网站百强"称号。

2014年，中国皮书网与皮书数据库实现资源共享，端口合一，将提供更丰富的内容，更全面的服务。

法律声明

"皮书系列"(含蓝皮书、绿皮书、黄皮书)之品牌由社会科学文献出版社最早使用并持续至今,现已被中国图书市场所熟知。"皮书系列"的LOGO( )与"经济蓝皮书""社会蓝皮书"均已在中华人民共和国国家工商行政管理总局商标局登记注册。"皮书系列"图书的注册商标专用权及封面设计、版式设计的著作权均为社会科学文献出版社所有。未经社会科学文献出版社书面授权许可,任何使用与"皮书系列"图书注册商标、封面设计、版式设计相同或者近似的文字、图形或其组合的行为均系侵权行为。

经作者授权,本书的专有出版权及信息网络传播权为社会科学文献出版社享有。未经社会科学文献出版社书面授权许可,任何就本书内容的复制、发行或以数字形式进行网络传播的行为均系侵权行为。

社会科学文献出版社将通过法律途径追究上述侵权行为的法律责任,维护自身合法权益。

欢迎社会各界人士对侵犯社会科学文献出版社上述权利的侵权行为进行举报。电话:010-59367121,电子邮箱:fawubu@ssap.cn。

社会科学文献出版社

权威报告·热点资讯·特色资源

皮书数据库
ANNUAL REPORT(YEARBOOK) DATABASE

当代中国与世界发展高端智库平台

WWW.PISHU.COM.CN

皮书俱乐部会员服务指南

1. 谁能成为皮书俱乐部成员？
- 皮书作者自动成为俱乐部会员
- 购买了皮书产品（纸质书/电子书）的个人用户

2. 会员可以享受的增值服务
- 免费获赠皮书数据库100元充值卡
- 加入皮书俱乐部，免费获赠该纸质图书的电子书
- 免费定期获赠皮书电子期刊
- 优先参与各类皮书学术活动
- 优先享受皮书产品的最新优惠

3. 如何享受增值服务？

（1）免费获赠100元皮书数据库体验卡

第1步 刮开附赠充值的涂层（右下）；

第2步 登录皮书数据库网站（www.pishu.com.cn），注册账号；

第3步 登录并进入"会员中心"—"在线充值"—"充值卡充值"，充值成功后即可使用。

（2）加入皮书俱乐部，凭数据库体验卡获赠该书的电子书

第1步 登录社会科学文献出版社官网（www.ssap.com.cn），注册账号；

第2步 登录并进入"会员中心"—"皮书俱乐部"，提交加入皮书俱乐部申请；

第3步 审核通过后，再次进入皮书俱乐部，填写页面所需图书、体验卡信息即可自动兑换相应电子书。

4. 声明

解释权归社会科学文献出版社所有

皮书俱乐部会员可享受社会科学文献出版社其他相关免费增值服务，有任何疑问，均可与我们联系。

图书销售热线：010-59367070/7028
图书服务QQ：800045692
图书服务邮箱：duzhe@ssap.cn

数据库服务热线：400-008-6695
数据库服务QQ：2475522410
数据库服务邮箱：database@ssap.cn

欢迎登录社会科学文献出版社官网
（www.ssap.com.cn）
和中国皮书网（www.pishu.cn）
了解更多信息

社会科学文献出版社 皮书系列
SOCIAL SCIENCES ACADEMIC PRESS (CHINA)

卡号：**196453433572**
密码：

S 子库介绍
Sub-Database Introduction

中国经济发展数据库

涵盖宏观经济、农业经济、工业经济、产业经济、财政金融、交通旅游、商业贸易、劳动经济、企业经济、房地产经济、城市经济、区域经济等领域，为用户实时了解经济运行态势、把握经济发展规律、洞察经济形势、做出经济决策提供参考和依据。

中国社会发展数据库

全面整合国内外有关中国社会发展的统计数据、深度分析报告、专家解读和热点资讯构建而成的专业学术数据库。涉及宗教、社会、人口、政治、外交、法律、文化、教育、体育、文学艺术、医药卫生、资源环境等多个领域。

中国行业发展数据库

以中国国民经济行业分类为依据，跟踪分析国民经济各行业市场运行状况和政策导向，提供行业发展最前沿的资讯，为用户投资、从业及各种经济决策提供理论基础和实践指导。内容涵盖农业，能源与矿产业，交通运输业，制造业，金融业，房地产业，租赁和商务服务业，科学研究，环境和公共设施管理，居民服务业，教育，卫生和社会保障，文化、体育和娱乐业等100余个行业。

中国区域发展数据库

以特定区域内的经济、社会、文化、法治、资源环境等领域的现状与发展情况进行分析和预测。涵盖中部、西部、东北、西北等地区，长三角、珠三角、黄三角、京津冀、环渤海、合肥经济圈、长株潭城市群、关中—天水经济区、海峡经济区等区域经济体和城市圈，北京、上海、浙江、河南、陕西等34个省份及中国台湾地区。

中国文化传媒数据库

包括文化事业、文化产业、宗教、群众文化、图书馆事业、博物馆事业、档案事业、语言文字、文学、历史地理、新闻传播、广播电视、出版事业、艺术、电影、娱乐等多个子库。

世界经济与国际政治数据库

以皮书系列中涉及世界经济与国际政治的研究成果为基础，全面整合国内外有关世界经济与国际政治的统计数据、深度分析报告、专家解读和热点资讯构建而成的专业学术数据库。包括世界经济、世界政治、世界文化、国际社会、国际关系、国际组织、区域发展、国别发展等多个子库。